Adele Haszprunar

Teilende Hände – Heilende Hände

Das caritative Wirken der Frauenorden und Kongregationen und die Soziale Frage in Wien (1815-1914)

Adele Haszprunar

Teilende Hände – Heilende Hände

Das caritative Wirken der Frauenorden und Kongregationen und die Soziale Frage in Wien (1815-1914)

eos

Umschlagbild: Sylvia Wolff, Wachsamkeit
Wiedergabe mit freundlicher Genehmigung
der Galerie Chlodwig Selmer, Emsdetten.

1. Auflage 2009
Deutsche Erstausgabe
Zugleich auch Dissertation zur Erlangung des Akademischen Grades
einer Doktorin der Theologie im Bereich Katholische Fachtheologie,
eingereicht an der Universität Wien 2007.

mail@eos-verlag.de
www.eos-verlag.de

ISBN 978-3-8306-7363-7

Bibliografische Information der Deutschen Bibliothek
Die Deutsche Bibliothek verzeichnet diese Publikation
in der Deutschen Nationalbibliografie;
detaillierte bibliografische Angaben
sind im Internet unter http://dnb.ddb.de abrufbar.

Gedruckt auf säurefreiem, chlorfrei gebleichtem Papier.
Printed in Germany

ZUM GELEIT

In ihrer Dissertation geht die Autorin, Frau Dr. Adele Haszprunar dem caritativen Wirken der Frauenorden und -kongregationen in der Residenzstadt Wien zwischen 1815 und dem Ersten Weltkrieg nach. Unter dem Titel „Teilende Hände – Heilende Hände" wird dargestellt, wie gerade durch die wache Wahrnehmung der sozialen Nöte dieses Jahrhunderts, insbesondere in der Stadt Wien, ein ziemlich darnieder liegendes Ordensleben ungeahnten Aufschwung erlebte. Neunzehn Schwesterngemeinschaften haben sich in dieser Zeit in Wien niedergelassen, manche von ihnen wurden als solche in Wien gegründet. Nicht nur die extreme Notlage in der Großstadt, auch die Gunst des Kaiserhauses und vieler anderer hoher Persönlichkeiten erbrachte den Boom dieser Gemeinschaften.

Adele Haszprunar ist diesem Phänomen sehr eingehend nachgegangen, der gesellschaftlichen Situation der Zeit und der Stadt Wien geradeso wie der Veränderung der Sicht schwesterlicher Berufung von der klausurierten Nonne zur weltoffenen Religiosen. Die Anfangschwierigkeiten, die kaum fassbaren Apostolatsleistungen der Schwestern, die Reaktion von Behörden und Kirche, Ärzten und Bevölkerung wurden hinterfragt. Die Nachforschungen bezogen Bibliographien, Literatur, Festschriften und Chroniken der verschiedenen Gemeinschaften mit ein. Es hat sich wahrlich viel verändert in dieser Zeit, mit Auswirkungen, die weit in das 20. Jahrhundert hineinreichten.

Die Autorin stellt in diesem Zusammenhang des öfteren die Frage an die heutige Zeit, ob es vielleicht nur eine staunenswerte Erfolgsgeschichte ohne Fortsetzung war. Auch unsere Zeit stellt ihre Herausforderungen, die Zeichen der Zeit gilt es auch heute zu erkennen.

P. Michael Zacherl SJ
Wiener Bischofsvikar
für die Institute geweihten Lebens

VORWORT

„Ein feinmaschiges Netz an Gottes- und Nächstenliebe ist quer über die ganze Erzdiözese gespannt! Weil Christinnen und Christen aufmerksam sehen, was zu tun ist, wo Not ist, und tatkräftig zupacken“, schreibt Kardinal Christoph Schönborn in seinem Hirtenbrief an alle Christinnen und Christen der Erzdiözese Wien zum Start der „Apostelgeschichte 2010“ am 26. Oktober 2008. Würde man diesen Ausspruch in die 2. Hälfte des 19. Jahrhunderts zurückversetzen, so müsste er wohl lauten: „weil Schwestern der Frauenorden und Kongregationen es als ihre Berufung, als ihre Sendung ansehen, zu tun, was nötig ist und tatkräftig zupacken.“

„Die Liebe Christi drängt uns“ war das Schlüsselwort dieses Handelns und die Nachfolge des Heilshandelns Jesu stand im Mittelpunkt des Lebens der sozial-caritativ tätigen Frauenorden und Kongregationen. Das „jetzt ist“ ist nur durch das kritisch beurteilte „was einmal war“ zu begreifen. Das ist die Faszination der Geschichte, das macht sie für mich als Verfasserin, für die Gesellschaft und auch für die Kirche unverzichtbar. Historische Aufarbeitung eines „Phänomens“ der Geschichte, wie es der „Ordensfrühling“ in Verbindung mit der Sozialen Frage ergab, ist stets auch Interpretation und Urteil. Dieses Urteil über Strukturen und letztlich auch Personen ist – bei allem Bemühen um Objektivität – stets auch persönlich gefärbt, eine völlig objektive Geschichtsschreibung hat es nie gegeben.

Die vorliegende Studie ist als Dissertation an der Katholisch-Theologischen Fakultät der Universität Wien unter der Betreuung von Univ. Prof. Dr. Karl Heinz Frankl entstanden und approbiert worden, dem ich an dieser Stelle herzlich danken möchte für seine fachkundigen Gespräche und Anregungen, ebenso wie meinen Studienkollegen/innen für Diskussionen und technische Hilfestellungen.

Ich danke allen Oberinnen und Archivarinnen jener Frauengemeinschaften, die mir bereitwillig Literatur, Festschriften, Chroniken und Dokumente bereitgestellt und Einsicht gewährt haben. Bei meinen Besuchen der einzelnen Kommunitäten konnte ich durch Gespräche und Besichtigung der derzeitigen Standorte auch Einblick in das heutige Klosterleben gewinnen.

Ganz besonderen Dank möchte ich allen Institutionen aussprechen, die mich bei der Veröffentlichung meiner Dissertation finanziell unterstützt haben, ja sie erst möglich gemacht haben. Hierbei sind vor allem die Schwesterngemeinschaften
Barmherzige Schwestern des Hl. Vinzenz von Paul in Gumpendorf
Barmherzige Schwestern des Hl. Karl Borromäus
Barmherzige Schwestern vom Hl. Kreuz
Schulschwestern vom 3. Orden des Hl. Franziskus
und die Caritas Socialis zu nennen
und insbesondere die großzügige Unterstützung durch das Bankhaus Schelhammer & Schattera, der „Kirchenbank" in Österreich seit 1832.

Vielen Dank auch den Sponsoren „Ecclesia Versicherungsdienst" und der Superiorenkonferenz der männlichen Ordensgemeinschaften Österreichs. Allen ein herzliches „Vergelt's Gott".

So lade ich Sie, liebe Leserin, lieber Leser ein, einzutauchen in die Sozialgeschichte Wiens des 19. Jahrhunderts, die ohne den selbstlosen Einsatz der zahlreichen Frauenorden und Kongregationen wohl ganz anders ausgesehen hätte.

Wien, Januar 2009
Adele Haszprunar

INHALTSVERZEICHNIS

I. EINLEITUNG

1. EINFÜHRUNG

> *„Wenn ich den Ring entlang schlendere, so ist es mir, als hätte ein moderner Potemkin die Aufgabe erfüllen wollen, jemandem den Glauben beizubringen, als würde er in eine Stadt von lauter Nobili versetzt (..) Wenn ich mich bei der Oper aufstelle und zum Schwarzenbergplatz hinunterblicke, so habe ich das intensive Gefühl: Wien, Wien, die Millionenstadt, Wien, die Metropole eines großen Reiches. Wenn ich aber die Zinshäuser am Stubenring betrachte, so habe ich nur ein Gefühl: fünfstöckiges Mährisch-Ostrau." (Adolf Loos)*[1]

Das ausgehende 19. Jahrhundert ist der Wiener Bevölkerung vor allem durch die herausragenden Bauwerke der Wiener Ringstraße bekannt und vertraut. Die Wiener Ringstraße wurde von Kaiser Franz Joseph am 1. Mai 1865 feierlich eröffnet. Neben staatlichen Repräsentationsbauten, großzügigen Plätzen und Parkanlagen ließen sich zahlreiche vermögende Persönlichkeiten aus Adel und Wirtschaft an der Ringstraße ein Palais erbauen.[2] Der dominierende Baustil war der Historismus, eine zeitgenössische Anlehnung an Renaissance, Gotik und Barock. Prachtbauten können ein Tor zur Vergangenheit sein, da sie für jeden Menschen sichtbar sind. Als Beispiele seien die Wiener Votivkiche,[3] das Wiener Rathaus im neugotischen Stil[4] wie das Parlament[5] im Stil des Neoklassizismus genannt. Im gesamten Stadtbild hinterließen diese Bauten ihr bis heute lebendiges Erbe.[6]

1 *Loos* Adolf (1870-1933), Architekt. Pionierleistung: „Haus ohne Augenbrauen" am Michaelerplatz. Zitat in: Stadtchronik Wien, hg. von Christian Brandstätter. Wien 1986. 306.

2 Rothschild, Todesco, Epstein...

3 Votivkirche, als neugotischer Sakralbau wurde in den Jahren 1856-1879 als Votivgabe (Dankgeschenk) für die Errettung des Kaisers Franz Joseph erbaut (Attentat vom 18.2.1853).

4 Wiener Rathaus in den Jahren 1872-1882 errichtet.

5 Das Parlament entstand in den Jahren 1873-1883.

6 *Brandstätter* Christian (Hg.), Stadtchronik Wien. Wien 1986. 396.

Der weitaus größere Teil der Ringstraßenzone aber war für Wohngebäude reserviert. Hier war das Bürgertum zu finden, teilweise in großbürgerlichen Herrschaftswohnungen, doch auch viele Althäuser blieben bestehen mit Kleinwohnungen für Angehörige der Unterschicht oder Kleingewerbetreibende. Mehrgeschossige Miethäuser waren reine Zweckbauten, die für die Bevölkerung von Wien wichtig waren, weil sie auf Grund fehlender Alternativen und in Anpassung an die funktionalen Notwendigkeiten immer wieder Umbauten erfahren haben.

Hier wären auch jene Bauten einzuordnen, die von den Frauenorden und Kongregationen zur Ausübung ihrer sozial-caritativen Tätigkeit genützt wurden. Zu Beginn ihres Wirkens waren es Wohnungen oder alte Häuser, die in Wien oder in den Vorstädten gemietet oder zu einem günstigen Preis erworben wurden, später wurden diese wenn möglich erweitert oder durch einen Anbau vergrößert, um eine Kirche oder Kapelle als Mittelpunkt des religiösen Lebens einrichten zu können. Hatten sich die Gemeinschaften gefestigt, Zuwachs erhalten, Gönner und Wohltäter gefunden, konnten Klöster, Kirchen, Schulen und Spitäler gebaut werden, die heute noch Zeugnis von der Gottes- und Nächstenliebe und vom caritativen Wirken jener Schwesterngemeinschaften geben, die im 19. Jahrhundert in Wien Fuß fassten.

Im Jahre 1993 lernte ich durch meine Tochter, die einige Monate in Bolivien in einer Schule, von den *Tertiarschwestern* des HL. FRANZISKUS gegründet, unterrichtete, deren Tätigkeiten durch Erzählungen und Bilder kennen. Fast alle *Franziskanerinnen*, die ab 1932 nach Bolivien kamen, stammen aus Tirol und haben ihr Mutterhaus in Hall/Tirol. Die Schwestern leben seither vor allem im heutigen Pfarrdorf ASCENSIÓN DE GUARAYOS, dessen Gründung auf das Jahr 1826 zurückgeht.[7] Vier Jahre später konnte ich das Alltagsleben und die Tätigkeiten der Schwestern bei einem mehrwöchigen Besuch auf der Missionsstation kennen lernen und mich von ihren Leistungen überzeugen. Ich war tief beeindruckt und fand es bewundernswert, wie es gelungen war, unter schwierigsten Bedingungen mit Hilfe

7 1850 hatte Ascensión 600 Einwohner, 1993 zählte die Pfarrei nahezu 10.000 Einwohner.

von Spenden aus Österreich und Deutschland nicht nur ein Gästehaus mit Kindergarten in Santa Cruz, sondern auch ein Kloster, ein Krankenhaus und eine Schule im 300 km entfernten Dorf aufzubauen[8], sondern den Menschen auch in ihrer ganzen Lebenssituation, in Not und Krankheit zu helfen. Die soziale Lage der Menschen im Dorf und ihre Wohnverhältnisse erinnerten mich an die Erzählungen meiner Großeltern von der schlechten Lage der Arbeiter zwischen 1900-1935 in Österreich.

So ist mein Interesse an den caritativ tätigen Schwesterngemeinschaften gestiegen, und es zeigte sich, dass auch die eigene Lebensgeschichte in gewisser Weise von Ordensschwestern geprägt war. Ich selbst besuchte den Kindergarten der *Schwestern vom armen Kinde Jesus* in der Hofzeile in Döbling,[9] meine Kinder den Kindergarten der *Schulschwestern von Unserer Lieben Frau* in Perchtoldsdorf und letztlich die Enkelkinder den Kindergarten der *Borromäerinnen* in Wien-Rodaun. Sohn und Tochter legten ihre Reifeprüfungen in den Schulen der *Jesuiten* in Wien-Kalksburg und der *Ursulinen* in Wien-Mauer ab, zuletzt waren am früheren Wohnort in Kalksburg, Wien XXIII., durch das Kollegium der *Jesuiten* und die Niederlassung der *Caritas Socialis* viele Kontakte gegeben.

Die Arbeit der Schwestern erschien immer selbstverständlich. Man war überzeugt, dass die Ordensfrauen imstande waren, Bildung und Glauben zu vermitteln. Das heutige sozial-caritative Wirken in der Gesellschaft des 20. Jahrhunderts, in seiner Vielfalt durch öffentliche, private und gemeinnützige Einrichtungen, unterscheidet sich in vieler Hinsicht von dem früherer Jahrhunderte. Im 19. Jahrhundert aber wurden Ideen und Arbeitsmethoden entwickelt, die von Europa ausgehend in andere Kontinente übertragen wurden. Die Reflexion auf das 19. Jahrhundert ist daher für das Verständnis der Gegenwart wie für die Zukunft der Schwesterngemeinschaften wichtig. Intensive Nachforschungen waren nötig um Informationen von den einzelnen Orden und Kongregationen zu

8 2004 wurde eine zweite Schule fertig gestellt und dem Krankenhaus eine eigene Kinderstation angefügt.

9 Das Ordenshaus wurde 1939 geschlossen, ein Schulbesuch war nicht mehr möglich.

erhalten. Einige Gemeinschaften reagierten auf mein Ansuchen um Literatur, Aufzeichnungen und Dokumente äußerst offen und entgegenkommend. Sie gewährten Einsicht in ihre Chroniken, wenn vorhanden, in Bücher ihrer Mitschwestern, in Berichte von Oberin und Schwestern sowie Dokumenten und waren erfreut, dass ihrer Arbeit Anerkennung gezollt werden sollte, andere verhielten sich eher ablehnend. Wo es nicht gelang mit Oberin oder Archivarin Kontakt zu finden, wurden Unterlagen aus dem Diözesanarchiv herangezogen, um auch diese Kongregationen, wenn auch nur in Kurzform, in die Arbeit einbeziehen zu können.

Ein Schreiben von Sr. Erentrud Dirmgraber von den *Barmherzigen Schwestern vom hl. Kreuz* machte mir Mut, die Arbeit zu beginnen und durchzuführen:

> *Einen Wunsch, den ich schon mehrmals deponiert habe, den beginnen Sie zu erfüllen, den Beitrag der Ordensfrauen im praktischen Bemühen um die Lösung der sozialen Frage im 19. Jahrhundert zu erforschen. Ich freue mich, dass Sie daran gehen, den Dienst des Erinnerns zu tun. (...)*[10]

2. FORSCHUNGSSTAND

2.1. DER BISHERIGE FORSCHUNGSSTAND

Für das erstaunliche Phänomen der Ausbreitung und des Wachstums der Frauenorden und Kongregationen im 19. Jahrhundert fehlten im deutschen Sprachraum bis Ende des 20. Jahrhunderts überblickende Studien. Erst im letzten Jahrzehnt wurde das Thema aufgegriffen. Für das 19. Jahrhundert existiert keine umfassende Zusammenstellung über das Ordens- und Kongregationswesen von Seiten der katholischen Kirche. Die jeweiligen Diözesanverwaltungen nahmen die Erfassung derselben nach eigenem Gutdünken vor, so dass die Daten nicht miteinander verglichen werden können.[11]

10 *Dirmgraber* Sr. Erentrud, Kongregation der Barmherzigen Schwestern vom hl. Kreuz. 11. März 2004.

11 *Aubert* Roger, Das Erwachen der katholischen Lebenskraft, in: Jedin Hubert (Hg.), Handbuch der Kirchengeschichte 6,1, Die Kirche zwischen Revolution und Restauration. Freiburg/Br. 1971/85. 257.

Heinrich Pesch[12] wollte in seinem Werk von 1891 das caritative Wirken der Ordensgemeinschaften in Wien schildern. Er brachte eine Zusammenstellung jener Angaben, die er den Jahresberichten der verschiedenen Wohltätigkeitsanstalten entnommen hatte. Im zweiten Kapitel nannte er achtzehn männliche und weibliche Genossenschaften mit etwa 1 800 Mitgliedern, die 1890 im Dienste der Armen standen.

Leopold Krebs[13] zeichnete nach eigener Aussage „*ein Bild in nur allgemeinen Zügen, eine detaillierte Aufzählung der einzelnen Häuser und Niederlassungen musste aus Platzmangel unterbleiben.*"

Viele Angaben hatte Leopold Krebs von Alfons Zak[14] entnommen, dieser aber hatte Berichte über Niederlassungen und Anzahl der Schwestern ausschließlich in die Gesamtzahl der Mitglieder der Gemeinschaften eingefügt.

Adam Wienand[15] gestaltete die Übersicht der Frauenkongregationen nach den Ordensregeln. Als erste Aufgabe des Buches bezeichnete er „*die Ordensfrau als Mittlerin zwischen Gott und einer von ihm abgekehrten Welt*" zu zeigen. Als zweite Aufgabe nannte er eine Orientierung über die Vielfalt der weiblichen Orden und Kongregationen. Die statistischen Angaben betreffen die Gründungen und Niederlassungen in Deutschland und ihre weltweite Verbreitung. Obwohl nach dem II. Vatikanum verfasst, wurde das Ordenswesen in seinem Werk sehr stark idealisiert, und viele Beiträge zeigen eine sehr blumenreiche und übertriebene Ausdrucksweise.[15]

Alois Hudal [16] betont in seinem Werk über den Katholizismus in Österreich, dass die alten Stifte und Abteien der Orden religiöse und kulturelle Brennpunkte Österreichs waren. Im Kapitel „Orden und Kongregationen in Österreich" berichtet Johannes Hollensteiner[17] von

12 *Pesch* Heinrich, Die Wohltätigkeitsanstalten der christlichen Barmherzigkeit in Wien, Freiburg i.Br.1891.

13 *Krebs* Leopold, Das caritative Wirken der katholischen Kirche in Österreich, Wien 1927.

14 *Zàk* Alfons, Österreichisches Klösterbuch", Wien-Leipzig 1911.

15 *Wienand* Adam, Das Wirken der Orden und Klöster in Deutschland, II, Die weiblichen Orden, Kongregationen und Klöster, Köln 1964.

16 *Hudal* Alois, (Hg.) Der Katholizismus in Österreich. Innsbruck 1931.

17 *Hollensteiner* Johannes, Die Orden und Kongregationen in Österreich, in: Der Katholizismus in Österreich, hg. von Alois Hudal. Innsbruck 1931. 110-119.

der engen Verbindung von Seelsorge und Fürsorge, die zu einer Verbundenheit der Bevölkerung mit den religiösen Genossenschaften führte. Er schildert den Heroismus christlicher Nächstenliebe auf allen Gebieten der Fürsorgetätigkeit, hebt besonders die Klosterschulen hervor und stellt ein Verzeichnis weiblicher Orden und Kongregationen auf, geht aber auf einzelne Gemeinschaften nicht näher ein.

MAX HEIMBUCHER[18] führt in seinem Werk über den Katholizismus in Österreich die Frauengemeinschaften nur als „Anhängsel" der Männerorden und -kongregationen an, ebenso HUBERT JEDIN[19] in seiner Kirchengeschichte.

ERWIN GATZ bezieht sich in dem Werk „Kirche und Krankenpflege"[20] in seinen Ausführungen auf die Gemeinschaften in den Preußischen Provinzen Rheinland und Westfalen und da nur auf solche, die sich der Krankenpflege widmeten. In der Geschichte des kirchlichen Lebens, V, „Caritas und soziale Dienste" [21] geht ERWIN GATZ von der Caritas als Grundfunktion der Kirche aus und zeigt die Entwicklung der Armenpflege in den einzelnen Ländern auf. Abschließend wendet sich der Autor der Krise und dem Wandel der sozial-caritativ tätigen Ordensgemeinschaften zu, bezieht sich jedoch auf den gesamt deutschsprachigen Raum.

Bis zum Werk von LEONARD HOLTZ[22] bietet das Standardwerk von MAX HEIMBUCHER die geschichtliche Übersicht über alle Orden und Kongregationen, ihre Entstehung und ihr Wirken, aber eben nur in einem allgemeinen Überblick. LEONARD HOLTZ widmet seine Arbeit dem Ordensleben bis ins 20. Jahrhundert, sie ist nach dem Vorwort des Verfassers als Erzählung aus der Geschichte des christlichen Ordenslebens in der Geschichte der Kirche zu verstehen. Wenn MAX

18 *Heimbucher* Max, Die Orden und Kongregationen der katholischen Kirche, I, II. Paderborn 1965 (= ³1933)

19 *Jedin* Hubert, (Hg.) Handbuch der Kirchengeschichte, 7, Die Weltkirche im 20. Jahrhundert. Freiburg i.Br. 1985.

20 *Gatz* Erwin, Kirche und Krankenpflege im 19. Jahrhundert, München/Paderborn/Wien 1971.

21 *Gatz* Erwin (Hg.), Geschichte des kirchlichen Lebens in den deutschsprachigen Ländern seit dem Ende des 18. Jahrhunderts. Die katholische Kirche. V, Caritas und soziale Dienste. Freiburg i.Br. 1997.

22 *Holtz* Leonard, Geschichte des christlichen Ordenslebens, Zürich ²1991.

Heimbucher die Entwicklung einer Ordensfamilie von den Anfängen bis in die Gegenwart behandelt, so will Leonhard Holtz dem Leser die Fülle des Ordenslebens nahe bringen. Er erzählt von den Ordensmännern und -frauen, von ihren geistlichen Gemeinschaften, die im Laufe der Geschichte der Kirche eine bedeutende Rolle gespielt haben und die auch in der Gegenwart lebendig sind. Seine Ordensgeschichte ist auf alle Länder Europas ausgerichtet.[23]

Zoe Maria Isenring [24] betont einerseits den sozialpolitischen Rahmen als Voraussetzung für die Neuentstehung und Entwicklung der weiblichen Gemeinschaften und Kongregationen und sieht andererseits die Kongregationen als Innovationsmodell für Frauen. Sie bringt ein sehr umfassendes Bild der im 19. Jahrhundert entstandenen Gemeinschaften, geht aber nicht speziell auf die einzelnen Orden und Kongregationen ein.

Mirjam Prager[25], selbst eine Benediktinerin, nennt es ein von vornherein zum Scheitern verurteiltes Wagnis, 1968 ein Buch über religiöse Frauenorden zu schreiben. Sie versucht das für Frauenorden Charakteristische in großen Zügen aufzuzeigen und durch ein Verzeichnis aller weiblichen Orden und Kongregationen im deutschen Sprachraum zu ergänzen.

Die Dissertation von Martina Kramer[26] ist primär auf die Priestergestalt und Gründerpersönlichkeit von Viktor Braun, Stifter der *„Dienerinnen des heiligsten Herzens Jesu*", bezogen.

Die Diplomarbeit von Denise Eisele[27] folgt anderen Prämissen. In ihrer Arbeit geht es vor allem um das „große Werk" Mutter Alfons-Marias (Elisabeth Eppinger) mit Mutterhaus in Sopron und die französischen Ursprünge.

23 *Holtz* Leonard, Geschichte des christlichen Ordenslebens, Düsseldorf 2001.

24 *Isenring* Zoe M., Die Frauen in den apostolisch-tätigen Ordensgemeinschaften. Freiburg/Schweiz 1903.

25 *Prager* Mirjam, Die religiösen Frauenorden, Aschaffenburg 1968.

26 *Kramer* Martina, Viktor Braun, Gründer der Kongregation der Dienerinnen des heiligsten Herzens Jesu. Diss. (ungedr.) Wien 1998.

27 *Eisele* Denise, Die Geschichte der Kongregation der Schwestern vom Göttlichen Erlöser mit Mutterhaus in Sporon von den französischen Ursprüngen bis zur Gegenwart in aller Welt – als Beispiel für das „große" Werk Mutter Alfons-Marias, Elisabeth Eppinger, DA 1994.

In der Geschichte des Erzbistums Wien gibt Franz Loidl[28] in Kurzform einen chronologischen Überblick über die Ordensniederlassungen in Wien im 19. Jahrhundert mit Standort und Filialen.

Die Geschichte des Ordenslebens von Franz Metzger und Karin Feuerstein-Prasser erschien 2006[29] und berichtet über das Paradoxon des Mönchtums, dass die bewusste Abkehr von der Welt höchst folgenreich in die Welt hinein wirken kann, als fruchtbare Kraft. Der Bogen spannt sich von den Wüstenvätern bis in die Neuzeit, bleibt aber immer auf das gesamte Mönchtum des Abendlandes, Männer- und Frauenorden, ausgerichtet. Die „Stunde null" des Mönchtums am Ende des 18. Jahrhunderts wird dargelegt und der im 19. Jahrhundert rege Zulauf zu den caritativ tätigen Frauenorden als Gesamtphänomen gesehen.

Die gesamte Literatur bezieht sich meist vorwiegend auf den Gesamtorden und auf die Niederlassungen in der ganzen Welt. So auch das Informationsheft der Vereinigung der Frauenorden Österreichs von Theresia Sessing.[30]

In der Geschichtes des kirchlichen Lebens, VII, Klöster und Ordensgemeinschaften, herausgegeben von Erwin Gatz[31] unter der Mitwirkung von Marcel Albert OSB und Gisela Fleckenstein betont der Herausgeber in seinem Vorwort, dass Autorinnen und Autoren hoffen, mit diesem Band nicht nur einen Beitrag zur Kirchengeschichtsschreibung, sondern auch zur Reflektion über Klöster und Ordensgemeinschaften in der Gegenwart geleistet zu haben. Die Beiträge beziehen sich auf Deutschland, Schweiz und alle Bundesländer Österreichs.

Franz Hlawati,[32] der sehr ausführlich die Geschichte der Gründung und Ausbreitung der *Barmherzigen Schwestern von Gumpendorf* be-

28 *Loidl* Franz, Geschichte des Erzbistums Wien, Wien 1983. 278-282.

29 *Metzger* Franz, *Feuerstein-Praßer* Karin, Die Geschichte des Ordenslebens. Von den Anfängen bis heute. Freiburg i. Br. 2006. 10.

30 *Sessing* Theresia, Die Frauenorden in Österreich, Mödling 1995.

31 *Gatz* Erwin, (Hg.) Geschichte des kirchlichen Lebens in den deutschsprachigen Ländern seit dem Ende des 18. Jahrhunderts – Die Katholische Kirche – VII. Klöster und Ordensgemeinschaften. Freiburg i.Br. 2006.

32 *Hlawati* Franz, Die Barmherzigen Schwestern von Wien-Gumpendorf 1832-1932. Wien 1932.

schreibt, ist vor allem dem Ordensinteresse dienlich. Er nimmt „*100 Jahre Barmherzige Schwestern in Wien, 1832-1932*“ zum Anlass, im Auftrag der Ordensleitung aus Dokumenten und Aufzeichnungen die Gründung und Entwicklung der Schwesterngemeinschaft aufzuzeigen. Seine Studie über Mutter CYRILLA von Sion ist im gleichen Sinn dem Institut der *Schwestern Unsere Liebe Frau von Sion* gewidmet.

Die Gemeinschaften selbst betreffend zeigen eine Reihe von Quellen auf, diese Schriften wurden aber vor allem zu Jubiläen als Festschriften verfasst. Sie sind in diesem Sinn primär für den ordensinternen Gebrauch oder im Interesse von Gemeinden entstanden. So zum Beispiel die Festschriften: „*Zum 75jährigen Bestand der Strafanstalt Wiener Neudorf 1854-1929*“[33] oder „*75 Jahre im Dienst der christlichen Jugenderziehung der Kongregation der Schwestern vom armen Kinde Jesus*“[34] wie „*100 Jahre Mutterhaus-Kirche der Kongregation der Töchter der göttlichen Liebe* in Wien Jaquingasse.“ Festschrift 1991.

ANNA MOHL[35] (SR. M. LEONORE) stellte Mutter FRANZISKA LECHNER in den Mittelpunkt ihres Buches. Es entstand ein Lebensbild der Gründerin der *Töchter der göttlichen Liebe* mit vielen Eintragungen aus der Chronik des Mutterhauses. Sie bezog auch das Umfeld mit ein und gab eine sachliche, doch von Liebe zu ihrer Gemeinschaft getragene Übersicht.

Eine Fülle an Literatur findet sich über HILDEGARD BURJAN und die von ihr gegründete Schwesterngemeinschaft *Caritas Socialis*. Wenn auch immer unter einem anderen Aspekt geschrieben, bietet die Literatur einen guten Überblick über ihr Leben, ihre sozialen Werke, ihr Wirken als Politikerin und die Gründung der *Caritas Socialis*.[36]

33 *Urwalek* Franz, Zum 75jährigen Bestand der Strafanstalt in Wiener Neudorf 1854-1929. Wiener Neudorf 1929.

34 *Kongregation der Schwestern vom armen Kinde Jesus*, 75 Jahre im Dienst der christlichen Jugenderziehung der Kongregation der Schwestern vom armen Kinde Jesus. Wien 1933.

35 *Mohl* Anna, Sr. M. Leonore, Mutter Franziska Lechner, Lebensbild der Gründerin der Kongregation der Töchter der göttlichen Liebe. Wien 2001.

36 *Schödl* Ingeborg (Hg.), Hoffnung hat einen Namen. Innsbruck 1995; *Schödl* Ingeborg, Männerwelten – Frauenwerke. Bad Sauerbrunn 1991; *Schödl* Ingeborg, Zwischen Politik und Kirche. Mödling 2000.

Als zusätzliche Quellen für die vorliegende Arbeit erwiesen sich:
- Chroniken von Ordensgemeinschaften, soweit vorhanden und einsehbar;
- „Hausbücher" der Kongregationen, die von Ordensmitgliedern geschrieben;
- Festschriften zu Jubiläen, die meist nur in den Archiven der Schwesterngemeinschaften aufbewahrt werden;
- Handschriftliche Dokumente aus dem Diözesanarchiv der Erzdiözese Wien;
- Dokumente und Aufzeichnungen von den einzelnen Kongregationen.

In den meisten Unterlagen, die im Diözesanarchiv über Frauenorden aufbewahrt werden, geht es um Ansuchen an das Fürst-Erzbischöfliche Ordinariat oder an die k.k. Statthalterei um Bewilligung einer Gründung, einer Niederlassung, bzw. einer Filiale. In diesen Ansuchen wurden der Zweck der Niederlassungen und die vorgesehenen caritativen Tätigkeiten der Schwestern angegeben. Für Novizenausbildung, Gründung eines Mutterhauses, Darlehensgenehmigungen oder Erlaubnis zur Sammlung von milden Gaben wie zum Ankauf eines Hauses musste sowohl bei kirchlicher als auch staatlicher Behörde angesucht werden. Die Angaben beziehen sich weiters auf Ansuchen für Errichtung einer Kapelle oder eines Kirchenbaues, Bitten auf Aussetzung des Allerheiligsten, um Aufstellung von Heiligenstatuen und Einrichtungsgegenständen. Hausgeistliche oder Direktoren für die Schwesterngemeinschaften wurden erbeten sowie die Jurisdiktion für den Beichtvater. Alle Fragen, die Kloster und Kirche betrafen, vor allem die Ansuchen um die Einkleidung von Kandidatinnen und die Professablegung der Novizinnen mussten eingereicht werden.

Die vorliegende Literatur lässt eine Reihe von Fragen offen. Wird ein Orden, eine Kongregation beschrieben, so bezieht sich der Bericht meist auf die Persönlichkeit der Gründerin oder des Gründers am Ort der Gründung, der oft in anderen europäischen Ländern gelegen war. Die Gründung oder Niederlassung in Wien und deren Leitung wird selten ausführlich behandelt, meist nur dort, wo eine Chronik vorhanden oder ein Buch von einem Mitglied der Schwesterngemeinschaft geschrieben wurde. Über das Leben in diesen Gemeinschaften, ihre kleinen Anfänge, über die Schwestern selbst, über ihre Sorgen und Nöte ist in diesen Berichten kaum etwas zu erfahren. Nachforschungen in Biographien, Urkunden, Visitationsprotokollen, Dokumenten, Festschriften und Chroniken gaben die Möglichkeit, einige Rückschlüsse auf das interne Klosterleben, auf das Alltagsleben der Schwestern zu ziehen.

Aus der Tatsache des Phänomens eines „Ordensfrühlings" im 19. Jahrhundert ergaben sich folgende Fragestellungen:

- Welche „Zeitumstände" waren für diese geschichtliche Tatsache maßgebend?
- Wo lässt sich der Zusammenhang mit der Sozialen Frage finden?
- Warum, weshalb und wie kam diese Welle der Gründungen und Niederlassungen von Frauenkongregationen nach Wien?
- Wie ist das Wachstum, die Entwicklung dieser Schwesterngemeinschaften im 19. Jahrhundert in der Kaiserstadt zu erklären, und zuletzt die Frage zu stellen: War es eine Erfolgsgeschichte ohne Fortsetzung?

2.2. DIE STUDIE VON HERMANN WEIGOLD „UND DEN NÄCHSTEN LIEBEN WIE DICH SELBST"

Knapp vor Abschluss der vorliegenden Arbeit ist eine Studie von HERMANN WEIGOLD erschienen, die sich thematisch zu einem Teil mit vorliegender Dissertation deckt.[37] Der Autor beschreibt in seiner Studie die Existenz- und Bildungsnot in den Wiener Vorstädten[38] während des 19. Jahrhunderts und richtet den Blick auf jene „Maßnahmen zur Linderung und Behebung der leiblichen und seelischen Not", die durch Einzelpersonen, Vereine, durch katholische Ordensgemeinschaften und durch das diakonische Wirken der Evangelischen Kirche wie das sozial-caritative Wirken jüdischer Personen und Organisationen in Wien getroffen wurden.

37 *Weigold* Herrmann, und den Nächsten lieben wie dich selbst. Maßnahmen zur Linderung und Behebung der leiblichen und seelischen Armut in Wien im 19. Jahrhundert bis 1918. Frankfurt am Main 2006.

38 Die Vorstädte lagen zwischen späterer Ringstraße und Gürtel und wurden 1850 als Bezirke II-IX eingemeindet.

Hermann Weigold vermittelt ein breit gefächertes Bild der Notsituation des 19. Jahrhunderts. Es geht dem Autor um das durchgehende Bemühen um Hebung der gesamtgesellschaftlichen Bildung im Hinblick auf die verarmte Bevölkerung der Wiener Vorstädte, und er stellt die sozialen Missstände den vielen selbstlosen Gegenmaßnahmen jener Zeit gegenüber. Die Rezension der Studie wurde von Eva Mühlhofer-Gurion durchgeführt.[39] Die Historikerin wertet die Studie nahezu uneingeschränkt positiv und meint, die Studie lasse eine vergangene Welt erkennen, „*in der barmherziges, wohltätiges Wirken von stillen Helden und Heldinnen noch völlig frei von Effekthascherei und Sucht nach Anerkennung geleistet wurde.*"

Die vorliegende Arbeit ist thematisch enger als die Studie Herrmann Weigolds, sie stellt das Wirken der katholischen Frauenorden und Kongregationen in den Mittelpunkt, die im 19. Jahrhundert in Wien gegründet wurden oder sich in der Residenzstadt niedergelassen haben. Personen, die sich als Förderer, als geistliche Begleiter, als Wohltäter der Gemeinschaften ausgezeichnet haben wie herausragende Ordensfrauen der einzelnen Genossenschaften werden in Zusammenhang mit den einzelnen Genossenschaften dargestellt.

Mein Anliegen war das Wirken der sozial-caritativ tätigen Orden und Kongregationen aufzuzeigen und deren Charismen herauszuarbeiten, denn von diesen Impulsen getragen, suchten die Schwesterngemeinschaften ihre besonderen Tätigkeitsfelder in Wien. Diesem so genannten „Ordensfrühling" im Zusammenhang mit der Sozialen Frage nachzuforschen, war das Ziel vorliegender Arbeit. Die Berufung, die Sendung der Gründergestalten, das Motiv, der Grundimpuls sollten aufgezeigt werden, die Betroffenheit durch die Not der Zeit und die feste Absicht der Gründer und Gründerinnen, sich in diese „Notstände" einzubringen um damit das Grundgebot des Christentums, der Gottes- und Nächstenliebe zu erfüllen. Damit war eine Perspektive gegeben, die sich von der Studie Weigolds wesentlich unterscheidet.

Im Kapitel „*Wien – wie es auch war*" wird von Herrmann Weigold die „*Arbeitswelt in den Wiener Vorstädten*" beleuchtet, vor allem

39 www.Israelforum.at/Buchrezension. Hermann Weigold.htm. In der Rezension liegt der Schwerpunkt auf der Behandlung des jüdischen Lebens in Wien im 19. Jahrhundert.

das Elend der Kinder. Wichtig ist ihm als Pädagogen die Bildung, der „*Schulbildung der Armen in Wien*" wird ein eigener Abschnitt gewidmet. Die Frage der Armut wird vorwiegend unter dem Aspekt von staatlichen Maßnahmen behandelt, Pfarrinstitute und ihre Aktivitäten bleiben unerwähnt, ebenso die Ereignisse des Jahres 1848, damit auch die Probleme der Infrastruktur, die sich durch die Entwicklung Wiens zur Industriestadt und durch die Stadterweiterung ergaben.

In den Aussagen über die „*Katholische Kirche und ihre Sorge um die im Elend Lebenden*" bezieht sich der Autor auf statistische Angaben der Jahre 1858 und 1900 aus dem Buch „Großstadtseelsorge" von HEINRICH SWOBODA.[40] HERRMANN WEIGOLD hebt die Bedeutung der Leistungen der weiblichen und männlichen katholischen Kongregationen hervor und betont, dass die Frauen und Männer dieser Gemeinschaften nie „das Handtuch" geworfen haben. Insgesamt gewinnt der Leser den Eindruck, dass der Verfasser sein Interesse auf das Zusammenspiel der Konfessionen ausrichtet und er zeigen will, dass Gemeinschaften aller Konfessionen bemüht waren, soziale Ungerechtigkeiten zu lindern, wobei Vereine und Privatpersonen eingebunden sein sollten. HERRMANN WEIGOLD berichtet vom konkreten Tun engagierter Frauen und Männer aller Konfessionen und beleuchtet zugleich deren ethischen Wertehintergrund. Ausführlich erläutert er den sozialistischen Ansatz als Antwort auf die Existenznot der Arbeiter.

Die Beschränkung der vorliegenden Arbeit auf die weiblichen Orden und Kongregationen erlaubt, die Vollständigkeit des Phänomens weiblicher Schwesterngemeinschaften zu beleuchten, die im angegebenen Zeitraum in Wien eine Gründung oder Niederlassung vorgenommen haben. Zu den von HERRMANN WEIGOLD nicht angeführten Genossenschaften gehören nicht nur kleinere Gemeinschaften, die sich in vorbildlicher Weise der Erziehung und dem Unterricht der weiblichen Jugend widmeten, sondern auch sehr bedeutende wie die *Schwestern vom Guten Hirten*, die mit der k.k. Strafanstalt Wiener Neudorf[41] Vorbild für alle zukünftigen Strafanstalten wurden.

40 *Swoboda* Heinrich, Großstadtseelsorge. Regensburg 1911.

41 Erzdiözese Wien.

Die Kongregation der *Schwestern vom göttlichen Erlöser* stand mit ihren Mitgliederzahlen im Jahre 1904 an der Spitze der weiblichen Ordensfrauen in Wien.[42] Ein besonderes Anliegen ist dem Autor die Sozialmedizin, ihre Entwicklung sowie die Stiftungen vieler Spitäler durch Adel und Bürgertum. Von Herrmann Weigold werden Krankenanstalten genannt wie das Krankenhaus Lainz und ebenso die dort in der Pflege tätigen *Franziskanerinnen von der christlichen Liebe.* Er berichtet aber nicht über die Gründung der Kongregation. Auch die Gründung des Kronprinz Rudolf Kinderspitals, des Erzherzogin Sophie Spitals und seine weltlichen Stifter werden angeführt, ohne auf den Pflegedienst der *Schwestern vom göttlichen Erlöser* einzugehen.

Die vorliegende Arbeit stützt sich zum Teil auf dieselben Quellen wie die Studie von Herrmann Weigold, dadurch ergaben sich Übereinstimmungen in der Darstellung. Die Beschränkung der vorliegenden Arbeit auf die katholischen Schwesterngemeinschaften machte es notwendig, weitere Quellen zu suchen. Als Fundorte erwiesen sich die Archive der Orden und Kongregationen sowie das Diözesanarchiv der Erzdiözese Wien, wo sich weitere Literatur und Dokumente fanden, die Geschehnisse festgehalten und Zusatzberichte einbrachten. Diese Quellen erlauben auch den eigentlichen Grundimpuls der Ordensmitglieder, der in den Worten *„die Liebe Christi drängt uns“* gründet, in deren Wirken zu erkennen.

3. KONKRETE NOT – KONKRETE HILFE

Einzel- und Gemeinschaftsinitiativen erklären sich zum Teil aus der damals allgemein vertretenen Überzeugung, dass soziales Elend nur durch freie Wohlfahrtspflege behoben werden könne. Erst langsam setzte sich die Auffassung durch, dass nur eine staatliche Intervention unter Mitwirkung freier Kräfte zur Lösung der so genannten

42 Dank dem Entgegenkommen des Archivleiters von Wiener Neudorf, Dr. Janetschek, der mir Einsicht in Quellen ermöglichte und aussagekräftige Literatur bekannt gab und dank der Möglichkeit, Kopien der Hauschronik von den Schwestern des göttlichen Erlösers zu erhalten, konnte von diesen Genossenschaften ein sehr breit angelegtes Bild vermittelt werden.

„Sozialen Frage“ beitragen könnte.[43] Das Entscheidende war das Anliegen die Not der Zeit zu lindern. Mitte des 19. Jahrhunderts erfolgte eine Welle von Ordensgründungen, die Kaiserstadt Wien, als Residenzstadt eines katholischen Herrschers, erwies sich als besonders geeignet für Neugründungen und Niederlassungen. So bezieht sich vorliegende Arbeit auf das sozial-caritative Wirken der Schwesterngemeinschaften, die von 1832-1919[44] in Wien ihre Gemeinschaft oder eine Niederlassung gegründet haben, sich in Wien und von hier aus ausgebreitet haben. Die Alltagsgeschichte, die Nöte und Sorgen, das geistliche Leben dieser Frauengemeinschaften, die in Wien ein Lebenswerk gründeten, ihr Wachstum und ihre Entwicklung zu ergründen war, das Ziel der Nachforschungen.
Im Kapitel II wurde zunächst der Zeithintergrund erörtert, der Prozess der politischen und sozio-kulturellen Veränderungen im 19. Jahrhundert wie die Veränderungen in Familien- und Arbeitsverhältnissen dargelegt. Die Massenarmut und der Pauperismus waren an sich ein europäisches Problem. Das dritte Kapitel widmet sich der Sozialen Frage als Herausforderung für Gesellschaft und Kirche, beleuchtet die Situation der Arbeiter, der Familie und die erst Ende des Jahrhunderts durchgeführten Ansätze einer staatlichen Regelung sozialer Probleme. Es stellte sich die Frage, wie man von kirchlicher Seite auf die Soziale Frage reagierte, die Reaktion der Päpste und der Kirche in Österreich wurden eingebracht.

Da die Schwesterngemeinschaften, Gründergestalten und nachfolgende Oberinnen besonderen Wert darauf legten, in der Kaiserstadt Fuß zu fassen, war es notwendig, die politische, wirtschaftliche und kirchliche Situation in der Kaiserstadt als Hintergrund und Umfeld der Neubildungen aufzuzeigen. Wien auf dem Weg zur Industriestadt mit allen sozialen Folgen der Industrialisierung, der Bevölkerungsanstieg, das Wohnungselend sowie die schwierige Lage von Frauen und Kindern ergab ein weites Betätigungsfeld des Apo-

43 *Gatz* Erwin, Caritas und kirchliche Hilfswerke, in: *Jedin* Hubert (Hg.) Handbuch der Kirchengeschichte, 7, Die Weltkirche im 20. Jahrhundert. Freiburg i.Br. 1985. 437.

44 Gründung der Caritas Socialis erfolgte durch Kriegsbeginn 1914 verzögert, erst im Jahre 1919.

stolates der Neugründungen. Die Nähe von Kaiserhaus, Adel und wohlhabenden Bürgertum brachte die notwendige finanzielle Hilfe für Ansiedlung und Ausbreitung wie auch die Möglichkeit des Wachstums der Gemeinschaften durch den Zustrom der Menschenmassen. Caritas als kirchliche Grundfunktion bis in die Gegenwart, ausgeübt von Einzelpersonen und Vereinen, wie die Entwicklung der Armenpflege wurde im nächsten Abschnitt aufgezeigt.

Der Mittelteil mit den Kapiteln VI-IX ist der Ausführung des Themas gewidmet. Das Ordensleben als Erneuerung von kirchlichem Leben, als Antwort auf die jeweilige Situation, eben die Soziale Frage im 19. Jahrhundert, als Resultat einer langen Wegsuche wurde von verschiedenen Blickrichtungen betrachtet. Als Meilenstein in der Geschichte der tätigen Ordensgemeinschaften erwies sich die Gründung der „*Filles de la Charité*" des HL. VINZENZ VON PAUL im Jahre 1633. Die Ansiedlung der *Barmherzigen Schwestern* in Wien kann als bahnbrechend für die in Folge einsetzenden Gründungen und Niederlassungen von Schwesterngemeinschaften bezeichnet werden. Der sozialpolitische und kirchliche Rahmen sowie Motivation, Gründungscharisma und Ziele der neuen Gründungen waren zu hinterfragen. Das soziale Elend, die Notlage vieler Menschen, wurde von den Gründern und Gründerinnen der Gemeinschaften als Zeichen der Zeit erkannt und ihrer Berufung nach in Hilfswerke umgesetzt. Da fast alle Gemeinschaften auf die Spiritualität und Intention ihrer Gründerpersönlichkeiten ausgerichtet waren, wurde das Kapitel über die Gründergestalten und Gründungen sehr ausführlich behandelt.

Die Soziale Frage in Wien – wie wurde der erste Lösungsgedanke, die Wohltätigkeit, die Caritas in die Praxis umgesetzt?

Konkrete Not – konkrete Hilfe, diese Situationsethik wird durch das caritative Wirken der Ordensfrauen in den Wiener Niederlassungen deutlich. Die speziellen Beiträge zur Linderung der sozialen Nöte zeigten sich in den Tätigkeiten der einzelnen Gemeinschaften. Das Apostolat umfasste Linderung der Armut in vielfachen Ausfaltungen, Krankenpflege im Krankenhaus und Privathäusern, Erziehung und Unterricht, Fürsorge für arme Kinder, Jugendliche und Erwachsene mit besonderer Betrachtung der „Dienstbotenfrage" sowie der Soldatenpflege in Lazarett und Spital.

Die Anfangsschwierigkeiten, die fast unzumutbaren caritativen Leistungen, die eigene Not der Schwestern wurden im folgenden Kapitel aufgezeigt, die Reaktionen von Behörden des Staates und der Kirche auf diese Gründungen angesprochen. Dass der Beitrag von Kaiserhaus, die Förderung und Unterstützung der Erzbischöfe von Wien, die Hilfe von Förderern und Wohltätern aus Adels- und Bürgerkreisen grundlegend und lebensnotwendig für die Finanzierung von Kloster und Kirchen waren, zeigen die den Anfängen der Gemeinschaften nachstehenden Kapitel. Die Aufnahme der Schwestern bei der Bevölkerung, die Anfeindungen seitens der liberalen Partei und der Presse, aber auch von Ärzten in den Krankenhäusern waren weitere Themen. Anerkennung, Lob und Ansehen drückt sich in Dokumenten und Berichten über die einzelnen Auszeichnungen aus. Der Stellung der Frau im 19. Jahrhundert und der Ordensfrau in den neuen Kongregationen wurde besondere Aufmerksamkeit geschenkt. Da mit HILDEGARD BURJAN eine neue Frauengeneration ins Blickfeld trat, war es notwendig diese Gründerin und die Gründung der *Caritas Socialis* im Jahre 1919 als Abschluss dieser Entwicklung einzubeziehen. Umwälzungen politischer und sozialer Art, veränderten auch das Frauenbild im 20. Jahrhundert. Die politische Situation hatte sich mit dem Untergang der Monarchie vollkommen geändert. Die Gründung dieser Schwesterngemeinschaft fand bereits unter anderen Umständen und Voraussetzungen statt als die Gründungen und Niederlassungen im 19. Jahrhundert. Die Sendung von HILDEGARD BURJAN war es die Not „strukturell" einzudämmen und die entsprechende Gesetzgebung durchzusetzen.

Letztlich galt es, im Kapitel X die Entwicklung und das Wachstum der Gemeinschaften in Wien und ihre Ausbreitung zu erforschen und zu beschreiben. Das Wachstum der Kongregationen wird in einer graphischen Darstellung verdeutlicht, die sehr eindrucksvoll das teilweise sprunghafte Ansteigen der Kandidatinnen in den einzelnen Gemeinschaften klarlegt. Dazu wurden Überlegungen angestellt, was Mädchen und Frauen aus den verschiedenen Herkunftsländern in dieser Zeit bewogen hat, in eine Ordensgemeinschaft einzutreten. Dokumente von Prüfung, Einkleidung und Profess geben einen guten Einblick in die damalige Situation. Im Abschlusskapitel wurde versucht, dem Phänomen der „Ordensblüte" des 19. Jahrhunderts nachzugehen, einen Blick in die Gegenwart und einen Ausblick in die kommenden Jahre zu wagen.

- Welche Bedeutung hatten und haben Schwesterngemeinschaften für die Gesamtkirche, wo stehen sie heute?
- Ist Caritas, ist tätige Nächstenliebe trotz „Sozialstaat" noch gefragt oder ist es doch eine Erfolgsgeschichte ohne Fortsetzung?
- Wird es neue Aufbrüche geben?
- Welche Prinzipien, welche Intentionen aus der Gründerzeit konnten bewahrt, welche mussten oder sollen verändert werden?
- Gibt es eine Bewegung im Ordensleben?

Durch den Rückgang der Mitgliederzahl der Gemeinschaften waren Schwesternorden und Kongregationen gezwungen neue Wege zu suchen. Der Wandel in der Daseinsvorsorge und die Veränderungen in der Gesellschaft blieben nicht ohne Auswirkungen. Neue Herausforderungen ergaben sich in anderen Kontinenten. Die Enzyklika „DEUS CARITAS EST"[45] von Papst Benedikt XVI., die vom aktiven „Liebesdienst" spricht, ist einerseits rückblickend und andererseits wegweisend für eine immer wichtige kirchliche Caritas.

45 Verlautbarungen des Apostolischen Stuhls Nr. 171, Enzyklika DEUS CARITAS EST, von Papst Benedikt XVI., 25. Dezember 2005. Zweiter Teil, Caritas – das Liebestun der Kirche als einer „Gemeinschaft der Liebe". 28-48.

II. DAS 19. JAHRHUNDERT

1. DER PROZESS DER VERÄNDERUNG

1.1. POLITISCHER UND SOZIOKULTURELLER UMBRUCH DURCH DIE FRANZÖSISCHE REVOLUTION

Das 19. Jahrhundert schließt als Bezeichnung nicht nur hundert Jahre zwischen 1800 und 1900 ein, sondern wird weitgehend auch als Bezeichnung für eine historische Epoche gebraucht. Dieser Sprachgebrauch setzt voraus, dass dieser Begriff einige wesentliche Kennzeichen abdeckt, durch die sich die genannte Periode in charakteristischer Weise von der Zeit davor und danach unterscheidet. Beginnt man mit dem Wiener Kongress um 1815, so sind auch die Französische Revolution 1789, durch die ein politischer und kultureller Umbruch stattgefunden hatte, und das Kaisertum einzuschließen. Die Grenze zum 20. Jahrhundert hin wird mit dem Ersten Weltkrieges und dem Zusammenbruch der Monarchie angesetzt. Man spricht daher von einem „langen 19. Jahrhundert". Beide Ereignisse markieren auch in der Wiener Stadtgeschichte jeweils den Anbruch einer neuen Ära und sollen daher als Anfangs und Endpunkt dienen. Das 19. Jahrhundert ruht auf den Eckpfeilern der Industrialisierung, des demographischen Wandels,[46] der Durchsetzung des nationalstaatlichen Prinzips sowie der Verbürgerlichung der Gesellschaft.

1.2. DIE INDUSTRIELLE REVOLUTION – DER WANDEL VON DER FEUDALEN AGRARGESELLSCHAFT ZUR KAPITALISTISCHEN INDUSTRIEGESELLSCHAFT

Die Dampfmaschine, in England im 18. Jahrhundert von James Watt 1765 zu einer universal einsetzbaren Kraftmaschine entwickelt, wurde zum Symbol der industriellen Revolution. In den österreichischen Ländern fand diese mit einiger Verspätung statt. Die Haltung des Staates gegenüber neuen technischen und ökonomischen Entwicklungen war ambivalent. Einerseits leistete man hinhaltenden Wider-

46 Auswanderung, Binnenwanderung und Verstädterung sind Massenphänomene.

stand, da man den Zusammenhang zwischen wirtschaftlichen Umbruch und politischen Veränderungen ahnte, symptomatisch dafür das kaiserliche Verbot von Fabrikgründungen in Wien 1802, „nur außerhalb des Linienwalls", andererseits konnte man nicht umhin die technische Entwicklung zu nützen, sollte die Großmachtstellung Österreichs weiterhin behauptet werden. Dieses Verbot von Fabrikgründungen wurde 1809 aufgehoben, aber diese Maßnahme hatte doch einige Jahre das Wirtschaftswachstum verzögert. Mit großer Wahrscheinlichkeit setzte eine umfassende gesellschaftliche Revolution bereits um 1800 ein.

Alle jene Änderungen, die die Voraussetzungen für einen Wechsel von der feudalen zur bürgerlichen Gesellschaft schufen, wie Kapitalbildung, Urbanisierung, Änderung der Arbeitsorganisation und technischer Verbesserung der Produkte, vollzogen sich in Österreich zwar langsamer als in Westeuropa, dennoch fand die „industrielle Revolution", von England ausgehend, bereits im Vormärz ihren Anfang.[47] Im Jahre 1811 wurde der österreichische Vielvölkerstaat durch einen schweren Staatsbankrott erschüttert. Das berüchtigte Finanzpatent „Wiener Währung" setzte den Wert der Bancozettel[48] auf ein Fünftel herab. Viele Menschen verloren ihre Ersparnisse, das Einkommen sank oft unter die Grenze der Lebenserhaltungskosten.

Als die Lebensmittelpreise um 1825 auf einen absoluten Tiefpunkt sanken, kamen die Bauern in Schwierigkeiten. Die Krise aber brachte der Verlust der Möglichkeit des Nebenerwerbs. Der Verlust dieser Arbeit durch die Mechanisierung der Industrie und des Verkehrs trieb viele Bauern in den Ruin. Erst nach den Bauern traf die Krise die Industriearbeiter. Maschinen, die rund um die Uhr benutzt werden konnten, verlangten einen zwölf Stunden Tag in einer Tages- und einer Nachtschicht. Dazu fehlte der unternehmerischen Gründergeneration meist jegliche soziale Einstellung. Der Gesellschaftumbruch traf daher vor allem die Fabrikarbeiter und führte

47 *Rumpler* Helmut, Eine Chance für Mitteleuropa, in *Wolfram* Herwig (Hg.) Österreichische Geschichte 1804–1914. Wien 1997. 216.

48 Ab 1762 wurden „Bancozettel" ausgegeben, die auf dem Kredit des Wiener Stadtbanco basierten. Zur Finanzierung des Krieges gegen Frankreich wurde die Ausgabe vervielfacht.

zu einem Leben im Elend. Noch im Bündnis von „Thron und Altar" verhaftet, verschlossen sich Staat und Kirche einer Veränderung der Sozialstruktur. So rollte die erste Welle des Pauperismus über die Massen der Arbeiterschaft.

1.3. SOZIALER UMBRUCH – VERÄNDERUNGEN IN FAMILIEN- UND ARBEITSVERHÄLTNISSEN

In sozialer Hinsicht gab es dramatische Veränderungen. Die industrielle Revolution mit der Entstehung eines Arbeiterproletariats und dem rapiden Wachstum der Städte schuf ungeahnte Probleme. Die Gesellschaft war auf das Kaiserhaus ausgerichtet, soziales Ansehen an Grund- und Hausbesitz gebunden. Das Großbürgertum suchte Kontakt zu Adelskreisen und ahmte ihre Lebensformen nach.[49] Weltweit brachte die Bevölkerungsvermehrung als geschichtliche Entwicklung drastische Folgen mit sich: Hungersnöte, Auswanderungen und Agrarreformen.

Die Erschütterungen und Krisen des 19. Jahrhunderts dürfen nicht nur als Nachwirkungen der französischen Revolution gesehen werden, sondern stammten auch aus tief greifenden Wandlungen der bisherigen Geistes- und Wirtschaftshaltung. Dazu kam eine soziologische Umschichtung im Kreise der kleinen und mittleren Handwerker. Mit dem Aufkommen der Großindustrie kämpfte der Lohnarbeiter unter schwierigsten Bedingungen um seine Existenz. Die Landbevölkerung wurde, teils durch Abwanderung in die nahen und ferneren Städte, teils durch Wissen über die politischen, wissenschaftlichen und sozialen Ideen in die städtische Kultur miteinbezogen. Vielen jungen Bauern erschien die aufstrebende Industrie als verheißungsvolles Neuland, das mehr Freiheit und mehr Wohlstand zu bieten hatte als das mühselige Leben im entlegenen Dorf.

Die Abwanderung in die Städte und in die Fabriken setzte mit immer größer werdender Intensität ein. Die Unternehmer behandelten die Fabrikarbeiter jedoch noch im Sinne der alten feudalen Ordnung, und so waren diese letztlich nicht besser gestellt als die vom Grundherrn abhängigen Bauern. Der Aufbruch aus der heimatlichen

49 *Scheithauer* Erich, *Schmeiszer* Herbert, *Woratschek* Grete, Geschichte Österreichs in Stichworten, IV: 1815 bis 1918. Wien 1976. 136.

Umgebung, die Konzentration in den Städten, die miserablen Löhne und vieles andere mehr schufen ein zahlenmäßig starkes Bevölkerungselement ohne Wurzeln in der Vergangenheit und deren Institutionen, zu denen auch die Kirche gehörte.

1.4. WANDLUNG IM ROLLENVERSTÄNDNIS VON MANN/FRAU

Die erste Hälfte des 19. Jahrhunderts brachte nicht nur politische und grundlegende Veränderungen des sozialen und wirtschaftlichen Lebens, sondern auch Wandlungen im Rollenverständnis von Mann und Frau. Schon Ende des 18. Jahrhunderts gab es neue Charakterdefinitionen für beide Geschlechter. Zentrale Merkmale der beiden wurden hervorgehoben, beim Mann die Aktivität und Rationalität, bei der Frau die Passivität und die Emotionalität. Die Lebenswelt wurde gespalten, der Mann war für den öffentlichen Bereich, die Frau für den privaten Bereich prädestiniert, die Frau wurde daher von Beruf, Öffentlichkeit und Politik ferngehalten. Einerseits postulierte die bürgerliche Gesellschaft die Gleichheit der Individuen mit gleichen sozialen Rechten, andererseits wurde das Gleichheitspostulat durch die Charakterdefinition unterlaufen. Der weibliche Wirkungskreis war durch die familiären Pflichten, die mütterlichen Erziehungsaufgaben und die Pflege der religiösen Werte gekennzeichnet. Aber die Sozialisationsleistung der „Hausmütter", sowohl in der Funktion als Erzieherin, als auch ihre caritativen Tätigkeiten, gerieten unter öffentliche Kontrolle, betrafen die ganze Gesellschaft. Die Frauenarbeit beunruhigte, die Hausangestellten gingen in die Fabriken. Sie verdienten dort ein wenig mehr für eine etwas kürzere Arbeitszeit als in den althergebrachten Berufen im Haushalt. Aber die kleine Arbeiterin, die gezwungen war, sich ihren Lebensunterhalt zu verdienen, wurde nun von den Arbeitern als Konkurrentin empfunden, weil sie viel weniger verdiente, als die Männer bezahlt bekamen. Gleichzeitig starb auch die Heimarbeit im Familienbetrieb aus. Industrialisierung und Urbanisierung der Gesellschaft veränderten grundlegend die Lebenssituation der Frauen in fast allen sozialen Schichten.[50]

50 *Isenring*. 38f.

2. DIE MASSENARMUT UND DER PAUPERISMUS

Zu gewissen Zeiten entstand eine Massenverelendung, die sich nicht aus einer Einzelerscheinung wie Krieg, Missernte oder Epidemie entwickelte, sondern sich aus einem Zusammenwirken von Ursachen ableitete. Dazu gehörte auch jene Massenarmut, die im 19. Jahrhundert in den Industriestaaten auftauchte. Eine Ursache für die Verelendung bildete das anhaltende Bevölkerungswachstum bei besonderer Zunahme der Unterschichten. Die Verarmung weiter Volksschichten steigerte sich zu jenem Phänomen, das man seit etwa 1830 mit dem Begriff „Pauperismus" beschrieb. Diese so bezeichnete Armut war objektiv erfassbar und nicht zu beseitigen. Man verstand darunter die unter dem Existenzminimum lebenden Schichten der Bevölkerung, wie auch die zwar arbeitenden, aber in dürftigen Verhältnissen lebenden Menschen. Einerseits war die Situation charakterisiert durch starke soziale Spannungen und Gegensätze, auf der anderen Seite durch das Fehlen von Solidaritätsgefühl. Die öffentlichen Einrichtungen waren diesen Anforderungen der Massenarmut nicht gewachsen.[51]

Man begann in der Armengesetzgebung dieser Zeit zwischen unverschuldeter und verschuldeter Armut zu unterscheiden, wobei sehr häufig den von gesellschaftlicher Verarmung und Verelendung Betroffenen Armut als „persönliche Schuld" und „mangelnde Moralität" angerechnet wurde. Die Arbeiter lebten von der Hand in den Mund, was sie in Krisenzeiten in eine verzweifelte Lage brachte. Die Industriearbeiter schufteten unter den härtesten Bedingungen und lebten in ärgster Not. Die Kartoffel wurde die Hauptnahrung von Kleinhäuslern, Armen und Arbeitern.[52] Das Problem aber war ein europäisches, das Los der Arbeiter war nirgends besser. Nach den Missernten 1845/1846 stiegen die Preise der Lebensmittel in

51 *Lentner* Leopold, Das Erwachen der modernen katholischen Sozialidee. Wien 1951. 7.

52 *Sandgruber* Roman, Ökonomie und Politik. Österreichische Wirtschaftsgeschichte vom Mittelalter bis zur Gegenwart, in: Österreichische Geschichte, hg. von Herwig Wolfram. Wien 1995. 160.

den Ländern der Monarchie in unerschwingliche Höhen.[53] Der Staat versuchte, das erste Mal in der Geschichte Österreichs, die Not durch soziale Maßnahmen zu lindern. In der Umgebung Wiens wurden etwa 20 000 brotlose Arbeiter zusammengezogen und bei Straßen, Damm- und Kanalbauten beschäftigt. Der neu gegründete „*Wiener Allgemeine Hilfsverein*" verteilte „Rumfordsuppe"[54] an die Armen.

Die Mechanisierung entzog dem ländlichen Heimgewerbe immer mehr die Existenzbasis. Es folgte der soziale Abstieg in die Armut. Der Pauperismus, die Verelendung der Kleinbauern, der Arbeiter und Kleinbürger wurde zum großen Problem. Trotz der Verschärfung der Lage der Unterschichten, trotz der in Polizeiberichten immer häufiger geäußerten Befürchtungen, es könnte angesichts der wachsenden Arbeitslosigkeit und Verelendung zu gewaltsamen Vorgehen der Arbeiter kommen, geschah nichts.

53 *Öhlinger* Walter, Wien im Aufbruch zur Moderne. Geschichte Wiens V. Wien 1999. 155.

54 *Rumpler.* 258. „Rumfordsuppe", gekocht aus Hülsenfrüchten, Kartoffeln und Knochen, war als Nahrungsmittel für die bedürftigen Volksschichten gedacht. Vgl. Ferdinand Georg Waldmüller, Gemälde: „Die Klostersuppe", 1858, im Franziskanerkloster in Wien.

III. DIE SOZIALE FRAGE

1. DIE SOZIALE FRAGE ALS HERAUSFORDERUNG DER GESELLSCHAFTLICHEN UND POLITISCHEN KRÄFTE

Der Begriff „Soziale Frage“ bezeichnet die Summe der ökonomischen Probleme, die aus der industriellen Revolution resultieren, und hinterfragt die gegebene Position, die eine Schicht oder eine Klasse innerhalb der beobachteten Wirtschaftsgesellschaft einnimmt. Die Soziale Frage stellte sich als Folge der Industrialisierung. Durch den Wegfall der feudalen Herrschaft und der damit verbundenen Ehehindernisse kam es zu einer gewaltigen Bevölkerungsexplosion. Die ländlichen Gegenden boten der wachsenden Bevölkerung nicht mehr genug Verdienstmöglichkeiten, wodurch eine Landflucht ausgelöst wurde. Die Menschen strömten in die Städte, um durch Arbeit in der Fabrik ihre Familie ernähren zu können. In der Stadt aber musste eine Unterkunft bezahlt werden, da Arbeitstätte nicht mehr gleich Wohnstätte war. Die Maschinen in den Fabriken steigerten enorm die Leistung und die Produktivität, machten aber eine weitreichende Anpassung der Arbeiter notwendig. Die Notlage der Arbeiter und der arbeitenden Klassen, ihr Elend, ihre Arbeits- und Lebensbedingungen, ihr Herausfallen aus der Tradition wie der bürgerlichen Welt und der Zerfall der Gesellschaft in antagonistische Klassen wurde als ein zentrales Problem empfunden. Dies war die Soziale Frage.

Das Neue gegenüber alten Armutsproblemen war, dass weder Familie, Kirche und Gemeinde noch caritative Aktivitäten oder die Bemühungen einzelner Unternehmer diese Probleme bewältigen konnten. Überlegungen über Ursachen und mögliche Hilfsmittel standen schon seit den 1840er Jahren zur Diskussion. Für den Liberalismus war die Soziale Frage eine individuelle Frage. Erwerbsfreiheit und Wachstum sollten Aufstieg und Verbesserung der Arbeitsbedingungen bringen.[55] Die sozialen Probleme wurden jedoch von jeder Bevölkerungsgruppe anders bewertet. Viele meinten, dass das Problem seinen Ursprung in der fehlenden Moral, Trunksucht und Faulheit

55 *Nipperdey*, I. 336.

der Arbeiter habe. Andere mit sozialistisch-politischer Orientierung waren der Ansicht, das Problem liege in den Klassenunterschieden zwischen Bürgertum und Arbeiterklasse. Die Arbeiter hingegen waren vor allem an der Beseitigung der Symptome interessiert, ohne nach deren Ursachen zu fragen.

1.1. DIE SITUATION DER ARBEITER

Die Arbeitsbedingungen waren alles andere als biedermeierlich-idyllisch. Durch das Überangebot an Arbeitskräften, den Konkurrenzkampf unter den Fabriken kam es zu einer rapiden Absenkung des Lohnniveaus, sodass die alleinige Arbeitsleistung des Familienvaters oft nicht ausreichte, um die Familie zu versorgen. So war der Grundstein zu einer Ära der Frauen- und Kinderarbeit gelegt. Das Phänomen der Arbeitslosigkeit griff um sich. Während die berufstätigen Frauen einer Doppelbelastung ausgesetzt waren, ergaben sich viele der arbeitslosen Männer dem Alkoholismus.[56] Die Arbeiter, die in der glücklichen Lage waren, einen Arbeitsplatz zu haben, verbrachten oft bis zu 14 Stunden am Tag in der Fabrik. Der Takt der Maschinen bestimmte den Arbeitsrhythmus; nicht einmal eine kleine Pause war möglich. Ein Facharbeiter erhielt 5 Gulden[57] in der Woche, Frauen etwa die Hälfte, die Arbeitszeit der Kinder betrug täglich 12-13 Stunden, ihr Wochenlohn höchstens 1½-2 Gulden. Von den Arbeitern wurde ein Höchstmaß an Disziplin eingefordert und mittels harter Strafen auch durchgesetzt. Die sonstigen Arbeitsumstände waren nach heutigen Vorstellungen unhaltbar. Erst ein Hofdekret vom 18. Februar 1837 schrieb vor, dass der Arbeitgeber für die Spitalskosten eines schwer erkrankten Arbeitnehmers vier Wochen lang aufkommen müsse. Das Ergebnis war eine gründliche körperliche Musterung bei der Einstellung.

1.2. FRAUEN- UND KINDERARBEIT

Die Arbeit der Frauen und Kinder stand zumeist in enger Verbindung mit der Arbeit am Hof und im Haushalt des Bauern in der

56 *Öhlinger*. 53.

57 1 Gulden = *fl* (florin) = 60 Kreuzer.

Landwirtschaft oder im Gewerbe des Handwerkers. Eine Änderung erfolgte mit der Industrialisierung. Der Maschineneinsatz verringerte die Anzahl der Facharbeiter. Frauen deckten fast zur Gänze den Bedarf an ungelernten Arbeitskräften ab. Staatlicherseits brachte man 1859 einen Gesetzesentwurf über die Verringerung der Arbeitszeit für Kinder ein. Anlass dafür war, dass nur noch die Hälfte der Rekruten für den Militärdienst tauglich war. Trist war besonders die Lage der vielen Findel- und Waisenkinder, deren Zahl als Folge der Schwierigkeiten und oft Unmöglichkeit einer Hausstandsgründung für Angehörige der Unterschichten wie auch der niederen Lebenserwartung der Eltern ungemein hoch war.

1.3. ANSÄTZE EINER STAATLICHEN REGELUNG SOZIALER PROBLEME

Bis Ende der 70er Jahre des 19. Jahrhunderts waren staatliche Regelungen sozialer Probleme marginal[58] und behandelten vorrangig nur das Problem der Kinderarbeit. Die 1781 eingeführte allgemeine Schulpflicht wurde durch Kinderarbeit hintertrieben. Die Reaktion darauf war nicht das Verbot der Kinderarbeit, sondern ein scheinbarer Ausweg. Diese „Fabrikschulen" hatten aber meist nur eine Alibifunktion, da die Kinder abends viel zu müde waren, um noch in der Schule lernen zu können.

> *Da dem Staat sehr daran gelegen ist, daß so viele in Fabriken arbeitende Kinder einerseits nicht in der rohen Ungewißheit, der Mutter wilder Sittenlosigkeit, aufwachsen, andererseits aber den Fabriken die nötigen Hände, der geringen Klasse der Verdienst nicht entzogen wird, so ist überall nach Beschaffenheit der Umstände die Einrichtung zu treffen, daß diese Kinder teils in einer Abendschule, teils an Sonn- und Feiertagen von dem Ortsseelsorger und Schullehrer den unentbehrlichen Unterricht gegen Bezahlung des Fabrikinhabers und der Eltern erhalten.*[59]

Konkret konzentrierten sich die Liberalen ab etwa 1866 auf die Selbstorganisation in Genossen- und Gewerkschaften, die Christlich-Konservativen auf staatliche Eindämmung des Kapitalismus mit Arbei-

58 Am Rande stehend.

59 *Talos* Emmerich, Staatliche Sozialpolitik in Österreich. Wien 1981. 17.

terschutz, Verbot der Sonntagsarbeit, Frauen- und Wohnungspolitik. Verbesserungen wurden erst 1885 mit dem ersten Schutzgesetz für Fabrikarbeiter eingeleitet. 1888 folgte das Krankenversicherungsgesetz und 1889 das Unfallversicherungsgesetz.[60]

1.4. DER SOZIALISMUS

Das Wort Sozialismus leitet sich vom lateinischen „Sozius", Freund oder Gefährte ab. „Sozial denken" bedeutet „gesellschaftlich denken". Soziales Empfinden zeigt ein offenes Auge für die Nöte der Menschen. Soziale Haltung als ethische Weltanschauung wurde in der Mitte des 19. Jahrhunderts die Grundlage zur politischen Bewegung des Sozialismus. Er erstrebte die Beseitigung des sozialen Unrechts und lehrte, dass die menschliche Gesellschaft aus der kleinen Klasse der Besitzenden und der großen Klasse der Entrechteten bestehe. Treibende Kraft der Sozialisten war der in Prag geborenen Viktor Adler.[61] Er ließ sich in Wien als Armenarzt am Wienerberg nieder und hielt engsten Kontakt mit dem Proletariat. Ursprüngliches Ziel der Sozialdemokratie war der soziale Ausgleich, die gerechte Verteilung materieller und ideeller Güter.[62] Auf dem Hainfelder Parteitag zur Jahreswende 1888/89 kam es zur Gründung der sozialdemokratischen Partei in Österreich. Mit dem Programm sollte „der Grundstein zur Lösung der Sozialen Frage" gelegt werden.[63]

2. DIE KIRCHE UND DIE SOZIALE FRAGE

Das 19. Jahrhundert war nicht nur eine Zeitspanne vieler Veränderungen, sondern in vielerlei Hinsicht ebenso eine Periode des Überganges. Die Französische Revolution hatte mit ihren Parolen Freiheit, Gleichheit, Brüderlichkeit alles Bisherige umgestürzt. Der Versuch der europäischen Kirchen, sich gegenüber der steigenden

60 Vgl. III.2.5.2.

61 Adler Viktor, 1852-1918. „Vater der österreichischen Sozialdemokratie". Gründung 1889: „Die Arbeiterzeitung".

62 *Mayeur* Jean Marie, Die Soziale Frage, in: Geschichte des Christentums 11. Liberalismus, Industrialisierung, Expansion Europas. Freiburg i. Br. 1997. 474.

63 *Ebert* Kurt, Die Anfänge der modernen Sozialpolitik in Österreich. Wien 1975. 25.

Säkularisierung der sie umgebenden Gesellschaft zu konsolidieren, enthob sie nicht der Notwendigkeit, zu den sozialen Problemen Stellung zu beziehen. Deshalb stellt sich die Frage nach der Reaktion und der Praxis von kirchlicher Seite, um den Not leidenden Bevölkerungsschichten zu Hilfe zu kommen. Lange Zeit verschloss sich die Kirche den Veränderungen und den Umbrüchen der industriellen Revolution und war nur zu karitativen Hilfeleistungen bereit, die das soziale Gefüge nicht antasteten.

Die Soziale Frage bedeutete für die Kirche eine Herausforderung, die durch das allmähliche Umsichgreifen des Sozialismus nicht geringer wurde. Die Großkirche, in herrschaftsständischen Vorstellungen beheimatet, vermochte Arbeiterinnen und Arbeiter nicht in ihr Gesellschaftsbild einzuordnen. Insgesamt ist festzustellen, dass auf kirchlicher Seite erst relativ spät die Soziale Frage als Appell nicht nur an die christliche Caritas, sondern als Frage der gerechten Ordnung und Notwendigkeit der Änderung der Verhältnisse ins Bewusstsein drang.

2.1. DER KLERUS IM DIENSTE DES STAATES

Bezeichnend für die erste Hälfte des 19. Jahrhunderts war der tief in der Kirche Österreichs steckende Geist des Josephinismus, welcher die Kirche zur besten Dienerin des Staates werden ließ. Auch im caritativ-sozialen Bereich trat die Kirche mehr oder weniger als Vollzugsorgan von Anordnungen auf, da für eigenständige Unternehmungen kaum Platz war. Der Klerus, der zum Großteil seine Congrua[64] aus dem Religionsfond zugewiesen erhielt, konnte mit den wenigen Gulden kaum sein Auslangen finden. Im Vormärz gelang es der Kirche nicht, der Bevölkerung der wachsenden Industriebezirke soziale Hilfe, bzw. neue Formen der Seelsorge anzubieten. Über das Almosenwesen berichtete Sebastian Brunner[65] aus seiner Kaplanszeit in der Pfarre Altlerchenfeld:

64 Mit *congrua* werden allgemein die zum Lebensunterhalt eines geistlichen Würdenträgers notwendigen Mindesteinkommen aus einem bepfründeten Kirchenamt bezeichnet

65 Brunner Sebastian, Gründer der Wiener Kirchenzeitung 1848. Siehe IV.6.3.2.

Es ist ein unwürdiger Umstand, daß den Kaplänen in den armen Vorstädten Wiens vom Armengelde nichts zur Verfügung für notleidende Kranke gegeben wird. Durch maßlose Bürokratie und klägliches Mißtrauen wird das Almosen verwässert.“[66]

Nicht nur die staatlichen Stellen, sondern auch die Kirche erwies sich als verständnis- und machtlos gegenüber den Folgen der neuen Wirtschaftstendenzen. Bis zur Mitte des Jahrhunderts gab es noch Beziehungen zu Religion und Frömmigkeit, die zur Lebensstabilisierung in der neuen Umwelt nötig waren. Die Ausbildung des Klassenbewusstseins des Arbeiterstandes führte zur Abwendung von Religion und Kirche. Immer dringlicher wurden die sozialen Probleme der arbeitenden Bevölkerung. Das Kommunistische Manifest 1848 markierte den Anfang einer Auseinandersetzung, in der die Arbeiterschaft die Kirche als Gegnerin betrachtete.

2.2. DIE REAKTION DER PÄPSTE AUF DEN PROZESS DER VERÄNDERUNG

Papst Pius IX.[67] rückte nach den revolutionären Ereignissen von 1848 von seinen anfänglichen Sympathien zum Liberalismus zunehmend ab. Man betonte die Notwendigkeit einer inneren Geschlossenheit, und mit dem Syllabus im Jahre 1864 fand die Abgrenzung gegen die „feindliche Welt“ einen deutlichen Ausdruck. Diese Verurteilung von achtzig „Zeitirrtümern“ war der Enzyklika „*Quanta cura*“ vom 8. Dezember 1864 beigefügt. Der Spannungsbogen reichte bis zur Sozialenzyklika „*Rerum Novarum*“ vom 15. Mai 1891. Diese steckte den antimarxistischen Kurs der Kirche auf dem Weg zu einer neuen christlich geprägten Sozialfürsorge deutlich ab.[68] Bis zum Ende des Pontifikats Leo XIII. im Jahre 1903 war die Zeit durch die Reaktion der Katholiken und der Kirche auf Liberalismus und Sozialismus markiert, durch Auseinandersetzungen mit Atheismus, Rationalismus, Materialismus und mit einer sich immer mehr kirchlich

66 *Anhell* Ferdinand, Caritas und Sozialhilfen im Wiener Erzbistum, 10. Wien 1971. 2.

67 Pius IX. 1846-1878.

68 *Weismayer* Josef, Katholische Frömmigkeit im 19. Jahrhundert. Würzburg 1997. 13.

distanzierenden Gesellschaft. Der Begriff „Binnenspiritualität" charakterisiert ein Abgrenzen und Verteidigen der Kirche gegenüber dem „Außen".

2.3. DER AUFBAU KIRCHLICHER CARITATIVER WERKE

Die erste große geglückte katholische Sozialinitiative kam mit der Errichtung eines Gesellenheimes durch Adolf Kolping (+1865)[69], der 1849, selbst aus dem Gesellen-Milieu kommend, damit begonnen hatte, dieser handwerklichen Unterschicht ein Zuhause zu schaffen. Die Idee der Produktgenossenschaften wurde zunächst positiv aufgenommen. Auf dem Frankfurter Katholikentag 1863 stellte Pater Theodosius Florentini[70] ein konkretes Modell vor: *„Die Fabriken müssen zu Klöstern werden"*. Seine Fabriken waren genossenschaftlich strukturiert, der Gewinn sollte den Arbeitern zukommen. Aber alle seine Fabriken machten später Konkurs.

Ende des 20. Jahrhunderts wurde oft der Vorwurf erhoben, dass Christentum und Kirche angesichts der Sozialen Frage versagt hätten. Meist ein pauschales und nicht sich näher differenziertes Urteil, aber der Vorwurf blieb bestehen, die Kirche hätte zu einseitig die caritative Fürsorge im Auge gehabt und das Heil in der Gesinnungsreform in Realisierung der Nächstenliebe gesehen anstatt in einer zielstrebigen Sozialreform. Mit diesem Vorwurf geschieht nicht nur allen jenen Unrecht, die damals Übermenschliches unter Einsatz ihrer bescheidenen Kräfte leisteten. Man übersieht dabei vor allem, welch ungeheure Leistung der Aufbau kirchlich caritativer Werke im 19. Jahrhundert darstellte, denn man musste vom Nullpunkt ausgehen.[71] Tatsache ist, dass sich gerade zu Beginn der Industrialisierung große fürsorgliche Aufgaben stellten, für die weder der Staat noch die Gesellschaft gerüstet waren und die in besonderer Weise die caritativen Kräfte der Kirche forderten.[72] Niemand wird leugnen können, dass die Kirche

69 Vgl. VII.5.9. Adolf Kolping.

70 Vgl. VII.5.12.2. Theodosius Florentini.

71 *Gatz*, Caritas und soziale Dienste. 150.

72 *Iserloh* E., Innerkirchliche Bewegungen und ihre Spiritualität, in Hubert Jedin (Hg.), Handbuch der Kirchengeschichte, 7, Die Weltkirche im 20. Jahrhundert. Freiburg i. Br. 1979/85. 309.

und die weiblichen Ordensgenossenschaften des 19. Jahrhunderts, ohne strenge Klausur und ohne feierliche Gelübde, hier großartige Leistungen vollbrachten. Erst in den Jahren 1860-1880 kam es zu der angestrebten Änderung im Bewusstsein, dass die Soziale Frage ein Problem der Gerechtigkeit und der rechten Ordnung sei.

2.4. BISCHOF WILHELM EMMANUEL FREIHERR VON KETTELER

Der Weg zur Einsicht, dass die Not strukturell bedingt war, der Weg zum Bewusstwerden der Sozialen Frage war noch weit. In dieser Richtung liegt ein großer Verdienst von Bischof KETTELER[73]. Bischof KETTELER vertrat 1869 in der Versammlung deutscher Bischöfe in Fulda die Auffassung, es läge in der seelsorglichen Verantwortung der Kirche, zur Anerkennung der Arbeiter und des Arbeiterschutzes ein konkretes Programm der Sozialgesetzgebung in die Wege zu leiten:

> *Wollen wir (...) die Zeit erkennen, so müssen wir die soziale Frage zu ergründen suchen. Wer sie begreift, der erkennt die Gegenwart."*[74] *(..)„Die Soziale Frage kann nicht durch punktuelle Hilfe, sondern nur durch Veränderung der Zustände und durch Änderung der Gesinnung der Menschen gelöst werden,*

war die Kurzformel des Anliegens von Bischof KETTELER.[75] Die Soziale Frage wurde zu dieser Zeit noch nicht als Arbeiterfrage gesehen, sondern im Sinne des „Pauperismus", wie es damals auch der sozialen Wirklichkeit entsprach.

2.5. GRUNDSTEINE ZUR LÖSUNG DER SOZIALEN FRAGE

2.5.1. Der 1. Allgemeine Österreichische Katholikentag 1877

Der 1. Allgemeine Österreichische Katholikentag war dem Thema der Schule gewidmet, aber bei der Schlussversammlung am 3. Mai 1877 hielt ALOYS Prinz LIECHTENSTEIN eine Rede über die Soziale Frage, in der er die eminente Bedeutung ihrer Lösung hervorhob.

73 Ketteler Wilhelm Emmanuel (1811-1877), Bischof von Mainz 1850-1877, „Arbeiterbischof".

74 *Gadille* Jaques, Politische Freiheit – Soziale Frage, in: Geschichte des Christentums XI. 35.

75 *Weismayer,* Katholische Frömmigkeit. 45.

Die Soziale Frage steht mit der religiösen im innigsten Zusammenhange und ist eine der wichtigsten Fragen unserer Zeit. Darum sind es gerade wir Katholiken, die ihr unsere ganze Aufmerksamkeit zuzuwenden haben.

Aloys Prinz von Liechtenstein[76] kann wohl zu Recht als „Geburtshelfer des sozialen Katholizismus in Österreich" bezeichnet werden. Mit diesem Referat am Katholikentag wurde Neuland betreten, und es wurde zum Ausgangspunkt katholischer Aktivität. Wenn das konkrete Programm von Prinz Liechtenstein später stillschweigend *ad acta* gelegt wurde, blieb der geistige Kerngehalt doch von Bedeutung.[77]

2.5.2. Der 2. Allgemeine Österreichischer Katholikentag 1889

Der 2. Allgemeine Österreichische Katholikentag, der ebenfalls in Wien stattfand, stand im Zeichen der Sozialen Frage. Große Verdienste um die Vorbereitung erwarb sich Karl Freiherr von Vogelsang[78], seine Aufsätze und Studien erschienen in verschiedenen Zeitungen. Vogelsang zählt zu den großen Initiatoren im katholischen Sozialdenken seiner Zeit. Wesentlich daran war, dass er zur Lösung der Sozialen Frage die Mithilfe des Staates forderte:

Es ist unzweifelhaft, dass weder Kirche noch Private allein eine gedeihliche Sozialreform durchführen können. Die Mithilfe des Staates ist unerlässlich. Der Christ darf nicht zusehen, wie die Massen verelenden.[79]

Man forderte die genossenschaftliche Organisation aller Berufsklassen als wesentliches Mittel zur Heilung sozialer Schäden.[80]

76 Liechtenstein Aloys Prinz (1846-1920), Politiker und Sozialreformer, Gegner des Liberalismus. 1878-1889 als Katholisch-Konservativer im Reichsrat, 1910-1918 Obmann der Christlichsozialen Partei.

77 *Ebert*. 26.

78 Vogelsang Carl Freiherr von (1818-1890), christlicher Sozialpolitiker, konvertierte 1850 zum katholischen Glauben und übernahm 1875 in Wien die katholische Tageszeitung „Das Vaterland". 1879 Gründung der Monatszeitschrift „Gesellschaftswissenschaft und Volkswirtschaft".

79 *Lentner*. 33.

80 *Wodka* Josef, Kirche in Österreich. Wegweiser durch ihre Geschichte. Wien 1959. 348.

Freiherr von Vogelsang formulierte als erster die Idee der *„Sozialen Partnerschaft"*. Mit seinem sozialpolitischen Programm, einer Sozialpolitik aus dem Geist der christlichen Ethik, bekämpfte er die sowohl unsoziale als auch antireligiöse Haltung der damals dominierenden Liberalen und wurde zum geistigen Begründer der späteren christlich-sozialen Bewegung.[81] Die ersten sozialpolitischen Gesetze unter Minister Eduard Graf von Taaffe[82] bezogen sich auf den Arbeiterschutz und gelten als ein Markstein in der Sozialgeschichte Österreichs: Das Arbeiterschutzgesetz vom 11. März 1885 verbot Kinderarbeit, die Nachtarbeit für Frauen und Jugendliche und setzte die maximale Arbeitszeit auf elf Stunden herab. Das Krankenversicherungsgesetz vom 30. März 1888 schützte auch Lehrlinge und Praktikanten, dazu kam 1889 das Unfallversicherungsgesetz.[83]

2.5.3. Papst Leo XIII.[84] Die Enzyklia „Rerum Novarum" vom 15. Mai 1891

Als „Sozialenzyklika" wird jenes päpstliche Rundschreiben bezeichnet, dessen Grundanliegen die Erneuerung und Ordnung der menschlichen Gesellschaft war. Die Bedeutung von Papst Leo XIII. in der Geschichte des christlich Sozialen besteht darin, dass er die umwälzende Wirkung der „neuen Dinge" erkannte, auf die wesentlichen Probleme seiner Zeit aufmerksam machte und durch die von ihm aufgestellten "Sozialprogramme" (Schasching) der Kirche den Einstieg in die industrielle Gesellschaft ermöglichte. Eingeleitet wird die Enzyklika durch eine deutlich formulierte Ablehnung des Klassenkampfes. Die „Gerechtigkeit" wird zur Leitidee: *„Dem Arbeiter den ihm gebührenden Verdienst vorzuenthalten, ist eine Sünde, die zum Himmel schreit"*.

81 *Rumpler*, 10. 482. Christlich-sozialer Verein, gegründet am 7.3.1887, 1893 als politische Partei konstituiert.

82 Taaffe Eduard Graf von, konservativer Sozialreformer. 1879-1893 Ministerpräsident und Innenminister. Er schuf die Grundlage für eine wirksame Sozialgesetzgebung

83 Das Unfallsversicherungsgesetz brachte eine Zwangsversicherung für alle Arbeiter mit Ausnahme der Land- und Forstarbeiter.

84 Papst Leo XIII. (1878-1903).

Die Enzyklika hatte eine zweifache Zielsetzung, nämlich die Ablehnung von zwei Systemen, die vorgaben, die Arbeiterfrage lösen zu können: ein marxistischer Sozialismus und ebenso ein liberalistischer Kapitalismus. Die Wegweisung zur Lösung der Frage bestand im Zusammenwirken von Kirche mittels ihres Wortes als auch ihres Handelns, zweitens durch die Sozialpolitik des Staates, besonders zum Wohl der Lohnarbeiterschaft und drittens durch die Selbsthilfe der Arbeiter durch das Recht auf Zusammenschluss, um ihre Interessen besser zu vertreten und Einrichtungen zur Selbsthilfe zu organisieren.[85]

Mit der Enzyklika *Rerum Novarum* wurde der Grundstein zur klassischen Soziallehre der katholischen Kirche gelegt. 1931 befasste sich Papst Pius XI. in der Enzyklika *Quadragesimo Anno* mit der Gesellschaftsordnung, in *Pacem in Terris* 1963 brachte Papst Johannes XXIII. die erste systematische Erklärung über die Menschenrechte. Diese „Friedensenzyklika" endet mit dem Wunsch des Papstes, es möge eine gerechte soziale Ordnung entstehen und so alle Völker zu Wohlstand und Frieden führen. Papst Johannes Paul II. hat eine Trilogie von Sozialenzykliken hinterlassen: *Laborem Exercem* 1981, *Sollicitudo rei socialis* 1987 sowie schließlich *Centesimus annus* 1991.[86]

3. DIE FRAUEN UND DIE SOZIALE FRAGE

Bevor sich die gesamte katholische Frauenwelt Österreichs mit der Sozialen Frage erstmals auf dem Ersten Österreichischen Frauentag 1910 auseinander setzte, hatte die katholische Frauenorganisation in Niederösterreich einen vorbereitenden „Sozialkurs" organisiert, um eine Änderung des Bewusstseins bei den Frauen zu erreichen.[87] Einer der Hauptredner war Msgr. Sigismund Waitz, der die Soziale Frage in sechs Teilen unter dem Titel „Hauptfragen der christlichen Gesell-

85 LThK. 8. Freiburg i. Br. 1999. 63.

86 Katholisches Soziallexikon, hg. von Alfred Klose, Wolfgang Mantl und Valentin Zsifkovits. Innsbruck ^{2}1980.

87 *Kronthaler*. 51.

schaft" vortrug.[88] Auch er verwies auf den engen Konnex zwischen Frauenfrage und Sozialer Frage.

Am Frauentag 1910 ermutigte der damalige Straßburger Universitätsprofessor und spätere Kardinal Erzbischof von München, MICHAEL FAULHABER, in seiner Festrede die Frauen zu sozialer Tätigkeit. Die soziale Caritas sei ein wirtschaftliches, religiöses und nationales Programm, ein „Zeitapostolat". Soziale Caritas sei die unentbehrliche Vorarbeiterin und Ergänzung der Sozialpolitik und der Staatshilfe. HILDEGARD BURJAN[89] war dann eine der Ersten, die versuchte Prinzipien der katholischen Soziallehre und die Aussagen der ersten Sozialenzyklika Rerum Novarum in die Praxis umzusetzen. Erzbischof FRIEDRICH GUSTAV PIFFL bezeichnete HILDEGARD BURJAN als das *„Gewissen des Parlaments"*.

88 1. Die soziale Frage, ihre Bedeutung und ihre Ursachen
2. Das Gebot der Sonntagsheiligung und sein Einfluss auf das Wirtschaftsleben
3. Die Dienstbotenfrage
4. Aufbau und Gliederung der menschlichen Gesellschaftsordnung
5. Das Privateigentum
6. Die Barmherzigkeit, ihre Aufgaben, ihre Stellung im sittlichen und wirtschaftlichen Leben des Menschen.

89 Vgl. Hildegard Burjan VII.5.19.1.

IV. WIEN – DIE K.K. RESIDENZSTADT

1. WIEN IM 19. JAHRHUNDERT

Im 19. Jahrhundert erlebte die Stadt Wien die nachhaltigsten Veränderungen ihrer Geschichte. Die Industrialisierung, die ökonomischen und sozialen Veränderungsprozesse in ihrem Gefolge, gingen mit einem Bevölkerungs- und Stadtwachstum von einem nie gekannten Ausmaß einher. Die immer enger werdende Verflechtung der Stadt mit ihrem rasch wachsenden Umfeld führte 1850 zur Verschmelzung mit den Vorstädten,[90] 1890/92 mit den Vororten.[91] Zur Jahrhundertwende war an Stelle der Befestigungsanlagen die Ringstraße zum größten Teil vollendet und am Gürtel fuhren die ersten Stadtbahnzüge. Nach wie vor war Wien im 19. Jahrhundert als Haupt- und Residenzstadt[92] der politische, wirtschaftliche und kulturelle Mittelpunkt des großen Völkerstaates. Das geistige und kulturelle Leben Wiens empfing viele Anregungen und führende Kräfte aus den verschiedenen Volksgruppen der Habsburgermonarchie.

1.1. IM VORMÄRZ

Der Wiener Kongress 1814/15 leitete die Epoche des „Vormärz" ein, den von Staatskanzler Metternich[93] verkörperten Polizei- und Zensurstaat, aber auch die Zeit des „Biedermeier"[94] mit seiner kultu-

90 Vorstädte waren die späteren Bezirke II-IX zwischen Ringstraße und Gürtel.

91 Vororte lagen außerhalb des Gürtels und waren die bevorzugten Arbeitersiedlungen.

92 1804 – mit der Annahme des Titels „Kaiser von Österreich" durch Franz II. wurde Wien formell zur Kaiserstadt.

93 Graf Klemens Wenzel Lothar Nepomuk von Metternich (1773-1859). Als Gegner der Demokratie und des Liberalismus errichtete er einen Polizeistaat, zu dem Zensur und Spitzelwesen gehörten (das so genannte Metternich`sche System). 1821 wurde er zum Haus-, Hof- und Staatskanzler ernannt.

94 Die 1855 gegründeten Münchner „Fliegenden Blätter" erfanden als Symbolfiguren der „vormärzlichen Zeiten" die Herren „Biedermann", „Bummelmaier" und „Biedermeier". Der Name des letzteren sollte zur Bezeichnung einer ganzen Epoche werden, die heute noch vielfach als Begriff der „Guten alten Zeit" gilt. Der Rückzug in die private Idylle wird dabei als Reaktion auf eine Welt voll

rellen Hochblüte. So war es in Wien das Zeitalter herausragender Leistungen auf kulturellem Gebiet. Dabei ist das Wirken von Musikern wie LUDWIG VAN BEETHOVEN[95], FRANZ SCHUBERT[96] oder JOHANN STRAUSS VATER[97] zu nennen oder an die großen literarischen Leistungen von FRANZ GRILLPARZER[98] oder des Volksdichters wie FERDINAND RAIMUND[99] und gleichzeitig an die Kunst des „Biedermeier" zu denken. Die Architektur stand im Zeichen des Klassizismus, der in den dreißiger Jahren vom romantischen Historismus abgelöst wurde. Das rege gesellschaftliche Leben und die Pflege des gemütlichen Heimes schufen die Voraussetzungen für ein blühendes Wiener Kunstgewerbe. Das Kaffeehaus wurde Sinnbild bürgerlicher Lebenskultur.

Auf der anderen Seite war diese Epoche geprägt von einer rasant einsetzenden Industrialisierungswelle, verbunden mit gravierenden sozialen Problemen wie der Kinderarbeit und von der sich allmählich durchsetzenden Erkenntnis einer höchst mangelhaften Infrastruktur wie fehlende Wasserleitungen und fehlende Kanalisation. Die Choleraepidemie von 1830/31 war die direkte Folge der höchst unzulänglichen Versorgung mit Trinkwasser in einer immer größer werdenden Stadt. Der Vormärz, eingeschätzt zwischen geruhsamer, genusssüchtiger Welt des Biedermeiers, dem im Hintergrund lauernden vorrevolutionären Pauperismus und einer tatenlos wirkenden Regierung, erscheint in der Dynamik der beginnenden Industrialisierung in einem anderen Licht.[100]

1.2. AUF DEM WEG ZUR INDUSTRIESTADT

Innerhalb des Linienwalls, in der vorstädtischen Zone, war es vor allem das Schottenkloster, welches das „Schottenfeld" wie auch das

technischer Veränderungen und wachsender sozialer Spannungen erkennbar. *Öhlinger*. 29.

95 Beethoven Ludwig van, 1770 geb. in Bonn, + 1827 in Wien.

96 Schubert Franz (1797-1828).

97 Strauss Johann Vater (1804-1849). Der Wiener Walzer, im Biedermeier geboren, fand Einlass bei Hof wie in der Vorstadt.

98 Grillparzer Franz (1791-1862).

99 Raimund Ferdinand (1790-1836).

100 *Sandgruber*. 177.

„Breitenfeld“ parzellieren und besiedeln ließ. Die Seidenverarbeitung war die erste Branche, die in Wien für einen überregionalen Markt produzierte.[101] Schon um 1800 befanden sich auf dem Schottenfeld etwa 300 Betriebe. Der oft zur Schau gestellte Reichtum der am Schottenfeld angesiedelten Fabrikanten trug dieser Gegend den Namen „Brillantengrund“ ein.[102] Aber die Wiener Seidenverarbeitung war noch keine Industrie im modernen Sinn. 1813 sollen sich in Wien etwa 600 Seidenzeugfabriken[103] befunden haben, die ungefähr 9000 Gesellen, 800 Lehrlinge und 7000 Arbeiterinnen beschäftigten. Wenn auch Färberei und Appretur in größeren Manufakturen[104] zentralisiert waren, dürfte es sich bei der Weberei überwiegend um Heimarbeit gehandelt haben.[105] Außerhalb der „Linie“, einer Wallanlage um Stadt und Vorstädte seit 1704, an der von allen in die Stadt kommenden Gütern die Verzehrungssteuer[106] eingehoben wurde, breiteten sich die Vororte aus. Sie waren agrarisch geprägte Orte und wurden dann im frühen 19. Jahrhundert zunehmend in die industrielle und gewerbliche Produktion einbezogen. Als Symbol des neuen Zeitalters wurde 1801 die erste große mechanische Spinnerei in Pottendorf gegründet, Maschinen und der Betriebsleiter des Unternehmens kamen aus England. 1811 waren in der Spinnerei und in den Fabriken der Umgebung[107] 1800 Menschen beschäftigt.

101 1774 erwarb der Seidenfabrikant Mathias Hengstberger ein Grundstück im heutigen 7. Bezirk, das zum Zentrum der Wiener Seidenerzeuger wurde. (Hochblüte 1790-1830)

102 „Mei Vater war a Hausherr und a Seidenfabrikant“ - der Titel eines Wienerliedes.

103 Im 18. Jahrhundert waren Fabriken privilegierte Unternehmen, ab dem 19. Jahrhundert Produktionsstätten mit bestimmter Größe und Maschinenausstattung.

104 Eine Manufaktur war ein größerer Betrieb mit zentralisierter Produktion.

105 *Bruckmüller* Ernst, Sozialgeschichte Österreichs. Wien-München 1985. 309.

106 Maut auf Lebensmittel, die 1829 den Namen „Verzehrungssteuer“ erhielt. Sie drängte die Arbeiterschaft in die billigen Vororte ab und verschärfte dort die Wohnungsnot.

107 Bruck an der Leitha, Ebreichsdorf, Klosterneuburg....

Mit der Gründung des k.k. Polytechnischen Institutes[108] im Jahre 1815 wurde eine entscheidende Grundlage für den Anschluss an das Industriezeitalter geschaffen. Die Anfänge der Dampfschifffahrt auf der Donau reichen ebenso wie die der Eisenbahn in den Vormärz zurück. Am 17. September 1830 nahm das erste Dampfschiff der k.k. privilegierten Donaudampfschifffahrtsgesellschaft[109] seine Probefahrt auf, 1831 das Dampfschiff „Franz I." seine regelmäßigen Fahrten bis in die Moldau-Fürstentümer. Industriebetriebe, die den internationalen Vergleich nicht zu scheuen brauchten, hielten in Wien mit der Eisenbahn ihren Einzug. 1837 fuhr der erste Zug der „Kaiser Ferdinand Nordbahn" zwischen Floridsdorf und Deutsch Wagram, 1839 fuhr die Nordbahn bereits bis Brünn. Die Maschinenfabrik der Wiener Gloggnitzer Bahngesellschaft beim heutigen Wiener Südbahnhof galt als Musterbetrieb. Mit dem Eisenbahnbau wurde Wien zum industriellen Zentrum. [110]

Das Wirtschaftsleben Wiens wurde zwar noch immer von Handwerkern und Kleingewerbebetrieben dominiert, doch die Industrialisierung bedrohte die traditionellen Handwerksberufe, wenngleich der Schneider Josef Madersperger mit seinen Nähmaschinenkonstruktionen ein Beispiel gab für die Aufgeschlossenheit des Wiener Handwerks für die Mechanisierung der Arbeit.[111] Die Industrialisierung betraf viele, teils altbekannte, teils ganz neue Konsumgüter. Die Industriekonzentration in Niederösterreich war zweifellos durch die Residenzstadt Wien begünstigt, wo durch die Anwesenheit des Hofes und durch die Zentrierung feudaler und sonstiger Einkommen die Nachfrage nach Luxusgütern und gehobenen Textilien gegeben war. Der große Wandlungsprozess mit technischem Aufschwung machte sich bemerkbar mit einer aus dem Boden schießenden Industrie, einen immer mehr sich verzweigenden Verkehrsnetz und einer wachsenden Bevölkerungszahl.

Viele neue Zinshäuser, zur Unterbringung der heranströmenden Menschenmassen gebaut, veränderten das Bild und das Leben der

108 Heute Technische Universität.

109 DDSG.

110 *Brandstätter*. 248.

111 *Öhlinger*. 52.

Stadt. Als Folge der sich auflösenden Feudalgesellschaft kamen scharenweise Familien vor allem aus Böhmen und Mähren nach Wien. Das Angebot an Arbeitskräften übertraf weit den Bedarf und drückte auf Löhne und Arbeitsbedingungen. Die ganze soziale Entwicklung stand unter dem bürokratischen Druck des josephinischen Absolutismus wie auch das politische und kirchliche Leben.

Mit dem Allgemeinen Bürgerlichen Gesetzbuch[112] von 1811 wurde das gesamte Personen- und Sachrecht geregelt, der Staatsuntertan wurde rechtlich zum Staatsbürger.[113] Schon 1783 war eine Neuordnung des Wiener Magistrats erfolgt. Es entwickelte sich eine „bürgerliche Gesellschaft“, die aber mit der höfisch bürokratischen Staatsbildung der Habsburger untrennbar verbunden war.[114] 1819 erfolgte die Gründung der Ersten Österreichischen Sparkasse, die als Sponsor und Kreditgeber für die Ordensgemeinschaften bedeutsam wurde. Ab 1840 tauchte auch in den österreichischen Ländern ein neues, rasch explosiv werdendes Problem der Industrialisierung auf, die Arbeitslosigkeit. Der Fortschrittsglaube deckte die hässliche Kehrseite der Medaille vorerst noch zu. Man blickte auf die neuen Errungenschaften wie die Gasbeleuchtung in der Wiener Innenstadt im Jahre 1832. Fünf Jahre später wurde die erste Kerzenfabrik Europas auf dem Wiener Schottenfeld eingeführt. Der Niederösterreichische Gewerbeverein wurde 1839 gegründet, die Interessen aller Industrie- und Gewerbekreise sollten vertreten werden.

1.3. DIE SOZIALEN FOLGEN DER INDUSTRIALISIERUNG

1.3.1. Die Armut

Fast unsichtbar war oft der Beginn der Armut, die sich erschreckend fortpflanzte. Krankheiten, die ihren Ursprung in Mangel- und Fehlernährung oder den katastrophalen hygienischen Verhältnissen hatten, die große Wohnungsnot, Familienstrukturen, die sich langsam auflösten und psychische Probleme brachten totale Verarmung.

112 Das Allgemeine Bürgerliche Gesetzbuch (ABGB) wurde am 1. Juni 1811 veröffentlicht.

113 Deutsche Erbländer ohne Ungarn.

114 *Bruckmüller*. 286.

In der Metropole Österreichs lebte eine sehr große Anzahl von Menschen, die ein Dasein führte, welches als wirtschaftlich ungeordnet bezeichnet werden muss.[115] Die Auflösung der Fabrikinspektion 1825 bedeutete die Abschaffung jener Institution, die am ehesten zur Durchführung und Kontrolle von Arbeiter-Schutzbestimmungen in der Lage gewesen wäre. Bereits 1787 hatte Kaiser Josef II. soziale Schutzgesetze für die arbeitende Bevölkerung erlassen, speziell für Kinder. Trotz der Erneuerung dieser Gesetze im Jahre 1816, kümmerten sich die Fabrikanten vielfach nicht darum. Wer infolge Alters, Krankheit oder Invalidität arbeitsunfähig wurde, war auf das Mitleid der Angehörigen angewiesen. Alleinstehende mussten ins Armenhaus gehen oder sich durch Bettelei fortbringen. So wuchs das Bettelwesen immer mehr.

Durch die Polizeiordnung Ferdinand I. 1552 war die Versorgung der Armen der Gemeinde übertragen worden. Die Bettler aber versammelten sich an der Stätte des Reichtums, und das war die Residenzstadt Wien. Die Kriminalisierung des Bettelns war eine wichtige Voraussetzung für eine neue Art der Fürsorge, bei der es nicht mehr um eine milde Gabe gehen sollte, sondern um eine Änderung der Lebensführung. Zucht- und Arbeitshäuser erwiesen sich als praktische Abschiebestationen.[116] Das Fehlen jeglicher sozialer Absicherung war für die Betroffenen umso gravierender, als das Wirtschaftsleben jener Jahre durch viele Krisen gekennzeichnet war. Katastrophale Ernten 1816/17 brachten eine Hungersnot. Erst nach 1825/26 kam es zu einer Aufschwungphase, die bis 1844 dauerte, der aber eine schwere Depression bis in die fünfziger Jahre folgte. An eine Selbsthilfe war angesichts des Konkurrenzkampfes, den sich die Arbeiter untereinander ums Überleben liefern mussten, nicht zu denken. Versuche der Organisierung wurden von der Behörde unterdrückt, erste Ansätze zur Gründung von Arbeiterkrankenkassen polizeilich aufgelöst.[117] Durch die von der Choleraepidemie 1830 erzwungene Schließung der Fabriken hatten viele Menschen Arbeit und Brot verloren. Als erste Maßnahme gegen die Arbeitslosigkeit wurden über

115 *Schauenstein* Franz, II, Die Armenpflege der Stadt Wien. Wien 1898. 23.

116 *Bruckmüller*. 268.

117 *Sandgruber*. 178.

5000 Gesellen von auswärts und 3500 Juden aus Wien abgeschoben. Ein Zeichen wachsenden Bürgersinns angesichts der unvorstellbaren Not der Arbeiter, der kleinen Beamten, Gewerbetreibenden und auch Studenten, war die rasch ansteigende Zahl an Wohltätigkeits- und Unterstützungsvereinen.

1.3.2. Der Bevölkerungsanstieg

Nach dem Ende der Napoleonischen Kriege trat ein hoher Geburtenüberschuss auf. Die Bevölkerung wuchs rasch, erst die Choleraepidemie 1831 brachte einen deutlichen demographischen Einschnitt. Dann ergab sich wieder ein Bevölkerungsanstieg, bis dieses Wachstum 1847 durch Missernten, Revolution und Kriege abbrach. Die Expansion betraf vor allem die Städte, besonders die kaiserliche Residenzstadt Wien.[118]

Einwohnerzahlen von Wien:

1820	260 000	1880	726 000
1840	357 000	1890	1 360 000
1869	632 000	1900	1 670 000

1910 wurde mit 2 030 000 die Zwei Millionengrenze überschritten. In die Stadt zogen alle, deren Geschäfte eng mit den Zentralstellen der Regierung zusammenhingen wie Banken und Händler, Buchdrucker und Verleger. Tausende junger Leute begaben sich in die Stadt, um als Dienstboten ein Unterkommen zu finden. Da Wien das größte Konsumzentrum Mitteleuropas war, musste es auch die Produktion von Ernährung und Bekleidung anziehen.

1.3.3. Die Zuwanderung – „Schmelztiegel Mitteleuropas“

Das 19. Jahrhundert war eine Epoche massiver Migration. Millionen Menschen verließen ihre Heimat, ihr Land, um anderswo bessere Lebensbedingungen oder mehr religiöse und politische Freiheit zu suchen. Mit Beginn der industriellen Revolution setzte eine Massen-

118 *Bruckmüller.* 371.

wanderung nach Wien ein. Ab der Mitte des 19. Jahrhunderts war mehr als die Hälfte der Wiener Bevölkerung nicht in Wien geboren. Der Hauptteil der Zuwanderer kam aus den Kronländern der Monarchie und war in der Zusammensetzung so vielfältig wie diese. Die Zuwanderung betraf sämtliche soziale Schichten, doch die Masse der Zuwanderer stand auf der untersten Stufe der sozialen Leiter. Da gab es die slowakischen Rastlbinder, jüdische Hausierer, slowenische Maronibrater, schlesische Leinwandhändler und so fort. Im Zeitraum von 1851-1910 verzehnfachte sich der Anteil der Tschechen an der Wiener Bevölkerung, ganze Berufgruppen wie Schuster und Schneider wurden von Tschechen dominiert, böhmische Köchinnen bereicherten die Wiener Küche, Kindermädchen und Ammen stammten fast durchwegs aus dem böhmisch-mährischen Raum.[119] Zuwanderer waren auch die Juden. 1857 waren bereits 15 116 Juden in Wien, die sich in der Leopoldstadt und im Viertel zwischen Hohen Markt und Salzgries konzentrierten. Eine hohe Anzahl von Zuwanderern fand Beschäftigung als Dienstboten. In den zwanziger Jahren machte das Hauspersonal 46% der Bevölkerung der Innenstadt aus. Die Zuwanderer aber verdienten so wenig, dass sie keinen eigenen Hausstand gründen konnten, sondern als Untermieter oder Bettgeher[120] leben mussten. 1856 waren die Zuwanderer schon auf 17% der Wohnbevölkerung Wiens (I.-IX. Bezirk) angestiegen, bis 1870 vermehrte sich der Anteil auf 23%.

1.3.4. Das Wohnungselend

Die Dichte der Bevölkerung schuf Einwohnerzahlen pro Haus, die anderen Großstädten wie Paris oder London unbekannt waren. Der durch den Bevölkerungszuwachs immer knapper werdende Wohnungsmarkt erlaubte es den Hausbesitzern ihre Bedingungen zu diktieren. Die Mieter mussten sich von einem Zinstermin zum

119 *Brandstätter.* 305. Die Schleifung der Basteien zog einen Strom von „Gastarbeitern" an. 1900 war der Anteil der Tschechen 7,2% der Wiener Bevölkerung, Treffpunkt der „böhmische Prater" am Laaerberg.

120 Vermietung einzelner Betten zur Übernachtung an Leute, die sich keine eigene Wohnung leisten konnten, in: *Hösl* Wolfgang, *Pirhofer* Gottfried, Wohnen in Wien. Wien 1988. 12.

anderen „fortwursteln“, Ersparnisse angreifen, Schulden machen oder Teile der Wohnung weiter vermieten. Bei einem Lohn von ungefähr 100 Gulden im Jahr und bei Wohnungskosten von 50-70 Gulden konnten die Arbeiter wählen zwischen einem Dach über dem Kopf und einer kärglichen Ernährung. Beides zugleich war kaum erreichbar. Mit der nicht selten exorbitanten Höhe der Mieten hing auch das soziale Phänomen der schon genannten Bettgeher zusammen. Bei der ständigen Überbelegung der Wohnungen war es nicht verwunderlich, dass Gasthäuser bei den Arbeitern eine große Rolle spielten. Sie waren jene Orte, wo man Probleme in Alkohol ertränken, der Familie und ihren Sorgen entfliehen konnte. Die Wohnungsnot wurde zu einem der großen sozialen Probleme der Biedermeierzeit.

Der Kaiser glaubte den Bevölkerungszuwachs durch die Aufhebung der Steuerfreiheit für Neubauten bremsen zu können, fürchtete er doch die Konzentration großer Menschenmassen in der Residenzstadt. Die Bautätigkeit kam zum Stillstand. Nach einer Statistik aus dem Jahre 1869 waren in Wien über 55% aller Arbeiter ohne eigene Wohnung. Die so genannten „Arbeiterkasernen“ in der Umgebung der Fabriken hatten oft nur eine Wohngröße von 16m^2 (Trumau) oder 35m^2 (Pottendorf) mit hoher Belagdichte und mangelhafter Ausstattung an sanitären Einrichtungen. Dazu kam die Abhängigkeit vom Unternehmen, denn Wohnungen galten als Deputate und damit als Lohnbestandteil.

1.3.5. Infrastrukturelle Probleme der werdenden Großstadt

Das rapide Bevölkerungswachstum und die soziale Veränderung stellten die Stadtverwaltung vor ungeheure Probleme. Aber Maßnahmen im Versorgungswesen, im sanitären Bereich oder im Hochwasserschutz blieben meist aus, waren doch die Mitarbeiter des „Magistrates der Stadt Wien“ zu landesfürstlichen Beamten degradiert worden. Die erste Wasserleitung, die Gebiete Wiens versorgte, war die „Albertinische Wasserleitung“, von einer Stiftung 1804 erbaut.

Als 1830 erstmals in Wien ein Fall von Cholera auftrat, richtete man in Spitälern Sonderabteilungen ein, Notspitäler wie im Apollosaal oder in Klöstern wurden ins Leben gerufen. Bis zum Erlöschen der Epidemie im Februar 1832 fielen der Cholera, die von Russland her über Ungarn nach Wien vorgedrungen war, rund 2000 Menschen zum Opfer. Noch stand die Medizin der rasanten Ausbreitung dieser Darmkrankheit, deren Erreger erst 1883 von Robert Koch identifiziert wurde, relativ hilflos gegenüber. Die Stadt bot mit ihren engen Gassen und kleinen Wohnungen, besonders aber durch die unkontrollierte Entsorgung des Unrats, einen idealen Nährboden für Seuchen. In den Wienfluss flossen die Abwässer der angrenzenden Vorstädte, über das Grundwasser wurden die Hausbrunnen verseucht, die damals die meisten Wiener Häuser versorgten. Nach 1831 begann der Bau der so genannten „Cholerakanäle“,[121] womit gleichzeitig Tausende von Arbeitslosen Beschäftigung fanden.

Kaiser Ferdinand I. stellte 1835 das ihm überreichte Krönungsgeschenk der Stadt Wien zur Verfügung mit der Auflage, eine seinen Namen tragende Wasserleitung zu errichten. Durch eine Anleihe beim Bankhaus Rothschild war es der Gemeinde Wien möglich, den Bau 1846 zu vollenden.[122] Doch erst mit dem Bau der Wiener Hochquellenwasserleitung 1873 und 1910 konnten die Brunnen stillgelegt und als Seuchenherde ausgeschaltet werden.[123] Überbevölkerung und schlechte Lebensbedingungen förderten die Lungentuberkulose, die als „*Morbus Viennensis*“ galt.[124] 1867/70 lag der Anteil der unter Tuberkulose zu fassenden Todesursachen in Wien bei 26,2%.[125] Ruhr und Typhus waren in den Städten kaum unter Kontrolle zu bringen.

121 Wienflusssammelkanäle vom Linienwall bis zur Einmündung des Donaukanales.

122 Im Gegensatz zur „Albertinischen Wasserleitung“ griff man auf gefiltertes Donaukanalwasser zurück. Vgl. Kaiserin Karolina Auguste: Ankauf von Wasser für Spital in Gumpendorf: VII.5.1.4.

123 *Brandstätter*. 250.

124 Vor Ausbruch des Ersten Weltkrieges stand Wien nach Paris an der Spitze der Großstädte mit der größten Zahl von Tuberkulose verursachten Sterbefällen, in: Pickl. XIX.

125 Vgl. Schwestern vom Göttlichen Heiland: Heim für lungenkranke Kinder. X.1.

1.3.6. Frauen und Kinder

Kinder waren von den sozialen Folgen der Industrialisierung am schwersten betroffen. Bilder wie „Hausierende Kinder“[126] oder „Verteilung an arme Kinder in Margarethen“[127] sprechen eine deutliche Sprache. In seinem Gemälde „Die Klostersuppe“ von 1858 hält FERDINAND GEORG WALDMÜLLER die Armen von Wien und ihre Speisung im Kreuzgang des Wiener Franziskanerklosters fest.[128] 1839 wurde ein Gesetzesentwurf eingebracht, Kinderarbeit erst ab dem 9. Lebensjahr nach einer dreijährigen Schulzeit zu gestatten, mit einer Arbeitszeit von 10 Stunden für die 9-10jährigen, 12 Stunden für die älteren Kinder. Dieser Gesetzesentwurf brachte einen Proteststurm der Unternehmer. Erst mit der Gewerbeordnung von 1859 war die erste, sehr laue Beschränkung der Kinderarbeit verbunden. Diese führte zu einer kurzen Lebenserwartung[129] und zahlreichen Krankheiten. Arbeitslöhne einer ganzen Familie, Kinder eingeschlossen, waren meist nötig, um die Existenz der Familie zu sichern. Regelmäßiger Schulbesuch war trotz Schulzwang[130] nicht allgemein. Bauern- und Kleinarbeiterfamilien brauchten die Kinder für den Produktionsprozess. Das Schulgeld konnte nicht aufgebracht werden, eine Schulkleidung war kaum erschwinglich. Erfolg brachte erst das Reichsvolksschulgesetz von 1869. Mit der Abschaffung des Schulgeldes 1871 fiel die finanzielle Belastung für die Eltern weg.[131]

Die Gründung einer Familie scheiterte fast immer am Fehlen notwendiger Mittel. Die ärmeren Klassen konnten die „Eheerlaubnis“ erst nach einem komplizierten Verfahren erlangen. Dementsprechend groß war die Zahl von Findel- und Waisenkinder. Der Anteil der

126 Ranftl Johann M. 1852, „Hausiererkinder“, in: *Öhlinger.* 58.

127 Waldmüller Ferdinand Georg 1857, „Verteilung an arme Kinder in Margarethen“, in: *Öhlinger.* 59.

128 Waldmüller Ferdinand Georg 1793-1865. „Die Klostersuppe“, Gemälde in der Österreichischen Galerie Belvedere. Noch heute findet im Franziskanerkloster am Franziskanerplatz 4, Montag – Samstag von 9-11 Uhr eine Armenausspeisung statt.

129 *Sandgruber,* „Blasser Kinder Todesreigen“. 263.

130 1781 Schulpflicht für Kinder von 6-12 Jahren.

131 *Sandgruber.* 151.

Ferdinand Georg Waldmüller, Die Klostersuppe, 1858

unehelichen Geburten stieg in den 50er Jahren des 19. Jahrhunderts auf 50%. Mit dieser hohen Illegitimitätsrate war eine extreme soziale Ungleichheit verbunden. Nirgends in Europa mussten so viele Menschen ihre Kindheit bei Fremden verbringen. Die gerade in den Zentren hoher Illegitimität überproportionalen Anteile von Taubstummen, Blinden und „Cretinen" sind sicherlich in Zusammenhang mit der Belastung dieser Kinder aus zerrütteten Sozialbeziehungen zu sehen. Von mangelnder Pflege bis zum „Himmeln", das mehr oder minder absichtliche Sterbenlassen solcher Kinder, wurde immer wieder berichtet. Im frühen 19. Jahrhundert entfielen auf 100 Geburten 50-70 Todesfälle von Kindern unter einem Jahr. Mit der Zurückdrängung der Pocken[132] glaubte man an einen deutlichen Rückgang der Säuglingssterblichkeit, aber neue Krankheiten traten auf wie Scharlach, Masern und Diphtherie.

132 Pockenschutzimpfung 1802 eingeführt.

Die Entwicklung weiblicher Erwerbsarbeit war an die Seidenindustrie zwischen 1780-1830 gebunden. Um 1850 waren in den Baumwollspinnereien in Österreich etwa 43% der Beschäftigten Frauen, in der Papierindustrie 50%. Die Lohnarbeit der Frauen war vor allem ein an das Alter gebundene Problem, denn im Alter blieb den Frauen nur der Ausweg, als Wäscherin oder in Heimarbeit zu arbeiten.[133] Frauen waren billige Arbeitskräfte. Gegen ihre Ausbeutung und Unterdrückung entstand zuerst Widerstand in den bürgerlichen Frauenorganisationen.[134] In der bürgerlichen Schicht ging es um fundamentale Grundrechte, die bisher den Frauen verwehrt waren, das Recht auf Bildung sowie Erlernen und Ausübung eines Berufes.[135]

2. DIE REVOLUTION VON 1848

Die Regierung führte die Entstehung revolutionärer Stimmung auf die Ansammlung von verarmten und unzufriedenen Arbeitern zurück. Die Trennung von Wohnung und Arbeitsstätte bewirkte soziale Unsicherheit und Entwurzelung. Dass der Staat auch die sozial Schwachen innerhalb einer Gemeinde unterstützen sollte, lag außerhalb des Denkbereiches jener Zeit. Einige Missernten zwischen 1844-1848 ließen die allgemeine Armut noch um ein Vielfaches ansteigen. Die Einführung der Verzehrsteuer 1829 bedeutete für die Armen eine drückende Verteuerung. Als sich 1830 mehrere Aufläufe gegen die „Linienämter" richteten, wurde Militär eingesetzt. Der „Bäckerkrawall"[136] in Gaudenzdorf gehörte zu den vorstädtischen Unruhen des Jahres 1847. Da sich im März 1848 auch die Bürger der Stadt gegen die unerträglich gewordenen Zustände erhoben, war

133 Vgl. Kongregation der Töchter der göttlichen Liebe: Heim für alte Dienstboten. X.1.

134 Mayreder Rosa (1858-1938) gründete 1893 den „Allgemeinen Österreichischen Frauenverein".

135 Zulassung zum Studium erst 1897 (Philosophie), 1900 (Medizin) an der Fakultät der Universität Wien.

136 Als Folge der Preiserhöhungen bzw. der Lebensmittelknappheit und neuerlichen Entlassungen von Fabrikarbeitern werden in den Vororten Sechshaus, Fünfhaus und Gaudenzdorf im Oktober 1847 Bäckerläden gestürmt. In: *Brandstätter.* 279.

dies für die Proletarier der Vorstädte und Vororte das Signal zum Aufstand.

Der krisenhafte Abstieg der älteren Manufakturproduktion zusammen mit der Ausweitung der Zahl der Beschäftigungssuchenden, ungenügender Wohnungsbau und steigende Mieten bei stagnierenden Löhnen, war der Hintergrund der Märztage von 1848, soweit es die Lage der „Unteren Schichten" betraf. In Wien gab es zunächst nur Petitionen, die konstitutionelle Rechte forderten. Am 13. März sollten die Stände zusammen treten, und auf dieser Plattform wollte man die Forderungen stellen. Als sich die Verhandlungen in die Länge zogen, kam es zum Zusammenstoß von Demonstranten und Militär. Durch die Schließung der Stadttore wurde ein Zuzug von Arbeitern aus den Vorstädten verhindert. Die Arbeiter zerstörten nun in den Fabriken die verhassten Maschinen und die ebenso verhassten Besteuerungseinrichtungen an der „Linie".[137] Durch die Zerstörung der Maschinen waren die Arbeitsmöglichkeiten jedoch nochmals verringert worden. Erdarbeiten im Prater und an der Gumpendorferlinie wurden vergeben, um die unruhigen Massen zufrieden zu stellen.

Die Arbeiter der Nord- und Staatsbahn erkämpften eine Verminderung der Arbeitszeit auf zehn Stunden. Staatskanzler METTERNICH war zurückgetreten und nach England geflohen. Im Sommer 1848 bildeten sich die ersten Arbeitervereine. Der *„Erste Allgemeine Arbeiterverein"*[138] hatte sich die staatsbürgerliche Gleichberechtigung der Arbeiter zum Ziel gesetzt. Ende Oktober war die Revolution zu Ende. FELIX Fürst SCHWARZENBERG wurde neuer Premierminister, FRANZ JOSEPH neuer Kaiser. Die Bauern hatten die Grundentlastung bekommen, sie waren primär am Ende von Zehent und Robot interessiert gewesen. Studenten, Handwerker, Arbeiter aber wünschten die Befreiung von Not und Elend.[139] Die Soziale Frage drängte zu einer Lösung. Die Not leidenden Arbeiter hatten zur Erringung bürgerlicher Freiheit beigetragen, ihre eigenen Probleme aber nicht bewältigt.

Erstmals demonstrierten auch Wiener Arbeiterinnen gegen die Benachteiligung in der Lohnpolitik. Die friedliche Demonstration von

137 *Bruckmüller*, „Maschinensturm" am 14./15. März 1848. 348.

138 Sander Friedrich, ein Schustergeselle, war Gründer und Präsident.

139 *Bruckmüller*. 354 f.

Notstandsarbeitern im Prater, an der zahlreiche Frauen und Kinder teilnahmen, wurde von Sicherheitswachen und Nationalgarde blutig auseinander getrieben.[140] Angesichts der brutalen Niederschlagung dieser Demonstration, entstand der *„Wiener demokratische Frauenverein“*, dessen 40 Mitglieder sich hauptsächlich aus Frauen des Bürgertums zusammensetzten, der aber wieder aufgelöst werden musste. Wie in vielen Bereichen entwickelten sich im Revolutionsjahr auch starke Bestrebungen, die für die rechtliche Gleichstellung der Frau eintraten.

3. DIE ENTWICKLUNG VON WIRTSCHAFT, GESELLSCHAFT UND KULTUR IN DER ZWEITEN HÄLFTE DES 19. JAHRHUNDERTS

Die Entwicklung von Wirtschaft, Gesellschaft und Kultur zwischen 1849-1918 war Gegenstand der Forschung in den Jahren 1970/80. Insgesamt wurde die Monarchie der Habsburger durch eine langsame zögernde Modernisierung charakterisiert mit zugleich starker regionaler Ungleichheit.[141] Nach der Revolution von 1848 kam es zu einer Auswechslung der politischen Parameter, die Ära des Neoabsolutismus wurde eingeleitet.[142]

3.1. DIE ERSTE STADTERWEITERUNG

1850 wurde die erste Stadterweiterung durchgeführt, wobei die Vorstädte innerhalb des Linienwalls eingemeindet und als Bezirke II bis IX Wiener Stadtgebiet wurden. Stadt und Vorstädte waren zur administrativen Einheit geworden, in baulicher Hinsicht blieben sie aber weiterhin getrennt durch die Wiener Stadtbefestigung und das Glacis, einen unverbauten Landstreifen vor der Stadtmauer.[143] Der Stadtgraben, ehemals Spielplatz der Kinder des armen Volkes, wurde aufgefüllt.[144] Am 25. Dezember 1857 veröffentlichte die „Wiener

140 *Brandstätter.* 285. Die „Praterschlacht“ forderte 22 Tote und 300 Verletzte.

141 *Bruckmüller.* 365.

142 Neoabsolutismus 1849-1860, Zeit der Restaurierung, Versuch des Kaisers Franz Joseph absolut zu regieren.

143 *Öhlinger.* 89.

144 Reste der alten Befestigungsanlage: Mölkerbastei und Albertina.

Zeitung" die Anordnung des Kaisers, die Bastei abzubrechen und das Glacis für die Verbauung frei zu geben.

3.2. DER LIBERALISMUS

Kardinal Friedrich von Schwarzenberg, Erzbischof von Prag, fasste die Grundsätze des Liberalismus folgendermaßen zusammen: „*Dem Staate alles, dem Kaiser wenig, Gott und seiner Kirche nur das, was man ihnen gerade zugestehen will, von Rechts wegen Nichts.*"[145] Der Zustand der Staatsfinanzen beendete 1860/61 die neoabsolutistische Regierungsform, sie hinterließ eine Schuld von drei Milliarden Gulden. Zur Budgetkrise trat die Baumwollkrise, ausgelöst durch den amerikanischen Bürgerkrieg. Nur mehr ein Fünftel der in der Baumwollindustrie Beschäftigten hatte 1864 noch Arbeit in Cisleithanien.[146] Am 20. Oktober 1860 erhielt der österreichische Länderkomplex eine Verfassung, das als kaiserliches Manifest erlassene „Oktoberdiplom".[147] Schon Februar 1861 kam der nächste Verfassungsversuch mit dem „Februarpatent", welches 1865 durch den Kaiser aufgehoben wurde. Die Wahlen vom März 1861 brachten den Erfolg der Liberalen. Erstes Vorhaben der liberalen Kommunalpolitik war die erste Hochquellenwasserleitung, die im Oktober 1873 in Betrieb genommen werden konnte. Weitreichend waren die Konsequenzen der Donauregulierung 1875.[148] Zur Eröffnung fuhren 18 Schiffe von der Stadlauerbrücke nach Nussdorf. Mit der „Kronprinz Rudolf Brücke", der späteren Reichsbrücke, rückte Floridsdorf als neues Industriegebiet näher an die Stadt heran. Um die Mitte des

145 *Wodka*. 333.

146 Gründung der Doppelmonarchie führte 1867 zur Trennung des Staates in Cis- (Land diesseits der Leitha) und Transleithanien. Die Behörden wurden als kaiserlich-königlich (k.k.) bezeichnet.

147 Gleichheit aller Staatsbürger vor dem Gesetz, allgemeine Wehr- und Steuerpflicht, Freiheit der Religion.

148 Anstoß durch Hochwasserkatastrophe 1862. 1869/1875 wurde ein Durchstich mit einer Länge von 13 km zwischen Nussdorf und Albern errichtet, das alte Flussbett als „Alte Donau" erhalten und ein Überschwemmungsgebiet geschaffen.

19. Jahrhunderts erlangte die Medizin in Wien Weltgeltung. Die Zahl der Wiener Ärzte von Weltruhm ist Legion.[149]

4. DIE GRÜNDERZEIT

Der Aufschwung der Industrie war nicht konstant, man kann daher nach SCHEITHAUER von drei Gründerzeiten sprechen. Erstens die Gründerzeit zwischen 1850 bis etwa 1860, nach Stagnation die zweite Gründerzeit von 1867-1873, die als Höhepunkt des Wirtschaftsliberalismus bezeichnet wird. Diese Phase endete am 9. Mai 1873 mit dem „Großen Krach" an der Wiener Börse. Die Depression dauerte bis 1896, wo es noch einmal zu einem wirtschaftlichen Aufschwung kam, der dritten Gründerzeit, die bis ungefähr 1913 anhielt.[150] Am 1. Mai 1865 war die Wiener Ringstraße[151] von Kaiser FRANZ JOSEPH eröffnet worden, wenn auch die meisten der geplanten Bauten noch nicht begonnen oder im Bau waren. Hinter dem Bauboom der Gründerzeit stand der „Geldadel"[152] als wirtschaftliche Macht und erreichte dadurch gesellschaftliche Anerkennung. Bis zur Weltausstellung im Jahre 1873 verkehrte ab 1865 die Pferdetramway schon auf allen wesentlichen Strecken außerhalb der Innenstadt. Symbolhaft für die überstürzte Entwicklung wurde die Weltausstellung 1873: „Weltwunder und Fiasko". 40 Länder wollten ihre technischen, wirtschaftlichen und kulturellen Leistungen vorstellen, doch eine neuerliche Choleraepidemie stoppte die große Zahl der Fremden, die man erwartet hatte und der „Börsenkrach"[153] am „schwarzen Freitag" signalisierte das Ende der liberalen Wirtschaftspolitik. Immer mehr wuchsen Stadtgebiet und Vororte zusammen und so fand 1890/92 eine weitere Eingemeindung statt. Der Kaiser

149 *Brandstätter.* 331: der Internist Hermann Nothnagel, der als erster die Bedeutung des Blutdruckes erkannte, der Chirurg Anton von Eiselsberg, zusammen mit Julius von Hochenegg, Gründer der Ersten Unfallstation, der Psychiater Julius Wagner-Jauregg u.a.

150 *Scheithauer.* 144.

151 Die Ringstraße war 4 km lang mit einer Breite von 57m.

152 Rothschild, Todesco, Epstein, Springer, Wertheim und andere.

153 Erstmals der Ausdruck Börsenkrach für den Zusammenbruch des Wiener Aktienmarktes am 9.Mai.

sanktionierte 1890 eine neue Wiener Gemeindeordnung, wobei die Vororte südlich der Donau eingemeindet und die heutigen Bezirke XI-XIX zum Wiener Stadtgebiet wurden. Der XX. Bezirk Brigittenau wurde 1900 geschaffen und 1904 schließlich wurden dann auch das nördlich der Donau gelegene Floridsdorf, Jedlsee, Groß-Jedlersdorf, Teile von Strebersdorf und Stammersdorf, Leopoldau, Stadlau und Aspern als XXI. Bezirk nach Wien eingemeindet.[154]

5. GLANZ UND NOT IM LUEGER ZEITALTER

Zwischen 1900 und 1910 präsentierte sich Wien als geistiger Mittelpunkt der westlichen Welt. Hier trafen sich alle, die sich mit dem neuen Jahrhundert neue Impulse erhofften, die Vorzeichen des nahen Zusammenbruches wollte man nicht sehen. Adel und Großbürgertum lebten meist noch im Pomp der Makartzeit[155], die Ziegelarbeiter in Favoriten dagegen waren schon froh, wenn sie die Nacht zusammen mit fünfzig anderen Menschen in einem Schlafsaal verbringen konnten. Bürgermeister der Stadt Wien war in diesen Jahren Karl Lueger[156], dessen Persönlichkeit bis heute nicht unumstritten ist. Bereits 1895 war er mit großer Mehrheit zum Bürgermeister gewählt worden, aber erst nach der vierten Wahl gab der Kaiser seine Zustimmung. Als Bürgermeister förderte er Bildungseinrichtungen und Schulen und ließ Fürsorgestellen als erstes soziales Netz einrichten.[157] Karl Lueger vollzog eine deutliche Abkehr von der liberalen Politik im Fürsorge- und Gesundheitswesen, indem erstmals auch die Verpflichtung der Gesellschaft zur Hilfe für die in Not geratenen Mitbürger festgestellt wurde. Wenn die Stadt den Aufgabebereich privater Wohlfahrtseinrichtungen auch nicht eingeschränkt hatte, setzte man dennoch Leistungen, von denen vor allem die Einrichtung des Versorgungshauses in Lainz erwähnt werden muss, das 1914 als modernste Anstalt dieser Art eröffnet wurde. Krankenhäuser, Kinderheime und Waisenhäuser entstanden, aber noch mangelte

154 *Hösl/Pirhofer*. 30.

155 Makart Hans (1840-1884), Historien- und Bildnismaler. Sein Atelier war 1870-1880 Zentrum des gesellschaftlichen Lebens in Wien.

156 Lueger Dr. Karl, 1897-1910 Bürgermeister von Wien.

157 *Schödl*, Zwischen Politik und Kirche. 41.

es an einem zentralen Konzept. In seiner Amtszeit nahm er viele Projekte in Angriff, die Wien erst zu einer modernen Hauptstadt machten: Energieversorgung, Kanalisation, Errichtung eines städtischen Verkehrsnetzes wie die Wiener Stadtbahn, deren Bau den Anstoß für die Regulierung des Wienflusses gab.[158] 1894 hatte man sich für die Pläne OTTO WAGNERS[159] entschieden, 1902 waren die Arbeiten beendet.

Die Not der Kleinbürger und kleinen Gewerbetreibenden konnte aber auch ein Dr. LUEGER nicht beheben. Viele gerieten durch die schlechte wirtschaftliche Lage, bedingt durch die Weltwirtschaftskrise und die zunehmende Industrialisierung unverschuldet ins Elend. Die Mieten waren hoch und wer nicht zahlen konnte, wurde unbarmherzig delogiert. In Zimmer/Küche-Wohnungen hausten im Schnitt drei bis vier Erwachsene, oft mit sieben Kindern. Den Menschen fehlten weiterhin gerechte Bezahlung, eine menschenwürdige Behausung und ein soziales Netz bei Krankheit und Arbeitslosigkeit.[160]

6. ARMUT UND SOZIALE UNGERECHTIGKEIT – ANFRAGE AN DIE KIRCHE IN WIEN

6.1. SEELSORGE FÜR DIE ARBEITER?

Einige Maßnahmen schienen als Verbesserung der Situation wie die Diözesanregulierung und die Errichtung von Pfarren als neu geschaffene Strukturen.[161] Strukturen lassen sich nur langsam und im zähen Ringen der Sozial- und Gesellschaftspolitik verändern. Aber Gerechtigkeit und Fortschritt werden nicht allein durch eine Verbesserung von Strukturen erreicht, es bedarf ebenso der sozialen Dienste und der seelsorglichen Betreuung. Der Kaiser erwartete von der Kirche die große geistige Erneuerung und die Widerlegung der

158 Für den Wienfluss wurde ein tiefes, künstliches Bett zwischen Mariabrunn und Donaukanal geschaffen.

159 Wagner Otto (1841-1918). Stationen wie am Karlsplatz wurden kleine Meisterwerke des Jugendstils.

160 Das Arbeitsschutzgesetz vom 11. März 1885 wurde kaum beachtet.

161 Um 1804 gab es in Wien 700 000 Seelen in 507 Pfarren.

Thesen der Revolution,[162] andererseits aber konnten die Katholiken die Versammlungs- und Vereinsfreiheit zu großem sozialen Engagement und zu reger Vereinstätigkeit nützen. Dieses Vereinsleben begünstigte das Erwachen des Laienapostolates mit einer Vertiefung des religiösen Lebens und caritativer Wirksamkeit.[163] Eine positive Begleiterscheinung war auch die ab 1848 mögliche Aktivierung breiter Schichten des Kirchenvolkes durch die katholische Presse.

Durch den rapiden Bevölkerungszuwachs entstanden in Wien Riesenpfarreien, wo es den Priestern unmöglich war, in diesen plötzlich entstandenen Mammutpfarren Pfarrangehörige seelsorglich zu betreuen. Der Klerus war auf diese Aufgaben nicht vorbereitet, nicht ausgebildet und überfordert.[164] Durch den Priestermangel fehlten die Kräfte, die man hätte einsetzen müssen. In den großen Industriesiedlungen gab es keine Kirchen oder nur kleine Dorfkirchen. Kirchenbauten von Ordensniederlassungen wurden deshalb unterstützt und mit Geschenken von Adel und hoher Geistlichkeit ausgestattet, um die Klosterkirche als öffentliche Kirche einsetzen zu können. Die Schwestern von Orden und Kongregationen übernahmen dann oft die Seelsorge in Asylhäusern, in ihren Krankenanstalten wie in den Wohnungen der Armen und Kranken [165]

Viele Bischöfe und Seelsorger Österreichs hatten die Zeichen der Zeit nicht erkannt.[166] Die Ursachen für das soziale Elend sah der Klerus lange Zeit in der Revolution, dem Kommunismus, im mangelnden Kirchgang und dem allgemeinen Werteverfall. Die Seelsorge des 19. Jahrhunderts war vom Heilsindividualismus[167] geprägt, Kritiker sprachen auch von einem Heilsegoismus. Die Priester bezeichneten

162 *Rumpler*. 342.

163 *Weismayer*, Katholische Frömmigkeit. 8. Vgl. Katholiken-, Severinus-, Vinzenzverein.

164 *Weinzierl* Erika, Klerus und Arbeiterschaft, in: Wort und Wahrheit, Monatszeitschrift für Religion und Kultur, hg. Von Otto Mauer, Otto Schulmeister u. a. 12, 2. Halbjahr (1957). 616.

165 Vgl. Evangelisierung VI.4.1.2.2.

166 *Hosp* Eduard, Kirche Österreichs im Vormärz 1815-1850. Wien-München 1971. 32.

167 „Rette deine Seele".

die Arbeiter oft als „negligentissime"und „tepidi".[168] Dazu kamen Hunderte von besitzlosen Bauern, Taglöhnern und Webern aus Böhmen, die zunächst das Hauptkontingent der Industriearbeiterschaft stellten. Bei ihnen wirkte neben Sprachschwierigkeiten und Entwurzelung die seit JAN HUS [169] vorhandene religiöse Unruhe immer noch nach.

Woran lag es, dass so viele Seelsorger das Elend der Arbeiter nicht sahen und ein spürbares Ressentiment gegen diesen Bevölkerungsteil entwickelten? Zum Teil war es sicher darin bedingt, dass vielfach die rechten Voraussetzungen für die neue Arbeiterseelsorge fehlten, das Verständnis für die soziale Not nicht vorhanden war, stammten doch die meisten Priester aus bäuerlichen oder bürgerlichen Milieu, aus Familien von Handwerkern und Gewerbetreibenden.[170] Die ab 1850 vom Ordinariat einberufenen Pastoralkonferenzen sollten der Fortbildung und der besseren Zusammenarbeit des Klerus dienen.

Als einer der populärsten Seelsorgerpersönlichkeiten im Wien des 19. Jahrhunderts erwies sich der Benediktinerpater URBAN JOSEPH LORITZ. Als Halbwaise hatte er bittere Not am eigenen Leib kennen gelernt und nach dem Eintritt in das Schottenkloster und der Priesterweihe, meldete er sich 1831 freiwillig für die Seelsorge im Choleraspital in Gumpendorf. In der Schottenpfarrei Eggendorf nahm er sich der gemiedenen „Blatternkranken"[171] an, bis er selbst daran erkrankte. 1850 wurde er Pfarrer in St. Laurenz am Schottenfeld. Trotz „Brillantengrund" gab es viele arme Leute und kinderreiche Familien, die in schlechtesten Wohnverhältnissen leben mussten und häufig an der Lungenschwindsucht starben wie später URBAN LORITZ selbst.[172]

168 „Äußerst nachlässig und lau."

169 Hus Jan, Christlicher Reformer (gegen eine verweltliche Kirche, trat für Gewissensfreiheit ein und anerkannte die Bibel als einzige Autorität in Glaubensfragen) und Märtyrer. Er wurde am 6. Juli 1415 vom Konzil von Konstanz als Ketzer zum Feuertod verurteilt. Hinrichtung löste den ersten Prager Fenstersturz und die Hussitenkriege 1419/1436 aus.

170 *Hosp*, Kirche Österreichs. 346.

171 Blattern (Variola) Pockenerkrankung, sehr ansteckende und anzeigepflichtige Infektionskrankheit.

172 *Loidl*. Geschichte. 257.

6.2. ERZBISCHOF EDUARD VINZENZ MILDE[173]

Sein Vorgänger, Erzbischof LEOPOLD MAXIMILIAN GRAF ZU FIRMIAN[174] hatte wohl auf die Gefahr der Industrialisierung hingewiesen, brachte aber keine Vorschläge zur sozialen Besserstellung der Arbeiter und zu deren kirchlicher Betreuung ein. Die kirchlichen Ämter waren lange Zeit hindurch mit Priestern aus adeligen Familien besetzt worden. 1831 wurde von Kaiser FRANZ I. erstmals ein Kandidat aus dem einfachen Volk für den Wiener Bischofstuhl ausersehen: VINZENZ EDUARD MILDE. Aber der neue Erzbischof war noch zu sehr dem Geist und den Praktiken des Josephinismus verhaftet, sodass er für die Anliegen seines Klerus und für die neuen sozialen Verhältnisse kein Verständnis fand. Erzbischof MILDE zog sich auf den Sommersitz Schloss Kranichberg zurück. SEBASTIAN BRUNNER, als treibender Exponent der krichlichen Aufklärungsbewegung, bat nun den Erzbischof von Salzburg FRIEDRICH FÜRST VON SCHWARZENBERG um Unterstützung: *„Wir sind total verlassen. Niemand traut sich etwas zu tun."*[175]

Doch fiel in die Amtszeit von Erzbischof MILDE auch die Einführung der *Barmherzigen Schwestern des hl. Vinzenz von Paul* in Wien. Mit Hilfe der Kaiserin KAROLINE AUGUSTA erbat er vom Fürst-Erzbischof von Brixen aus dem Kloster von Zams einige Schwestern zur Gründung einer Niederlassung nach Wien zu senden.[176] Neben seinem Bemühen um eine Verbesserung der Betreuung straffälliger Jugendlicher, liegt die Bedeutung von Erzbischof MILDE in seinen pädagogischen Schriften. Diese begründeten die wissenschaftlichen Disziplinen der Heil-, Sonder- und Kriminalpädagogik in Österreich.

173 Milde Erzbischof Eduard Vinzenz 1832-1853. 1805 zum Hofkaplan ernannt, bekleidete er gleichzeitig bis 1810 an der Universität die neu geschaffene Professur für Erziehungswissenschaft.

174 Firmian Erzbischof Leopold Maximilian Graf zu 1822-1831. Vgl. IX. 1.2.

175 *Wolfram* Herwig, Hg., Geschichte des Christentums in Österreich. Wien 2003. 365-366.

176 *Loidl.* Geschichte. 224.

6.3. KATHOLISCHE ERNEUERUNG

6.3.1. Klemens Maria Hofbauer

Die katholische Reform, als Gegenbewegung zum Spät-Josephinismus, war schon durch die romantische Bewegung ab 1805 gefördert worden und erreichte in Wien ihren Höhepunkt durch KLEMENS MARIA HOFBAUER[177], der 1909 als Heiliger kanonisiert wurde. Um ihn bildete sich das geistige Zentrum eines romantischen Katholizismus. Sein Einfluss in gebildeten Kreisen war sehr groß. Er konnte aber die josephinischen Praktiken der meisten Wiener Kleriker, besonders bei den weniger gebildeten Priestern auf dem Land und in kleinen Städten nicht verändern. Eine starke katholische Wiederbelebung für die Priester der Erzdiözese Wien konnte daher vom sogenannten Hofbauerkreis nicht ausgehen.[178] Neben seinen apostolischen Arbeiten als Prediger und Seelsorger erwarb sich KLEMENS MARIA HOFBAUER auch große Verdienste um die Armen Wiens vor allem um mittellose Studenten.[179] 1914 wurde er zum Stadtpatron Wiens erhoben.

6.3.2. Das Triumvirat E. Veith, S. Brunner und J.M.L. Häusle

Mit JOHANN EMANUEL VEITH[180] und SEBASTIAN BRUNNER[181] setzte sich der Hofkaplan JOHANN MICHAEL HÄUSLE[182] für eine katholische Erneuerung,

177 Hofbauer Klemens Maria (1751-1820). Sein Grab befindet sich seit 1862 in der Kirche Maria am Gestade in Wien, sein Denkmal bei der Wiener Minoritenkirche. Als Erneuerer des religiösen Lebens in Österreich beeinflusste er im „Hofbauer Kreis" besonders Wiener Romantiker und Konvertiten wie Friedrich Schlegel und Adam Müller.

178 *Bowman* William David, Priest and parish in Vienna, 1780-1880. Boston 1999. 9.

179 *Hudal.* 15.

180 Veith Dr. Emanuel (1787-1876). Konversion zum katholischen Glauben 1816, wurde Priester und Redemptorist. Er wirkte als Prediger und Volksmissionar in Wien und war als Arzt und Homöopath tätig.

181 Brunner Sebastian (1814-1893), Gründer der „Wiener Kirchenzeitung", in der er nach 1848 „soziale Probleme" aufgriff.

182 Häusle Dr. Johann Michael, 1809-1867, wurde 1832 vom Kaiser in das höhere Bildungsinstitut „Frintaneum" aufgenommen. 1836 Professor der Kirchenge-

eine soziale Reform und in der Umbruchszeit von 1848 in Wort und Schrift besonders für die Rechte und die Freiheit der Kirche ein. Auch an der Gründung und Leitung des Katholikenvereins[183] war HÄUSLE beteiligt. Die Auseinandersetzungen drehten sich durchwegs um die Probleme der Abhängigkeit der Kirche vom Staat, d.h. die josephinischen Gesetze für den kirchlichen Bereich. Die Gründung der Wiener Kirchenzeitung durch SEBASTIAN BRUNNER leitete den Aufschwung des katholischen Pressewesens ein, und EMANUEL VEITH, ein Mediziner jüdischer Herkunft, hielt seine Predigten in der Fastenzeit über die großen Zeitfragen. Die Geschichte der christlichen und sozialen Bewegung in Österreich bleibt mit diesem Triumvirat unlösbar verbunden.[184]

6.4. KIRCHE UND STAAT

„Thron und Altar", die Formel, die auf VOLTAIRE[185] zurückgeht, war die Devise dieser Zeit. Noch immer bildete die katholische Kirche eine Klammer in der Verschiedenheit der Völker der Habsburgermonarchie. Mit der Besinnung auf die katholische Vergangenheit sollten Tendenzen wie der Sozialismus abgewehrt werden, der im Zusammenhang mit dem Atheismus gesehen wurde. Die Säkularisierung, die Entziehung kirchlicher Hoheitsrechte, musste verarbeitet werden, wirkte sich aber nicht nur nachteilig aus. Sie festigte die Verbindung der Ortskirche mit Rom und beseitigte feudale Züge, wenn auch die finanzielle Abhängigkeit der Kirche vom Staat als drückend empfunden wurde. Die Märzverfassung des Jahres 1849 gewährte den Bürgern volle Glaubensfreiheit, ferner jeder gesetzlich anerkannten Religionsgemeinschaft öffentliche Religionsausübung

schichte und des Kirchenrechts am Priesterseminar in Brixen, 1838 Hofkaplan und Studiendirektor am „Frintaneum" in Wien.

183 1851 in „Severinusverein" umbenannt.

184 *Hosp* Eduard, Kirche im Sturmjahr Wien 1953. 9.

185 Voltaire, eigentlich François Marie Arouet (1694-1778) war einer der einflussreichsten Autoren der europäischen Aufklärung und gilt als wichtiger Vertreter des Deismus. Mit seiner Kritik an den Missständen des Absolutismus und der Feudalherrschaft sowie am Deutungsmuster und Machtmonopol der katholischen Kirche war er ein Wegbereiter der Französischen Revolution.

und selbstständige Verwaltung ihrer Angelegenheiten. Die katholische Kirche hatte damit die Freiheit erlangt, aber die bisherige Bevorzugung als einzige Staatsreligion eingebüßt.[186] 1850 genehmigte die Regierung dem Klerus den freien, vom Staat nicht mehr kontrollierten Amtsverkehr mit Rom. Das „placetum regium", die behördliche Zensur der kirchlichen Verlautbarungen, wurde abgeschafft. Den Bischöfen stand die Gerichtsbarkeit innerhalb der Kirche zu, die kirchliche Schulaufsicht wurde eingeführt. Die Tendenz des 19. Jahrhunderts ging auf Trennung von Kirche und Staat. Aber die traditionelle Verbindung war nicht leicht zu lösen, war sie doch gesellschaftlich, politisch und „sozialmoralisch" tief eingewurzelt.

Der Kampf um das Konkordat wurde in Österreich die konkrete Form der Auseinandersetzung des Liberalismus mit dem kirchlich verfassten Christentum. Erzbischof Joseph Othmar von Rauscher[187] erwies sich als Träger der neuen, vom jungen Kaiser Franz Joseph initiierten Kirchenpolitik eines Miteinander im Kampf gegen den Liberalismus.[188] Am 18. August 1855 unterzeichneten Fürst-Erzbischof Rauscher und der Pronuntius kardinal Viale Prelà das Konkordat, das am 13. November Rechtskraft erlangte.[189] Aber das Konkordat war von dem neoabsolutistischen Staat abgeschlossen worden, und die verfassungsmäßige Neugestaltung der Monarchie des Liberalismus, führte zu einem massiven Ansturm gegen das Konkordat. Nach dem „Februarpatent" 1861 setzten die Angriffe gegen das Konkordat unverzüglich ein. Die Bischöfe versuchten den Kaiser vor den Gefahren der Auflösung des Konkordats zu warnen. Die Antwort des Kaisers ist „berühmt" geworden:

> *Ich vertraue, dass die Bischöfe sich versichert halten, wie ich allezeit die Kirche zu schirmen und schützen weiß; dass sie aber auch der*

186 *Loidl.* Geschichte. 231.

187 Rauscher Erzbischof Joseph Othmar von (1853-1875). Vgl. IX.1.2.

188 *Liebmann* Maximilian, Von der Dominanz der katholischen Kirche zu freien Kirchen im freien Staat. Vom Wiener Kongress bis zur Gegenwart, in: Rudolf Leeb u. a., Geschichte des Christentums in Österreich. Von der Spätantike bis zur Gegenwart. Wien 2003. 376.

189 Die Einführung neuer Orden wurde dem Bischof freigestellt – wichtig für Gründungen und Niederlassungen in Wien.

> *Pflicht eingedenk sein werden, die ich als konstitutioneller Regent zu erfüllen habe.*[190]

Trotz scharfen Protestes wandte sich das Staatsgrundgesetz 1867 gegen die geistliche Gerichtsbarkeit und die religiöse Jugenderziehung und beschränkte die Kirche auf die Ordnung ihrer inneren Angelegenheiten. Die Gesetze vom Mai 1868, mit Zweidrittelmehrheit angenommen, regelten neu das Verhältnis zwischen Staat und katholischer Kirche. Die kirchliche Gerichtsbarkeit war für die Eheschließungen der Katholiken nicht mehr zuständig, eine gültige Ehe konnte auch vor einer weltlichen Verwaltungsbehörde geschlossen werden.[191] Das neue Schulgesetz übertrug Leitung und Aufsicht des Schulwesens dem Staat. Die kirchenfeindliche Strömung des Liberalismus trat in den Anfeindungen und Angriffen gegen die Schwesterngemeinschaften klar zutage.[192]

6.5. KIRCHE UND VOLK

Das 19. Jahrhundert, als Zeit der Säkularisation und der Vernunft bezeichnet, erlebte im Gegenzug einen neuen Aufschwung des Wunderglaubens. Marienverehrung, Herz-Jesu-Kulte fanden ein schnell wachsendes Publikum. Dazu gehörten kollektive Wallfahrten ebenso wie kirchliche Sozialarbeit, individuelles Gebet und Familienandachten.[193] Zugleich öffnete die Religion Frauen das Tor zur Öffentlichkeit. Sie sprengten die engen Grenzen der Familie, Grenzen, die im 19. Jahrhundert mit seinem ausgeprägten Familienkult enger gezogen waren als früher. In der Familie sollten die wahren Tugenden gewahrt und gepflegt werden. Der Mittelpunkt der Familie war die Frau, die Gatten wie Kinder liebvoll umsorgte und ihre eigenen Bedürfnisse zurückstellte. Dem in kleinen Schritten vorangehenden kulturellen Umschwung, der dem Wandel der sozialen Identifikationsspektren von Frauen entsprach, war auch die katholische Kultur

190 *Wodka*. 330.

191 Not-Zivilehe.

192 Vgl. Anfeindungen IX.2.

193 *Frevert* Ute, *Haupt* Heinz-Gerhard (Hg.), Der Mensch des 19. Jahrhunderts. Frankfurt a.M. 1999. 13.

ausgesetzt. Die Entfremdung von der Kirche war fast ausschließlich ein männliches Phänomen. Der Glaube der Männer war nicht erloschen, aber der Glaube war nicht länger eine umfassende Mentalität. Interessen und Leidenschaften konzentrierten sich nun auch auf politische Fragen. Nicht nur eine Feminisierung der Frömmigkeit als religiöse Praxis, auch das Aufblühen religiöser Kongregationen bot den Frauen neue Möglichkeiten.[194]

6.6. KIRCHE UND ARBEITERSCHAFT

Es scheint eine „Problemblindheit" der katholischen Kirche gegenüber den Auswirkungen der Massenindustrie gegeben zu haben. Letztere wurde in Österreich nicht genügend beachtet, weil für den Klerus die Klärung des Verhältnisses von Kirche und Staat im Vordergrund stand. Bei der großen Bischofsversammlung der österreichischen Bischöfe am 29. April 1849[195] wurden nur Fragen der rechtlichen Stellung der Kirche zum Staat erörtert. Fragen der Seelsorge, speziell die Stellung der Kirche zu den Arbeitermassen mit ihren sozialen Anliegen und das Problem einer Arbeiterseelsorge, wurden hingegen nicht diskutiert. Erst in den Jahren 1860-1880 setzte sich auch im katholisch-kirchlichen Bereich das Bewusstsein durch, dass soziale Fragen, deren Lösung solange im Bereich der Caritas gesucht und zum großen Teil gefunden wurde, Probleme der Gerechtigkeit und der rechten Ordnung sind.

Die Entfremdung der Arbeiter von der Kirche, in der Zeit der Industrialisierung und der Entstehung der Arbeiterschicht entstanden, ist ein Faktum, sollte jedoch nicht allein der Kirche zugeordnet werden. Die Überwindung des ständischen Denkens war nicht leicht. Der Kampf gegen das Staatskirchentum, der Wunsch nach Trennung von Staat und Kirche banden alle kirchlichen Kräfte. Im Gegensatz dazu machte es die Verhetzung der Arbeiterschaft durch den atheistischen und kirchenfeindlichen Marxismus der Kirche sehr schwer, die Arbeiter zu gewinnen. Dennoch bleibt bestehen, dass Unkenntnis bezüglich der neuen sozialen Probleme, ein Übersehen der neuen

194 *Frevert/ Haupt.* 127.

195 Auf Vorschlag des Erzbischofs von Salzburg Kardinal Friedrich Schwarzenberg vom Minister des Inneren Graf Stadion nach Wien eingeladen.

Arbeiterschicht und das Unverständnis für die berechtigten Anliegen der Arbeiterschaft wesentlich zu der Entfremdung von Kirche und Arbeiterschaft beigetragen haben.

V. CARITAS

1. EINE KIRCHLICHE GRUNDFUNKTION

Als Caritas bezeichnet man heute kirchlich organisierte Hilfeleistungen. Dabei kommen die Rahmenbedingungen in vielfacher Hinsicht aus der staatlichen Sozialgesetzgebung, doch versteht sich Caritas als ein weit darüber hinausgehendes Hilfsangebot. Das lateinische Wort „caritas" (*carus* lieb, teuer, wert) bezeichnet die christliche Liebe, die neben Glaube und Hoffnung zu den drei göttlichen Tugenden zählt. „Caritas" ist die deutsche Übersetzung des Begriffs „Agape" aus der Bibel und bezeichnet die Liebe als Wesen Gottes und als, neben der Verkündigung der Frohen Botschaft und der Liturgie, das zentrale Element des Christseins. Die Formen der christlichen Liebestätigkeit sind der freien Initiative überlassen. Im engeren Sinn bezieht sich Caritas auf jene, die wegen seelischer, geistiger oder körperlicher Not der helfenden Liebe bedürfen, die tätige christliche Barmherzigkeit als Beweis der Echtheit und Stärke der Gottesliebe.[196] *„Die Liebe Gottes zu den Menschen ist der Urgrund der menschlichen Liebe".*[197]

Der sozioökonomische Umbruch der Gesellschaft seit Beginn des 19. Jahrhunderts führte durch die Entwurzelung vieler Menschen, durch die monotone Industrieproduktion, die Verstädterung und vieles mehr zu vielfältigen Formen materieller, sozialer und psychologischer Not.[198] Die kirchlichen Milieus reagierten darauf mit Neugründungen von Ordensgemeinschaften mit speziell sozialpädagogischen und Kranke pflegenden Zielen.

1.1. PRAXIS UND REFLEXION DER CARITAS IM 1. JAHRTAUSEND

Caritas wurde von Beginn der christlichen Gemeindebildung an nicht nur praktiziert, sondern auch reflektiert. Von Anfang an finden sich Spuren einer Zentralisierung der christlichen Liebestätigkeit. Schon

196 Caritas, in: *LThK* 2, 1994. Sp 757.

197 Eph 5,2.

198 LThK 2, 1994. Sp. 949.

EUGIPPIUS, ein Schüler SEVERINS, berichtet in seiner „*Vita sancti Severini*“, dass der hl. SEVERIN, der in der zweiten Hälfte des fünften Jahrhunderts nach Noricum, dem heutigen Niederösterreich südlich der Donau, kam, auch Fremdenhospize vorgefunden hat.[199] Der hl. SEVERIN selbst rief eine Hilfsorganisation ins Leben, die der durch Einfälle germanischer Stämme in Not geratenen Bevölkerung von Noricum Hilfe bringen sollte. Die Gläubigen stellten ihm den Zehnten ihres Besitzes und Erwerbs für die Armen zur Verfügung. Seine Liebestätigkeit zeigte der Heilige auch durch den Loskauf christlicher Gefangener aus der Gewalt heidnischer Feinde.

1.2. CARITAS IN WIEN UM 1200

Auch auf dem heutigen Wiener Boden wurde christliche Caritas geübt. Das zeigt ein Pilgerhaus, das vor dem Jahre 1200 in der Kärntnerstraße errichtet wurde, das Heilig-Geist-Spital, als älteste Gründung eines Spitals vor 1208 unter LEOPOLD dem Glorreichen, vor dem Kärntner Tor.[200] Das Wiener Bürgerspital, zwischen 1253 und 1257 gebaut, blieb die größte Versorgungsanstalt Wiens bis ins 17. Jahrhundert und verdankt sich sowie andere kleinere Spitalsgründungen Stiftungen von christlichen Fürsten, Adeligen, Geistlichen und Bürgern.[201]

2. ENTWICKLUNG DER ARMENPFLEGE

2.1. DAS PFARRARMENINSTITUT

Die Armenpflege in ihrer ursprünglichsten Form zeigte sich als Beistandsleistung in der Familie. Ein erkranktes oder verarmtes Familienmitglied wurde in der Familie gepflegt oder von dieser unterstützt. Wohl verpflichtete Kaiser FERDINAND I. durch das Patent vom 15. Oktober 1552 „jede Stadt und jede Commune“ ihre Armen selbst

199 *Fenzl*, 2000 Jahre Christentum, „Vita sancti Severini“ - Das Leben des hl. Severin von Eugippius, Kap.1, in: Wiener Kirchenzeitung, 26. Dezember 1999, Sonderbeilage. III.

200 Ungefähr an der Stelle des heutigen Hotel Sacher.

201 *Tongelen* von Josef, Die katholische Caritas, in: *Hudal* Alois (Hg.), Der Katholizimus in Österreich. Wien 1931. 205.

zu versorgen, aber eine durchgreifende Reform erfuhr die Armenpflege erst im Jahre 1783, als Kaiser Josef II. das „Pfarrarmen-Institut" einführte, die noch immer kirchliche Armenpflege der „Bruderschaften" aufhob und deren Vermögen dem Pfarrarmen-Institut zuwies. Diese Armeninstitute waren besonders dotierte Institutionen zur Sammlung und Verteilung von Geldern an die Armen, welche unter der Leitung der Pfarrer standen. Es zeigte sich bald, dass diese Institute der Verarmung, ihren Ursachen und Wirkungen ohnmächtig gegenüber standen. Das Pfarrarmen-Institut in Wien bestand ursprünglich aus 29 Pfarreien, welchen später die Bezirke Neulerchenfeld, Reindorf und Hernals einverleibt wurden. Das benötigte Geld sollte durch Spendensammlungen aufgebracht werden.[202] So stand auch die Armenpflege unter der Überwachung der Staatsverwaltung. 1842 wurde dann die Leitung des Armenwesens an den Magistrat der Stadt Wien übertragen.

Durch die weitere Zunahme an Armen wurde eine Neuorganisation der Armeninstitute notwendig. Wien und die Vorstädte wurden in 90 Armenbezirke unterteilt und der 1807 errichteten Stadthauptmannschaft wurde die Leitung aller Armen-, Besorgungs- und Krankenanstalten übertragen. Nur das 1784 gegründete Allgemeine Krankenhaus und das Findelhaus wurden der Niederösterreichischen Regierung unterstellt. Dabei darf nicht übersehen werden, dass auch die Patienten der Allgemeinen Krankenhäuser meist sozial schwachen Schichten entstammten. Das Hauptkontingent stellten bis weit über die Mitte des 19. Jahrhunderts hinaus die Mittellosen, die Dienstboten, die Handwerksburschen, die Kutscher, Näherinnen, die Laufburschen und Wäscherinnen, die nach Vorlage des Armutszeugnisses unentgeltlich aufgenommen wurden.[203]

Erst das Heimatgesetz vom 3. Dezember 1863 hat die Beziehungen der Gemeinden zu ihren Armen umfassend geregelt, es bestimmte Unterstützung, Unterhalt und Verpflegung im Falle der Erkrankung, ferner, dass die Armenversorgung der Kinder auch die Sorge für de-

202 *Seliger* Maren, *Ucakar* Karl, Geschichte der Stadt Wien, I 1740-1895. Wien 1985. 183.

203 *Walter* Ilsemarie, Zur Entstehung der beruflichen Krankenpflege in Österreich, in: Historicum 2003,1. 24.

ren Erziehung beinhalte. Das Landesgesetz vom 28. November 1873 bereitete dem Pfarrarmen-Institut in Wien ein Ende.[204]

2.2. HOSPITALPFLEGE ALS ARMENPFLEGE

Armenpflege umfasste stets auch die Sorge um Kranke, Alte und Gebrechliche. Für Kranke aus wirtschaftlich besseren Verhältnissen boten Haus und Familie noch bis zum Endes des 19. Jahrhunderts den schützenden Raum. Die Frau und Mutter war für die Behandlung von Verletzungen und Krankheitsfällen zuständig, eine ärztliche Versorgung gab es zunächst nur in den Städten mit Arzt und Hebamme. Auf dem Land dagegen gab es meist nur Hebammen, in den Städten die Pfründner-Hospitäler für die Armen. Die Schwäche der Hospitalpflege lag darin, dass sie einen Teil der Armenpflege bildete und dass die Pfleglinge zahlungsunfähig waren. Der spätere kirchliche Beitrag lag auf dem Gebiet der Pflege, zum Teil auch in der Bereitstellung von Hospitälern.[205] Die Hebung des pflegerischen Niveaus und der medizinischen Technik machte schließlich die Ausklammerung der öffentlich organisierten Krankenpflege aus dem Bereich der Armenfürsorge notwenig.[206] 1901 wurden in Wien neue sozialpolitische Maßnahmen zur Ausgestaltung der Armenpflege gesetzt. Die Zusammensetzung der Armeninstitute wurde geregelt, durch einen „Zentralrat für das Armenwesen" sollte eine bessere Koordination realisiert werden.

3. CARITAS BIS INS 20. JAHRHUNDERT ARMENPFLEGE

3.1. ARMENPFLEGE ALS ÖFFENTLICHE AUFGABE

Caritas als Hilfe für den Not leidenden Glaubensgenossen war seit jeher ein zentraler Teil kirchlichen Lebens. Seit der Aufklärung verdrängten die Regierungen jedoch großteils die Kirche aus dem Bereich der Armenpflege und reklamierten diese als öffentliche Aufgaben, ohne aber das kirchliche Personal von der Mitarbeit auszuschließen. Die seit dem 18. Jahrhundert mit der öffentlichen Armenpflege be-

204 *Schauenstein*, Armenpflege. 7f.

205 *Gatz*, Caritas und kirchliche Hilfswerke. 437.

206 *Gatz*, Kirche und Krankenpflege. 595.

trauten Organe erwiesen sich aber als ungeeignet, der Verarmung weiter Bevölkerungskreise abzuhelfen.[207]

3.2. PERSONELLE HILFE ALS KIRCHLICHER BEITRAG

Zu den Aufgaben des Pfarrklerus gehörte die Mitarbeit in den nunmehr „bürgerlichen" Armenverwaltungen, denn die genaue Kenntnis der Verhältnisse besaßen am ehesten die Pfarrseelsorger. Da aber Spenden immer weniger für die Armenpflege ausreichten, war die Finanzierung durch Steuern auf weite Sicht unausweichlich. Der kirchliche Beitrag verlagerte sich immer mehr zur personellen Hilfe. Das Charakteristische der Caritas aber blieb das spezifisch christliche Ethos. Das Engagement für die Armen wurde nicht kirchenamtlich gesteuert, sondern von zahlreichen Initiativkreisen, später von Vereinen, ferner von den zur Abhilfe der neuen Not gegründeten neuen Ordensgemeinschaften getragen. Die Träger der kirchlichen Armenpflege vermochten es nicht nur, bedeutende Spenden für diese Arbeit aufzutreiben, sondern auch eine große Zahl ehrenamtlicher Mitarbeiter zu gewinnen. Viele Ordenskräfte waren auch in kommunalen, also nicht kirchlich getragenen Anstalten tätig.

Im zweiten Teil der ersten Enzyklika von Papst Benedikt XVI., „Deus Caritas est" spricht der Papst von der Caritas als aktiven „Liebesdienst" in der Kirche (Nr. 19) und stellt die kirchliche Caritas in den großen Rahmen des Ringens um die Gerechtigkeit. Die unerschöpfliche Quelle der Kraft, die vor keiner Not resigniert, bleibt „der lebendige Kontakt mit Christus" (Nr. 36).[208]

4. CARITASKREISE UND VEREINE

4.1. CARITASKREISE

Die ersten Initiativen waren in den Jahren 1815-1848 einzelne privat entstehende „Caritas-Kreise". Der Anstoß ging von Laien aus, nicht vom Klerus und nicht von der Hierarchie, oft in Zusammenhang mit den Zentren katholischer Bewegungen, Diese Caritaskreise oder

207 *Gatz* Erwin, Caritas und soziale Dienste. Freiburg i. Br. 1997. 5.

208 *Schönborn* Kardinal Christoph über die Enzyklika Benedikt XVI., Deus Caritas Est, in: Thema Kirche 1/2006. 2.

Hilfsvereine sammelten Lebensmittel in Hungersnöten, Kleidung für die Armen, organisierten Suppenküchen, bei den Cholera-Epidemien machten sie sich in der Krankenpflege verdient.

4.2. FRAUEN- UND MÄNNERVEREINE

Auf dem Feld der Caritas hatten die Armenvereine und gemeinnützigen Gesellschaften Vorarbeit geleistet, ebenso einige Frauenvereine. Der *Frauen-Wohltätigkeitsverein* für Wien unterstützte eine Kinderbewahrungsanstalt in der damaligen Vorstadt Brigittenau, errichtete Arbeitsschulen für Mädchen in der Leopoldstadt im II. und Lichtental, im IX. Bezirk und sorgte für eine würdige Bestattung mittelloser Verstorbenen.[209] Doch fehlte diesen Vereinen die religiöse Begründung für ihre Arbeit. Diese trat stark hervor im *Vinzenzverein,* der seit 1833 von Paris aus die halbe Welt eroberte und 1854 in Wien gegründet wurde. Zweck dieses Vereins war die Selbstheiligung seiner Mitglieder und die Ausübung der christlichen Nächstenliebe. 1859 gründete dieser Verein unter MAX Freiherr von GAGERN ein Asyl für arme Kinder. Freiherr von GAGERN gab auch 1860 die Anregung zur Gründung des „*Vinzentinums*" im Vorort Oberdöbling, später XIX., und zur Berufung der „*Schwestern vom armen Kinde Jesus*" für dieses Haus.

Die katholischen Frauen schlossen sich 1854 im „*Maria-Elisabethenverein für arme Nothleidende in Wien*" zusammen. Mitglieder waren adelige Damen. Der Verein unterhielt das Waisenhaus *Mater Misericordia* in Fünfhaus mit Leitung der *Schulschwestern von Notre Dame* und unterstützte die Kinderbewahrungsanstalt im *Carlineum.*[210] Dazu kam die gleichzeitige Blüte der Laiencaritas, die sich in zahlreichen Vereinen zeigte. Unter dem gewaltigen Aufschwung der religiösen Wohltätigkeit erfuhr auch die öffentliche Armenpflege eine Erneuerung.[211]

Die Vereine brachten eine neue Art der Fürsorge mit sich. Da sie leistungsfähig und geldkräftig waren, gingen sie oft über die einfache Wohltätigkeit hinaus und versuchten, Gruppen von Menschen

209 *Krebs.* 29.

210 *Pesch.* 108.

211 *Liese* Wilhelm, Geschichte der Caritas, 1. Freiburg i .Br. 1922. 326.

in ihrem Wohlstand zu heben und diesen zu sichern. Man sprach dann von Wohlfahrtspflege.[212] Der „*Mater-Admirabilis Verein*“ unter der Leitung von Stephanie Gräfin von Wenckher kaufte ein Haus in Favoriten, Buchenstraße 108, und ließ es renovieren. Man wollte hier ein Arbeiterinnenheim errichten, um Mädchen gegen die Gefahren der Welt zu schützen. Es sollte aber auch der Unterstützung armer Familien und der Pflege armer Kranken dienen. Dem wiederholten Ansuchen um *Barmherzige Schwestern vom hl. Kreuz* zur Pflege wurde am 16. September 1901 stattgegeben. Marie Fürstin von Lichtenstein, Präsidentin des „*Katholischen Frauenvereins Wien*“ verlangte für die Vororte Wieden und Favoriten *Kreuzschwestern* zur Übernahme einer Arbeitsschule in der Humboldtstraße im X. Bezirk. Mit 100 Mädchen wurde die Anstalt 1869 übernommen.[213]

Das Bemühen um eine kirchliche Armenpflege zielte auch auf die Gründung kircheneigener Anstalten. Dies hing mit der Einführung der *Barmherzigen Schwestern des hl. Vinzenz von Paul* zusammen, die als Garanten katholischer Identität galten.[214] Viele Vereine forderten die Berufung dieser Schwestern, da den Anstalten die Krankenpflege der Ordensfrauen nicht nur ihrem Zwecke auf das Beste entsprachen, sondern sie auch nach außen hin als leuchtende Vorbilder im Dienst der Nächstenliebe galten.

Die Tagung katholischer Frauen auf dem VI. Allgemeinen Österreichischen Katholikentag 1907 wurde von der Vorsitzenden Gräfin Melanie Zichy-Metternich[215] geleitet, die 1894 den Verein „Werk des hl. Philipp Neri“ gegründet hatte und als eine der Gründerinnen der *Katholischen Reichsfrauenorganisation Österreichs* (KRFOÖ) gilt.

212 *Liese*. 3.

213 *Kongregation der Schwestern vom hl. Kreuz*, Chronik. 645-648.

214 *Gatz*, Kirche und Krankenpflege. 63.

215 Gräfin Melanie Zichy-Metternich (1832-1919), Tochter des Staatskanzlers Fürst Clemens Metternich, verheiratet mit Graf Josef Zichy.

VI. ORDENSLEBEN ALS ANTWORT AUF DIE GESCHICHTLICHE UND GESELLSCHAFTLICHE SITUATION

1. „WAS BEDÜRFNIS DER ZEIT, DAS IST GOTTES WILLE"[216]

Es gab und gibt keine einzige Form von Ordensleben, die losgelöst wäre von der geschichtlich-gesellschaftlichen Situation. Ordensleben war und ist immer konkrete Antwort darauf. Neue Formen entstanden lange, bevor lehramtliche Richtlinien gegeben und Entscheidungen getroffen wurden. Im 12. Jahrhundert entstanden die bekanntesten Frauengemeinschaften ohne Gelübde, die *Beginen.*[217] Diese verbanden Gebet mit Handarbeit, Mädchenunterricht, Krankenpflege und Bestattungsdienst. Die Entstehung des Beginentums kam aus dem Streben nach einem dem Evangelium ausgerichteten Leben in dieser Zeit.[218] Bei den „Bettelorden"[219] entstand neben den bisher üblichen zwei Zweigen[220] noch ein Dritter, ein Laienorden für engagierte Laien. Obwohl der Dritte Orden zunächst nur für solche Personen bestimmt war, welche in der Welt verbleiben woll-

216 P. Florentini, Stifter der Barmherzigen Schwestern vom hl. Kreuz. Vgl. VII.5.10.1.

217 Die Beginen entstanden in Belgien. Es waren Gruppen von Frauen, die ein dem Leben der Mönche ähnliches Frömmigkeitsleben führten ohne Gelübde abzulegen. Da sich vielerorts die Franziskaner um ihre Förderung und Leitung annahmen, diente die Regel des 3. Ordens des hl. Franziskus auch als Grundlage der Beginenregel.

218 *Schwaiger* Georg, Mönchtum, Orden, Kloster. Von den Anfängen bis zur Gegenwart. München ^{2}1994. 82.

219 *Holtz* (2001). 127: Franziskaner und Dominikaner.
a) Franziskus von Assissi (1182-1226): 1209 Gründung der „Minderbrüder". Gehorsam, Besitzlosigkeit und Keuschheit sind nach Franziskus der gelebte Ausdruck und Vollendung des evangelischen Lebens.
b) Dominikus (1170-1221): 1216 Gründung der „Predigerbrüder". Er erkennt in der evangelischen Armut die einzige Möglichkeit die Kirche seiner Zeit wieder glaubhaft und ihre Glaubenspredigt unter den Katharern, Waldensern und Albingensern wirksam zu machen.

220 1. Männlich: aktiv und kontemplativ, 2. Weiblich: kontemplativ: die Klarissinen, Klara von Assissi 1194-1253, die Dominikanerinnen, die Karmeliterinnen und Augustinerinnen.

ten, (ordo tertius saecularis) vereinigten sich bald einige zu einem gemeinschaftlichen Leben und legten in der Folge auch feierliche Gelübde ab.[221]

Damit wurde die Basis für die erst neuzeitlich sich durchsetzenden neuen Frauenorden geschaffen, für Frauen, die eine Verbindung von Aktion und Kontemplation leben wollten. *Als Beispiel wären hier die Annunziatinnen* oder Nonnen des HL AMBROSIUS zu nennen, deren Gemeinschaft von drei Jungfrauen 1408 in Pavia gegründet wurde, um die Sorge für die Kranken im Namen des Evangeliums zu gewährleisten. 1431 nahmen sie die Augustinerregel an, wurden aber zu Beginn des 17. Jahrhunderts aufgelöst.[222]

Im 16. und 17. Jahrhundert bildeten sich zur Zeit der katholischen Reform, parallel zur Erneuerung des Ordenslebens, religiöse Gemeinschaften, deren Sinn im aktiven Leben lag. Als ANGELA VON MERICI[223] am 25. November 1535, dem Festtag der hl. KATHARINA von Alexandria, ihre *Gesellschaft der hl. URSULA* (Compagnia di Santa Orsola) gründete, markierte sie, ohne es zu ahnen, den Grundstein zu einer neuen Form des gottgeweihten Lebens. Bisher hatten sich Frauengemeinschaften nur parallel zu Männerorden gebildet. ANGELA aber kannte keine solche Abhängigkeit. Die jungen Mädchen legten, in ihren Familien lebend, das private Gelübde der Jungfräulichkeit, der Armut und des Gehorsams in die Hand des Bischofs ab und widmeten sich der Jugenderziehung, der Hauskrankenpflege und anderen Werken der Barmherzigkeit.[224] 1566 wurden die *Ursulinen*

221 *Holtz* (2001). 129: Elisabeth von Thüringen +1231 (gehörte dem Dritten Orden für Weltleute an, in: Heimbucher 2, 22). König Ludwig von Frankreich (1226-1240), der italienische Dichter Dante (1265-1321) lebten bereits in diesem Geist. Heute nennt sich der Dritte Orden des hl. Franziskus „Franziskanische Gemeinschaft".

222 *Dinzelbacher* Peter, *Hogg* James Lester (Hg.) Kulturgeschichte der christlichen Orden. Stuttgart 1997. 28f.

223 Angela von Merici (1474-1540). 1612 genehmigt Papst Paul V. die Erziehungstätigkeit als Ordenszweck. 1807 wurde die Ordensgründerin heilig gesprochen.

224 Die Ursulinen waren zu Beginn keine gemeinsam lebende Genossenschaft und legten keine öffentlichen Gelübde ab, lebten aber nach einer bestimmten Lebensregel und unterstanden einer Oberin. In: *Heimbucher* 1, 628.

von Bischof Kardinal Karl Borromäus (1538-1584) nach Mailand gerufen und dieser führte, von Papst Gregor XIII. ermächtigt, 1572 das gemeinschaftliche Leben und einfache Gelübde ein. Als Papst Pius V. die Auflösung aller Gemeinschaften befahl, die keine feierlichen Gelübde hatten und nicht in Klausur lebten, nahmen die *Ursulinen*, um weiter bestehen zu können, Klausur, Chorgebet und Ordenskleid auf sich.[225] 1614 erfolgte der Übergang zu einem wirklichen Orden nach der Regel des hl. Augustinus, der sich zum größten Orden für Erziehung und Unterricht der weiblichen Jugend entwickelte.[226]

Auch die *Salesianerinnen* mussten sich der Rückbildung angleichen. Am 16. Juni 1610 wurde das erste Kloster der *Heimsuchungsschwestern* in Annecy, der Stadt, in der Franz von Sales[227] als Bischof lebte, gegründet. Johanna von Chantal und Franz von Sales wollten mit diesem Namen die aktive Tätigkeit des neuen Ordens ausdrücken. Die Schwestern sollten Arme, Kranke und Bedürftige daheim aufsuchen, sie unterstützen und sich der Mädchenerziehung widmen. Quelle für dieses caritative Tun sollte das Gebet sein. Aber der zuständige Erzbischof von Lyon konnte sich mit der Novität eines tätigen Frauenordens nicht abfinden, und so wurde die Kongregation in einen kontemplativen Orden nach der Augustinerregel umgewandelt, der 1618 von Papst Paul V. die päpstliche Anerkennung erhielt.[228]

Mary Ward[229] stammte aus einer alten katholischen Familie des Landadels von Yorkshire und hatte den Wunsch in ein Kloster einzutreten, doch dies war in England nicht möglich. Im Jahre 1609 gründete sie das *„Institut der englischen Fräulein"*[230] zur Mädchenbildung. Ihre Mitglieder verhielten sich wie Ordensschwestern,

225 *Holtz*, 2001. 220.

226 *Probst* Ernst, Superfrauen 2 Religion. Mainz 2001. 13.

227 Franz von Sales (1567-1622), Bischof von Genf, Ordensgründer. Der Name „Orden von der Heimsuchung Mariä". rührt von dem im Lukasevangelium beschriebenen Besuch von Maria bei Elisabeth her. In deutschsprachigen Gebieten unter Salesianerinnen bekannt. 1665 wurde Franz von Sales heilig gesprochen und 1877 zum Kirchenlehrer ernannt.

228 *Heimbucher* 1, 641.

229 Mary Ward 1585-1645. In: *Heimbucher*, 2. 454.

230 Mit „Fräulein" wurden damals die adeligen Damen angesprochen – ein Hinweis darauf, dass lange Zeit ein Großteil der Schwestern adeliger Herkunft war.

bewegten sich aber frei in der Stadt und lebten ab 1611 nach der Jesuitenregel. Mary Ward wollte in England „mitten in der Welt" den Priestern zur Seite stehen. Die neue Gesellschaft wurde vom Bischof als vorzügliches Werkzeug im Dienste der Gegenreformation erkannt und wohlwollend aufgenommen. Bald aber erregte diese neue Lebensweise, ohne Klausur, den Verdacht und den Widerstand kirchlicher Kreise und das Institut wurde am 13. Jänner 1631 durch eine päpstliche Bulle von Papst Urban VIII. aufgehoben und Mary Ward neun Wochen unter dem Verdacht der Häresie inhaftiert.[231] Das Urteil des römischen Inquisitionsgerichtes endete zwar mit einer Rechtfertigung, aber das Werk blieb aufgehoben. Erst 1703 bestätigte Papst Clemens XI. [232]das Institut als „Geistliche Versammlung", die „Fräulein" durften einfache Gelübde ablegen.

Das Institut in St. Pölten war 1706 die erste Gründung nach der päpstlichen Zustimmung. Im Jahre 1877 erhielt die Gemeinschaft von Papst Pius IX.[233] seine Bestätigung, 1909 wurde Mary Ward als Gründerin anerkannt.[234] Seit dem Jahre 2000 ist das Institut in der *„Vereinigung von Ordensschulen Österreichs"* eingebunden und trägt ab 2004 den Namen *„Congregatio Jesu"*.

Wurde Vinzenz von Paul wegweisend für den gesamten caritativen Bereich, so waren Angela Merici und Mary Ward ihrer Zeit vorauseilend auf dem Gebiet von Unterricht und Erziehung tätig. Zu ihrer Zeit jedoch vermochte sich diese neue Form religiöser Gemeinschaften noch nicht durchzusetzen.[235]

Besonders deutlich trat die Anfrage an die Ordensgemeinschaften im19. Jahrhundert zutage, weil durch die Soziale Frage eine dringende Herausforderung gestellt wurde. Die tätigen Kongregationen nahmen diese Herausforderung an und übernahmen die Hauptlast der Caritasarbeit. Sie wollten nach dem Gebot der Got-

231 Die Anklage lautete auf Missachtung der päpstlichen Autorität, Rebellion und Ungehorsam gegen die Kirche. In: *Schwaiger*. 181.

232 Clemens XI. (1649-1721).

233 Pius IX. (1846-1878).

234 *Weismayer*, Mönchsväter und Ordensgründer. Männer und Frauen in der Nachfolge Jesu. Würzburg 1991. 258.

235 *Prager*. 46.

tes- und Nächstenliebe und in der Nachfolge Christi dem Nächsten dienen und der vielfachen sozialen und seelischen Not ihrer Zeit eine christliche Antwort geben. Der fundamentale Wandel kirchlicher Sozialarbeit lag in der Ablösung der traditionellen Armenpflege, die auf den elementaren Lebensunterhalt konzentriert war, durch eine differenzierte Sorge um den Menschen in seinen verschiedenen Nöten. Die Ordenskräfte und die kirchlichen Anstalten haben diese Entwicklung entscheidend mitgetragen.[236]

2. DAS GEWEIHTE LEBEN – VITA CONSECRATA

In der Umgangssprache werden die religiösen Gemeinschaften ohne Unterschied „Orden" genannt. Diese Bezeichnung trifft jedoch nur auf wenige, zumeist alte und traditionelle religiöse Gemeinschaften zu, deren Status im Kirchenrecht genau umschrieben ist. Bis zur Abfassung des CIC[237] 1917 hatte Jahrhunderte lang folgende Begriffsbestimmung gegolten: Unter einem „Orden" versteht man religiöse Gemeinschaften, deren Mitglieder nach einer Regel in Gemeinschaft leben und sich durch öffentliche, „ewige" oder „zeitliche" (nach Zeitablauf zu erneuernde) Gelübde binden. Diese Vereinigungen müssen vom Papst bestätigt werden.[238] Der CIC 1983 definiert in can 1192

§ 1: *„Ein Gelübde ist öffentlich, wenn es im Namen der Kirche von einem rechtmäßigen Oberen entgegen genommen wird, anderenfalls ist es privat".*

§ 2 sagt aus: *„Feierlich (solemne) ist ein Gelübde, wenn es als solches von der Kirche anerkannt worden ist, anderenfalls ist es einfach (simplex)".* [239]

Ein Orden ist eine religiöse Gemeinschaft, in der feierliche Gelübde abgelegt werden.[240] Klösterliche Verbände mit einfachen Gelübden (ewige oder zeitliche) nennt man Kongregationen oder

236 *Gatz,* Caritas und kirchliche Hilfswerke. 441.

237 Codex Iuris Canonici (Codex des kanonischen Rechtes).

238 CIC 1917 cn 488 § 1,2,4.

239 Handbuch des katholischen Kirchenrechts, hg. von Joseph Listl, Hubert Müller, Heribert Schmiz. Regensburg 1983. 483, Anm. 30: „Gelübde meint ein Gott gemachtes, wohlüberlegtes und frei gegebenes Versprechen".

240 Mönchsgemeinschaften oder sogenannte alte Orden.

Genossenschaften.[241] Dieser Begriff bezeichnet jene neuzeitlichen religiösen Männer- und Frauengemeinschaften, die in eingeschränkter Form dieselben geistlichen Übungen wie Mönche und Nonnen praktizierten, meistens jedoch auf die Klausur verzichteten, um ihren apostolischen Dienst besser erfüllen zu können. Es gibt Kongregationen päpstlichen und Kongregationen bischöflichen Rechts.

Das Gesetzbuch von 1983 hat entsprechend einer Weisung Papst PAUL VI. die theologischen und spirituellen Prinzipien des II. Vatikanums über das *„gottgeweihte Leben"* aufgegriffen und die Verpflichtung auf die evangelischen Räte als primäres Einteilungskriterium zu Grunde gelegt.[242] Gemeinschaften, von der kirchlichen Autorität errichtet, deren Mitglieder sich durch Gelübde oder andere sakrale Bindungen entsprechend dem Eigenrecht des jeweiligen Verbandes auf die evangelischen Räte verpflichtet haben, werden als *„instituta vitae consecratae"* bezeichnet (can. 573 § 2).[243] Diese umfassen die *instituta religiosa* (can. 607 §2) und die *instituta saecularia* (can. 710). Damit können die verschiedenen konkreten Formen des Ordenslebens auf einen Nenner gebracht werden.[244]

Das Ordenswesen ist gekennzeichnet durch eine Vielfalt von Formen. Doch der grundlegende Auftrag aller Ordensgemeinschaften ist ein geistlicher Dienst: Zeugnis zu geben für Gottes Dasein und seine Liebe zu den Menschen und die biblisch begründete Nachfolge Christi.

3. GEISTLICHE ERNEUERUNG DURCH ORDENSGEMEINSCHAFTEN

Nahezu jede geistliche Erneuerung in der Geschichte fand in der Bildung neuer Orden oder Kongregationen ihren Ausdruck. Katholische Frömmigkeit war so sehr an das Ordensleben und dessen Ausläufer gebunden, dass der Zustand in den Ordensgemeinschaften in

241 *Heimbucher,* 1. 11.

242 Vgl. CIC 1983, can. 573. §1.

243 Handbuch des katholischen Kirchenrechts, hg. von *Joseph Listl, Hubert Müller* und *Heribert Schmitz.* Regensburg 1983. 481.

244 Handbuch des katholischen Kirchenrechts. 483. Anm. 45: Im II. Vaticanum wird „institutum" durchgehend für die Vereinigungen des gottgeweihten Lebens verwendet (z. B. LG Art. 44 und 45, PC 1-9, 11, 13-16, 18-25)

der Regel recht genau dem der Kirche im Gesamten entsprach. Daher führte das Wiederaufleben der Kirche während der Restaurationszeit zu einer Erneuerung des Ordenlebens, welches seit der Aufklärung erheblichen Schaden erlitten hatte. Die Säkularisierung der Klostergüter und die Auflösung der Orden hatten in großen Teilen Europas das Ordenswesen seiner Mittel und Existenzmöglichkeiten beraubt, gleichzeitig hatten die geistigen Strömungen der Zeit die Klöster personell geleert. Der Beginn des 19. Jahrhunderts war der absolute Tiefpunkt des Ordenlebens in ganz Europa, gleichzeitig setzte der Aufbruch der „Sozialen Ordensgesellschaften" ein.

Neue Kräfte brachen auf. Einige den Erfordernissen der Zeit besonders angepassten Institute profitierten schon in den ersten Jahrzehnten des 19. Jahrhunderts davon wie die *Barmherzigen Schwestern des hl. Vinzenz von Paul*, deren Gemeinschaft sich nach ihrer offiziellen Anerkennung im Ausland verbreitete und im Verlauf des Jahrhunderts ihr Charakterbild formte. Das Bemerkenswerteste war jedoch die Vermehrung der neuen Gemeinschaften, die sich meist gleichzeitig caritativer und erzieherischer Aufgaben widmeten. Sie entstanden in großer Vielzahl, Vielfalt und Weiträumigkeit. „Von unten gewachsen", von Seelsorgern betreut und gefördert, unbeirrbar durch alle Schwierigkeiten, Entbehrungen und Hindernisse hindurchgehend, dem Unverständnis mancher Zeitgenossen, auch innerhalb der Kirche, fest entgegentretend. [245]

3.1. VON DER NONNE ZUR RELIGIOSEN

Die Zahl der Frauen in den Ordensgemeinschaften nahm im 17. und 18. Jahrhundert ebenso zu wie die Zahl neuer Institute, die Frauen aufnahmen. Doch die Entwicklung der Frauengemeinschaften verlief anders als die der Männerkongregationen. Die Päpste Pius V.[246] und Gregor XIII.[247] wurden unter Berufung auf das Konzil von

245 *Aubert*. 257.

246 Pius V. (1566-1572). Dominikaner, Großinquisitor. Seinen Gebetsbemühungen wird der Seesieg über die Türken bei Lepanto 1571 zugeschrieben.

247 Gregor XIII. (1572-1585), war eine der zentralen Figuren der Gegenreformation. In sein Pontifikat fällt die Bartholomäusnacht in Frankreich. 1582 wurde der Gregorianische Kalender eingeführt.

Trient[248] zu Verfechtern der Klausur. Der alte Spruch „aut *maritus aut murus*“[249] wurde wieder aktuell. In einigen Ländern Europas gab es Vereinigungen frommer Mädchen und Frauen in Form „Dritter Orden“[250] oder Frauengemeinschaften, die sich tiefe Frömmigkeit und die Ausübung caritativer Werke als Ideal gesetzt hatten. Um der Rechtsauffassung der kirchlichen Autoritäten nachzukommen nahmen diese Frauen bisweilen Statuten von Nonnen an und trugen eine Ordenstracht. Die Wendung zu einer strikten Regelung des religiösen Lebens von Frauen in der Kirche entsprach, allgemein gesehen, dem sehr geringen Stellenwert der Frau.[251]

3.2. ÖFFNUNG ZUR WELT FÜR DIE WEIBLICHEN ORDEN

Der Hl. Stuhl tolerierte nur in wenigen Fällen die Lebensweise der neuen Gemeinschaften. Den Durchbruch brachte VINZENZ VON PAUL mit der Gründung der *Barmherzigen Schwestern*, der auf Gelübde verzichtete und damit den Klausurbestimmungen aus dem Weg ging. Die Wende aber leitete Papst BENEDIKT XIV.[252] ein, indem er 1749 mit der Konstitution „*Quamvis justo*“ ordensähnliche Gemeinschaften ohne feierliche Gelübde und Klausur unter der Leitung einer Generaloberin zuließ. Für die so entstandenen Verbände bürgerte sich der Begriff Kongregation oder Genossenschaft ein. Papst GREGOR XVI.[253] hat diese Form 1834 ausdrücklich gebilligt und zur Bildung solcher Gemeinschaften aufgefordert. In den deutschsprachigen Ländern gab es 1815 etwa 200 sozial-caritativ tätige Schwestern und Brüder. Damals konnte man nicht voraussehen, dass der Aufstieg der kirchlichen Armenpflege und Caritas mit ihrer immer stärkeren Differenzierung aufs engste mit der Aktivierung

248 Konzil von Trient 1545-1563.

249 „Entweder Ehemann oder (Kloster-)mauer“.

250 Dritter Orden siehe VII.5.2.

251 *Dompnier* Bernard, Fortdauer der katholischen Reform in: Geschichte des Christentums IX, Das Zeitalter der Vernunft 1620/30-1750, hg. von Marc Venard. Freiburg i. Br. 1998. 285.

252 Benedikt XIV.1740-1758.

253 Gregor XVI. 1831-1846.

der bestehenden und mit der Gründung neuer Ordensgemeinschaften einhergehen sollte.[254]

4. EIN „MEILENSTEIN" – DIE „FILLES DE LA CHARITÉ"

4.1. VINZENZ VON PAUL UND LOUISE DE MARILLAC

VINZENZ VON PAUL kann als Begründer der neuzeitlichen Caritas gelten. Die Vinzentinerinnen sind derzeit mit rund 24 000 Mitgliedern die größte Frauengemeinschaft der katholischen Kirche. Kein Orden des Mittelalters hat für die Caritas auch nur entfernt solche Bedeutung erlangt wie die Gründung der „*Filles de Charité*" des hl. VINZENZ VON PAUL. Die Genossenschaften vinzentinischer Prägung haben die sozial-caritative Arbeit der Kirche des 19. Jahrhunderts revolutioniert, schließlich auch die alten Genossenschaften mitgerissen sowie die neu entstehenden inspiriert. Als Pfarrer von Châtillon-les-Dombes gründete VINZENZ VON PAUL 1617 die erste „*Confrérie des Dames de la Charité*"[255], eine caritative Frauenvereinigung, die sich um Arme und Kranke sorgte. Diese Gründung war nicht wie die traditionellen Einrichtungen der Armenpflege an Stiftungsauflagen gebunden, sie teilte nicht nur Gaben aus, sondern ging der Not in jeder Gestalt nach. Damen aus höchsten gesellschaftlichen Kreisen beteiligten sich, sie verfügten über Mittel, die es möglich machten, über die Krankenpflege hinaus die Betreuung von Findelkindern, Gefängnisinsassen und Galeerensträflingen zu finanzieren. 1855 wurde VINZENZ VON PAUL zum Schutzpatron aller caritativen Vereine erhoben.

Zum vornehmen Kreis der *Dames de la Charité* gehörte auch LOUISE DE MARILLAC. Nach dem Tod ihres Mannes stand sie den sozialen Bestrebungen von VINZENZ VON PAUL, mit dem sie seit 1823 in Verbindung stand, ganz zur Verfügung. Wie so oft in der Ordensgeschichte, dass zu großen Männergestalten auch eine bedeutende Frau stößt, die das begonnene Werk weiter trägt und ausbaut, so war es auch bei VINZENZ VON PAUL. Da die vornehmen Damen zwar die Betreuung

254 *Gatz*, Caritas und soziale Dienste. 96.

255 „Bruderschaft der Damen der Liebe".

der Armen finanzierten, den eigentlichen Gang zu den Kranken und deren Bedienung jedoch lieber ihren Hausangestellten überließen, riefen Louise und Vinzenz eine Vereinigung von Mädchen ins Leben, die *„Filles de la Charité“*.

4.2. DIE „DIENERINNEN DER ARMEN UND KRANKEN“

Diese Gründung ist als Meilenstein in der Geschichte der Frauenorden anzusehen. Louise de Marillac hatte erkannt, dass es sich um ihre Lebensaufgabe handelte. Am 29. November 1633 nahm Louise drei oder vier dieser einfachen, unverbildeten Mädchen vom Lande, die Vinzenz ausgewählt hatte, in ihr Haus auf. Gemeinsam mit ihm unterrichtete sie die Mädchen im geistlichen Leben und in der Krankenpflege, in der „Schule der Liebe“, wie Louise es nannte, als *„Dienerinnen der Armen und Kranken“*. Es entstand die neue Form einer religiösen Gemeinschaft von Frauen, die ihr Leben in Gemeinschaft nach den evangelischen Räten ohne Klausur lebten. Vollkommene Verfügbarkeit für den caritativen Dienst rechtfertigte das Leben außerhalb der Klausur, denn für Vinzenz von Paul waren Gottesdienst und Armendienst eins: *„Den Armen dienen ist zu Gott gehen.“*[256]

4.3. DAS PROGRAMM DER WELTHAFTIGKEIT

Die bestehenden Frauenorden waren durch ihre strengen Klausurbestimmungen, vom Konzil von Trient geprägt, praktisch unbeweglich und für die offene Caritasarbeit nicht brauchbar. So schrieb Vinzenz von Paul seinen Schwestern ein Programm der „Welthaftigkeit“ vor:

> *Als Kloster die Häuser der Armen, als Zelle ein gemietetes Zimmer. Als Kapelle die Pfarrkirche, als Kreuzgang die Straßen der Stadt oder die Säle der Krankenhäuser. Als Klausur den Gehorsam, als Schleier die heilige Zucht.*[257]

256 *Michelitsch* Josefa, Kongregation der Barmherzigen Schwestern vom heiligen Vinzenz von Paul, Töchter der christlichen Liebe in Wien-Gumpendorf. Leben der Stifter – Geschichte der Kongregation. Wien 2001. 8.

257 *Conzemius* Viktor, Vinzenz von Paul. Großstratege der Brüderlichkeit. Freiburg/Schweiz 1979. 33.

Nachdem Franz von Sales[258] bei der Gründung eines tätigen Frauenordens ohne Klausur gescheitert war, lehnte Vinzenz es ab, die Gründung seiner Gemeinschaft einen Orden zu nennen. Erst 1642 gestattete er einfache Gelübde, verzichtete aber auf die Annahme einer Regel. Einige Jahre später erbat er die kirchenamtliche Genehmigung, 1668 erfolgte die päpstliche Zustimmung. Es war die erste Gründung einer religiösen Genossenschaft, die weder Profess noch Klausur kannte und deren Mitglieder sich frei in der Stadt bewegen konnten, um christliche Caritas zu üben. Damit billigten die kirchlichen Autoritäten, was sie bis dahin abgelehnt hatten. Es gab vor allem zwei Gründe für diesen Sinneswandel: einerseits die große Persönlichkeit des Vinzenz von Paul und seine umfassenden Beziehungen, andererseits die Art der Nachwuchsarbeit der neuen Kongregation. Diese diente der Krankenpflege und zog vor allem Frauen einfacherer Herkunft an, von denen das „Herumgehen" in den Straßen bereitwilliger akzeptiert wurde. In ihren Häusern lebten die *Barmherzigen Schwestern* – nach der Farbe ihrer Kleidung auch Graue Schwestern, *„Sœurs grises"*, genannt – wie Nonnen, kleideten sich aber wie die Frauen aus dem Volk und fielen daher im Erscheinungsbild der Stadt nicht auf. Die von Vinzenz von Paul 1665 verfasste Regel war weit und großzügig genug, um sich den jeweiligen Verhältnissen und Bedürfnissen in den verschiedenen Ländern anzupassen. Die Aussage des II. Vatikanischen Konzils erhält durch Vinzenz von Paul ein lebendiges Zeugnis:

> *Die Kirche trägt durch ihre einzelnen Glieder und durch ihre ganze Gemeinschaft viel dazu bei, um die Menschheitsfamilie und -geschichte menschlicher zu gestalten.*[259]

5. DAS RESULTAT EINER LANGEN WEGSUCHE

Zu verschiedenen Zeiten waren religiöse Gemeinschaften Hauptträger der religiös kulturellen Mission des Christentums: Die Kirche hat der Zeit und ihren Bedürfnissen entsprechende Formen der *„vita religiosa"*, des Ordenlebens hervorgebracht. Die Neuanfänge waren

258 Vgl: VI.1.

259 *Prager*. 53.

meist mühsam und hatten unterschiedliche Intensität. Als ein Beispiel könnte man MAGDALENA SOPHIE BARAT nennen, die Gründerin der Ordensgemeinschaft der *Schwestern vom Heiligsten Herzen Jesu.*[260] In Paris fand sie 1794 eine kleine christliche Gemeinschaft, die sich auf ähnliche Weise zusammengefunden hatte wie die ersten Christen während der Verfolgung durch NERO, in der ihr Bruder LOUIS täglich im Geheimen die Messe feierte. SOPHIE traf auf junge Frauen, die sich ebenso wie sie selbst zum Ordensleben berufen fühlten, zu einer Zeit und in einem Land, in dem fast alle Klöster geschlossen, verwüstet oder beschlagnahmt waren. Mit der Gründung ihrer Genossenschaft, ohne kirchlich institutionelle Hilfe, baute sie eine Brücke vom Ordensleben des Ancien Régime[261] in eine neue Zeit.

5.1. DIE NEUANFÄNGE IM 19. JAHRHUNDERT

Das Spezifische einer Gemeinschaft erschließt sich im Blick auf ihre Geschichte und Werdegang. Das gilt auch für die Neugründungen im 19. Jahrhundert, die alle aus einem einheitlichen Grundimpuls heraus entstanden sind.[262] Das geistliche Gepräge einer Gemeinschaft, welches auf den Stifter/-in zurückgeht, die Schwerpunkte der Spiritualität, waren deutlich, die Not der Zeit aus dem Geist des Christentums zu lindern. Die Bemühungen um neue Ordensgemeinschaften waren zunächst mit den Bestrebungen um eine bessere Hospitalpflege verbunden. Die Behörden betrachteten die Gemeinschaften ausschließlich unter dem Gesichtspunkt ihrer Nützlichkeit und zeigten für deren geistliches Anliegen wenig Verständnis.

5.1.1. Der sozialpolitische Rahmen

Der sozialpolitische Rahmen war Voraussetzung für die Entstehung und Entwicklung der weiblichen Gemeinschaften und Kongregatio-

260 Vgl. VII.5.8.1.

261 Mit dem geschichtlichen Begriff Ancien Regime (französisch: die „alte Regierungsform") wird die Regierungsform der absolutistisch herrschenden Bourbonen in Frankreich bezeichnet von 1589–1789. Heute wird der Begriff nicht mehr nur auf Frankreich bezogen, sondern allgemein für ein überlebtes, meistens monarchisches Regierungssystem verwendet.

262 *Isenring*, 25.

nen. In erster Linie wurden Ordensschwestern für das Fürsorge- und Gesundheitswesen gesucht. Die Ärzte drängten auf eine Modernisierung des Spitalwesens und verlangten gutes Pflegepersonal für die stationäre Behandlung ihrer Patienten. Auf Visitationen und Besuchen konnten Angehörige des Kaiserhauses, Adelige oder Privatpersonen den Qualitätssprung in der Krankenpflege und der Erziehung durch geistliche Schwestern erkennen, man war deshalb bemüht, diese nach Wien zu holen. Aber es bedurfte einer religiösen Berufung, um unter armseligsten Voraussetzungen und schlechten Bedingungen diesen aufreibenden Dienst auf sich zu nehmen. Wie sehr die damalige Situation der Gründung und Weiterentwicklung von weiblichen Ordensgemeinschaften förderlich war, zeigt sich in vielen Beispielen. Hingabe- und Opferbereitschaft, selbstlose Pflichterfüllung, die religiöse Haltung waren die Vorzüge, die immer wieder an den geistlichen Schwestern gelobt wurden.

5.1.2. Der kirchliche Rahmen

Weite Kreise der Kirche vermochten den Prozess der Säkularisierung nur als etwas Negatives wahrzunehmen. Erstmals in der Geschichte des Abendlandes war das Christentum als Norm für das öffentliche wie für das private Leben in Frage gestellt. Die kirchlichen Erneuerungsbewegungen betonten vor allem die Autorität des Papstes, denn mit der Anlehnung an Rom vermeinte man, die großen Auseinandersetzungen mit dem Zeitgeist zu bestehen. Die katholische Kirche zeigte sich traditionalistisch und defensiv, sie sonderte sich ab und bildete eine kirchliche Sonderwelt.[263]

5.1.2.1. Von „erlaubt“ zu „erwünscht“

Im Laufe des Jahrhunderts wuchs die Wertschätzung der tätigen Kongregationen durch ihren Beitrag zur Weitergabe des Glaubens. Ohne diese religiösen Gemeinschaften hätte die Kirche ihre caritativen und erzieherischen Leistungen nicht erfüllen können. Die Krankenpflege lag weitgehend danieder, vielen Pflegerinnen fehlte es an Ausbildung und vor allem an Motivation für ihre Aufgabe. Die Kongregationen

263 *Isenring*. 48.

wurden nun zu erwünschten, nicht nur geduldeten „Kindern" der Kirche. Die Päpste gewährten die päpstliche Approbation zuerst noch ohne feste Methode. So hatten die Kongregationen die Möglichkeit, ihre Regeln den verschiedenen Situationen anzupassen. Einige Gemeinschaften übernahmen die „stabilitas loci" der alten Orden, andere ließen die Schwestern den größten Teil des Tages in Familien leben, um Kranke zu pflegen. Die Schwestern lebten in Großkommunitäten oder allein in einem Dorf und führten die Gemeindeschule.

Erst durch die apostolische Konstitution „*Conditae a Christo*"[264] von Papst Leo XIII. wurden die Mitglieder der Kongregationen zu „wirklichen" Ordensfrauen, auch wenn sie ohne strenge Klausur und ohne Chorgebet lebten."[265] Der CIC von 1917 erkannte diesen Status erstmals auch den Kongregationen zu,[266] die durch die Apostolische Konstitution Leos XIII. eine amtliche Aufwertung und eine gewisse Angleichung an die Orden erhalten hatte. Deshalb wurde diese Konstitution als „*Magna Charta*" der Kongregationen bezeichnet.[267]

Der Codex Juris Canonici von 1983 stellte die Kongregationen rechtlich den Orden gleich und anerkannte die besondere, aktive Zweckbestimmung der im 19. Jahrhundert entstandenen religiösen Frauen- und Männergemeinschaften. Der Codex unterscheidet nun zwischen „*Instituten des geweihten Lebens*"[268] und „*Gesellschaften des apostolischen Lebens*".[269] Die Mitglieder beider Gemeinschaften werden allgemein als Ordensleute bezeichnet.

5.1.2.2. Evangelisierung in sonst verschlossenen Bereichen

Durch Schule und Caritas wurden im 19. Jahrhundert Bereiche einer Gesellschaft wieder geöffnet, die sich immer mehr von der Kirche entfernt hatten. Die Schule war das beste Mittel, die Jugend für den christlichen Glauben und die Kirche zu gewinnen. Durch die große

264 Promulgiert am 8. Dezember 1900. ASS 33 (1900) 341-347.

265 Isenring. 55f.

266 CIC 1917 c. 487 und c. 488.

267 Handbuch des katholischen Kirchenrechts. 482.

268 CIC 1983 c. 573-730.

269 CIC 1983 c. 731-746.

Zahl der Ordensfrauen wurde die Kirche auch in Bereichen präsent, wo ihre Verkündigung sonst nicht hinreichte.

5.1.2.3. Angebot einer neuen Lebensform

Da die Kongregationen sich aus allen gesellschaftlichen Schichten rekrutierten, konnte die Kirche den Kontakt zur Oberschicht halten, und ihren Einfluss in allen Kreisen der Bevölkerung vergrößern. Damit verbunden konnten die neuen Kongregationen eine Lebensform anbieten, die attraktiv und erstrebenswert war für Frauen, die den Dienst am Nächsten als ihre religiöse Berufung erkannten und in einer klösterlichen Gemeinschaft leben wollten.

5.2. DIE MOTIVATION

5.2.1. Das Gründungscharisma

Wenn man das Gründungscharisma dieser Gemeinschaften, auf eine Notlage der Kirche und Welt Antwort zu geben, betrachtet, so unterscheidet sich dieses von dem der früheren Ordensgründungen, die meist auf eine bestimmte Leseart des Evangeliums zurückgehen. Oft wurde das Charisma eines Gründers zur Struktur des Ordenslebens. Für die Gründergestalten des 19. Jahrhunderts stand eine Sendung im Vordergrund, einer von Gott inspirierten Wahrnehmung der Not der Zeit heraus. Alle Gemeinschaften nahmen sich ihr Vorbild im Heilshandeln Jesu auf der Ebene der Liebe. Das große Gesetz ihres Handelns hieß: „*Gott im Nächsten und den Nächsten in Gott.*“ Für die *Barmherzigen Schwestern* war nach Louise de Marillac die Motivation: „*Durch die Pflege des Körpers muss die Seele des Armen erreicht und gewonnen werden.*“ Zwei untrennbar verbundene Gedanken ihrer Stifter sind das Leitmotiv der Vinzentinerinnen: „*Gott in den Armen zu begegnen und den Armen zu Gott zu bringen*“.[270]

5.2.2. „Die Liebe Christi drängt uns“

Charakteristisch für die caritativ tätigen Schwestern war ihre Spezialisierung auf unterschiedliche Felder des Apostolates. Zur Triebfeder ihres Eifers wurde die Aussage aus dem Korintherbrief

270 *Wienand*. 596.

„*Caritas Christi urget nos*".[271] Im Vordergrund ihres Betens und Sorgens standen die Kinder, die Armen und Kranken, denen sie dienten. Die Koppelung der Sendung mit dem religiösen Leben und die starke Funktionalisierung des Ordenlebens ist eine der Ursachen der großen Blütezeit der Frauenkongregationen. Als Mutter Theophila Daur von Kardinal Rauscher 1866 zur Generaloberin der *Töchter des göttlichen Heilands* ernannt wurde, sagte sie zu ihren Schwestern:

> *Die Stellung der Klosterfrau in der Großstadt braucht starke Seelen. Seelen, die für das ärmste und verlassendste Straßenkind Mutterliebe empfinden, die aber auch die Seelenkämpfe der Weltkinder verstehen und immer das rechte Wort finden, um Arme zu trösten, Schwache zu ermutigen und die Zweifel der Ratlosen zu lösen.*[272]

5.2.3. Im Dienst der Diakonie

Die kirchliche Diakonie ist eine Manifestation der grundsätzlichen Jesusintention, durch die Diakonie das Reich Gottes zu verkünden und anbrechen zu lassen, neben der ausdrücklichen Verkündigung in Kerygma oder Katechese. Wenn Schulen und Krankenhäuser in christlichen Geist geführt werden, haben sie eine gesellschaftskritische Funktion.

5.3. DER GRUNDIMPULS

Das Ordensleben des 19. Jahrhunderts ist eine Weiterentwicklung der bereits in früheren Jahrhunderten caritativ wirkenden Frauengemeinschaften. Mit dem Grundimpuls „*Gott zuliebe*" wollte man den zeit- und gesellschaftsbedingten Sozial- und Bildungsnotstand beseitigen. „*Dienst an der Welt*" sollte es sein.[273]

5.4. SPEZIELLE FRÖMMIGKEIT

Die Religion bot den Menschen viel Positives: Hoffnung auf Erlösung, Hoffnung auf eine ausgleichende Gerechtigkeit im Jenseits,

271 2 Kor 5,14. „Die Liebe Christi drängt uns."

272 *Theoda* S. M., Die Heilandstöchter in Wien. Geschichte einer Kongregation. Winterberg 1929. 36.

273 *Gatz*, Kirche und Krankenpflege. 261.

Sinnerkenntnis des eigenen Daseins und Trost in allen Lebenslagen. Die christliche Lebenswelt war angefüllt von Heiligen, zu denen man beten konnte, auf deren Hilfe man vertraute. Die Kirche vermittelte ein Gemeinschaftsgefühl durch den Kirchgang am Sonntag und die gemeinsamen Prozessionen. Alle, Alte und Junge, Arme und Reiche waren eingebunden. Doch es konnte auch Ausgrenzung bedeuten, wenn die kirchlichen Gesetze missachtet wurden, diese Ausgrenzung reichte oft bis zum Tod.[274] Die neuen Gemeinschaften nahmen Teilaspekte der christlichen Frömmigkeit an und legitimierten damit ihre Selbstständigkeit.

Die Benennungen der Kongregationen spiegeln die großen religiösen Strömungen des 19. Jahrhunderts wider. Die Herz-Jesu-Verehrung[275] wie die Marienverehrung erlebten in der Mitte des Jahrhunderts ihren Höhepunkt. 1854 verkündete Papst Pius IX.[276] das Dogma von der „Unbefleckten Empfängnis Mariens", die eucharistische Frömmigkeit war fast ausschließlich Anbetungskult.[277] Die neuen Kongregationen holten sich für ihr Ordensleben Vorbilder aus der Vergangenheit, für Klausur und Stillschweigen, Chorgebet und Bußübungen, Tagesordnung und Gebräuche, Habit und Ordensname. Mit der Arbeit, mit dem Werk, das der Grund ihrer Stiftung war, konnte diese Lebensform oft nur sehr schwer in Einklang gebracht werden. Mit großem Opfergeist wurde die Geteiltheit zwischen zwei Pflichtkreisen getragen.

274 *Weiß*, Die Österreicherin. 98.

275 1856 wurde das Fest des Allerheiligsten Herzens Jesu eingeführt.

276 Papst Pius IX. 1846-1878. 1854 Verkündigung der Immaculata Conceptio.

277 *Iserloh*. 315f.

VII. DIE NEUEN SCHWESTERNGEMEINSCHAFTEN

1. DIE „WELTLICHE“ ORDENSBERUFUNG

„Mitten im Leben und tief verwurzelt in Gott“

1.1. „IN LIEBE DIENEN“

Jede Berufung hat ihre eigene Geschichte, die zeigt, dass Gott den einzelnen in einer einmaligen Weise anspricht. Es war oft ein mühevoller und langwieriger Weg der Prüfung mit der Frage, ob Gott wirklich auf diesen Weg ruft. Berufungen erwachsen nicht durch äußere Gesetzgebung, sondern es bedarf der sich immer erneuernden und die Kirche zeitgemäß prägenden Berufungen. Als Kennzeichen dieser Berufung kann der Wille angesehen werden, mitten in der Welt zu leben und durch das gelebte Zeugnis, verstärkt durch berufliche Kompetenz und selbstloser Einsatzbereitschaft, Christus zu verkünden.[278] Am Anfang stand der Ruf Gottes, einen konkreten Weg der Nachfolge zu gehen, ein Ruf an den einzelnen, der um die „Unterscheidung der Geister“ ringen musste. Man kann nicht Ordensfrau sein, ohne im Dienst der Kirche zu stehen. Das gilt für das vorwiegend tätige wie für das Leben in Klausur, es gilt in gewissem Sinn für jede christliche Berufung. Ziel jeder echten Berufung ist nicht das Mühen um „Gott und die eigene Seele“, sondern die Verkündigung der Liebe Gottes. Diese Verkündigung geschieht je nach der Art und in dem Maße, wie der einzelne Gottes Liebe entdeckt, würdigt, auf sie reagiert und sie mit anderen teilt. Es geht also primär um die Gott geschuldete Antwort. Der Gang ins Kloster wurde vielfach untersucht und erforscht. Die Beziehungen zwischen den Ordensgemeinschaften und der Gesellschaft blieben im Hintergrund und wurden kaum beachtet. In Umbruchzeiten entstanden Bewegungen von Frauen aus persönlichem Heilstrieb, Konflikten mit der Familie oder sozialen Veränderungen. Innerhalb der Frauenorden stellte die Forderung nach einer Mitgift die große Hürde beim Eintritt dar. In den meisten Klöstern fanden nur Töchter des ansässigen

278 *Prager*. 84.

Adels und der bürgerlichen Elite Aufnahme. So bedurfte es „weltlicher“ Kongregationen, deren Mitglieder sich nicht scheuten, mit den eigenen Händen zu arbeiten, und die Kandidatinnen aus allen Schichten der Gesellschaft aufnahmen.

1.2. WENN BERUFUNG ZUR LEBENSAUFGABE WIRD

„*Nicht ihr habt mich erwählt, sondern ich habe euch erwählt*“.[279] Unter jenen, die das Wort der Christusnachfolge als persönliche Berufung vernommen hatten, wurde einigen auch jenes andere Wort in besonderer Weise Richtung weisend: „*Was ihr getan habt an einem Geringsten von diesen meinen Brüdern, habt ihr mir getan*“.[280] Sendung und Dienst, diese beiden eng miteinander verbundenen Aspekte der apostolischen Berufung werden im „Ordensdekret“ des II. Vatikanischen Konzils angesprochen: „*Bei diesen „aktiven“ Instituten ist der apostolische und caritative Einsatz Wesensbestandteil des Ordenslebens (...)*“.[281]

1.3. DEKRETE DER PÄPSTE

Papst Bonifaz VIII. hatte 1298 im Dekret „*Periculoso*“ die Klausur für das weibliche Ordensleben zur wesentlichen Bedingung erklärt:

> *Wir bestimmen durch die vorliegende Anordnung, deren Gültigkeit ewig ist und nie in Frage gestellt werden kann, dass alle Nonnen und jede einzelne von ihnen, gegenwärtig und zukünftig, welchem Orden oder welcher Gemeinschaft sie auch angehören (...) von nun an in ihren Klöstern unter der dauernden Klausur bleiben müssen.*[282]

Papst Pius V. ging 1566 in der Konstitution „*Circa Pastoralis*“ noch weiter und verurteilte alle Frauengemeinschaften, die bis dahin ohne Verpflichtung zur Klausur gelebt hatten, zum Aussterben, da ihnen nicht mehr erlaubt war, Novizen aufzunehmen und Gelübde entgegenzunehmen. Aber dieser kompromisslosen Bulle zum Trotz

279 Joh 15,16.

280 Mt 25,40.

281 *Prager*. 81: Perfectae Caritatis, Art. 8.

282 *Brennan* M. Klaus, Die Institutionalisierung der Unsichtbarkeit der Frau in den religiösen Gemeinschaften, in: Concilium 21 (1985). 414.

schlossen sich viele Frauen im 18. und 19. Jahrhundert Gemeinschaften an, in denen sie einfache Gelübde ablegten und ihr Leben der Erziehung oder der Gesundheitsfürsorge widmeten. Die Hingabe und offensichtliche Tüchtigkeit dieser Frauen fand mit der Zeit die Zustimmung vieler Bischöfe und führte schließlich zur offiziellen Bestätigung als Ordensfrauen.[283] Papst Pius XII. hat in der Einleitung zur Konstitution *„Sponsa Christi"* im Jahre 1950 ausdrücklich erklärt, dass die Kirche die Gründung der tätigen Orden ohne strenge Klausur anfangs mit einem gewissen Misstrauen betrachtet habe. Ebenso uneingeschränkt betonte der Papst aber auch, dass nunmehr nicht nur das Werk der Barmherzigkeit, sondern folgerichtig auch der Stil und die Spiritualität der karitativen Genossenschaften bejaht werden:

> *Ihre Stiftung und Entwicklung war kein Irrweg, sondern ein Werk der Vorsehung und durch den heiligen Geist gelenkt. Ihre Zeit ist nicht vorbei.*[284]

2. DAS ZIEL

„Man muss sich Gott schenken,
um den Armen zu dienen im Namen Jesus Christus."

2.1. DIE EIGENE VOLLKOMMENHEIT UND DAS ANLIEGEN DER EINZELNEN INSTITUTE

Das allgemeine Ziel der Kongregationen des 19. Jahrhunderts war die Erlangung der eigenen Vollkommenheit der einzelnen Mitglieder. Daneben gab es das besondere Ziel der einzelnen Ordensinstitute. Franziska Lechner hatte ihr festes Ziel der Caritastätigkeit: *„Alles für Gott, für die Armen und für unsere Gesellschaft"*. Kontemplation und Aktion wurden in Zuordnung verstanden, aber in den Konstitutionen stehen sie unverbunden nebeneinander. In der Praxis ist dann das Zweitziel oft zum Erstziel geworden.[285]

283 Benedikt XIV.: „Quamvis justo", Gregor XVI., vgl. VI.2.1.

284 *Swoboda* Robert, Um die Zukunft der caritativen Genossenschaften, in: Das Wagnis der Nachfolge, hg. von Stefan Richter. Paderborn 1964. 183.

285 *Herzig* Anneliese, Ordens-Christen. Würzburg 1991. 10f.

2.2. NACHFOLGE DES HEILSHANDELNS JESU CHRISTI

Die Neugründungen im 19. Jahrhundert hatten eine unmittelbar an den Bedürfnissen der Zeit orientierte Zielsetzung.[286] Dieses Zeichen des Wollens und Handelns brachte innere Kräfte der persönlichen Belastbarkeit der Schwestern zur Entfaltung, die nur aus der Verbundenheit mit Christus erklärt werden können.[287] Andererseits zeigte die hohe Inanspruchnahme all ihrer Kräfte auch ihre negativen Folgen. Jedes Jahr starben Schwestern in jungen Jahren wie in der Chronik der Schwestern vom göttlichen Heiland aufgelistet, die das entbehrungsreiche Leben und die anstrengende Tätigkeit nicht verkraften. konnten.[288]

Die *Töchter der göttlichen Liebe* bemühten sich, „*Gott zuliebe*" den durch Zeit- und Gesellschaft bedingten Sozial- und Bildungsnotstand, dem Frauen und Kinder ausgeliefert waren, zu beseitigen. Für Dienstmädchen und Jungarbeiterinnen musste ein Ausweg aus der Not gefunden werden. In den 80er Jahren des 19. Jahrhunderts wurde als Zweck der Kongregation an erster Stelle Erziehung und Unterricht der Töchter aus dem Bürgertum und Beamtenstand und aus ärmeren und ganz armen Familien genannt. Die zu Beginn an erster Stelle gestandene Dienstbotenfürsorge rückte damit an die zweite Stelle. Der Zweck der Marienanstalt ist angegeben in einem Ansuchen an das Fürsterzbischöfliche Ordinariat Wien[289] um Gründung eines „St. Josephsvereines", in dem sich die in der „Patronage"[290] versammelten Mädchen organisieren wollten.

Die *Franziskanerinnen von der christlichen Liebe* nennen als Ziel,

> *(...) in christlicher Liebe und Solidarität den Kranken und Schwachen zu dienen und nach den Regeln des klösterlichen III. Ordens des hl. Franziskus zu leben.*[291]

286 *Weismayer,* Katholische Frömmigkeit. 17.

287 *Theoda.* 60.

288 *Kongregation der Schwestern vom göttlichen Heiland,* Chronik: in den Jahren 1888-1897 starben 105 Schwestern. 82-146.

289 DOK Zl 90238 vom 10.9.1907. Vgl. S. 111.

290 Sonntagstreffen der weiblichen Jugend.

291 *Franziskanerinnen von der christlichen Liebe,* Folder.

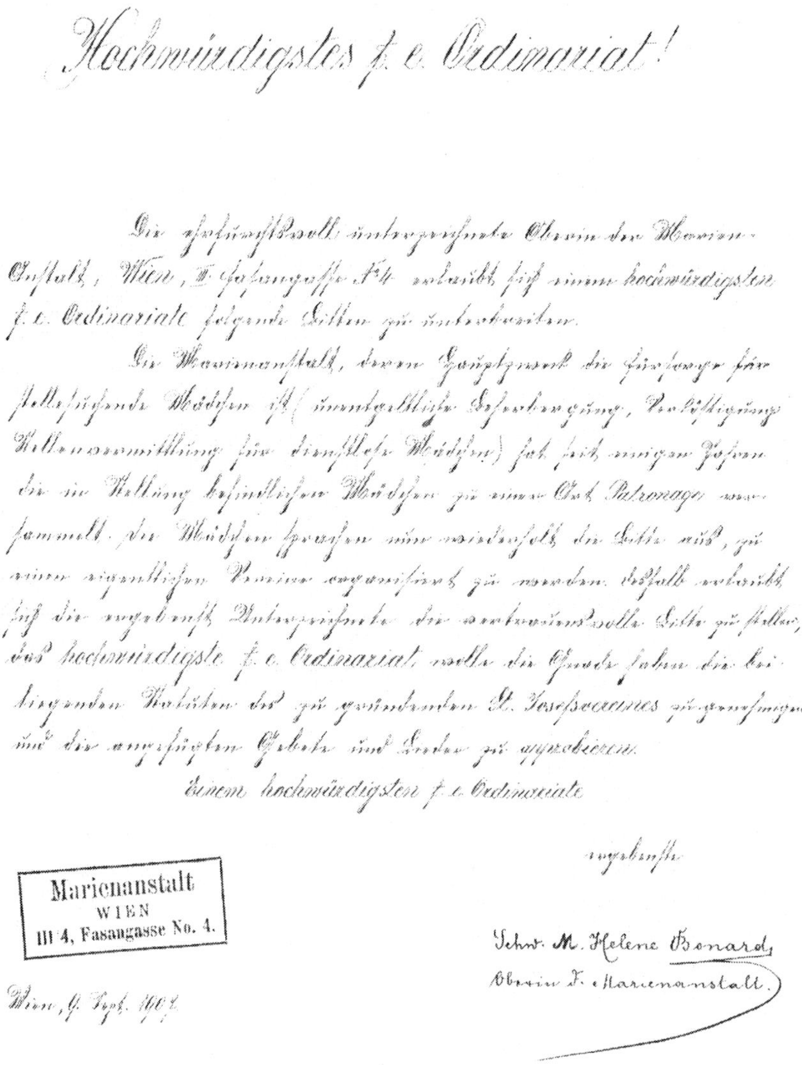

Hochwürdigstes f. e. Ordinariat!

Die gehorsamst unterzeichnete Oberin der Marien-Anstalt, Wien, III Fasangasse N. 4 erlaubt sich einem hochwürdigsten f. e. Ordinariate folgende Bitten zu unterbreiten.

Die Marienanstalt, deren Hauptzweck die Fürsorge für stellesuchende Mädchen ist (unentgeltliche Beherbergung, Verköstigung, Stellenvermittlung für dienstlose Mädchen) hat seit einigen Jahren die in Stellung befindlichen Mädchen zu einer Art Patronage versammelt. Die Mädchen sprachen nun wiederholt die Bitte aus, zu einem eigentlichen Vereine organisiert zu werden. Deshalb erlaubt sich die ergebenst Unterzeichnete die ehrfurchtsvolle Bitte zu stellen, das hochwürdigste f. e. Ordinariat wolle die Gnade haben die beiliegenden Statuten des zu gründenden St. Josefsvereines zu genehmigen und die angefügten Gebete und Lieder zu approbieren.

Einem hochwürdigsten f. e. Ordinariate

ergebenste

Marienanstalt
WIEN
III 4, Fasangasse No. 4.

Schw. M. Helene Bonard,
Oberin d. Marienanstalt.

Wien, 9. Sept. 1907.

Oberin Sr. M. Helene Bonard an das hochwürdigste Fürsterzbischöfliche Ordinariat, Wien, 9. September 1907: Die Oberin Sr. M. Helene Bonard bittet das Fürsterzbischöfliche Ordinariat, die Gründung des St. Josefsvereines zu genehmigen. Im Ansuchen wird der Hauptzweck der Marienanstalt in Wien, III. Bezirk, Fasangasse 4 angegeben: Fürsorge für Arbeit suchende Mädchen mit unentgeltlicher Beherbergung, Verköstigung und Stellenvermittlung für dienstlose Mädchen (Diözesanarchiv Wien, Fonds: Töchter der göttlichen Liebe).

Dem Ziel „*Die Kinder zu Jesus führen*" fühlen sich die *Schwestern vom armen Kinde Jesus* bis heute verpflichtet.

In vielfältiger Weise verwirklichen die *Schulschwestern vom Dritten Orden des hl. Franziskus* ihr Ziel, Christus nachzufolgen auf dem Weg der evangelischen Räte und das Werk der Stifterin, Erziehung und Unterricht der Jugend im christlichen Geist und in selbstloser Liebe und froher Bereitschaft, weiter zu führen, wo immer die Not sie ruft.

Die *Barmherzigen Schwestern des hl. Karl Borromäus* wollen „*was sie von Gott empfangen in Liebe, Demut und Einfachheit weiter schenken*". Eine *Barmherzige Schwester* hat immer Gottesliebe und Opferbereitschaft vor Augen: „*Gott und die Armen*". Dazu kam das Streben nach möglichst harmonischer Verbindung des „ora et labora", wie sie Grund gelegt in der Ordensregel des hl. Franz von Sales von den ersten Schwestern von „*St. Charles*".

Die Gemeinschaft der „*Dienerinnen des heiligsten Herzen Jesu*" ist ganz der Ehre des heiligsten Herzens Jesu und der Verbreitung seiner Verehrung geweiht. Um dieses Ziel zu erreichen, nehmen sie die Verpflichtung auf sich,

> *ohne Unterlass an ihrer eigenen Heiligung zu arbeiten und nach Vollkommenheit zu streben durch Nachahmung der Tugenden, deren Mittelpunkt und Vorbild das göttliche Herz ist (...) Die Nächstenliebe ist ihr Ziel und höchstes Gesetz; ihre Vollkommenheit besteht also in der letzten Erfüllung der Liebe.*[292]

Weitere Zielsetzungen sind bei den einzelnen Gründergestalten zu finden, die alle bemüht waren ihr Gründungscharisma mit den Möglichkeiten der Gemeinschaft zu verbinden.

3. DAS INNOVATIONSMODELL FÜR FRAUEN

3.1. DIE STELLUNG DER FRAU IM 19. JAHRHUNDERT

Das Lebensziel der Frau in dieser Zeit war Heirat und Familie, dazu gehörte für das bürgerliche Mädchen und die bürgerliche Frau auch der gesellschaftliche Erfolg. Väter oder Ehemann bestimmte über ihre Angelegenheiten, dem entsprachen auch alle Rechtsregelungen.

292 *Krammer.* Konstitution 7. 10.

Dieser geltenden Rollenverteilung und Ungleichheit war auch die Bildung angepasst, war „Höhere Töchter Bildung". Nur der Beruf der Lehrerin war Frauen zugänglich. Die beamtete Lehrerin war an das Zölibat gebunden und bei den privaten Mädchenschulen war es ähnlich. Durch die zunehmende Frauenarbeit in der Industrie, in der Fabrik, als Dienstmädchen, entstand ein Zusammenhang von Frauenarbeit und Sozialer Frage.[293] Noch um 1900 war das Umfeld von Männern bestimmt. Erst Hildegard Burjan konnte Anfang des 20. Jahrhunderts die herkömmliche, bürgerliche Rollenzuweisung aufbrechen und die Grenzen überschreiten, die ihr als Frau gezogen waren. Als „*Heimarbeiterinnenmutter*" konnte sie später beweisen, wie viel eine begabte, mutige Frau auch im öffentlichen Bereich leisten konnte, allerdings oft um einen hohen Preis.[294]

3.2. DIE KONGREGATIONEN ALS INSTITUTIONEN MIT VIELEN MÖGLICHKEITEN

Zu dem meist ernsten Verlangen, der Kirche und dem Nächsten im Rahmen des täglichen Lebens zu dienen, kamen noch weitere Beweggründe wie der Frauenüberschuss und der späte Zeitpunkt der Heirat, damit einen größeren Zeitraum für die Wahl des geistlichen Lebens ermöglichend und besonders die Achtung, die Ordensfrauen genossen. Tatkräftige Frauen waren gefragt, um caritative und erzieherische Unternehmungen leiten zu können.

3.3. EMANZIPATION ÜBER ORDEN UND KONGREGATIONEN?

Im 19. Jahrhundert waren die Kongregationen die einzigen Institutionen, die so viele verschiedene Betätigungsmöglichkeiten und Aufgaben mit einem hohen Grad an Verantwortung für Frauen bereithielten. Die Kongregationen boten verantwortungsvolle Posten als General- und Provinzoberin sowie als Vorsteherin von Schulen und Spitälern, sie benötigten Lehrerinnen, Fürsorgerinnen und Krankenschwestern. Die Frauen konnten Initiative ergreifen, Aktivitäten setzen und Unternehmergeist entwickeln, auch wenn sie in Abhängigkeit

293 *Nipperdey* Thomas, Deutsche Geschichte 1800-1866, 2, München 1990. 73.

294 *Schödl,* Männerwelten – Frauenwerke. 7.

standen. Die Kongregationen allein waren imstande, die Begabungen von Mädchen, die durch die wachsende Bildung der Landbevölkerung hervortraten, zu nutzen und waren zugleich die einzigen Verbände, die ihren Mitgliedern sozialen Schutz in Krankheit und Alter boten. Aus kinderreichen Familien kommend, waren die Mädchen glücklich über die Möglichkeit einer Berufsausbildung für Kindergarten oder Krankenpflege im Kloster. Durch den Eintritt in eine Kongregation entging die Frau der familiären Abhängigkeit, ohne Sicherheit und Achtbarkeit zu verlieren, auch Frauen aus niederen Volksschichten gewannen durch ihren Stand an Ansehen und Geborgenheit.[295]

Bei Franziska Lechner[296] und anderen Gründerinnen zeigte sich sehr bald die Eignung zu einer Führungspersönlichkeit. Auch in einer Ordensfamilie bestimmen kraftvolle und geistlich starke Persönlichkeiten das Werden und Wachsen der religiösen Gemeinschaft, vor allem, wenn sie längere Zeit die Leitung innehaben. Der Einfluss, den sie nehmen, das Beispiel, das sie geben, entscheidet oft über den Geist einer Schwesterngemeinschaft. So waren es in besonderem Maße die Oberinnen, die den Gründungen und Niederlassungen in Wien Gestalt und Profil gaben.

3.4. „TYPISCH WEIBLICHE“ BERUFE IN ERZIEHUNG- UND GESUNDHEITSWESEN

Die strengen Eintrittsbedingungen in Ordensgemeinschaften, die Gelübde der Ehelosigkeit, Gehorsam gegen die Oberin, Verzicht auf Vermögen und den Ertrag der Arbeit, die Verpflichtung, einer strengen Regel zu gehorchen, haben das Bild von bestimmten Frauengruppen geprägt. Ebenso entstand die Vorstellung von typisch weiblichen Berufen in Erziehung und im Gesundheitswesen. Der Erfolg in diesen Berufszweigen hat später dazu geführt, gewisse Berufe für sich in Anspruch zu nehmen, einen Arbeitsmarkt, den die Kongregationen geschaffen hatten und daher nicht aufgeben wollten.

Ein Blick in die Ordensgeschichte zeigt, dass eine Schwierigkeit darin bestand, die als allgemein gültig erachteten Grundlagen des Ordenlebens, mit der gewachsenen Vielfalt von Berufungen zu

295 *Isenring*. 45f.

296 Vgl. VII. 5.9. Töchter der göttlichen Liebe.

vereinbaren. Die kirchliche Hierarchie versuchte immer wieder, die neuen Formen zu „domestizieren".[297] Auch wenn die Arbeit im Ordensleben eine große Bedeutung hatte, so war sie der Kontemplation immer untergeordnet. Das Verhältnis von Kontemplation und Aktion hat THOMAS VON AQUIN systematisch dargestellt und damit eine folgenschwere Entscheidung getroffen. Die Vollkommenheit besteht nach THOMAS erstrangig in der Gottesliebe und erst zweitrangig in der Nächstenliebe. Bis zum Inkrafttreten des CIC 1917 galten die alten Orden, wie Benediktiner und Zistersienser, in denen verfassungsgemäß feierliche Gelübde abgelegt werden, entsprechend der thomanischen Konzeption als Vollkommenheitsstand in der Kirche.[298] In der abendländischen Tradition spricht man schon immer in polaren Begriffen: Aktion und Kontemplation. Diese Polarität hat sich auch in verschiedenen Lebensformen, auch bei Frauen ausgedrückt.[299] Die rasche Entwicklung der zahlreichen Kongregationen, die so anders waren als die althergebrachten Orden und meist erst nach tastenden Versuchen zu ihrer definitiven Form fanden, stellte den Hl. Stuhl öfters vor schwierige kirchenrechtliche Probleme. Papst LEO XII. erklärte deshalb 1825, dass die Vielfalt der Anfragen zu einer besonderen Art der Approbation geführt hatte, die darin bestand, zu loben und zu ermutigen, ohne jedoch eine formelle Approbation auszusprechen, das so genannte *„decretum laudis"*. Später änderte der Heilige Stuhl seine Meinung, da diese neue Form des Ordenlebens den Zeitgegebenheiten besser zu entsprechen schien. Einmal mehr veranlasste der Anstoß, den das Leben gab, zu einer Anpassung des kirchlichen Rechtes an neue Gegebenheiten.

4. DAS SCHEMA DER GRÜNDUNG

Nach ROGER AUBERT zeigt sich zunächst ein fast einheitliches Schema: Ein frommes Mädchen oder eine junge Frau weiht sich spontan

297 *Herzig*. 324.

298 Handbuch des katholischen Kirchenrechts. 482. Anm. 39: S. th. II-II, q. 184.

299 Die Dominikaner z.B. bestimmten ihre Tätigkeit als „contemplata aliis tradere – an andere weiter geben, was man in der Kontemplation empfangen hatte". In: Praktisches Lexikon der Spiritualität, hg. von Christian Schütz. Freiburg i.Br. 1988. Sp.1253.

oder auf Anraten eines Priesters der Kindererziehung oder der Armen- und Krankenpflege. Bald nimmt sie einige durch ihr Beispiel angeregte Gefährtinnen zu sich. Es findet sich eine Angehörige/r des Kaiserhauses oder ein Adeliger mit Einfluss und gewährt finanzielle und moralische Unterstützung. Der Pfarrer ermutigt oder legt Hindernisse in den Weg, ein Beichtvater aus dem Jesuiten- oder eines anderen Orden taucht auf. Die Gründung festigt sich, man kauft ein Haus oder erhält es aus Spenderhand. Um die Zustimmung des Bischofs zu erhalten, braucht man Regeln, eine Tracht, eine Oberin, einen Namen, einen Schutzpatron, ein Noviziat.[300] All dies entsteht nach und nach, und eines Tages ist man bereit, um die Autorisation des Heiligen Stuhles und der Regierung anzusuchen. Eine neue Kongregation ist geboren.[301]

Dieses Schema traf vor allem bei den Kongregationen in Frankreich zu. Doch jede Gründung hat ihre eigene Geschichte, ihr Ziel und ihr Apostolat. Die Neugründungen stellten sich meist auf jene Bereiche ein, die von bestehenden Gemeinschaften nicht abgedeckt wurden und waren auch in den einzelnen Ländern Europas verschieden.[302] Erst nach und nach wurden die Aufgabengebiete ausgeweitet. Bei allen Gründern und Gründerinnen gab es einen Anlass, einen Anstoß, eine Situation, eine Vision, die zum Handeln antrieb. Geht man den Lebensgeschichten der Gründergestalten nach, sind daraus viele Charakteristika zu entnehmen, nicht nur der einzelnen Personen oder Gründerpartnern, sondern sie spiegeln auch vielfach die ersten Jahre der einzelnen Kongregationen wider.

5. DIE GRÜNDUNGEN UND NIEDERLASSUNGEN IN WIEN UND IHRE GRÜNDER UND GRÜNDERINNEN

Die Orden und Frauenkongregationen, die im 19. Jahrhundert in Wien ihr Mutterhaus oder eine Zweigstelle ihres Ordens gründeten, ließen sich in der Kaiserstadt nieder, um hier einerseits ihren sozialen Auftrag zu erfüllen und andererseits bessere Bedingungen

300 Einführungszeit in Theorie und Praxis des Ordenslebens, zugleich Zeit der Berufungsklärung; Probejahr.

301 *Aubert*. 257.

302 *Gatz*, Caritas und christliche Hilfswerke. 101.

für die Ausbreitung ihrer Gemeinschaft vorzufinden. Ein Kaiserreich mit einem katholischen Herrscher, eine kaiserliche Residenzstadt, die sich ständig vergrößerte, schien ein guter Boden für ihre Erwartungen und Zielsetzungen zu sein. Konnte doch 1856 der Jesuitenorden wieder seine Kollegien und die Universitätskirche in Wien übernehmen, in Wien-Kalksburg ein Gymnasium errichten und von Wien aus seine seelsorgliche Arbeit entfalten. Es überrascht also nicht, dass Orden und Kongregationen den Weg nach Wien suchten und fanden.[303] Die Initiativen zu den Gründungen und Niederlassungen waren vielfältig:

- Angehörige des Kaiserhauses und des Adels hatten die Tätigkeiten der Schwesterngemeinschaften in anderen Ländern oder Städten kennen gelernt und wünschten eine Niederlassung in Wien für Krankenpflege oder Erziehung.
- Protektoren von Vereinen versuchten Schwestern als Pflege- und Lehrpersonal für ihre Einrichtungen zu gewinnen, da ihre Leistungen und ihre Einsatzbereitschaft immer mehr bekannt wurden
- Der amtierende Erzbischof von Wien wünschte aus sozial- und kirchenpolitischen Gründen eine Kongregation zu konstituieren, ein Mutterhaus zu errichten oder Niederlassungen als selbstständig zu erklären.
- Gründer-/innen oder nachfolgende Oberinnen von Schwesterngemeinschaften in Frankreich und Deutschland bemühten sich, in Wien in Krankenhäusern die Pflege zu übernehmen, um ihrer Gemeinschaft die Möglichkeit zur Ausbreitung zu geben.[304]
- Nicht zuletzt entstanden Gründungen und Niederlassungen aus Einzelinitiativen, von Frauen und Männern, die von ihrer Sendung und Berufung überzeugt, sich in die Soziale Frage einbinden wollten.

Nachstehende Gründungen und Niederlassungen sind in der Reihenfolge der Jahre ihres Eintreffens in Wien beschrieben:

303 *Mohl.* 166.

304 Vgl. VII.5.12.2, Herz Jesu Schwestern und VII.5.18.1. Salvatorianerinnen.

Übersicht über die Gründungen und Niederlassungen in Wien von 1832 bis 1919

1832	Barmherzige Schwestern vom Hl. Vinzenz von Paul *Vinzenz von Paul 1581-1660 und Louise de Marillac 1591-1660*
1845	Schulschwestern vom Dritten Orden des hl. Franziskus *Maria Theresia Zechner 1697-1763*
1853	Kongregation Unserer Frau von der Liebe des Guten Hirten *Rose Virginie Pelletier 1796-1868*
1857	Franziskanerinnen von der christlichen Liebe
1857	Schwestern vom Göttlichen Erlöser *Elisabeth Eppinger 1814-1867*
1857	Schwestern vom armen Kinde Jesus *Clara Fey 1815-1894*
1860	Arme Schulschwestern von Unserer Lieben Frau *Karolina Gerhardinger 1797-1879*
1867	Sacré Cœur-Ordensfrauen vom Heiligsten Herzen Jesu *Magdalena Sophie Barat 1779-1865*
1868	Kongregation der Töchter der göttlichen Liebe *Franziska Lechner 1833-1894*
1868	Barmherzige Schwestern vom Hl. Kreuz *Theodor Florentini 1808-1865 und Maria Therese Scherer 1825-1888*
1870	Dominikanerinnen vom III. Orden des hl. Dominikus *Friederike Fürstin von Auersperg 1820-1902 und Raimund Hekking*
1873	Dienerinnen des heiligsten Herzens Jesu *Pater Viktor Braun 1825-1882*
1873	Barmherzige Schwestern vom Hl. Karl Borromäus *Emanuel Chauvenel und Barbe Thouvenin*
1889	Schwestern Unsere Liebe Frau von Sion *Theodore Ratisbonne 1802-1884*
1891	Schwestern von der Schmerzhaften Mutter *Franziska Streitel 1844-1911*

1897	Schwestern Oblatinnen des hl. Franz von Sales *Louis Brisson 1817-1908 und Leonie Aviat 1844-1914*
1898	Schwestern der Kindheit Jesu und Mariens unter dem Schutz der hl. Christiana *Anne und Alex Mejanés*
1899	Salvatorianerinnen-Schwestern vom Göttlichen Heiland *Johann Baptist Jordan 1848-1918 und* *Therese von Wüllenweber 1833-1907*
1919	Caritas Socialis *Hildegard Burjan 1883-1933*

5.1. DIE BARMHERZIGEN SCHWESTERN DES HL. VINZENZ VON PAUL IN WIEN-GUMPENDORF

Mutterhaus 1062 Wien, Gumpendorferstraße 108

5.1.1. Vinzenz von Paul (1581-1660)

Die Gründung der „*Filles de Charité*" als „Meilenstein" in der Geschichte der caritativ tätigen Schwesterngemeinschaften wurde in Kapitel VI.4. eingehend beschrieben, da sie als neue Form einer Gemeinschaft entstanden war, die ihr Leben nach den evangelischen Räten ausrichtete, aber ohne Klausur lebte. Vinzenz von Paul, der die Strömungen der Reformation und Gegenreformation erlebte, war kein bewusster Reformer. Sein Konzept bestand in spontaner Hilfe und persönlicher Zuwendung zu den Betroffenen, zu allen Randgruppen seiner Zeit. Die Armen erkannte er als seine Brüder an, in denen er Gott begegnete. Sein Programm war flexibel genug, um sich lokalen Gegebenheiten anzupassen und neue Initiativen zu ergreifen. Er war überzeugt: „*Armendienst ist Gottesdienst!*"

Vinzenz von Paul wurde am 24. April 1581 in der Gascogne/Südfrankreich geboren. Er entstammte einer armen Bauernfamilie, die ihm unter größten Opfern Schulbildung und Studium ermöglichte. Seine Frömmigkeit, die immer konkret blieb und zum Handeln drängte, trägt Spuren dieser Herkunft. 1600 wurde er mit 19 Jahren zum Priester geweiht. Auf einer kurzen Seereise von Piraten gefangen genommen, geriet er für zwei Jahre in Gefangenschaft und kam dann über Rom nach Paris. Nach kurzer Tätigkeit in der Pfarrseelsorge trat er in den Dienst der Familie des Grafen PHILIPP EMMANUEL DE GONDI, General der Galeeren, um sich um die Erziehung der drei Söhne des Grafen zu kümmern. In diese Zeit fiel die Gründung einer Genossenschaft zur Pflege der Kranken, der Beginn seiner Missionspredigten und seine Tätigkeit für die Galeerensträflinge, zu deren Almosenier LUDWIG XIII. ihn 1619 ernannte. Aus Stiftungsmitteln der Familie GONDI ging 1625 die Gründung der *Congregatio Missionis* zur Abhaltung von Missionen und zur Heranbildung des Klerus hervor. 1631 wurde VINZENZ das ehemalige Leprosenhaus *„St. Lazare“* überlassen, das der Kongregation den Namen gab: *Lazaristen.* CARL JACOB BURCKHARDT[305] bezeichnete VINZENZ VON PAUL als „Genie der Nächstenliebe“ und „begnadeten Seelenführer“, der über sein Jahrhundert hinaus als Vorbild der Herzensgüte gewirkt hat.[306] 1737 wurde er von Papst CLEMENS XII. heilig gesprochen.

5.1.2. Louise de Marillac (1591-1660)

Wie oft in der Kirchengeschichte entspringt der Freundschaft und dem gemeinsamen Glauben zweier Heiliger ein neuer Orden. Kaum bekannt im deutschen Sprachraum ist LOUISE DE MARILLAC dem Namen nach, bekannt aber ist ihr Werk, das weiter lebt in den Gemeinschaften, die sie zusammen mit VINZENZ VON PAUL gegründet hat. Die Bedeutung dieser Frau liegt nicht in ihren Lehren, sondern in ihrem Tun. 1934 wurde sie von Papst PIUS XI. heiliggesprochen, 1960 von Papst JOHANNES XXIII. am 300. Todestag zur Patronin der kirchlichen Sozialarbeit erhoben.

LOUISE DE MARILLAC wurde 1591 als Tochter des adeligen Witwers MARILLAC und einer nicht bekannten Frau unehelich geboren und im Domkloster in Poissy erzogen, wo sie auch Latein lernte. Später machte sie sich in einer Haushaltungsschule mit den praktischen Seiten des Lebens vertraut. Nach dem Tod ihres Mannes ANTON LE

305 Carl Jacob Burckhardt (1891-1974), Schweizer Diplomat, Essayist und Historiker. In seinem literarischen Schaffen befasste er sich mit großen Gestalten der europäischen Geschichte.

306 *Borengässer* Norbert M., Vinzenz von Paul, in Biographisch-Bibliographisches Kirchenlexikon, Band XII (1997) Sp. 1436-1439, hg. von Friedrich Wilhelm Bautz, fortgeführt von Traugott Bautz. Herzberg 2000.

Gras 1625 lernte sie ein Jahr später Vinzenz von Paul kennen. Er legte ihr eine vierjährige Prüfungszeit auf, die sie mit ihrem heranwachsenden Sohn Michael verbrachte. Viele Briefe zeugen von der geistlichen Führung von Vinzenz für die junge Witwe Louise de Marillac. Es gelang ihm, sie von den eigenen Sorgen weg zu einem Leben für die Armen zu führen. Vinzenz von Paul schätzte Louises vielfältige Qualitäten, sie wurde seine engste und wichtigste Mitarbeiterin. Vinzenz betraute sie mit der Aufgabe, die von ihm gegründeten Caritas-Bruderschaften zu besuchen und aufzubauen.

Monatelang fuhr sie in Karren durch das Land, erduldete harte Strapazen und überwand zahlreiche Schwierigkeiten. Louise erkannte, dass es einer stabilen Gemeinschaft bedürfe, um auf Dauer helfen zu können. Vinzenz zögerte zuerst, aber nachdem sich einige Mädchen freiwillig für einen solchen Dienst gemeldet hatten, stand 1633 der Gründung einer Gemeinschaft nichts mehr im Wege. Louise wurde die erste Oberin der „*Filles de la Charité*". In den unmittelbaren Auswirkungen des Bürgerkrieges in den fünfziger Jahren des 17. Jahrhunderts vermehrten sich wirtschaftliches Chaos und Flüchtlingselend in Frankreich um ein Vielfaches.[307]

Vinzenz von Paul und Louise de Marillac förderten sich gegenseitig. Allmählich wurde aus diesem gegenseitigen Sich-Schätzen und Sich-Brauchen ein gemeinsamer Weg im Wissen um ein gemeinsames Ziel. Aber Louise war mehr als nur das ausführende Werkzeug seiner Ideen.[308] In ihr vereinten sich eine tiefe Sensibilität für die Nöte anderer mit Pragmatismus und Ideenreichtum, um allen Schwierigkeiten die Stirn zu bieten. Louise organisierte die ambulante Krankenpflege, die ersten Spitäler im neuzeitlichen Sinn, die ersten privaten Volksschulen, Säuglings- und Kinderheime ihres Landes. Sie verfasste die von Vinzenz gebilligte Hausordnung, war Oberin im Mutterhaus in Paris und schrieb einen Katechismus.[309]

307 Als Beispiel: die *Filles de la Charité* ernährten im Juni 1652 in ihrem Mutterhaus in Paris 1500 Arme und versorgten 800 Flüchtlinge. In: *Probst* Ernst, Superfrauen 2 Religion. Mainz 2001. 109

308 *Weismayer*. 266.

309 *Sauser* Ekkart, Louise de Marillac, in Biographisch-Bibliographisches Kirchenlexikon, Band XIII (2001) Sp. 862, hg. von Traugott Bautz.

Überliefert sind ihre Worte:

> *Wir haben die Verpflichtung, die Lebensweise und das Handeln unseres Herrn nachzuahmen, der sich ganz hingegeben hat und der gesagt hat, dass er auf Erden ist, um zu dienen und nicht, um bedient zu werden.*[310]

5.1.3. Die erste Gründung in Österreich – über Zams in Tirol nach Wien

Die später fast sprunghafte Ausbreitung der *Barmherzigen Schwestern* aus dem Straßburger Mutterhaus in alle Welt hatte ihr Vorspiel in Österreich. 1811 gründete Dechant Nikolaus Tolentino Schuler, Pfarrer von Zams in Tirol, ein Krankenhaus, dessen Betreuung er einer Gruppe junger Frauen unter der Leitung seiner Nichte Katharina Lins, die 1788 in Zams geboren, übertrug. 1822 ging diese in das Straßburger Mutterhaus der *Barmherzigen Schwestern,* um sich dort ausbilden zu lassen und 1823 in den Orden ein zu treten. Nach Zams zurückgekehrt, entstand ein von Straßburg unabhängiges Mutterhaus für eine Schwesterngemeinschaft nach der Straßburger Regel. Es war die erste Gründung einer vinzentinischen Gemeinschaft in Österreich.

Schon Josef II. hatte 1777 bei einem Besuch in Frankreich im Hospital „St. Charles" die Tätigkeit der *Barmherzigen Schwestern* kennen und schätzen gelernt und den Beschluss gefasst, die Schwestern auch in Österreich einzuführen. Doch mit einer Regierungsmaxime der Aufhebung der Klöster ließ sich die Berufung fremdländischer Ordenspersonen nicht gut vereinbaren, selbst wenn sie von allerhöchster Stelle eingeführt worden wären.[311]

5.1.4. Die Gründung in Wien-Gumpendorf

Dem Bemühen des Wiener Domherrn Karl Ludwig Graf Coudenhove[312] gelang 50 Jahre später die erste Gründung der *Barmherzigen Schwes-*

310 *Henze* Barbara, Louise de Marillac, in : LThK³, (1994), 6, Sp.1380/81.

311 *Hlawati* 14.

312 Karl Ludwig Coudenhove, 1774 in Aachen geboren, Offizier, verheiratet mit Charlotte, Freiin von Wampold, Vater von sieben Kindern. Nach dem Tod seiner Frau 1819 zum Priester geweiht. Kanonikus zu St. Stephan in Wien. Sorge um Kranke und Häftlinge. Als Priester in den Choleraspitälern 1831 tätig.

Erstes Mutterhaus der Barmherzigen Schwestern des hl. Vinzenz in Wien-Gumpendorf.

tern des hl. Vinzenz von Paul in Wien. Graf Coudenhove hatte sich schon 1830 mit einem Bittgesuch an den Kaiser gewandt, die Einführung der *Barmherzigen Schwestern* in Wien zu gestatten. Diese wurde mit der Einschränkung gewährt, dass keine staatliche Unterstützung zu erwarten sei. Durch Vermittlung von Kaiserin Karolina Auguste,[313] erhielt man von Paris ein französisches, legalisiertes Exemplar der Regel, aber diese stimmte nicht mit dem Zweck überein, für den man die Schwestern berufen wollte. Diese Regel verbot nämlich die

313 Kaiserin Karolina Auguste war die vierte Gemahlin von Kaiser Franz I., Sohn von Kaiser Leopold II. und Maria Ludovikas von Bourbon-Spanien. Als Franz II., der letzte Kaiser des Hl. Römischen Reiches, als Franz I. der erste Kaiser von Österreich. (1804) 1788 Hochzeit mit Elisabeth Wilhelmine, Tochter des Herzogs Friedrich III. Eugen von Württemberg. 1790 Hochzeit mit Marie Therese, Tochter des Königs Ferdinand I. von Neapel und beider Sizilien. (12 Kinder) 1808 Hochzeit mit Maria Ludovica, Tochter des Erzherzogs Ferdinand von Österreich-Modena. 1816 Hochzeit mit Karoline, Tochter des Königs Maximilian I. Josef von Bayern. Kaiser Franz I. starb am 2. März 1835 an den Folgen einer Lungenentzündung.

Privatkrankenpflege. Nachdem dann am 6. Dezember 1831 Kaiser Franz I. seine Erlaubnis zur Ansiedlung der Schwestern gegeben hatte und die Regel durch Erzbischof Vinzenz Eduard Milde für die Hofkammerprokuratur auf österreichische Bestimmungen umgeändert worden war, trat Erzherzog Maximilian von Österreich-Este[314] als großherziger Förderer auf. Er kaufte das erste Haus für die *Barmherzigen Schwestern*, das in der Vorstadt Gumpendorf lag, Gumpendorferstraße Nr. 195 (heute 108). Er war das Beispiel eines gläubigen Fürsten, der Geld und persönlichen Einfluss zur Verfügung stellte, um Ordensgemeinschaften zu unterstützen. Orden und religiösen Gemeinschaften gegenüber hatte er nicht nur eine offene Hand, sondern auch das richtige Verständnis für deren Aufgaben und Einrichtungen.[315] Der Einsatz für die Notleidenden war damals, neben dem Bemühen um ein geistliches Leben, der Hauptzweck der Gründung. Die vinzentinische Formulierung ist noch heute gültig:

> *Der Hauptzweck, zu dem Gott die Töchter der christlichen Liebe gerufen und versammelt hat, ist unseren Herrn Jesus Christus als die Quelle und das Vorbild aller Liebe zu ehren, in dem sie ihm auf leibliche und geistige Weise in der Person des Armen dienen. Seien es Kranke, seien es Kinder, seien es Gefangene oder andere, die es aus Scham nicht wagen, ihre Not zu offenbaren.*[316]

Die Kongregation der *Barmherzigen Schwestern vom hl. Vinzenz von Paul* in Wien-Gumpendorf wurde am 2. März 1832 gegründet. An diesem Tag kam die von Dechant Schuler als Oberin und Novizenmeisterin ausgewählte Schwester Josepha Nikolina Lins mit drei Schwestern in Wien an. Sechs junge Mädchen warteten im Gumpendorferhaus, die als Kandidatinnen eintreten wollten. Das bescheidene einstöckige Haus war ein Notbehelf als Wohnhaus für die Schwestern und zugleich als Spital, das in höchster Eile notdürftig eingerichtet werden musste, denn in Wien war die Cholera ausge-

314 *Hlawati*. 28: Erzherzog Maximilian Franz von Österreich-Este: sein Onkel hatte ihm testamentarisch ein sehr bedeutendes Vermögen hinterlassen. 1801 Eintritt in den Deutschen Ritterorden, 1835 unter Kaiser Ferdinand zum Hochmeister des Ordens gewählt.

315 *Michelitsch*. 16.

316 *Weismayer*. 279.

brochen. Im Erdgeschoss konnten gerade die Schwesternräume mit der Küche, der Vorratskammer und ein Pfortenzimmer untergebracht werden, der erste Stock fasste nicht mehr als die beiden Krankensäle, den „Männersaal“ und den „Weibersaal“ mit je 14 Betten. Im folgenden Herbst konnte das Spital dann seinem eigentlichen Zweck, der unentgeltlichen Versorgung von armen Kranken, zugeführt werden.

In einem Brief an die Generaloberin in Straßburg schrieb Sr. Josepha Nikolina Lins über ihre Wiener Mission: *„Der letzte Gehorsam, den Dekan Schuler mir auferlegte, war die Reise nach Wien und das Werk der Stiftung des Ordens in Wien* (...)“[317] Sie ahnte wohl, von welcher Bedeutung es sein könnte, wenn in Hinkunft *Barmherzige Schwestern* nicht bloß in irgend einem mehr oder minder abgelegenen Ort eines Kronlandes, sondern in der Hauptstadt und dem geistigen Mittelpunkt des katholischen Österreichs ihren Sitz haben und dann von dort aus ihre Wirksamkeit ausdehnen würden. Die Zahl der *Barmherzigen Schwestern* nahm so rasch zu, dass 1834 bereits 25 Schwestern und 11 Kandidatinnen gezählt wurden, und Erzherzog Maximilian von Österreich-Este 1838 an einen Neubau des Hauses denken musste.[318]

5.1.5. Die Zulassung in Wien

Die Schwestern von Zams nannten sich *Barmherzige Schwestern des hl. Vinzenz von Paul* wie auch die Schwestern in Straßburg. Auch die Gumpendorfer Schwestern reichten um eine Genehmigung ihrer Niederlassung bei der niederösterreichischen Landesregierung die Statuten von Zams unter diesem Namen ein. Diese aber wünschte die Vorlage der „ursprünglichen Regel“ des hl. Vinzenz. Aber weder in Zams noch in Straßburg gab es diese Regel. Die Gründung in Straßburg ging auf den Erzbischof von Straßburg, Kardinal Armand Gaston Soubise[319] zurück, im Pariser Mutterhaus verfasste der Superior 1760 eine eigene Regel, die als eigenständige Straßburger Regel zu betrachten war. Diese Regel, nach den napoleonischen Kriegen erneut überarbeitet, hatte Sr. Josefa Nikolina Lins nach Zams mitgebracht. Die einzige Niederlassung von Pariser *Barmherzigen Schwes-*

317 *Hlawati*. 40.

318 *Hosp*, Kirche Österreichs im Vormärz. 137.

319 *Hlawati*. 19.

tern in der Donaumonarchie gab es in Lemberg[320] in Galizien. Von Lemberg kam schließlich eine Abschrift der Regel nach Wien, die Erzbischof Vinzenz Eduard Milde vorgelegt wurde. Nach einer Überarbeitung durch den Erzbischof, die aber den Kern der Regel unberührt ließ, ging dann die Genehmigung durch die Landesbehörde und die Approbation durch den Heiligen Stuhl im Jahre 1835 rasch vonstatten. Die Gemeinschaft der *Barmherzigen Schwestern von Wien-Gumpendorf* wurde als wahre vinzentinische Gemeinschaft anerkannt und im Jahre 1877 dem Mutterhaus in Paris affiliiert.

5.1.6. Kaiserin Karolina Augusta, die „Schutzfrau der Barmherzigen Schwestern“

Die Kaiserin führte zeitlebens diesen Titel, erfüllte aber auch die Pflichten einer solchen, sie war praktisch „die erste Oberin“ der Schwestern in Gumpendorf. Die Urkunde der Kaiserin an den Papst, datiert vom 27. Januar 1835 spricht für sich selbst:

> *Als ich mich als oberste Schutzfrau an die Spitze der Congregation der barmherzigen Mägde des heiligen Vincenz von Paul stellte, deren eifriges und segensreiches Wirken in der Krankenpflege überall, wo sie bestehen, bekannt ist, und welche vor kurzer Zeit aus Tirol in die Haupt- und Residenzstadt Wien berufen worden sind und dahier ein Haus erhalten haben, hatte Ich keine andere Absicht, als dass dieselben die Wohlthat ihres heiligen Berufes nicht nur in ihrem Spitale, sondern ganz vorzüglich in den Privathäusern, wohin sie zu Kranken berufen würden, ausüben möchten. Dabei leitete Mich hauptsächlich die Ansicht, dass es einestheils in einer großen Stadt, wie Wien es ist, als ein ganz besonderes Bedürfnis erscheint, dass denjenigen Kranken, welche keine Neigung oder auch keine Gelegenheit haben, in ein Spital aufgenommen zu werden, aber doch auch zuhause vom menschlichen Beistand entblößt sind, Hilfe gebracht werde, und dass anderntheils diese Schwestern durch die Tag und Nacht fortwährende fromme Bedienung solcher Kranken sehr viel Gutes stiften, die leibliche Hilfe mit der geistlichen verbinden, die Kranken auf die Sakramente vorbreiten, ihr Gemüth zweckmäßig für die Reise in die Ewigkeit stimmen und auf jede Weise einwirken könnten, dass die Seele,*

320 Das Institut in Galizien beschränkte sich auf seine örtliche Tätigkeit und nahm keinen Einfluss auf die Verbreitung der Barmherzigen Schwestern in Wien.

mit Gott und der Kirche versöhnt, im Vertrauen auf die Verdienste unseres Heilandes Jesu Christi die Todesstunde erwarte. Da jedoch die Regel des heiligen Vincenz von Paul seinen Mägden nicht erlaubt, in Privathäusern einen solchen fortwährenden Krankendienst zu üben, durch diese Beschränkung aber die Wirksamkeit dieser Schwestern in Wien um vieles vermindert und beeinträchtigt, ja der ganze Zweck, um dessentwillen sie hierher gerufen wurden, verfehlt würde, so wünsche Ich, nachdem Ich vorläufig die Zustimmung Seiner Majestät des Kaisers, Meines vielgeliebten Gemahls, eingeholt habe, dass der hochwürdigste Fürst Erzbischof sich an seine Heiligkeit mit der Bitte wende, die im Anschluss beigefügte Regel des heiligen Vincenz für dessen Mägde in Wien und wohin sie von hier aus in der österreichischen Monarchie zur Anpflanzung neuer Häuser gerufen werden dürften, dahin modificieren zu wollen, dass denselben (...) der Krankendienst auch in Privathäusern bei Reichen und Armen gestattet sei (...) und die für nöthig erachteten Veränderungen für die österreichische Monarchie gutheißen und genehmigen zu wollen.[321]

Fürst Erzbischof Vinzenz Eduard Milde musste dieses Handschreiben der Kaiserin ins Latein übersetzen und augenblicklich nach Rom befördern. Gregor XVI.[322] ließ die Änderungen der Regel prüfen, gab ihnen die apostolische Bestätigung und antwortete in dem Breve vom 15. September 1835 in einer Weise, welche die Verdienste der Kaiserin als „Stifterin der Gesellschaft" hervorhob. Am 18. Februar 1836 wurde in der Pfarrkirche zu Gumpendorf in Gegenwart der Kaiserin-Mutter, Kaiserin Maria Anna[323], der Gemahlin Kaiser Ferdinand I. sowie Erzherzog Maximilian von Österreich-Este mit dem Erzbischof die erste feierliche Profess von 15 Novizinnen gefeiert. Die Barmherzige Schwester weihte sich durch feierliche Gelübde der Krankenpflege als ihrem Lebensberufe.

Im März 1836 wurde Sr. Xaveria Strasser, geb.1801 in Schwaz, zur neuen Oberin gewählt. Das Jahr 1843 brachte eine Neuerung

321 *Wolfsgruber* Cölestin, Carolina Auguste, die „Kaiserin-Mutter". Wien 1893. 246.

322 Gregor XVI. (1831-1846).

323 Kaiserin Maria Anna war die Tochter König Viktor Emanuels I. von Sardinien-Piemont und der Erzherzogin Maria Theresia von Österreich-Modena d'Este und wurde im Alter von 27 Jahren mit dem späteren Kaiser Ferdinand I. vermählt. 1848 hatte sie entscheidenden Einfluss auf seine Abdankung zugunsten seines Neffen Franz Joseph.

von besonderer Bedeutung. Kaiserin Karoline Augusta ließ von der neu errichteten „*Kaiser Ferdinand-Wasserleitung*“[324] eine eigene Zuleitung zum Mutterhaus herstellen, und täglich wurden fünfzig Eimer von der hohen Frau „angekauft“. In ihrem Testament zeigte sich nochmals die Beständigkeit ihrer Zuneigung:

> *Ich vermache den Barmherzigen Schwestern in Wien, deren Schutzfrau ich bin, 30.000 fl. Sollten sie, mit unendlichen Schmerze denke ich an diese Möglichkeit, aufgehoben werden, fallen diese 30.000 fl. an meinen Universalerben.*[325]

Nach dem Tod der Kaiserin übernahm Erzherzogin Maria Theresia, Gemahlin von Erzherzog Karl Ludwig das Protektorat über das Institut. Materielle Hilfe war nicht mehr nötig, dafür brachte die Erzherzogin den Schwestern viel Liebe und Interesse entgegen und bezeugte mit ihrem häufigen Kommen, dass die Kaiserfamilie weiterhin Anteil am Geschick des Ordens Anteil nahm. Von „sozialer Kälte“ keine Spur.[326]

5.1.7. Spezielle Beiträge zur sozialen Not

5.1.7.1. Die Pflege von Frauen und Männern

Die Barmherzigen Schwestern waren bei ihrer Einführung in Wien die einzigen geistlichen Krankenpflegerinnen, welche in ihr eigenes Spital Männer und Frauen aufnahmen und die bereit waren, Kranke ohne Unterschied des Geschlechtes, des Standes und der Religion zu pflegen. So ist zum ersten Mal in Wien vor die Öffentlichkeit getreten, was später allbekannt und nahezu selbstverständlich war: die Verwendung von Mitgliedern katholischer Frauenkongregationen in den verschiedenen Anstalten unter den weitherzigsten Bedingungen.

5.1.7.2. Die Hauskrankenpflege

Es war etwas vollkommen Neues, was die *Barmherzigen Schwestern von Gumpendorf* 1837 für Wien einbrachten. In der damaligen

324 Vgl. IV.1.3.5. Bau der Wasserleitung.

325 *Wolfsgruber*, Carolina Auguste. 250.

326 *Hlawati*. 236.

Auffassung von der Tätigkeit geistlicher Personen hatte man Bedenken dagegen, dass die Schwestern Tag und Nacht allein in fremden Häusern zubringen sollten. Noch im Jahre 1844 fragte der Magistrat der Stadt Augsburg in Wien nach, ob dies wirklich so stattfände. In Wien wurde weder von einer kirchlichen noch von einer staatlichen Behörde Bedenken geäußert, denn man kannte den Wunsch der Kaiserin, und Erzbischof Milde hatte in den Konstitutionen ausdrücklich diese Aufgabe festgelegt.[327] Die Ärzte begrüßten die neue Tätigkeit der Schwestern und lobten ihre geschulte und gewissenhafte Pflege. Für die häusliche Pflege der ganz armen Kranken waren eigene Schwestern bestimmt, die so genannten „Ausgehschwestern". Sie waren eigens dafür ausgewählt und ausgerüstet, denn sie mussten oft nicht nur die Krankenkost, sondern auch Wäsche, Geschirr und andere Behelfe mitbringen. Nicht selten hatten diese Schwestern einen weiten Weg zurückzulegen, und wenn auch ein Stellwagen des Erzherzogs Este zwischen Mutterhaus und „Deutsches Haus" in der Innenstadt hin und her fuhr, war es vom Dom zu St. Stephan oft noch ein weiter und ermüdender Fußweg.[328]

5.1.7.3. Die ersten Filialen

Um den Schwestern die oft weiten Wege vom Mutterhaus zu den Kranken zu ersparen, legte der Erzbischof Kaiserin Karolina Auguste nahe, in dem seit 1838 leer stehenden Klosterräumen der *Karmeliten* in der Leopoldstadt II., ein neues Ordensspital der *Barmherzigen Schwestern* zu errichten.[329] Kaiser Ferdinand I. und die Niederösterreichischen Landesregierung gaben ihre Zustimmung, so dass die Schwestern am 14. November 1840 in die erste Filiale einziehen konnten. Es gab Raum für 24 Betten, die Kranken wurden unentgeltlich verpflegt, ärztlich behandelt und mit den notwendigen Medikamenten versorgt. Von 1840-1850 stieg die Zahl der Betten von 400 auf 1550, die finanziellen Lasten steigerten sich dementsprechend.

327 *Hlawati*. 96.

328 *Hlawati*. 99.

329 *Hlawati*. 100.

5.1.7.4. Das erste homöopathische Krankenhaus

Schon in der Cholerazeit des Jahres 1836 erwies sich die neue Heilmethode der Homöopathie den anderen überlegen. Für das katholische Wien war Dr. Johann Emanuel Veith vor allem ein bekannter Prediger, für das Spital in Gumpendorf war etwas anderes viel wichtiger, der Arzt Dr. Veith war ein berühmter Homöopath. Er übernahm die erste Einrichtung der Apotheke[330] in Gumpendorf und bereitete einige Medizinen selbst zu. Die damals neue Heilmethode[331] war auch in Wien nicht mehr ganz unbekannt und hatte wie alles Neue begeisterte Anhänger und scharfe Gegner.[332] So spielten die *Gumpendorfer Schwestern* in der medizinischen Fachwelt eine nicht unbeachtliche Rolle, da ihr Spital die einzige homöopathische Heil- und Lehranstalt der Stadt war, die als solche noch weit über die Grenzen des Kaiserreiches hinaus Bedeutung erlangte.[333] Zahlreiche Ärzte aus der Donaumonarchie und aus anderen europäischen Ländern kamen hierher, um die Homöopathie am Krankenbett zu lernen.

> *Wien ist voraus durch die große Zahl der Bekenner der Homöopathie, durch den Ruf der Praktiker und durch das Bestehen der Krankenanstalt der Barmherzigen Schwestern.*

Außerdem dankt es die Homöopathie in Österreich diesen Schwestern, dass ihre Vertreter in Wien ein zweites (Sechshaus) und schließ-

330 *Hlawati.* 147. Das Dekret vom 3.5.1832 gestattete die Führung einer eigenen Apotheke, allerdings war die Verabreichung von Arzneimitteln nur an die eigenen Ordensangehörigen und an die Pfleglinge gestattet.

331 Gründer der Homöopathie („ähnliches Leiden") ist Dr. Samuel Christ. Friedrich Hahnemann in Leipzig. Homöopathie ist eine kontrovers diskutierte alternative Heilmethode nach dem Grundsatz des Gründers „Ähnliches werde durch Ähnliches geheilt".

332 *Hlawati.* 151. 1819 wurde in Österreich das Verbot der neuen Heilmethode durchgesetzt, 1828 verfügte Kaiser Franz I., wenigstens Versuche mit dieser „Heilart" anzustellen. Erzbischof Milde war nicht für die Hmöopathie zu begeistern, aber er ließ ohne Widerspruch zu, dass die Apotheke und das Spital in Gumpendorf rückhaltlos ihre Patienten mit homöopathischen Mitteln behandelte.

333 Sterblichkeit der behandelten Kranken knapp 6%, zur selben Zeit im Allgemeinen Krankenhaus 15%.

lich auch ein drittes Spital (Leopoldstadt) und in der Provinz ebenfalls noch drei Spitäler erhielten.[334] Zu einer gewissen Berühmtheit brachte es das Lebenswarth'sche Kinderspital, gegründet 1878 von Dr. Johannes Taubes Ritter von Lebenswarth, in Wien VI., Liniengasse 19, das mit Ausnahme eines Kinderspitals in Warschau überhaupt das einzige homöopathisch geführte Kinderspital war. Im Statut, welches der Gründer festlegte, wird als Zweck der Anstalt neben der Hilfe, die sie den armen Kindern bringen soll, ausdrücklich angegeben: *„(...) die Förderung der homöopathischen Heilmethode, ihre größere Vervollkommung, wissenschaftliche Begründung und weitere Verbreitung“.*[335] Mit dieser stiftbrieflichen Anordnung ging das Kinderspital in die Verwaltung der Schwestern über, die schon bisher den Pflegedienst ausgeübt hatten.

5.1.7.5. Pflege in ordensfremden Spitälern

Im Laufe der Zeit wurden die Schwestern auch zur Pflege in ordensfremde Spitäler herangezogen. So im Wiedner Bezirkskrankenhaus vom Dezember 1841 bis März 1843, im Sechshauser Bezirksspital, von den Brüdern Jakob und Anton Lang gerufen, später im Kaiserin Elisabethspital im späteren XV. Bezirk, Huglgasse 17. Über zwanzig Jahre waren die *Barmherzigen Schwestern des hl. Vinzenz von Paul* bei kranken und pflegebedürftigen Menschen im Versorgungshaus der Stadt Wien, in Liesing, später XXIII. Bezirk tätig.

Für das St. Rochus-Spital wurde 1859 Schwester Petri Schneider die erste Oberin, die 40 Jahre lang dieses Haus geleitet hat. Charakteristisch für sie war, dass sie offene Augen auch für das hatte, was außerhalb des Spitals geschah. In der Fabrik Eder und Brachtl in Penzing, später XIV. Bezirk, in welcher „Linzer Zeug“[336] hergestellt wurde, arbeiteten nicht bloß Erwachsene, sondern auch viele Kinder. Die Eltern hatten den „Druck“ für das Zeug zu besorgen und die

334 *Hlawati.* 152. Ein ganzes Vierteljahrhundert bemühten sich Dr. Fleischmann als Leiter des Spitals in Gumpendorf und die Vereinigung der homöopathischen Ärzte um die Möglichkeit akademische Vorlesungen an der Universität zu halten.

335 *Hlawati.* 156.

336 „Linzer Zeug“: bedruckter farbiger Baumwollstoff.

Kinder das Reiben und Streichen der Farben. Diese „Streichkinder" hatte die Oberin in ihr Herz geschlossen. Da die Kinder in der Fabrik arbeiteten, konnten sie nicht die Schule besuchen, waren unwissend und verrohten ziemlich stark. Die Oberin rief sie in ihr Haus, gab ihnen täglich ein Abendessen und dazu regelmäßig eine Stunde Unterricht im Katechismus, Lesen, Schreiben und Rechnen. Am Sonntag durften sie zum Spielen und Singen ins Haus kommen.[337] Es war also nicht nur Krankenpflege, die die Schwestern anboten, sondern sie waren ebenso immer bemüht, ihre Fürsorge auf alle, die ihrer Hilfe bedurften, auszudehnen.

5.2. VON DER KAISERIN NACH WIEN-ERDBERG GERUFEN: SCHULSCHWESTERN VOM DRITTEN ORDEN DES HL. FRANZISKUS

Generalat, 1030 Wien, Apostelgasse 7

5.2.1. Der Dritte Orden des Hl. Franziskus

Mit „Dritter Orden" werden christliche Gemeinschaften bezeichnet, die gemeinsam mit Männerorden (Erster Orden) und Frauenorden (Zweiter Orden) eine Ordensfamilie bilden. Die Anfänge gehen zurück auf fromme Laienvereinigungen beiderlei Geschlechts, die sich aus religiösen und sozialen Gründen den bestehenden Orden anschlossen. Unter dessen Leitung und in seinem Geist strebten die Mitglieder nach christlicher Vertiefung in einer dem Leben in der Welt angepassten Weise. Zuerst scharten die Orden der Franziskaner[338] und der Dominikaner Männer und Frauen um sich, die nach christlicher Vollkommenheit strebten, bestimmte Gebete verrichteten, aber weiterhin außerhalb eines Klosters lebten und sich nicht

337 *Hlawati*. 426f.

338 Mit Hilfe von Kardinal Hugolin verfasste Franz von Assisi seine „Dritte Regel", die es den Mitgliedern ermöglichte, bei Fortführung ihrer barmherzigen Werke zur Vollkommenheit zu gelangen. Im Laufe der Zeit fanden sich einige, die durch ein Gemeinschaftsleben ihren Werken mehr Wirksamkeit geben wollten: zur Profess der Dritten Regel sollten die evangelischen Räte dazu gefügt werden. LThK IX (2000) Sp. 1351-1352.

selten durch caritative und soziale Tätigkeiten auszeichneten.[339] Man unterscheidet weltliche und klösterliche Terziaren[340]

„Regulierte" Dritte Orden sind Männer- und Frauenkongregationen, die nach der Ordensregel in Gemeinschaft leben und Ordensgelübde ablegen. Die Terziaren-Häuser wiesen eine große Vielfalt hinsichtlich ihrer Verfassung (Klausur, Gelübde) auf, bis Papst PIUS V. allen Klöstern die Klausur vorschrieb. Die erste Approbation des regulierten Dritten Ordens der Franziskaner erfolgte durch Papst NIKOLAUS V.[341] am 20. Juli 1447. Nunmehr ist die den Zeitverhältnissen angepasste Regel PIUS XI. vom 1927 für die franziskanische Ordensfamilie maßgebend.[342]

5.2.2. Maria Theresia Zechner (1697-1763)

In Hallein im Salzburgerland, als Tochter eines Holzhändlers geboren, trat MARIA THERESIA ZECHNER wie ihre Mutter 1721 in den III. Orden des HL. FRANZISKUS ein und erhielt den Ordensnamen MARIA HYAZINTHA. Ihre Mutter war nach dem Tod ihres zweiten Mannes und dem Tod von 10 Kindern eine still Frau geworden, aber stark geblieben, die ihre sorgende Liebe auf Priester übertrug, die in Not waren. Die sehr talentierte MARIA THERESIA schlug einen anderen Weg ein als ihr auf Grund ihrer Herkunft, ihre Eltern gehörten zu den vornehmsten Bürgern von Hallein, vorgezeichnet war. Sie erkannte bald den Weg, den Gott ihr gewiesen hatte. 1722 wurde sie von den Franziskanerpatres in Salzburg zur Profess zugelassen. 1723 kaufte sie von ihrem väterlichen Erbe von ihrer Mutter das kleine Haus und bezog es mit ihrer Gefährtin, der Müllerstochter MARIA ELISABETH STÖCKLIN, um hier ihre erste Schule einzurichten. Die soziale Notlage ihrer Zeit, das Elend der verwahrlosten Salinenkinder[343] drängte sie zum Einsatz all ihrer Kräfte für die Lösung dieser Probleme. Mit fraulichem Weitblick erkannte Mutter M. HYAZINTHA, dass nur eine

339 *Andresen* Carl, Denzler Georg, dtv-Wörterbuch der Kirchengeschichte. München 1982. 580/581.

340 Terziaren von lateinisch *tertius*, der Dritte.

341 Nikolaus V. 1447-1455.

342 *Heimbucher*, 2. 16.

343 Kinderarbeit in den Salinen.

erzieherische und schulische Betreuung die Kinder vor dem Verkommen auf der Straße bewahren konnte. Schulen gab es wenig, erst recht keinen Schulzwang. Waren die Eltern arm, zogen die Kinder bettelnd umher. Wenn im Anfang nur Kinder zu den Schwestern kamen, für die niemand zahlte und die ohne Betreuung verwahrlost wären, stellten sich doch später auch Kinder von Bürgersleuten ein, weil diese merkten, dass ihre Kinder hier mehr lernten und besser aufgehoben waren.

Die Chronik in Hallein berichtet: *„Mutter und Tochter waren bemüht, ihr Haus zu einem Regel- und Schulhaus zu machen"*.[344] Nun machten die Schulhalter den Schwestern das Leben oft schwer, da sie ihnen die Schulerfolge neideten und auch vor Verleumdungen nicht zurückschreckten.[345] Eine Eingabe des Guardians[346] an das erzbischöfliche Konsistorium wurde nicht beantwortet. Nach und nach entstand eine kleine Gemeinschaft von fünf Schwestern und diese richteten ihr Haus klösterlich ein, schlicht und einfach im Sinne des HL. FRANZ von ASSISI. Geldspenden und Gaben von wohlgesinnten Menschen halfen über die Sorgen des täglichen Lebens hinweg.

1744 wurde die Gemeinschaft der *Schulschwestern vom Dritten Orden des hl. Franziskus* gegründet. Als Vorbilder für ihren Lebensweg wählte MARIA THERESIA ZECHNER den HL. FRANZISKUS und die HL. ELISABETH. Als MARIA HYAZINTHIA 1749 um die rechtliche Regelung für die Gründung ansuchte und ihre Ziele vorstellte, erging ein Dekret an Dechant LAURER von Hallein mit dem Befehl die Gemeinschaft der Schwestern aufzulösen. Doch die Schultätigkeit wurde ihnen nicht verboten und sie hielten diese weiterhin aufrecht. Erst als M. MARIA HYAZINTHA im Sterben lag, kam vom Fürst SIGISMUNDUS

344 Kongregation der Schulschwestern vom Dritten Orden des hl. Franziskus, Und der Same ging auf. 15.

345 Zwei Lateinlehrer hatten sich der Knaben angenommen, daneben gaben noch drei Deutschlehrer Unterricht, aber die Kinder lernten wenig. Seit Jahren befeindeten sich diese „Schulhalter" wegen der Schülerzahl, weil diese für sie eine höhere oder geringere Einnahme bedeutete.

346 Vorsteher der Franziskaner.

III., Erzbischof von Salzburg[347], die Weisung, dass die Gemeinschaft bestehen bleiben könne.[348]

5.2.3. Die Schulschwestern in Hallein

1782 hatte Kaiser Josef II. die Auflösung des Dritten Orden des hl. Franziskus verfügt. Im Jahre 1784 ordnete die kirchliche Behörde eine Visitation an. Das Ordensbuch „*Terziarien Glory*" wurde den Schwestern entzogen, aber sie durften in ihrer Wohnung bleiben und bei der Schularbeit. An Stelle des Ordensbuches schrieb der Dechant ihre Haussatzung nieder und auf diese Vorschriften über Kleidung, Tagwerk und Gebetsordnung verpflichteten sich nun die Schwestern bei den Franziskanern in Salzburg. Fast zehn Jahre hindurch waren die Schwestern gezwungen, heimlich nach Berchtesgaden zu pilgern, um von den Franziskanern in den III. Orden aufgenommen zu werden.[349]

Als Kaiser Franz I. nach den Franzosenkriegen 1807 in sein neues Herzogtum Salzburg kam, besuchte er auch die Schule der Schwestern im Regelhaus in Hallein. Neben voller Anerkennung ihrer Leistungen erhielten die Schwestern ein ansehnliches Geldgeschenk mit der Zusicherung seiner Hilfe in allen Anliegen. Im Frühjahr 1809 marschierten die Franzosen zum dritten Mal in Salzburg ein. Franzosen und Bayern hatten sich verbündet, Hallein wurde von den Bayern geplündert, die Kriegswirren dauerten einige Monate, und die Schwestern litten bittere Not. 1810 kam Salzburg an Bayern und die Schwestern befürchteten, dass ihre Aufhebung bevorstehe. Doch das „Regelhaus" der Schwestern fand Gönner, die über die finanzielle Not hinweghalfen. Nach einer öffentlichen Prüfung erhielten die Schwestern 1811 den königlich-bayrischen Erlass, der den Fortbestand der Schule unter der Oberin M. Maria Theresia

347 Sigismund III. Christoph Graf von Schrattenbach (1753-1771), Fürsterzbischof von Salzburg.

348 *Kongregation der Schulschwestern vom Dritten Orden des hl. Franziskus,* Und der Same ging auf. 55.

349 Und der Same ging auf. 26.

Golserin[350] sicherte. Bei den Behörden der näheren Umgebung stiegen die Schwestern durch ihre soziale Tätigkeit hoch im Ansehen. So nahmen sich die Schwestern nach dem Krieg nicht nur der verwahrlosten Kinder, sondern aller Armen an und verköstigten täglich eine große Zahl mit warmer Suppe. Nach einer Eingabe des damaligen Dechanten Harl an das Fürst-Erzbischöfliche Konsistorium in Salzburg wurde die Gemeinschaft in aller Form anerkannt.

Als Salzburg an Österreich zurückgegeben wurde, erfüllte Kaiser Franz I. sein Hilfsversprechen. Er hatte 1816 eine Tochter Maximilians I. von Bayern geheiratet, und in der Kaiserin Karoline Augusta erwuchs den Halleiner Schwestern eine große Gönnerin.[351] Der etwas ausführlichere Bericht über die Vorgeschichte erscheint notwendig im Hinblick auf die Berufung der Kongregation nach Wien.

5.2.4. Die Berufung nach Wien

Im Mai 1830 hatte Kaiserin Karoline Augusta in Wien-Rennweg III., die erste Kinderbewahranstalt eröffnet, bald danach eine zweite in Margareten im V. Bezirk. Für die k.k. Mannschaftstöchter gründete sie eine Anstalt in der Wiener Vorstadt Erdberg. Dort sollten die Mädchen bis zu ihrem 18. Lebensjahr erzogen und zu brauchbaren Dienstmädchen herangebildet werden. Für diese Aufgabe wollte die Kaiserin die Schwestern aus Hallein nach Wien holen. Ende des Jahres 1843 hatte die Oberin M. Xaveria Lienbacher[352] probeweise im Regelhaus in Hallein eine Kinderbewahranstalt eröffnet. Bei einem Besuch war die Kaiserin voller Anerkennung für die Arbeit der Kindergärtnerinnen[353] und fasste den Entschluss, den Schwestern die Leitung des Soldatentöchterinstituts in Erdberg zu übergeben. Am 27. Oktober 1845 reisten die ersten drei Schwestern in Begleitung von Oberin Mutter M. Xaveria nach Wien. Im Jahre 1851 nahm die Oberin dann auf Verlangen der Kaiserin und im Einvernehmen mit dem Ordinariat ihren bleibenden Sitz in Wien, das Haus in der Apo-

350 Und der Same ging auf. 28. (M. Maria Golserin, Oberin der Kongregation von 1805-1830).

351 *Brodmüller* P., Das Halleiner Regelhaus, in: Stadt Gottes, JG.1923/24. 3.

352 M. Xaveria Lienbacher Oberin 1841-1854.

353 Sr. Bonaventura Lex war die erste Kindergärtnerin.

Das Mutterhaus der Schulschwestern in Wien-Erdberg.

stelgasse wurde zum selbstständigen Mutterhaus erhoben.[354] In der Reichshauptstadt erwartete die Oberin bessere Möglichkeiten für die Ausbildung ihrer Schwestern, und unter dem Schutz der Kaiserin eröffneten sich neue Beziehungen. Der Erfolg sprach bald für die Klugheit dieser Entscheidung. Mehr und mehr Mädchen und junge Frauen schlossen sich der Gemeinschaft an, und die Oberin war genötigt, ein Noviziatshaus in Wien zu eröffnen. In wenigen Jahren entstanden in und um Wien für die Kongregation eine Reihe neuer Arbeitsstätten.[355]

Die Erziehungsweise der „*Schulschwestern*" erfreute sich großer Beliebtheit bei der Bevölkerung. 1851 wurde die schon seit 1832 bestehende Kinderbewahranstalt mit 70 Kindern nach Erkrankung der weltlichen Vorsteherin den Schwestern übergeben. Die Betreuungs- und Erziehungsarbeit der Wiener Schulschwestern erstreckte sich nun auf alle Altersstufen. Im Kindergarten, in der Pflichtschule

354 Diözesanarchiv Wien, Präsidialia M 6, 1841-1879.

355 Und der Same ging auf. 35.

und in einer Art Hauswirtschaftsschule betreuten die Schwestern Kinder vom 2. bis zum 18. Lebensjahr.

Durch Vermittlung der Kaiserin erklärte sich Erzbischof Milde 1852 bereit, die *Schulschwestern vom III. Orden des hl. Franziskus* in seiner Erzdiözese aufzunehmen und sagte seine Unterstützung zu. Oft besuchte die Kaiserin das von ihr gegründete Mannschafts-Töchterinstitut in Erdberg, vertraute den Schwestern immer mehr Mädchen zur Erziehung und Bildung an und sandte Geld und Lebensmittel für ihren Unterhalt. Bald wurden neben den Soldatentöchtern auch Kinder anderer Volksschichten aufgenommen.[356] Eines der letzten großen wohltätigen Werke der Kaiserin war der Ausbau der Schule in der Apostelgasse. Auf dem Gedenkstein ist zu lesen:

> *Ihre Majestät, die Kaiserin Karoline Augusta erbaute im Jahre 1872 auf eigene Kosten die sechs klassige Mädchenvolksschule und übergab selbe den Schulschwestern als Eigentum. Gott segne dieses Werk!*[357]

5.3. SCHWESTERN VOM GUTEN HIRTEN

1140 Wien, Teyberggasse 13

5.3.1. Rose Virginie Pelletier (1796-1868)

Mit der Gründung dieser Kongregation 1814 in Angers in Frankreich folgte Rose den Wegen des Volksmissionars Johannes Eudes[358], übernahm von ihm die Regel des hl. Augustinus und gestaltete ihr Lebenswerk nach seinen Worten: *„Gott liebt euch, wer immer ihr seid!"* Johannes Eudes hatte immer wieder seine Zeitgenossen beschworen, den Glauben an den verborgenen Keim des Guten in jedem Menschen nicht aufzugeben. Durch die Erfüllung ihres Dienstes an den „verirrten Seelen", nach dem Vorbild des Guten Hirten, bekam Rose Virginie Pelletiers Leben Sinn und Inhalt. Vor allem Frauen von der

356 Und der Same ging auf. 43.

357 Und der Same ging auf. 44.

358 Johannes Eudes (1601-1680). 1625 zum Priester geweiht, Betreuer von Pestkranken in Argentan. 1635 wurde er Leiter der Volksmission und Gründer der Weltpriesterkongregation „Jesus und Maria", die Eudisten, mit dem Ziel eine gediegene Priesterausbildung zu ermöglichen. 1925 wurde Johannes Eudes heilig gesprochen.

Straße sollten in den Klöstern ihrer Kongregation, die in rascher Folge entstanden, Zuflucht gewährt und Umkehr ermöglicht werden.

Geboren wurde Rose am 31. Juli 1796 in der Vendée an der französischen Atlantikküste als achtes Kind einer Arztfamilie. In Tours besuchte sie ein Mädchenpensionat und lernte die „*Schwestern Unserer Frau von der Liebe*“ kennen. Diese Gemeinschaft hatte Johannes Eudes 1641 gegründet, um so genannte „gefallene Mädchen“ und „Sünderinnen“ aufzunehmen. Bereits mit 18 Jahren legte sie im Kloster von den „*Barmherzigen Schwestern Unserer Lieben Frau von der Zuflucht*“ ihre Gelübde ab und erhielt bei der Einkleidung den Namen Maria von der hl. Euphrasia. 1825 wurde sie einstimmig zur Oberin gewählt. In diesem Amt schuf sie die Genossenschaft der *Magdalenen*, die dem Kloster angegliedert wurden, jedoch eine eigene Satzung hatten. In dieser Gemeinschaft sollten die *Büßerinnen* Gelegenheit haben, nicht nur auf den rechten Lebensweg zurück zu finden, sondern auch Heiligen ähnlich zu leben. Als Oberin schloss sie im Mutterhaus von Angers alle Gemeinschaften zusammen. Der neu gestaltete Orden hieß ab 1835 „*Schwestern Unserer Lieben Frau von der Liebe des Guten Hirten*“.

Für ihre Zeit wandte Mutter Euphrasia erstaunlich „moderne“ Erziehungsmethoden an. Sie hatte von Natur aus ein hervorragendes Erziehungsgeschick, Klugheit, Herzensgüte und feinstes Verstehen für junge Menschen und konnte den Mädchen Geborgenheit vermitteln. Entschiedenheit und unbeirrbares Anstreben des gesetzten Zieles machten sie zur geborenen Erzieherin der heranwachsenden weiblichen Jugend. International war ihre Sprache, es war die Sprache der Nächstenliebe, „La mère de la Charité“ wurde sie genannt. „*Ich gehöre allen Ländern an, in denen es Seelen zu retten gibt*“, war ihre Aussage. Als Mutter Euphrasia starb, zählte die Kongregation 16 Ordensprovinzen mit insgesamt 110 Häusern, die über den ganzen Erdkreis verteilt waren, und ungefähr 3000 Mitglieder.

Die „*Pädagogik der Liebe*“, wie sie von der Stifterin entfaltet wurde, ging durch alle Zeiten, sich überall den Bedürfnissen der Jugend anpassend. Am 2. Mai 1940 wurde Rose Virginie Pelletier von Papst Pius XII. heilig gesprochen. Ihren Sendungsauftrag gab sie an die Schwestern weiter: „*Armen die frohe Botschaft zu verkünden, zu heilen, die bedrückten Herzens sind, zu suchen und zu retten, was verloren war"*.[359]

5.3.2. Die K.K. Weiber Strafanstalt in Wiener Neudorf

Triebfeder für das Entstehen der Anstalt war Gräfin IDA HAHN-HAHN. Sie hatte 1852 Mutter MARIA EUPHRASIA als Oberin und das Ordensleben der Kongregation in Angers kennen gelernt und dort die Erfolge gesehen, welche die Schwestern bei der Erziehung Jugendlicher erzielten. Als die Gräfin nach Wien kam, gewann sie die Kaiserinwitwe KAROLINE AUGUSTA sowie SOPHIE, die Mutter Kaiser FRANZ JOSEFS und maßgebliche Herren der Regierung, besonders Theodor WEISS von STARKENFELS, damals Polizeidirektor von Wien und den Statthalter JOSEF Freiherr von EMINGER[360] für die Idee, diese Schwestern nach Österreich zu bringen. Begünstigt wurden die Bestrebungen durch die geistige Strömung, die gerichtliche Freiheitsstrafen nicht mehr ausschließlich als Sühne für ungesetzliche Handlungen auffasste. „*Liebe statt Hiebe*" sollte als Weg zurück gesehen werden für die, die mit dem Gesetz in Konflikt geraten waren.

So entschloss sich Kaiser FRANZ JOSEPH am 1. August 1853, den Orden der *Frauen vom Guten Hirten* in Österreich zuzulassen.[361] Mutter M. EUPHRASIA sollte eine zu gründende Frauenanstalt übernehmen, allerdings ausdrücklich mit der Bedingung, dass der Orden „*in keiner Weise Anspruch auf staatliche Unterstützung*" erheben dürfe. Durch die Großzügigkeit des Kaisers, von Kaiserin ANNA[362] und MAXIMILIAN ESTE war die Finanzierung des Projektes einer k.k. Weiber-Strafanstalt in Österreich gesichert. Das Sommerschloss von Kardinal CHRISTOPH ANTON Graf MIGAZZI[363] in Wiener Neudorf war 50 Jahre lang leer gestanden, der Zustand dementsprechend. Hier sollte die Strafanstalt untergebracht werden.[364]

359 *Janetschek* Kurt, Unser Neudorf. Jg. 4 (1) 2003. 6.

360 Chef der Strafhäuser in Niederösterreich.

361 Diözesanarchiv Wien, Präsidialia M 7, 1841-1879. DOK 30.7.1853. Bitte um Zulassung des Ordens. Vgl. XII.2.E.

362 Vgl. Anm. 323.

363 Kardinal Erzbischof Christoph Anton Graf Migazzi (1757-1803).

364 *Janetschek*. 7.

Am 4. Oktober 1853 kamen vier Schwestern nach Wiener Neudorf, Oberin der kleinen Gemeinschaft war Maria vom hl. Petrus Ferrenholz.[365] Sie wurde zur Gründerin der österreichischen Provinz. Am Tag nach dem Einzug wurden den Schwestern 16 aufgelesene, verwahrloste Mädchen übergeben, und alle erklärten sich bereit, ein gemeinsames Leben der Armut zu teilen. Diese ersten „16 Gäste" nannte man „Büßerinnen". Nach Ablauf ihrer Strafzeit wollten sie im Kloster bleiben und sich mit ihrer Hände Arbeit den Lebensunterhalt verdienen. Eine gute Führung während der Strafzeit war Hauptbedingung, um als Büßerin aufgenommen zu werden.

„Man hatte wohl daran gedacht, den Klosterfrauen eine Wohnung zu besorgen, dass diese auch essen müssen, schien man nicht zu wissen", ist in der Chronik von Wiener Neudorf zu lesen. Mit den Sträflingen durften dann auch die Schwestern die Sträflingskost genießen. Schon am 5. Jänner 1854 trafen die ersten Sträflinge ein. Die maßgebenden Persönlichkeiten, Minister Bach wie Polizeidirektor, glaubten nicht an den Erfolg, die Sache erschien ihnen eher als ein interessantes Experiment. Bereits 24 Stunden nach der Ankunft der Häftlinge erschien Statthalter Eminger in Wiener Neudorf in Sorge um das Schicksal der Klosterfrauen. Aber diese lebten noch, und kein Sträfling hatte bei Nacht das Weite gesucht. Es galt als „Wunder", Sträflinge mit Milde, Geduld und Anhaltung zur Arbeit zu bessern, denn bisher standen Frauen wie Männer unter Militäraufsicht. So erregte das Auskommen ohne die berüchtigten „Jagdhiebe", welche 1815-1835 bei störrischem Benehmen gestattet waren, bei den Fachleuten Erstaunen und Aufsehen. Der „Volksfreund" berichtete am 5. August 1854 über die Verhältnisse im Kloster Wiener Neudorf: *„150 weibliche Sträflinge stehen unter der Obhut von sechs Nonnen!"*[366]

Die Schwestern versuchten die Mädchen und Frauen so zu unterweisen, dass diese nach der Rückkehr in die Freiheit die Möglichkeit haben sollten, ehrlich ihr Brot zu verdienen. Die Sträflinge stellten eine reiche Auswahl feinster Handarbeiten her, und so manche vor-

365 *Schneider* Oda, Die Macht des reinen Herzens. Wien 1948. 143.

366 *Senfelder* Leopold, K.K. Weiber Strafanstalt in Wiener Neudorf 1853-1903. Wien 1903. 11.

nehme Dame wäre sehr erstaunt gewesen, hätte sie gewusst, wo das eine oder andere Textilstück ihren Ursprung hatte. Auf der Weltausstellung 1873 wurden die ausgestellten Arbeiten aus der Strafanstalt sogar mit der Verdienstmedaille ausgezeichnet.

Das Haus der *Guten Hirtinnen* galt als Musterbeispiel für alle zukünftigen „Weiber-Strafanstalten".[367] Wiener Neudorf war damals die erste und einzige Anstalt dieser Art unter klösterlicher Leitung. Daher mussten andere Gemeinschaften wie die *Barmherzigen Schwestern vom hl. Karl Borromäus*, welche in der Folge Strafhäuser übernahmen, im Auftrag der Regierung sich zuerst alle Einrichtungen in Wiener Neudorf ansehen.[368]

5.4. FRANZISKANERINNEN VON DER CHRISTLICHEN LIEBE

1050 Wien, Hartmanngasse 7

Mit der Gründung dieser Kongregation ist ein Stück Diözesangeschichte verbunden, denn ihre Entstehung hängt mit dem Bezirksspital auf der Wieden[369], zusammen. Der Spitalsdirektor Dr. JOSEPH DIETL erkannte den Unterschied in der Qualität der Krankenpflege zwischen Ordensschwestern und weltlichen Wärterinnen und als 1843 die *Barmherzigen Schwestern von Gumpendorf* abgezogen wurden[370], drängte er immer wieder auf religiös gesinnte Pflegerinnen, Krankenschwestern mit christlichem Lebensideal waren gefragt. So bat Direktor DIETL den Seelsorger des Hauses, FRANZ HUBER, sich an namhafte Beichtväter in Wien zu wenden, sie mögen fromme, junge Mädchen dem Krankenhaus zuweisen. Bedingung war der Eintritt in den III. Orden des HL. FRANZISKUS.[371] Den jungen Mädchen und Frauen wurde von Beginn an die kirchliche Regulierung und klösterliche Konstituierung in Aussicht gestellt. So fand sich eine Gruppe christlich gesinnter Krankenschwestern zusammen, die bereit waren, mit

367 *Janetschek.* 13.

368 *Senfelder.* 18.

369 Bezirksspital, 1841 eröffnet in der Favoritenstraße im 4. Bezirk (Heute Bertha-Suttner-Hof).

370 *Hlawati.* 369.

371 Vgl. VII.5.2.1.

Freude, Verantwortungsbewusstsein, menschlicher Zuwendung und Liebe den Kranken zu dienen. Die jungen Mädchen wollten eine Ordensgemeinschaft im Geist des HL. FRANZISKUS gründen. Aber von einer klösterlichen Gemeinschaft wollte der Spitalsdirektor nun nichts mehr wissen. Da bei einer Ordensgründung die Schwestern unter die besondere Jurisdiktion der kirchlichen Autoritäten gestellt waren, wären damit die Machtmittel von Spitaldirektor und Ärzten gegenüber den klösterlichen Pflegerinnen empfindlich eingeschränkt gewesen.[372]

Kardinal Erzbischof JOSPH OTHMAR Ritter von RAUSCHER wurde zum Gründer dieser Kongregation. Am 10. Mai 1857 konstituierte er 95 Schwestern des heute nicht mehr bestehenden Wiedner Krankenhauses zur Kongregation der *„Franziskanerinnen von der christlichen Liebe"*. Der Kardinal erwies sich weiterhin als mächtiger Freund und Gönner.[373]

Der Vertrag mit der Regierung bezüglich der Pflege im Krankenhaus fiel 1861 der Hetze gegen geistliche Genossenschaften zum Opfer.[374] Der Kardinal nahm sich der heimatlos gewordenen Schwestern an und erteilte ihnen die Erlaubnis, für ein eigenes Mutterhaus zu sammeln. Seit 1865 befindet sich das Mutterhaus in Verbindung mit dem Krankenhaus, Generalat und Noviziat in der Hartmanngasse. Zunächst nur für den Diözesanbereich gegründet, konnte sich die junge Schwesterngemeinschaft bald vergrößern.

5.5. SCHWESTERN VOM GÖTTLICHEN ERLÖSER

1070 Wien, Kaiserstraße 25-27

5.5.1. Elisabeth Eppinger (1814-1867)

ELISABETH EPPINGER war eine Bauerntochter, mit einem wachen Geist und einer tiefen Sehnsucht mit Jesus zu leben. Sie wurde am 9. September 1814 geboren und wuchs in einer einfachen, sehr gläubigen Familie mit elf Kindern in Bad Niederbronn im Elsass auf. In langen

372 *Franziskanerinnen von der christlichen Liebe*, Chronik, Kurzfassung 1937. 3.

373 DOK: Ansuchen vom 11.7.1854 um Anerkennung und Bestätigung mit Vorlage der Lebensregel.

374 Vgl. Anfeindungen IX.2.

Zeiten der Krankheit,[375] die sie fast zehn Jahre ans Krankenbett fesselte, schärfte sich ihr Blick für das, was Menschen brauchen. Viele Menschen pilgerten in ihr Krankenzimmer um sich Rat und Trost zu holen. So die Beschreibung in der Biographie von einer ihrer Töchter.[376] ELISABETH dachte nicht an die Gründung einer neuen Kongregation, bis sie eine innere Erleuchtung dazu trieb. Sie wollte die Liebe Gottes erfahrbar machen, besonders für die Armen, die vom Leben Benachteiligten und die vom Leid betroffenen Menschen. Nun konnte sie nichts mehr von ihrem Entschluss abbringen.

Die Kongregation der *Töchter vom göttlichen Erlöser*[377] wurde 1849 in Niederbronn[378] von ELISABETH EPPINGER unter dem Protektorat des Bischofs von Straßburg ANDREAS RÄSS gegründet. Pfarrer DAVID REICHHARD, der für die Kongregation ein treuer seelsorglicher Begleiter wurde, reichte die Satzungen ein, die Bischof RÄSS nach kleinen Änderungen approbierte.[379] Von Rom erhielt die Gemeinschaft am 7. März 1863 das übliche Belobigungsdekret, das den Geist und die Ausrichtung der Kongregation bestätigte .Als Zweckbestimmung wurde angegeben:

> *Ein religiöser Orden, der es sich zur wesentlichen Pflicht macht, die armen Kranken in ihren Hütten ordentlich und gut zu verpflegen und an ihnen die geistlichen und leiblichen Werke der Barmherzigkeit zu üben; auch die gesunden Arme aufzusuchen, damit auch im Augenblicke, da ihnen das Almosen gereicht wird, ihren geistlichen Bedürfnissen abgeholfen werde.*[380]

Die erste große Bewährungsprobe der Schwestern war die Choleraepidemie 1854. Danach stieg das Ansehen der Kongregation in Staat und Kirche. Die große Ordensreformatorin TERESA VON AVILA (+1582) war schon immer ELISABETHS spirituelles Leitbild gewesen und aus

375 Nervenfieber, chronische Luftröhrenentzündung.

376 *Theoda*. 7.

377 Da die Stifterin sich immer im Blick und im Schutz des Erlösers wissen wollte, wählte sie diesen Namen.

378 Kleines Kurbad im Elsaß.

379 *Mann*, Waldkloster. 22.

380 *Theoda*. 2.

Verehrung für Alfons von Liguori[381] nahm sie den Ordensnamen „Sr. Alfons Maria" an. Am 2. Jänner 1850 legte sie ihre Gelübde ab und wurde vom Bischof zur Generaloberin der neuen Kongregation ernannt. Mit nur wenigen Kandidatinnen begann sie im August 1849 in einem kleinen „Klösterle" in Niederbronn ihr Werk.

„Töchter" nannte sie die Gemeinschaft deswegen, weil sie sich als „Mutter" für die seelische und körperliche Entwicklung ihrer „Töchter" verantwortlich fühlte. Eine fundierte Ausbildung sowohl in geistiger wie in praktischer Hinsicht schien wichtig und notwendig. Bereits ein Jahr nach Beginn des gemeinsamen Lebens hatten sich 60 Frauen um Mutter Alfons Maria gesammelt und die stets wachsende Zahl der Postulantinnen und Novizinnen machte schon 1850 einen Klosterneubau notwendig. Ab 1852 kam es zur Gründung zahlreicher Niederlassungen in Frankreich, in deutschen Ländern und in Österreich. 18 Jahre leitete Mutter Alfons Maria ihre Kongregation, bis sie im Alter von 53 Jahren einem Nervenfieber erlag.382

5.5.2. Die Niederlassung in Wien

In einem Umfeld von großer Armut durch Kriege, politische Unruhen und beginnender Industrialisierung war die Kongregation 1849 in Niederbronn im Elsass entstanden. Der Ruf von dem ausgezeichneten Wirken der Schwestern drang auch nach Wien. 1856 bat die Gräfin Flora von Fries, Präsidentin des *Elisabethvereines,* die Oberin in Niederbronn in einem Brief, Schwestern zur Betreuung von Waisenkindern nach Wien zu senden. Mit vier Schwestern kam die Oberin Sr. Theophila Daur 1857 nach Wien in die Pfarre Reindorf im heutigen XV. Wiener Gemeindebezirk. Die beschwerliche Reise dauerte fünf Tage. In Reindorf war eine Reihe von Fabriken entstanden, so die größte Lederfabrik der Monarchie, wo 300 Menschen beschäftigt waren. In den Arbeiterbezirken Wiens herrschte bittere Not und die Hilfeleistungen der Schwestern waren die einzige Hilfe in der

381 Alfons von Liguori (1696-1787), Kirchenlehrer, Ordensgründer. 1731 gründete er den beschaulichen Orden der Redemptoristinnen und Redemptoristen = Orden vom Heiligsten Erlöser (Redemptor). 1839 wurde er heilig gesprochen.

382 *Sauser* Ekkart, Biographisch-Bibliographisches Kirchenlexikon, XVII (2000) Sp. 340-341. Frank K.S., Elisabeth Eppinger, in: LThK[3] 3, Sp. 734-735.

Bedrängnis der Armen, vor allem am Krankenbett. Die Aufnahme verlassener Kinder und von Waisenkindern waren deren leibliche Rettung und boten zugleich die Möglichkeit von Erziehung und Bildung. Mit 25 Waisenkindern wohnten die Schwestern zunächst in der Clementinengasse[383] in einer vom Verein gemieteten Wohnung. Am 1. September 1857 gab Kardinal Erzbischof RAUSCHER die Erlaubnis zur Errichtung eines Ordenshauses. Zur Gründungzeit übten die Schwestern Privat- als auch ambulante Krankenpflege aus. Die Dienstleistungen waren unentgeltlich, nur selten gab es kleine Geldspenden. Um auch der armen Landbevölkerung ihre Pflege anbieten zu können, pachtete Oberin Sr. THEOPHILA in Guntramsdorf ein kleines Gut mit Wiesen und Äckern, das notdürftig zu einem Klösterlein eingerichtet wurde.

1861 fand die Kongregation eine ausbaufähige Niederlassung und erwarb ein eigenes Heim in der Kaiserstraße 17, VII. Bezirk. 1862/63 konnten die Häuser 25 und 29 angekauft werden.[384] Das Zentrum jeder Niederlassung war die Kirche oder Kapelle. Diese zu besitzen war bei jeder Neugründung die Hauptsorge. An Stelle des Hauses Kaiserstraße Nr. 25 wurde ein kleines Gotteshaus in romanischen Stil erbaut. Das Altarbild, Jesus als Heiland der Welt, war ein Geschenk von Kardinal RAUSCHER. Die Kreuzwegbilder waren ein Geschenk des bischöflichen Sekretärs Prälat FRANZ XAVER KORNHEISL.[385]

5.5.3. Die Trennung von Niederbronn

Schon bald entstanden Spannungen zwischen dem Mutterhaus in Niederbronn und der Wiener Niederlassung. In den Augen der Wiener galten die Schwestern mit ihrem Noviziat in Niederbronn als Ausländerinnen. Gespräche zwischen Generaloberin in Niederbronn und der Hausoberin in Wien sowie Vermittlungsversuche von Bischof RÄSS in Straßburg blieben ergebnislos, zumal der Wunsch des Wiener Erzbischofs Kardinal RAUSCHER nach Errichtung eines Noviziats und einer selbstständigen Provinz in Wien die Schwestern in ihrem Streben nach einer größeren Eigenständigkeit bestärkte. So

383 Heute 15. Bezirk.

384 *Karlberger*. 7.

385 *Theoda*. 8.

wurde Kardinal Rauscher der Gründer der Niederlassung, denn er beschloss, *„zur Ehre Gottes und zur Vermehrung der Werke wahrer Nächstenliebe“* ein Mutterhaus und ein Noviziat in Wien zu errichten. Sozial- und kirchenpolitische Gründe waren maßgebend, dass der Kardinal die Niederlassung am 16. März 1866 zu einer selbstständigen Kongregation erklärte. Nur drei von 31 Schwestern kehrten ins Mutterhaus zurück. Der Kardinal bestimmte die Regel des hl. Augustinus und die Statuten, nach welchen die Schwestern fortan leben sollten. Ferner ordnete er an, dass die Kongregation nun den Titel *„Töchter des göttlichen Heilandes“*[386] führen sollte, zum Unterschied von der bereits in Wien bestehenden Kongregation der Erlöserschwestern am Rennweg. Am 3. April 1866 zelebrierte der Kardinal ein feierliches Hochamt, es war das Gründungsfest des neuen Wiener Mutterhauses.[387] Am 11. April 1866 erhielt die Kongregation von Papst Pius IX. die Approbation.

5.6. DIE SCHWESTERN VOM ARMEN KINDE JESUS

1190 Wien, Döblinger Hauptstraße 83

5.6.1. Clara Fey (1815-1894)

Als viertes Kind einer tiefgläubigen, katholischen Fabrikantenfamilie wurde Clara Fey am 11. April 1815 in Aachen geboren. Der Spinnereibesitzer Louis Fey starb früh an den Folgen eines Schlaganfalls, aber die zahlreiche Verwandtschaft nahm sich der Witwe mit ihren Kindern an, so dass die Kinder in der Geborgenheit einer großen Familie aufwuchsen. An der Hand der Mutter lernte Clara die Armen und ihre Nöte im Armenviertel der Stadt Aachen kennen. Die Notlage war im Rheinland in allen Lebensbereichen unvorstellbar, besonders die Verwahrlosung von Kindern der schwer arbeitenden Schichten war groß.[388] Ihre Mutter Katharina Fey öffnete ihr Haus für regelmäßige „Sonntagsgespräche“, an denen, neben der Familie, religiös und sozial motivierte Priester und Laien teilnahmen. In diesem

386 *Schwestern vom Allerheiligsten Heiland*, in Chronik. 31: Approbationsdekret 1866.

387 *Kongregation der Schwestern vom göttlichen Erlöser*, Chronik 29.

388 *Hermans* Jo, Im Dienst des armen Kindes. Oegstgeest 1993. 19f.

Kreis empfing Clara die entscheidenden Eindrücke ihres Lebens, sie spürte die Berufung, sich Gott zu weihen, um der Not der Zeit entgegen zu treten. Es war die Schülerin einer Schule für reiche Kinder, die sich ihr Leben lang für arme und verwahrloste Kinder einsetzen sollte. Der Unterricht in den Pfarrarmenschulen zu Anfang des 19. Jahrhunderts vollzog sich auf sehr niederem Niveau. Die Kinder waren in dunkle, muffige Räume zusammen gepfercht, die wenigen Staatsschulen waren teuer. Zu CLARAS Schulkameradinnen gehörten auch FRANZISKA SCHERVIER[389] UND PAULINE VON MALLINCKRODT[390]. Alle drei Mädchen haben die Begriffe der Hingabe, des Vertrauens an Gott und der Sorge um die Mitmenschen in die Tat umgesetzt.

Mit 11 Jahren hatte CLARA im Traum die Vision von einem kleinen Jungen. *„Ich bin das arme Kind Jesus, ich habe noch viele arme Brüder!"* Auf Anregung von ANDREAS FEY, ihrem geistlichen Bruder, sammelten sich unter ihrer Führung gleichgesinnte junge Mädchen und eröffneten 1837 ein „Armenschülerheim" für Mädchen.[391] *„Die sind verrückt geworden"* war die Meinung der Nachbarschaft, den Mädchen aber war es kein Spiel, sondern bitterer Ernst. Die Kinder kamen verschmutzt, verwildert, geistig und körperlich geschädigt in ihr Haus. Nach sechs Jahren Laienapostolat entstand bei CLARA FEY der Plan zur Gründung einer Kommunität, um sich noch mehr dem Dienst an armen Kindern widmen zu können. Die häuslichen Verhältnisse, in denen die Kinder lebten, machten ihre erzieherischen Bemühungen immer wieder zunichte.[392]

CLARA FEY wurde zur Gründerin einer Kongregation, die ihre Berufung ausschließlich im Dienst des Kindes fand und verwirklichte. Am 2. Februar 1844 wurde die kleine Gemeinschaft gegründet. Der Name der Kongregation *„Schwestern vom armen Kinde Jesus"* war nicht nur eine Bezeichnung, sondern sollte zugleich die apos-

389 Franzika Schervier (1819-1876) gründete 1845 den Orden der „Armen Schwestern vom hl. Franziskus".

390 Pauline Mallinckrodt (1817-1881) gründete 1849 die „Kongregation der Schwestern der christlichen Liebe".

391 *Wienand*. 271.

392 *Schwestern vom armen Kinde Jesus*, Generalat, „Gott! Gott! Madame Fey, wat fangen die Mädchen nur an?" Streiflichter auf eine Aachener Ordensgründerin und ihre Spiritualität: Clara Fey (1815-1894).

tolisch geistliche Grundausrichtung verdeutlichen. Mit dem Erziehungsauftrag, *„die Kinder zu Jesus führen“*, wollte sie die Kinder auf die Würde ihres Ursprungs nicht nur hinweisen, sondern sie mitnehmen in eine vertrauende Christusbeziehung. Eine wichtige Rolle im Leben von CLARA spielte der aus Aachen stammende Pfarrer von Gemmenich (Belgien) und spätere Bischof von Luxemburg KARL THEODOR LAURENT[393]. 1869 wurde die Gründung von Papst PIUS IX. als Ordensgemeinschaft päpstlichen Rechtes anerkannt, Papst LEO XIII. bestätigte 1888 die Konstitutionen. Die Ordensregel orientiert sich am Geist des HL. AUGUSTINUS.

Im Zuge des Kulturkampfes in Deutschland[394] unter OTTO VON BISMARCK musste 1876 das Mutterhaus in Aachen geräumt werden: rund 600 Schwestern und 12 000 Kinder waren davon betroffen. Die *Schwestern vom armen Kinde Jesus* waren gezwungen, in andere europäische Länder auswandern.[395] 1878 siedelte die Genossenschaft nach Haus Loreto in Simpelveld (Diözese Roermond, Niederlande) über, das bis heute Sitz der Generaloberin und das Mutterhaus der Gesellschaft geblieben ist.

CLARA FEY gründete ihre Ordensgemeinschaft, um der Not der Kinder zu begegnen. Sie wusste, dass sie und ihre Schwestern der Aufgabe nur gerecht werden konnten, wenn alles Tun aus der Verbundenheit mit Gott erwuchs. *„Ich vermag alles in dem, der mich stärkt“*, war ihr Lieblingsspruch. Das gläubige *„Manete in me!“*[396] war das Rüstzeug ihres Lebens und die Grundlage der Verwirklichung ihrer Berufung.[397] CLARA FEY war eine vom 19. Jahrhundert geprägte Persönlichkeit. Nichts konnte sie von ihrem als Gottes Willen erkannten Auftrag abbringen oder von Zeitströmungen beirren

393 Karl Theodor Laurent (1804-1884) war „Spiritus rector“ für Clara Fey und unterstützte sie, eine eigene Kongregation zu gründen. Er musste 1848 nach politischen Querelen in Luxemburg abdanken.

394 Kulturkampf in Deutschland zwischen Staat und katholischer Kirche 1872-1887.

395 *Pfülf* Otto, M. Clara Fey vom armen Kinde Jesus und ihre Stiftung. Freiburg i.Br. 1907. 414.

396 „Bleibe in mir“.

397 Lebensregel Art. 49.

lassen. Sie setzte zielstrebig ihre erzieherischen Ideale durch.[398] Am 8. Mai 1894 starb sie im „Haus Loreto".[399]

5.6.2. Vom Vinzenz-Verein nach Wien gerufen

Der Ruf der sozialen Taten der jungen Kongregation von CLARA FEY war rasch über die Grenzen nach Österreich gedrungen. Einer der Vorstände des Vinzenzvereins,[400] der Spiritual der höheren Priester- und Bildungsanstalt „*St. Augustin*" J. B. NOGALL, hatte in Marienbad Bischof LAURENT kennen gelernt, der ihm von einer Kongregation erzählte, die sich der Erziehung verwahrloster Kinder widmete. Das Konkordat von 1855 hatte die Voraussetzung für die Errichtung und Führung von neuen Ordensschulen geschaffen, so dass die vom Präsidenten des Vinzenzvereins MAX von GAGERN zur Betreuung verwahrloster Kinder nach Wien gerufenen *Schwestern vom armen Kindes Jesus* bereits 1860 die kaiserliche Bewilligung erhielten, in Österreich apostolisch zu arbeiten und Besitz zu erwerben. Die Freigebigkeit des Fürsten von Liechtenstein, der eine Wohnung in einem Nebengebäude des fürstlichen Palais in der Rossau anbot, ermöglichte 1857 die Gründung der Niederlassung, die sich der Erziehung und dem Unterricht von armen Kindern in Wien widmen wollte.[401] In der Hauschronik ist zu lesen:

> *Es war ein kalter Wintermorgen am 7. Dezember 1857, als drei Schwestern, Sr. Vinzenzia, Sr. Hedwig, Sr. Simplicia mit der Vorsteherin Sr. ASSUMPTA schweren Herzens das Mutterhaus in Aachen verließen. (...)*[402]

Die Schwestern fanden Trost und Kraft in dem Gedanken, das „arme Kind Jesus" in die Ferne tragen zu dürfen. Sie kamen ganz aus-

398 *Breyen* Sr. Maria Agnes, Clara Fey, Streiflichter von einer Aachener Ordensgründerin und ihre Spiritualität. Aachen 2001. 7.

399 *Bautz* Friedrich Wilhelm, Biograph-Bibliographisches Kirchenlexikon, II (1990) Sp. 29.

400 Der Vinzenzverein war in der zweiten Hälfte des 19. Jahrhundert in Wien gegründet worden, um den Armen und Verlassenen Hilfe zu bringen.

401 *Schwestern vom armen Kinde Jesus*: Festschrift 50 Jahre Clara Fey Kinderdorf. Wien 2003. 40.

402 *Schwestern vom armen Kinde Jesus*, Chronik I, 1857-1882. 3.

gehungert nach Wien, erzählte Sr. ASSSUMPTA weiter, und sehnten sich nach einem dicken Butterbrot, bekamen aber nur ganz kleine Häppchen zu essen. Die Armut war groß bei Schwestern und Kindern, und nur Spenden von Wohltätern konnten oft die größte Not abwenden. Im Frühjahr 1860 wurde der Kongregation ein Haus in Wien-Döbling angeboten, das als Theater benutzt wurde, wo einige Jahre später das neue Mutterhaus entstehen sollte.

5.7. ARME SCHULSCHWESTERN VON UNSERER LIEBEN FRAU

Provinzialleitung, 1150 Wien, Clementinengasse 25

5.7.1. Karolina Gerhardinger (1797-1879)

5.7.1.1. Die Welt verändern durch Erziehung?

Im Jahre 1835 gelobte KAROLINA GERHARDINGER, von nun an MARIA THERESIA VON JESU *„in Gehorsam, in Armut, in Keuschheit und für den Unterricht und die Erziehung der weiblichen Jugend" zu leben.*[403] Sie wurde am 20. Juni 1797 in Regensburg-Stadtamhof als Tochter eines Schiffsmeisters geboren. Ihre Jugend fiel in eine Zeit, die durch Aufklärung und Säkularisation den bisher gültigen Glaubens- und Sittenwerten feindlich gegenüberstand. Mit Sorge beobachtete der Dompfarrer und spätere Bischof von Regensburg, GEORG MICHAEL WITTMANN,[404] die Folgen wie Schließung kirchlicher Einrichtungen, den Zerfall des Familienlebens, die Verwahrlosung der Kinder und die Verarmung des einfachen Volkes. In Mitteleuropa stand der Bildungsoptimismus einer drastischen Bildungsnot gegenüber. Die allgemeine Schulpflicht (ab 1802) stand nur auf dem Papier. Nicht einmal jedes dritte Dorf in Bayern hatte einen Lehrer, an ein eigenes Schulgebäude war nicht zu denken.[405] Da sich Pfarrer WITTMANN von einer christlichen Bildungsarbeit und besonders von einer besseren

403 Gelübdeformel der „Armen Schulschwestern von Unserer Lieben Frau".

404 Georg Michael Wittmann (1760-1833). 1782 zum Priester geweiht, ab 1792 Regens des Regensburger Priesterseminars. 1829 Weihbischof und Dompropst. 1830 zum Generalvikar berufen, wurde er 1832 von König Ludwig I. zum Bischof von Regensburg ernannt. Aber noch vor dem Eintreffen der päpstlichen Bestätigung starb er im März 1833.

405 *Weimayer*, Ordensgründer 314.

Bildung der Frauen Hilfe erwartete, lenkte er den Lebensweg seiner Schülerin Karolina in diese Richtung, denn er erkannte mit sicherem Blick die Persönlichkeit, mit der er seinen Plan verwirklichen wollte. Die erst Zwölfjährige wurde zur Lehrerin ausgebildet und machte ihre Heimatschule in den folgenden zwanzig Jahren zu einer vorbildlichen Unterrichts- und Erziehungsstätte für arme Kinder und arbeitslose Mädchen. Unter der Leitung Wittmanns wurde aus der ausgezeichneten allmählich eine gottgeweihte Lehrerin. Katharina spürte immer deutlicher den Ruf zum klösterlichen Leben.[406]

Als mit König Ludwig I. für Bayern eine kirchenfreundlichere Zeit anbrach, bemühten sich Karolina Gerhardinger und ihr geistlicher Berater um eine Klostergründung. Sie dachten an eine religiöse Gemeinschaftsform, die uns heute wohlbekannt ist, damals aber im kirchlichen Raum für Frauen noch nicht gebräuchlich war. Sie wollten eine Genossenschaft von geistlichen Lehrerinnen gründen, die zu zweien und dreien auf dem Lande lebten, die einfache Lebensweise des Volkes teilten und die Kinder des Volkes unterrichteten. Im Jahre 1833 sandte Bischof Wittmann Karolina nach Hallein, wo sie fünf Wochen die von den Schulschwestern gesammelten Erfahrungen auf dem Gebiet der Erziehung studierte und sich auch in Erfahrungen der Nachfolge des hl. Franziskus einführen ließ: sie war ihr ganzes Leben lang bestrebt *„nach der Lehre Jesu eine Magd ihrer Kinder zu sein“*.

Der Tod von Bischof Wittmann 1833 traf Karolina Gerhardinger schwer, doch gab sie 36jährig die gesicherte Stellung einer Lehrerin auf und folgte ihrer Berufung. Am 24. Oktober 1833 begann sie in Neunburg vorm Wald (Bayern) mit zwei Gefährtinnen ein klösterliches Leben mit einer Schule in Armut und Verborgenheit. Maria Theresia von Jesu[407] verkaufte ihr Elternhaus und stellte ihr Erbe dem Auftrag zur Verfügung, dem sie sich verpflichtet fühlte. Geistliche Wegweisung und finanzielle Unterstützung erhielt sie von Franz Sebastian Job[408], einem priesterlichen Freund Wittmanns, bis auch er 1834 starb.

406 *Weismayer,* Ordensgründer. 317.

407 Klostername

408 Franz Sebastian Job war Hofkaplan am Wiener Kaiserhof.

In dieser Notsituation bemühte sich Karolina, eine „starke" Frau zu sein, die aus einem unerschütterlichen Gottvertrauen lebte und keine Mühe scheute, wenn es um den Willen Gottes ging. Von ihrem Leben und Wirken angezogen, schlossen sich in kurzer Zeit viele junge Frauen der *Kongregation der Armen Schulschwestern von Unserer Lieben Frau* an.

1843 überließ König Ludwig I. der Genossenschaft das „Angerkloster" in München als neues Mutterhaus.[409] Mutter Maria Theresia von Jesu erwartete in der Stadt die Chance für eine bestmögliche Ausbildung ihrer Schwestern. Maria Theresia entwickelte keine sozialen Theorien, sondern gründete Heime für verwaiste Kinder; sie sorgte dafür, dass die Hungernden in ihren Schulen täglich zumindest einen Teller warme Suppe bekamen und errichtete eine Vielzahl von Kindergärten und Horten. Sie baute „Industrieschulen", in denen sich schulentlassene Mädchen gezielt auf einen selbstständigen Broterwerb vorbereiten konnten.

1847 nahm Karolina die Herauforderung an, mit vier Schwestern und einer Novizin zu den deutschen Siedlern nach Nordamerika zu gehen. Während ihres einjährigen Aufenthaltes bereitete sie sieben Schulgründungen vor und ließ 15 Schwestern in Amerika zurück. Aus den sehr mühevollen Anfängen entwickelten die *School Sisters of Notre Dame* in den USA unter der Leitung von Sr. Karolina Friess ein vorbildliches katholisches Bildungswesen.[410]

Der Bildungsnotstand in Deutschland im 19. Jahrhundert war für Karolina Gerhardinger ein Anruf Gottes, 1833 eine geistliche Gemeinschaft zu gründen, deren apostolischer Dienst der christlichen Erziehung gewidmet war.[411] Aus der Erkenntnis, dass Frauen Selbstständigkeit und Freiheit nur über den Weg der Bildung erlangen können, errichtete sie für Mädchen aus allen Ständen höhere Schulen, wo auch moderne Fremdsprachen, Musik und verschiedene Arten künstlerischer Gestaltung sowie, geradezu revolutionär für die

409 König Ludwig I. überließ ihr das frühere Clarissenkloster unter dem Vorbehalt des Staatseigentums und der Verpflichtung des Instituts zur Übernahme der Kosten für die Renovierung. In: Probst. 83.

410 *Weismayer*, Ordensgründer. 319.

411 *Probst.* 83.

damalige Zeit, Turnen unterrichtet wurde. Papst Pius IX. (1792-1878) bestätigte 1865 die Satzung der *Armen Schulschwestern von Unserer Lieben Frau*, in der Mutter Theresia die zentrale Leitung ihrer Gemeinschaft zuerkannt wurde, was bis dahin männlichen Orden vorbehalten war. Bis zu ihrem Tod übte sie ihr Amt als Generaloberin aus. Auf ihrer Grabplatte ist ihr Leitwort eingemeißelt: *„Alle Werke Gottes gehen leidvoll"*. Zahlreich sind die Zeugnisse ihres Glaubens und Vertrauens in Gott.

5.7.2. Provinz Österreich: Freistadt – Tirol – Wien

Es war eine lange und schwierige Gründungsgeschichte, bis die *Armen Schulschwestern Unserer Lieben Frau* in Freistadt in Oberösterreich, nahe der tschechischen Grenze, ihren Dienst antreten konnten. Nach einer Gründung in Tirol, sandte Mutter Maria Theresia von Jesu ihre Schwestern 1860 in die Kaiserstadt Wien, wo Sebastian Job gewirkt hatte.

Die Präsidentin des Maria-Elisabethvereins Gräfin Flora von Fries stellte ihnen ihr Dienstbotenhaus in der Clementinengasse zur Verfügung, wo die Schwestern 22 arme Mädchen zu „braven, christlichen" Dienstboten heranbilden sollten. 1865 erfolgte eine Erweiterung durch Gründung eines Asyls für Fabrikarbeiterinnen und eine Industrieschule, 1866 kam eine Mädchenschule dazu. Erziehung war für Maria THeresia von jesu ein Weg, um Menschen zu Gott zu führen. Mit ihrem Konzept einer ganzheitlichen Erziehung junger Frauen zur Selbstständigkeit und Mündigkeit war sie ihrer Zeit weit voraus. Das Gymnasium in der Friesgasse 4 im 15. Bezirk wurde ein großes Schulzentrum. Das Ziel war die Erziehung der Mädchen zu christlichen Frauen und Müttern, um von einem geordneten Familienleben eine positive Veränderung der Gesellschaft zu erwirken.[412] 1985 sprach Papst Johannes Paul II. Maria Theresia von Jesu Gerhardinger selig.

412 Festvortrag im Gymnasium der Armen Schulschwestern Unserer Lieben Frau in Amberg zum 200. Geburtstag der Gründerin, 1997, gehalten von Engl. Maria Canisia.

5.8. DIE GESCHICHTE DES WIENER SACRÉ CŒUR – DIE ORDENSFRAUEN VOM HEILIGSTEN HERZEN JESU

1030 Wien Rennweg 31a, Pressbaum Klosterstraße 12

5.8.1. Magdalena Sophie Barat (1779-1865)

Die Persönlichkeit eines Menschen bekommt Konturen, wenn man sich mit seinem Leben und seinem Werk auseinandersetzt. Es entsteht eine Art Mosaik, das Eindrücke vermittelt. SOPHIE BARAT wurde 1779 zu Joigny als Tochter eines Böttchers[413] und Weinbauern geboren. Die Familie Barat war vermögend und wusste um die Bedeutung einer guten Ausbildung. Dank ihrer Mutter erwarb sie unter der Leitung ihres Priesterbruders LOUIS, der 11 Jahre älter war als SOPHIE, eine weit über das damals übliche Maß hinausgehende Bildung und bereitete sich auf den Beruf einer Erzieherin vor.

Die französische Revolution brachte Unruhe in das Leben der Familie. Durch die Zivilkonstitution des französischen Klerus vom 12. Juli 1790 wurde die französische Kirche auf rein nationaler Grundlage neu konstituiert, von Rom getrennt und dem französischem Staat eingegliedert. Von allen Geistlichen wurde ein Eid auf diese Konstitution gefordert. Als Papst PIUS VI. die *Constitution Civile de Chergè*[414] verurteilte und die Geistlichen, die darauf den Eid ablegt hatten, mit Exkommunikation belegte, widerrief LOUIS BARAT seinen Eid. Deshalb war er gezwungen, sich versteckt zu halten, und der Besitz der Familie wurde beschlagnahmt. LOUIS floh schließlich nach Paris, wo er im Mai 1793 verhaftet wurde und nur knapp dem Tode entkam. SOPHIE bezeichnete die Revolution als „Zeit des Hasses auf Jesus Christus" und noch lange erweckten Volksversammlungen in ihr ein Gefühl der Angst. Nach dem Sturz von JAKOB MAXIMILIAN DE ROBESPIERRE[415] wurde LOUIS BARAT 1795 aus dem Gefängnis entlassen.

413 Im heutigen französischen Department Yonne gelegen, als Töchter eines Fassbinders.

414 Die Verweigerung brachte Verfolgung, etwa 40.000 Priester wurden eingekerkert, deportiert oder hingerichtet. In: Aubert Roger, Die katholische Kirche und die Revolution, in: Jedin, Handbuch der Kirchengeschichte VI, 1, Die Kirche zwischen Revolution und Restauration. 27.

415 Jakob Maximilian de Robespierre (1758-1794), französischer Politiker und einer der einflussreichsten Männer nach Ausbruch der Französischen Revolution.

Er ließ SOPHIE nach Paris nachkommen, und durch Stundengeben ermöglichte sie die Fortsetzung ihrer Studien, wo sie mit gleich gesinnten Mädchen zusammen traf.

Im Herbst 1800 fand eine entscheidende Begegnung statt: SOPHIE traf PÉRE JOSEPH VARIN[416]. Nachdem dieser aus der Emigration nach Frankreich zurückgekehrt war, versuchte er in Paris, das kurz zuvor gegründete weibliche Institut bekannt zu machen, die *„Diletti di Gesù“*[417], die sich der Erziehung der Mädchen widmen wollten, um die Liebe des Herzens Jesu zu verbreiten. SOPHIE fasste Mut, eine eigene Gemeinschaft zu gründen. Am 21. November 1800 vollzog sie mit drei Gefährtinnen die feierliche Weihe an das heiligste Herz Jesu, es war der Geburtstag der *„Dames du Sacré Cœur“*, der Gesellschaft von Sacré Cœur, welche die eucharistische Frömmigkeit mit der Mädchenerziehung verknüpfen wollte. SOPHIE trug nun den Ordensnamen MAGDALENA und wurde Vorsteherin der Gemeinschaft. In einer Zeit des Glaubensverlustes nach der Französischen Revolution wollte sie versuchen, den Glauben an die Liebe Gottes neu zu beleben und zu stärken.

Im Jahre 1801 konnte ein Pensionat für höhere Töchter, daneben eine Freischule für arme Kinder eröffnet werden. 1802 wurde sie Oberin in Amiens. Sie erwies sich als klug in ihren Leitungsaufgaben und verstand es, ein von Freude und Liebe geprägtes Gemeinschaftsleben zu schaffen. Das für die *Ordensfrauen des heiligsten Herzens Jesu* charakteristische Apostolat richtete sich durch zwei verschiedene Arten von Schulen, die Pensionate einerseits und die externen Schulen für arme Kinder andererseits, an unterschiedliche Zielgruppen.

1807 erschütterte eine Krise den jungen Orden. Der Konflikt betraf nicht die apostolische Tätigkeit, sondern das Charisma und die Leitungsstrukturen wurden abgelehnt: die Weihe an das Herz Jesu, dessen Verehrung nicht als Grundlage einer Spiritualität empfunden wurde und der Lebensstil in der Tradition des hl. IGNATIUS VON LOYOLA. Erst 1815 gelang es, die Bindung an die ursprüngliche Intuition wieder zu erneuern. Die Restauration der Monarchie machte es möglich, den Namen *„Gesellschaft vom heiligsten Herzen Jesu“* für die

416 Pére Joseph Varin (1769-1865).

417 „Die von Jesu Geliebten“

Gemeinschaft zu wählen, der ihr Charisma und ihren Lebenszweck zum Ausdruck brachte. Im Dezember 1826 erfolgte die Approbation der Konstitutionen. Das Amt einer Generaloberin bekleidete Mutter MAGDALENA[418] ab 1806 über 62 Jahre lang bis zu ihrem Tod.

In Frankreich verteidigte sie ihre Gesellschaft unter schwierigsten Verhältnissen und wusste sie auch im Ausland auszubreiten. 86 der insgesamt 122 von ihr in 13 Ländern gegründeten Sacré Cœur-Häusern bestanden noch bei ihrem Tod, über 5000 Schwestern war sie eine „Mutter" gewesen.[419] Alle ihre Klostergründungen standen im Dienst der Erziehungsarbeit. Ihr Wahlspruch lautete: „*Cor unum et anima una in corde Jesu.*"[420] Er steht auf dem silbernen Kreuz, das jede Schwester bei ihrer feierlichen Einweihung zusammen mit dem Brautring erhält.[421] MAGDALENA SOPHIE BARAT starb 1865 in Paris, am 25. Mai 1925 erfolgte die Heiligsprechung. Das Bewusstsein und das Vertrauen auf die Liebe des göttlichen Herzens ist der tragende Grund der Gesellschaft geblieben

5.8.2. Sacré Cœur – Die Ordensfrauen vom heiligsten Herzen Jesu in Wien

Am Anfang der Gründungsgeschichte des Sacré Cœur in Pressbaum ist ein Rückblick auf das Haus am Rennweg im 3. Bezirk Wiens notwendig. Schon 1867 gab die Generaloberin der Gesellschaft, Mutter JOSPHINE GOETZ, den Auftrag, das Palais DIETRICHSTEIN, das ehemalige „Kaunitzschlössel", am Rennweg zu kaufen, das damals, umgeben von großen Gartenanlagen, im Grünen lag. Das Gebäude wurde zum Schulhaus adaptiert und der Schulbetrieb 1868 mit zwölf Kindern aufgenommen. 1892 wurde dem Pensionat eine sogenannte „Armenschule", später eine Nähschule angeschlossen. Unbemittelte Mädchen erhielten kostenlos Unterricht in Nähen und Hausarbeit. Als einige Zeit später die heutige Staatsdruckerei und eine Bahnlinie in unmittelbarer Nähe errichtet wurden, fürchteten die Klosterfrauen

418 LThK I, Sp.1235. *Bautz* Friedrich Wilhelm, Biographisch-Bibliographisches Kirchenlexikon, I (1990) Sp. 364.

419 *Wienand.* 551.

420 *Heimbucher*, I. 475. „Ein Herz und eine Seele im Herzen Jesu."

421 *Probst.* 112.

gesundheitliche Schäden für ihre Zöglinge, was sich durch einige Todesfälle unter den Kindern zu bestätigen schien. Auch wollte man in der Umgebung Wiens ein Noviziat eröffnen, wozu das Haus am Rennweg nicht geeignet schien.

1890 wurde eine Villa mit Grundstück in Pressbaum zum Verkauf angeboten. Das Gebäude entsprach absolut nicht den Vorstellungen der Schwestern, aber das Nachbargrundstück erregte ihr Interesse, denn von dort aus hatte man einen herrlichen Ausblick auf die rundum liegende Landschaft. Doch dieses Grundstück war kaiserliches Ärar. Nach einem Besuch der Kaiserin-Tochter Erzherzogin Marie Valerie, mit der die damalige Oberin Mutter Gagern über das Projekt gesprochen hatte, kam die Zusage des Kaisers, den Schwestern beim Erwerb dieses Grundstückes behilflich zu sein. Einige Tage später folgte die Nachricht, der Kaiser wolle ihnen das Areal mit 15 Morgen Land schenken. Dank dieser kaiserlichen Spende konnte das Wiener Internat nach Pressbaum verlegt werden. Um die Liegenschaft zu vergrößern, erwarb die Schwesterngemeinschaft zwei nahe gelegene Villen. Das Haus selbst wurde in sehr kurzer Zeit fertig gestellt. Der erste Spatenstich erfolgte im Mai 1891, und am 15. September 1892 wurde bereits das Pensionat mit 66 Schülerinnen eröffnet. Vikariatshaus und Noviziat wurden nach Pressbaum verlegt. In den folgenden Jahren wurde ein Bauernhof mit Wirtschaftsgebäuden angeschlossen und eine Kirche mit Friedhof errichtet.

5.9. KONGREGATION DER TÖCHTER DER GÖTTLICHEN LIEBE

Provinzleitung, 1030 Wien, Jaquingasse 12

5.9.1. Franziska Lechner (1833–1894)

Franziska lechner wurde am 1. Jänner 1833[422] in Edling bei Wasserburg in Bayern als vierte von sieben Töchtern geboren. Nur wenige Daten und Begebenheiten sind aus ihrer Kinder- und Jugendzeit erhalten. In Wasserburg bestand ein Institut der „Englischen Fräulein“. Die kleine Franzi, wie sie im Elternhaus gerufen wurde, hatte mehrmals Gelegenheit Klosterfrauen zu sehen und kirchlichen Zeremonien beizuwohnen, wird in ihrem Lebensbild von einer ihrer

422 Nachgewiesen durch das Taufregister der Pfarre Edling, in: Mohl. 86.

geistlichen Töchter berichtet.[423] Die Ausbildung zur Volksschul- und Handarbeitslehrerin erhielt sie im Institut der *Armen Schulschwestern Unserer Lieben Frau* in München. Ab 1864 war sie in vertraglich gesicherter Stellung als Lehrerin und Erzieherin im Taubstummeninstitut in München tätig, und in dieser Stadt wurde sie auch auf die soziale Problematik der Frauen aufmerksam. FRANZISKA sammelte Erfahrungen in der Sozialarbeit in München und in der Schweiz, wo sie mit dem Priester FIDELIS DE POZZO ein vorerst weltliches Institut, die „Wohltätige Gesellschaft von der göttlichen Liebe" gründete. Aber die Zusammenarbeit zerschlug sich, und FRANZISKA trennte sich von den Schwestern.[424]

Die Chronik des Mutterhauses setzt mit der Fahrt FRANZISKAS nach Wien ein. Sie schreibt: *„Von Kindheit hatte ich den Wunsch mein Leben Gott und den Armen zu weihen"*.[425] Mit dem Glauben an ihre besondere Berufung erfasste FRANZISKA LECHNER ihren zukünftigen Wirkungsbereich. Es ging um die Aufnahme, die Verpflegung und die Stellenvermittlung für arme Mädchen, die Arbeit in der Stadt suchten und sonst keine Hilfe hatten. Da FRANZISKA LECHNER ganz richtig erkannte, dass Dienstboten auch Einfluss auf die Kinder in den Familien hatten, schien ihr die Heranbildung braver Dienstmädchen ebenso nötig wie deren Schutz während der stellenlosen Zeit. So entwickelte sie ein Lebensprogramm für die jungen Kandidatinnen der von ihr gegründeten Gesellschaft der *„Töchter der göttlichen Liebe"*, ein Ausbildungsprogramm für die „wandernden Mädchen", das ihnen die Chance gab, in bürgerlichen Haushalten unterzukommen und ihren Lebensunterhalt zu verdienen. Hinzu kam ein Fundraising-Programm, das aus den Gaben vieler Menschen, aus dem Geldbeutel der Kaiserfamilie wie aus dem „Eierkörberl" der Bäuerin, ihre Pläne und Ideen finanzierten.

423 *Anonym,* Das Lebensbild der ehrwürdigen Gründerin und Generaloberin der Kongregation der Töchter der göttlichen Liebe, Mutter Maria Franziska Lechner, hg. von der Kongregation der Töchter der göttlichen Liebe. Wien 1905.

424 *Mann* Christine und Erwin, Zur Geschichte der Marienanstalt in Wien, in: Marienanstalt, Institut Sacré Cœur der Erzdiözese Wien 1030 Wien, Fasangasse 4. Festschrift 50 Jahre Handelsakademie – 90 Jahre Handelsschule, hg. vom Erzbischöflichen Amt für Unterricht und Erziehung. Wien 2004. 25.

425 *Mohl.* 75.

Franziska Lechner setzte sich ein für einen gerechten Arbeitslohn, für eine gebührende Freizeit, für Schutz in Krankheit ihrer Schützlinge. Lange vor privaten und öffentlichen Einrichtungen schuf Mutter Franziska Lechner das Zufluchtshaus „*St. Joseph*" in Breitenfurt, Hauptstraße 58 im heutigen Niederösterreich. 1873 kaufte sie die Waldmühle[426] und errichtete dort eine Erholungsstätte für alte oder aus dem Krankenhaus entlassene Dienstboten. Die Franziska Lechner Gasse erinnert an die soziale Wohltäterin und Gründerin.

Aus ihrer Lebensbegabung war ein Lebensentwurf gewachsen, den sie ganz Gott zuschrieb. Unerschütterliches Vertrauen auf die Macht und Güte Gottes ließ sie alles von ihm erwarten und bestimmte ihren Weg: „*Fiat voluntas tua*".[427] Franziska Lechner war mit den von ihr gesetzten sozialen Schwerpunkten vielen späteren Einrichtungen um Jahre voraus. Ihr Offensein für die Welt und ihr Wirken in der Welt, ohne schützende Klostermauern, setzte voraus, dass sie durch ihr Leben und dann erst durch ihre Arbeit als Tochter der göttlichen Liebe erkannt wurde.[428]

Am 15. September 2005 wurde der Gerichtshof für den Seligsprechungsprozess von Mutter Franziska Lechner durch Kardinal Christoph Schönborn bestellt. In diesem Zusammenhang begann auch die Sammlung von Literatur über die Gründerin und ihrer Genossenschaft, die aber vielfach in der Sprache jener Länder entstanden, wo Niederlassungen gegründet wurden.[429]

5.9.2. Die Gründung der Kongregation der Töchter der göttlichen Liebe in Wien

Franziska Lechner kam 1868 aus Bayern allein nach Wien mit dem festen Vorsatz eine klösterliche Gemeinschaft zu gründen. Mit 200 Gulden und „nur" sich selbst fühlte sie sich „von Gott auf den Weg geschickt", um ihrer Berufung zu folgen. Sie hatte erkannt, dass die soziale Frage in ihrer vielfältigen Gestalt das Anliegen ihrer

426 1808 von Rosalia Hönig erbaut und 1819 von Anton Tauchner erworben, auch „Hönigmühle" genannt.

427 „Dein Wille geschehe."

428 *Mohl.* 273f.

429 Polen, Kroatien, Böhmen, Ungarn.

Mutterhaus der Kongregation der Töchter der göttlichen Liebe, erworben von Franziska Lechner am 24. Jänner 1869.

Zeit war. Daher hatte sie sich entschlossen, sich der Not der „wandernden Mädchen" und der Waisenkinder anzunehmen. Armen und elternlosen Kindern wollte sie Pflege und Erziehung zukommen lassen.

FRANZISKA LECHNER gelang es in Wien, alle Möglichkeiten auszuschöpfen, um ihr Anliegen durchzusetzen.[430] Einige junge Frauen schlossen sich ihr an. Auch wenn ihr finanzielle Mittel fehlten, war FRANZISKA LECHNER voll Energie und Entschlossenheit. Der 21. November 1868 wurde zum Gründungstag ihrer klösterlichen Gemeinschaft, da FRANZISKA an diesem Tag die Zusicherung der staatlichen Erlaubnis für ihr Vorhaben erhielt. Ein Haus musste her, ein Dach über dem Kopf für die armen Mädchen und für ihre Mitschwestern. Am 1. Februar 1869 bezog FRANZISKA mit ihren ersten Töchtern das Haus in der Fasangasse 4 im 3. Bezirk. Im Gebet vor der

430 Vgl. IX. 1. Der kleine Anfang in Armut und Not.

„Dienstbotenmuttergottes“[431] im Wiener Stephansdom hatte sie den Namen „*Marienanstalt*“ für ihre Gründung gewählt, die ein Heim für arme Mädchen werden sollte. Der beste Raum wurde in eine Kapelle umgestaltet, und am 16. Oktober 1869 wurde die erste Profess und die erste Einkleidung festlich gefeiert.

Noch im gleichen Monat wurden vierzig Dienstmädchen in der Marienanstalt unentgeltlich untergebracht und verpflegt. Die Vorbereitung auf die Tätigkeit der Mädchen hatte sofort eingesetzt, denn fast alle Mädchen waren aus dem ländlichen Raum zugewandert. Kochen, waschen, stärken und bügeln, Vorratshaltung und Raumpflege, alle Hausarbeiten mussten gelernt werden, um in Wien in den Dienst treten zu können. Der Unterricht in Religion, Rechtschreibung, Rechnen und gutem Benehmen sollte das Selbstbewusstsein der Mädchen stärken.

„*Ihr Herz war fest in der Ewigkeit verankert, aber ihre Hände schufen wacker in der Welt*“, ist in Franziska Lechners Biographie zu lesen.[432] Die „Wiener „Marienanstalt“ wurde Vorbild für alle Neugründungen mit gleicher Zielsetzung.[433] Im Namen der Kongregation kommt das Ziel des Lebens und Wirkens der Schwesterngemeinschaft sehr deutlich zum Ausdruck. Verwurzelt im geistlichen Leben und in der Liebe zu Gott sind die Schwestern befähigt, diese Liebe Gottes erfahrbar, spürbar und sichtbar werden zu lassen. Die Gründerin drückt es mit folgenden Worten aus: „*Gutes tun, Freude schenken, glücklich machen und zum Himmel führen*“.[434]

Franziska Lechner war eine tatkräftige, mutige Frau, die schwierige Situationen im Bewusstsein der Hilfe Gottes meisterte und im Gebet,

431 Die schöne, aus dem Jahr 1320 stammende Muttergottesstatue stand einst in der Hauskapelle der reichen Wiener Gräfin Gertrude von Ramshorn. Als sie eine Dienstmagd des Diebstahls einer wertvollen Perlenkette beschuldigte, lief diese weinend in die Hauskapelle und bat die Gottesmutter um Hilfe. Das Schmuckstück wurde bei einem Reitknecht gefunden, der den Diebstahl gestand. Aus Reue, dass sie zu Unrecht gehandelt hatte, schenkte die Gräfin die Muttergottesstatue dem Wiener Stephansdom.

432 *Mohl.* 215.

433 *Mohl.* 311f.

434 *Mohl.* 285.

im Zwiegespräch mit Gott ihre Sendung erfüllt sah. Katherine Burton bezeichnete dies *„a perfect example of what can be accomplished by combining naturals talents with a strong faith and a determination to carry out the will of god".*[435]

Die Kongregation der *Töchter der göttlichen Liebe* ist die einzige Schwesterngemeinschaft, die zwischen 1830-1900 von der Stifterin selbst in Wien gegründet wurde und von hier aus neue Niederlassungen gründete. Dass Franziska Lechner mit dieser Gründung den Bedürfnissen ihrer Zeit entsprochen hat, ist dadurch bewiesen, dass im fünften Jahr des Bestehens der Kongregation 10 600 Mädchen aufgenommen und 322 Waisenkinder unentgeltlich gepflegt, erzogen und unterrichtet wurden.[436]

5.10. BARMHERZIGE SCHWESTERN VOM HL. KREUZ

Provinzialat und Provinzhaus, 2361 Laxenburg, Schlossplatz 15

5.10.1. Theodor Florentini (1808-1865) und Maria Therese Scherer (1825-1888)

„Einen für die Sache Gottes sich verzehrenden Stifter", nannte Papst Pius XII. den Pater, der als Sohn einer tief religiösen Bauersfrau zu Münster am 23. Mai 1808 in Graubünden geboren wurde. Er studierte Philosophie und Physik, doch vermochte ihn die Aussicht auf eine glänzende Karriere nicht davon abhalten, Kapuziner[437] zu werden.[438] Nach der Priesterweihe wurde er Novizenmeister im Kloster in Solothurn und später in Baden. In dieser Stadt wurden 1834

435 *Burton* Katherine, One thing needful. The life of Mother Franziska Lechner, F.D.C., Foundress of the daughters of Divine Charity. New York 1960. Cover.

436 Österreichisches Biographisches Lexikon 1815-1950, hg. von der Österreichischen Akademie der Wissenschaften unter der Leitung von Leo Santifaller. V, Wien 1972. 76.

437 Die Kapuziner, eigentlich Orden der Minderen Brüder Kapuziner, sind ein franziskanischer Reformorden. Sie bilden heute – neben den Franziskanern und den Minoriten – einen der drei Zweige des ersten Ordens des hl. Franziskus.

438 1825 Eintritt in den Kapuzinerorden, 1826 Ordensprofess: Frater Theodosius, 1830 Priesterweihe.

die 14 „Badener Artikel“ verkündet, die eine Art antiklerikales oder genauer antikatholisches Programm beinhalteten.[439]

Pater Theodosius war überzeugt, dass sich gerade Orden den jeweiligen aktuellen Herausforderungen zu stellen hätten. Als er das „katholische Leben“ gefährdet sah, bedeutete dies für ihn einen Ruf zum Apostolat. Sein Anliegen war die Not der Fabrikarbeiter und der Bildungsnotstand des Volkes. Pater Theodor Florentini strebte eine Erneuerung der Gesellschaft an, die für ihn nicht denkbar war durch eine Revolution, sondern aus der innovativen Kraft des Christentums heraus, die über Schule und Caritas wirksam werden sollte.

Da er diese Grundlage durch die kirchenfeindlichen Strömungen der Aufklärung gefährdet sah, reifte in ihm der Plan einer Verbindung von katholischer Schule und Caritas, getragen von einer Schwesterngemeinschaft. Während der nach einem Aufstand der Aargauer Katholiken vermeintliche Volksaufwiegler Florentini[440] 1841 verurteilt und vorübergehend des Landes verwiesen wurde, absolvierten bereits drei Kandidatinnen die Ausbildung zu Lehrerinnen, für deren Unterhalt er persönlich sorgte. Das Apostolat der Schule hatte für ihn Vorrang.

Am 16. Oktober 1844 gründete Theodor Florentini in Altdorf die *„Schwestern vom hl. Kreuz“*. Sie legten ihre Gelübde auf die von ihm entworfenen Konstitutionen ab und wurden in den III. Orden des hl. Franziskus aufgenommen. Schon am nächsten Tag übersiedelten die Schwestern als Lehrschwestern für den Unterricht in privaten Mädchenschulen nach Menzingen. *„Schwestern brauche ich, die das Kreuz verstehen! Mit ihnen erreiche ich alles!“*

Der Stifter der Kongregation verstand die Zeichen der Zeit zu deuten. Sein Grundsatz war: *„Was Bedürfnis der Zeit, ist Gottes Wille.“*[441] In seiner Biographie wird Pater Florentini eine harmonische Vielseitigkeit ebenso bestätigt wie eine zähe Energie, wenn es um die Ausführung seiner Pläne ging. Man achtete seinen außerordentlichen

439 Badener Artikel waren Beschlüsse der liberalen Kantone der Schweiz, mit denen die römisch-katholische Kirche weitgehend unter staatliche Aufsicht gestellt werden sollte. Sie wurden von Papst Gregor XVI. scharf verurteilt.

440 Kopfgeld: 600 Schweizer Franken.

441 *Gross* Sr. Maria Eugène, Mutter Maria Therese Scherer. Ingenbohl 2000. 10.

Geist, wenn er auch als schwierig und eigensinnig galt, so ging vieles über den Rahmen eines „gewöhnlichen" Menschen hinaus.[442] Er erfasste sehr genau die vorhandenen sozialen Unzulänglichkeiten und wollte zur Wurzel der Übel vordringen, vom Almosen zur Arbeit, von der Armenfürsorge zur Armenpolitik. Wenn er Institute gründete, wenn er Pensionate, Kollegien, Kranken- und Waisenhäuser errichtete, so hatte er dabei das Ziel, den Menschen zu bilden und ihn an Leib und Seele zu heilen. Die Gründerbegabung zeigte sich zu Beginn bei der Lehrschwesternkongregation, aber die Idee der Gründung kam in einem ungünstigen Moment, da die Kirche und alle ihre Einrichtungen zu dieser Zeit in der Schweiz sehr umstritten waren. Unter Papst Pius IX.[443] kämpfte die Kirche mit allen Mitteln gegen den Zeitgeist des 19. Jahrhunderts. Der politische Liberalismus stellte mit seinen Forderungen nach Freiheit, Gleichheit und sozialer Gerechtigkeit die mittelalterliche Herrschaft der Adeligen und der Kirche radikal in Frage. 1861 wurde in der Schweiz die Schulhoheit der Kirche aufgehoben, das Schulwesen wurde Aufgabe des Staates.[444]

Neben einem großen Mann steht nicht selten eine große Frau. Was wäre aus den Plänen von Theodor Florentini geworden, hätte Mutter Maria Therese das Werk nicht fortgesetzt und wäre so zur Mitgründerin einer großen Institution geworden.[445] Maria Theresia Scherer war unbestritten Pater Theodosius „erste Schülerin". Sie konnte besser als er, der ein Idealist war, abschätzen, welche Ideen sich in die Praxis umsetzen ließen. In Maria Therese fand er eine Frau mit klugem Urteil, starkem Willen und einem opferfreudigem Herz. Sich schwierigen und schwierigsten Situationen zu stellen und Auswege zu finden, sollte für das ganze Leben eine ihrer wichtigsten Vorzüge werden. Zwischen dem Gründer und der Mitgründerin der Kongregation bestanden reiche, wechselseitige Einflüsse, ein Austausch geistiger Werte und Anregungen.

442 *Gadient* Veit, Der Caritasapostel P. Theodosius Florentini. Luzern 1946. 433.

443 Papst Pius IX. 1846-1878.

444 *Aubert.* 736.

445 *Rutishauser* Sr. M. Clarissa, Liebe erobert die Welt. Mutter Maria Therese Scherer. Leben und Werk. Wien 1967. 7.

Anna Maria Katharina Scherer wurde am 31. Oktober 1825 in Meggen, Kanton Luzern auf einem Bauerngut geboren. Katastrophale Missernten in den Jahren 1816/17 hatten in der Schweiz zu Hunger und Elend geführt, und die Folgen waren noch nicht überwunden. Mit 16 Jahren wurde sie in das Bürgerspital nach Luzern geschickt, das von Schwestern geführt wurde. Später erzählte sie:*„Es fiel mir anfangs schwer, beständig Religiöses zu sehen und zu hören und dazu nur Kranke und Arme vor Augen zu haben“.*[446] Nach einem Jahr trat sie in den III. Orden des hl. Franziskus ein. In den 30/40er Jahren des 19. Jahrhunderts aber war das Ordensleben in der Schweiz nicht angesehen: Das hohe Ziel eines Dritten Ordens stand im Gegensatz zu den Zeitströmungen, und man hielt diese Gemeinschaften für staats- und kulturfeindlich.

Als Sr. Maria Theresia feierte sie in der Kongregation der Lehrschwestern, die der Kapuzinerpater Theodosius Florentini mit dem Mutterhaus in Menzingen gegründet hatte, am 27. Oktober 1845 ihre Profess. Sie erwartete unter der Leitung von Pater Theodosius eine umfassende Bildung zu erhalten, um späteren Anforderungen gewachsen zu sein. Nach einigen Jahren Schuldienst musste Sr. Maria Theresia jedoch ihre geliebte Schule verlassen. Sie wurde für eine neue Aufgabe gebraucht: In Näfels sollte ein Armenhaus eingerichtet werden. Diese schwere Aufgabe brachte sie fast an den Rand ihrer Kräfte. In Chur legte ihr Pater Theodosius seine sozialen Zukunftspläne dar und sie versprach ihm „Treue, Hilfe und Beistand.“ 1852 übernahm sie die Leitung des kleinen Spitals in Chur, und der Gründer ernannte die erst 27jährige zur „Frau Mutter“.[447] Maria Theresia Scherer wurde 1857 Generaloberin der *„Barmherzigen Schwestern vom hl. Kreuz“*, eines zweiten Zweiges der *Kreuzschwestern* mit Mutterhaus in Ingenbohl. Dort hatte Pater Theodosius den verwahrlosten Niggschen Hof gekauft und für die Schwesterngemeinschaft ausgebaut. In Ingenbohl wurde sie ab 1857 viermal zur Oberin gewählt.

Als Pater Theodosius im Alter von 57 Jahren im Jahre 1865 starb, hinterließ er ihr ein „trauriges“ Erbe: die Schuldenlast war enorm,

446 *Spenger* Viol Inge, Ein Leben gegen Elend und Unrecht. Wege und Wirken der Sr. Maria Theresia Scherer. Freiburg i. Br. 1995. 37.

447 *Spenger*. 24.

hatte er doch mit seiner Idee der „christlichen Fabriken“[448] Schiffbruch erlitten. Für Sr. MARIA THERESIA war es ein großes Anliegen, dass seine Werke beispielhaft blieben und was niemand für möglich gehalten hatte, traf vier Jahre nach seinem Tod ein: 1869 waren alle Schulden getilgt. Pater THEODOSIUS FLORENTINI selbst hatte seine Ziele nicht mehr erreichen können, aber Mutter MARIA THERESIA mit ihrer praktischen Intelligenz und ihrem selbstlosen Einsatz war es gelungen, seine Ideen nicht scheitern zu lassen.

Man sagte ihr eine „goldene Hand“ bei der Auswahl der Schwestern nach. Sie erkannte in kurzer Zeit deren Qualitäten und Fähigkeiten und sorgte dann dafür, dass diese richtig eingesetzt wurden. Sie war immer bestrebt, *„das Gramm Gold zu entdecken, das in jeden Menschen verborgen ist“.*[449] Ihre Bescheidenheit war sprichwörtlich: in zwei Institutsgeschichten (1870 und 1880) wurde ausschließlich PATER THEODOSIUS als Gründer der Kongregation bezeichnet. Erst nach ihrem Tod wurde die Bedeutung von Mutter MARIA THERESIA aufgegriffen und gewürdigt. Unaufhörlich strömten Pilger zu ihrem Grab im Mutterhaus in Ingenbohl. Die Vox Populi, die Stimme des Volkes, führte zur Seligsprechung,[450] die am 29. Oktober 1995 in Rom von Papst JOHANNES PAUL II. vollzogen wurde. Sie war eine Frau, die in sehr unruhiger Zeit Zeichen gesetzt und als Frau den Mut hatte, das zu tun, was sie für richtig hielt.[451]

5.10.2. Das Mutterhaus der Barmherzigen Schwestern vom hl. Kreuz in Linz

„Initiative“ ergriffen die *Kreuzschwestern* in Österreich selbst, zunächst ohne Absicht sich hier anzusiedeln. Sie wurden durch ihre

448 Fabriken: 1857 Baumwollfabrik und 1859 Buchdruckerei in Ingenbohl, in Böhmen:1859 Tuchfabrik in Oberleutendorf und Papierfabrik in St. Gallen, wo Pater Theodosius Arbeit und Verdienst unter vergleichsweise humanen Bedingungen ermöglichte, in: Bautz Friedrich Wilhelm, Biographisch-Bibliographisches Kirchenlexikon, II (19910) Sp. 62-63.

449 „Goldgramm“, 3. Jg. 1 (2003). 4.

450 Mit der Seligsprechung setzt die offizielle Kirche ein Zeichen und verkündet, dass ein Mensch den Weg der Liebe vorbildlich gelebt hat.

451 *Spenger.* 158.

Sammelreisen bekannt, die sie für das verschuldete Unternehmen ihres Gründers Pater Florentini, für das neue Spital in Chur und das Mutterhaus in Ingenbohl seit 1855 durchführten. Die Erlaubnis zur Sammlung erbaten zwei Schwestern persönlich in einer Audienz bei der jungen Kaiserin Elisabeth. Trotz „allerhöchster Erlaubnis" musste die Sammelbewilligung auch vom zuständigen Diözesanbischof und von politischen Stellen eingeholt werden. Einige dieser führenden Persönlichkeiten setzten Vertrauen in die „Bettelschwestern", die meist zu Fuß von Ort zu Ort gingen, soziales Engagement zeigten und keine Berührungsängste kannten.

Als Initiatorin und auf vielfache Weise unterstützend für die *Kreuzschwestern* in Österreich wirkte Gräfin Mathilde von Reverta-Salandra, Ausschussmitglied des Welser Frauenvereins. Die erstaunliche Verbreitung der 1865 gegründeten Österreich-Provinz war wohl der großen Nachfrage nach Betreuung von Kranken und Armen, Kindern und Alten zuzuschreiben. In Linz entstand 1866 das österreichische Provinzhaus, die Schwestern hatten dabei die volle Unterstützung von Bischof Franz Joseph Rudigier[452] von Linz, in seiner Amtszeit entstanden 22 Filialen der *Kreuzschwestern.* Frauenvereine wie Frauenorden bildeten für den Bischof eine Art „Selbsthilfegruppen", um anderen helfen zu können.

5.10.3. Berufung nach Wien

Ritter Bernhard von Meyer wollte für das „sittliche Wohl der Südbahnarbeiter" sorgen. Der Generaldirektor Eugen Bontoux hatte seinen 21jährigen Sohn verloren, und der Chefarzt Dr. Meyer wies ihm einen Weg der Nächstenliebe: Geistliche Schwestern sollten den armen Eisenbahnarbeitern und ihren Familien in ihrer Not beistehen.[453] Aber keiner der in Österreich bestehenden Orden wollte sich zu diesem Apostolat bereit erklären. Nachdem man an verschiedenen

452 Rudigier Franz Joseph 1811-1884. 1845 Direktor der Höheren Bildungsanstalt für Weltpriester „St. Augustin" in Wien (= Frintaneum) und gleichzeitig Hofkaplan, Lehrer von Kaiser Franz Joseph und Maximilian von Mexiko. 1853 Bischof von Linz.

453 *Kirchgatterer* Sr. Angela, Geschichte der österreichischen Provinz der Kreuzschwestern 1860-1911. Unveröffentliches Manuskript, Provinzarchiv Linz, III. Teil: PAL, G/Pr I78, 623f. Vgl. XII.2.F.

Klosterpforten vergeblich angeklopft hatte, schrieb Herr Bontoux an die Generaloberin der *Barmherzigen Schwestern vom hl. Kreuz.* Das Ehepaar Bontoux hatte eingesehen, dass „um dem Liebeswerk bleibenden Halt zu sichern", es Personen bedurfte, die sich berufsmäßig diesen Aufgaben unterziehen.

Bereits am 30. Mai 1868 trafen zwei Schwestern in Wien ein und fanden bei den *Schwestern vom göttlichen Heiland* in der Kaiserstraße liebevolle Aufnahme. Einige Tage später konnten sie eine Wohnung im IV. Bezirk in der Weyringerstraße beziehen. Aber die beiden Schwestern waren den Aufgaben nicht gewachsen und wurden in das Mutterhaus zurückgerufen. An ihrer Stelle kamen 1869 zwei andere Schwestern, die in Wien ein festes Fundament für ihre Kongregation aufbauen konnten.

1870 übernahm die Südbahngesellschaft das Asylhaus in Wien-Meidling, in der Eichenstraße 27. Hier lernten die Schwestern das arme Wien kennen: „*Wir halfen die Not zu lindern und pflegten die Kranken*". 1872 erweiterte sich ihre Tätigkeit auf eine Kinderbewahrungsanstalt und eine Arbeitsschule für die Töchter der Fabrikarbeiter.

5.11. DOMINIKANERINNEN VOM DRITTEN ORDEN DES HL. DOMINIKUS

1130 Wien, Schlossbergstrasse 17

5.11.1. Patronin der Terziaren des hl Dominikus, Katharina von Siena

Die hl. Katharina von Siena[454] wurde zur Patronin der Terziarinnen ernannt. Schon mit 16 Jahren trat sie den „*Bußschwestern des hl. Dominikus*" (Mantellatinnen)[455] bei. Welchen Status hatten diese Schwestern? Katharina wird als Mitglied des Dritten Ordens des hl. Dominikus gesehen, wobei man unter „Dritten Orden" den tätigen

454 Katharina von Siena (1347-1380) wurde 1461 von Papst Pius V. heilig gesprochen. 1970 wurde ihr zusammen mit Theresia von Avila der Ehrentitel „Kirchenlehrerin" verliehen, in: *Probst.* 92.

455 Bei den Mantellatinnen wurden keine Gelübde verlangt, aber Katharina fühlte sich verpflichtet, diese zu befolgen. Die Mantellatinnen trugen ein weißes Gewand (Reinheit) und einen schwarzen Umhang.

Zweig der dominikanischen Schwestern versteht, im Unterschied zum kontemplativen, in Klausur lebenden „Zweiten Orden". Der Dritte Orden in diesem Verständnis wird als „reguliert" bezeichnet, weil die Mitglieder nach einer bestimmten Ordensregel mit eigenen Oberen leben und sich durch Gelübde auf die drei evangelischen Räte verpflichten. Die Struktur ist die einer Ordensgemeinschaft.[456] Der Dritte Orden ist heute der stärkste Zweig der „Dominikanischen Gemeinschaft". Raimund von Capua machte in der Legenda maior[457] einige Angaben über die *„Schwestern von der Buße"*: die Mitglieder verpflichten sich zu Werken der Barmherzigkeit und zu regelmäßigem Gebet für Lebende und Verstorbene.

5.11.2. Friederike Fürstin von Auersperg und Raimund Hekking – Gründung von Kloster und Schule in Wien

Die Gründerin des Konvents in Wien war Friederike Fürstin von Auersperg. 16 Jahre lang Hofdame am Kaiserhof, trat sie im Alter von 40 Jahren in das Noviziat der *Dominikanerinnen* zu St. Ursula in Augsburg ein und übernahm den Ordensnamen Mutter Raymunda. Nach Wien zurückgekehrt, begann sie 1870 im damaligen Vorort Wien-Hacking, gemeinsam mit dem holländischen Dominikanerpater Raymund Hekking eine Klostergründung. Im Geist des Ordensvaters Dominikus sollten sich die Schwestern von Anfang an dem Unterricht und Erziehung weiblicher Jugend widmen.

5.12. „DIENERINNEN DES HEILIGSTEN HERZEN JESU"

1030 Wien, Keinergasse 37

5.12.1. Pater Viktor Braun (1825–1882)

Geboren am 5. Juni 1825 in St. Avold, Diözese Metz im französischen Lothringen, wuchs Viktor Braun in einer christlichen Familie mit elf Kindern auf. 1851 zum Priester geweiht, sollte er den Schulunterricht im Kollegium St. Augustin in Metz übernehmen. Doch Viktor Braun vernahm einen anderen Ruf, er fühlte sich zum

456 *Schlosser* Marianne, Katharina von Siena begegnen. Augsburg 2006. 34.

457 Legenda maior (Vita Catharinae Senensis) des Raimund von Capua, hg., übersetzt und kommentiert von Jörg Jungmayer. 2 Bd. 2004.

apostolischen Leben hingezogen. In Paris fand er ein weites Feld der Arbeit: Dort nahm er eine Stelle als Seelsorger in einem Haus für schwer erziehbare bzw. straffällig gewordenen Mädchen im Alter von 10-21 Jahren an. Nachdem er sich nach einem gesundheitlichen Zusammenbruch in seiner Heimat erholt hatte, kehrte er wieder nach Paris zurück.

1862 wurde Viktor Braun Mitglied der im Entstehen begriffenen Gemeinschaft *„Brüder des hl. Vinzenz von Paul"*. In der Seelsorge lernte er das Schicksal der deutschsprachigen Gastarbeiter kennen. In Grenelle, einem Stadtteil von Paris, gab es eine beträchtliche Anzahl von Deutschen und Elsässern, und für diese gründete Pater Braun ein Missionshaus, das unter dem Namen *„Herz Jesu Asyl"* bekannt wurde. Als beliebter Beichtvater wurde er auf die Gefährdung deutscher Dienstmädchen in Paris aufmerksam, von denen viele auf Arbeitssuche waren. Da er die deutsche Sprache beherrschte, wandten sich viele junge Mädchen und Frauen hilfesuchend an ihn. Pater Braun sprach mehrere Ordensgemeinschaften um Fürsorge an, aber alle Bemühungen waren umsonst. So beschloss er, selbst jene religiöse Genossenschaft zu gründen, die er nicht finden konnte, eine Frauenkongregation, deren Mitglieder sich der Erziehung verwahrloster Kinder, der Pflege der Kranken, überhaupt dem Dienste der armen und arbeitenden Klasse widmen sollten.[458] Als sich vier Beichtkinder zusammen gefunden hatten, versammelte er am 17. Oktober 1866 seine kleine Herde und weihte seine ersten Mitarbeiterinnen zu *„Arme Dienerinnen des heiligsten Herzens Jesu"*.[459] Die Schwestern bestimmte er zur Krankenpflege, zur Unterstützung des menschlichen Elends, zum Schutze für die verlassenen Kinder und für die verwahrloste Jugend, an denen sie Mutterstelle vertreten sollten.

Der Ausbruch des Deutsch-Französischen Krieges 1870/71 brachte die Zerstreuung der Schwesternschaft mit sich.[460] In London fanden Pater Braun und seine Schwestern wieder zusammen und von Kardinal Manning unterstützt, entstand die Provinz England.

458 *Frodl* Ferdinand, Viktor Braun, ein Lebensbild. Salzburg 1934. 11f.

459 Servae sanctissimi cordis Jesu = SSCJ.

460 Das Haus in Grenelle wurde gesperrt, die Schwestern mussten Frankreich verlassen.

Die Schwestern erhielten die Erlaubnis, Häuser zu gründen und in der ganzen Diözese für ihre Anliegen zu sammeln. Nach Kriegsende 1872 konnte die Gemeinschaft in Deutschland Fuß fassen. Das Werk konnte sich mit großem Erfolg weiterentwickeln.[461]

5.12.2. Die Dienerinnen des heiligsten Herzen Jesu in Wien

Die Schwestern dieser Kongregation wurden 1873 von Baron Jaromir Mundy an die Wiener Rudolf-Stiftung gerufen. Als Gründer der Wiener Rettungsgesellschaft hatte er 1871 die *Herz Jesu Dienerinnen* im Lazarett in St. Claude in Paris bei der Krankenpflege von Verwundeten gesehen und den Plan gefasst, sie nach Wien zu holen. Vor der Verwaltung des k.k. Rudolf-Spitals schilderte er die aufopfernde Pflege der Schwestern. Trotz wenig annehmbarer Bedingungen[462] willigte Pater Braun schließlich ein, seine Schwestern nach Wien zu senden. Elf Schwestern aus London, zwei weitere Schwestern und Pater Braun selbst trafen am 2. Mai in Wien ein. Sitten, Gebräuche und Sprache waren den Schwestern der Kongregation in Wien fremd, was mancherlei Missverständnisse mit sich brachte. Auch die Ärzte waren, mit wenigen Ausnahmen, den Schwestern nicht sehr gewogen und Direktor Böhm mit seinen Schwestern war fast täglich Gegenstand des Spottes in einem Wiener Witzblatt.

Über ein Jahr lang erhielten die *Herz Jesu Schwestern* freie Wohnung und Verpflegung von den *Salesianerinnen*[463] am Rennweg. Bis 1879 fanden alle Einkleidungen und Professen der *Dienerinnen des heiligsten Herzen Jesu* in der Kirche dieser Ordensfrauen statt. Nach eigenen Worten hätte Pater Braun die Gründung in Wien nie ohne Sr. Therese von Jesus Müller in Angriff genommen, aber kaum in Wien angekommen, wurde diese krank und starb im Juni 1873 an einer Lungenentzündung. Ihre Nachfolgerin als Oberin in Wien wurde Sr. Maria Josef. Dank eines Legates konnten die Schwestern 1874 eine

461 *Dienerinnen des heiligsten Herzens Jesu*, (Hg.), Geschichte der Kongregation der Schwestern Dienerinnen des Heiligsten Herzens Jesu und ihres hochwürdigen Vaters Stifter, Viktor Braun. Wien 1923.

462 Die Schwestern sollten nur probeweise für einen isolierten Dienst aufgenommen werden und mussten sich einer strengen Ordnung anpassen.

463 Vgl. VI. 1. Franz von Sales.

eigene Wohnung in der Landstraße beziehen, das „Herz Jesu Haus". 1879 konnte man in das neue Provinzialhaus im III., am Rennweg 53 übersiedeln.[464] Die Grundsteinlegung für das neue Mutterhaus in der Keinergasse 37 fand am 4. Juli 1890 im gleichen Bezirk statt. Drei Jahre später, am 1. März 1893, wurde die österreichische Provinz von Erzbischof Anton Josef Kardinal Gruscha[465] als selbstständig erklärt. Mutter Flora Niehssen wurde die erste Generaloberin.

5.13. BARMHERZIGE SCHWESTERN VOM HL. KARL BORROMÄUS

Mutterhaus in 1180 Wien, Gentzgasse 10

5.13.1. Emanuel Chauvenel und Barbe Thouvenin

Fast gleichzeitig mit den Vinzentinerinnen entwickelte sich eine auf ähnlichen Grundsätzen aufgebaute caritative Genossenschaft: die „*Sœurs de St. Charles*" oder wie sie dann im deutschen Sprachraum genannt wurden, die Borromäerinnen. In Nancy, im ehemaligen Herzogtum Lothringen errichtete Ritter Emanuel Chauvenel 1652 eine Wohlfahrtsstiftung im Gedenken an seinen verstorbenen Sohn Josef Chauvenel. Dessen Jugend fiel in die Zeit des 30jährigen Krieges und das Land litt unter Verarmung, Hunger und Seuchen. Josef Chauvenel hatte Jura studiert und war dann in die Bruderschaft der „*Armenadvokaten*" in Metz eingetreten, die unentgeltlich Prozesse für Mittellose führten. Als im Jahre 1651 in Toule die Pest ausbrach, bot er seine Hilfe an. Bei der Pflege von Pestkranken steckte er sich an und starb im selben Jahr. In seinem Testament bat er den Vater, für den Fortbestand seines Liebeswerkes zu sorgen.[466] Um den letzten Willen seines Sohnes zu erfüllen, beschloss Emmanuel Chauvenel, ein Haus der Barmherzigkeit unter dem Schutz der hl. Familie in Nancy zu errichten. Die Gründungsurkunde vom 18. Juni 1652 enthält Auftrag und Sendung:

> *Es soll von fünf älteren Mädchen oder tugendhaften Witwen bewohnt werden. Sie sollen sich nennen: Barmherzige Schwestern, arme und verlassene Kranke aufsuchen, dieselben pflegen, mit Almosen unter-*

464 *Schwestern Dienerinnen des heiligsten Herzens Jesu,* (Hg.), Geschichte. 223.

465 Erzbischof Anton Josef Gruscha (1890-1911). Vgl. IX. 2.

466 *Wienand.* 489.

stützen, sie trösten und ihnen den Empfang der heiligen Sakramente zu empfehlen, kurz für alle ihre Bedürfnisse nach Möglichkeit Sorge zu tragen.[467]

Frauen aus den besten Gesellschaftskreisen, besonders Frau Barbe Thouvenin, Witwe des Advokaten Perrin, stellten sich als „*Schwestern der Charité*" zur Verfügung. Frau Barbe war Mutter von elf Kindern und hatte bereits ein Caritashaus geleitet, dieser Frau vertraute Hr. Chauvenel das Vermächtnis seines Sohnes an. Im Jahre 1662 erweiterte er seine Stiftung durch Zuweisung eines ehemaligen Waisenhauses, welches nach dem Patron, dem hl. Karl Borromäus[468], „*Saint-Charles*" genannt wurde. Im Volksmund erhielten die Schwestern nun den Namen *Borromäerinnen.* Weil der Stifter fürchtete, die Schwestern könnten durch „feierliche" Gelübde seinem Werk entfremdet werden, hatte er für sie einen „weltlichen Stand" bestimmt. Aber die Schwestern sehnten sich nach einer Gemeinschaft, die sie fester an Gott und aneinander binden sollte. Im Gelübde der Barmherzigkeit und der Beständigkeit weihten sich die ersten *Barmherzigen Schwestern vom hl. Karl Borromäus* 1679 Gott und dem Dienst der Armen.[469] Später wurde das Gelübde des Gehorsams 1704, der Armut 1708 und der Keuschheit 1711 in die Gelübdeformel des hl. Franz von Sales aufgenommen.[470]

Der Stifter Chauvenel hatte nicht geahnt, dass sein kleines Caritasheim die Wiege mehrerer „Orden" werden sollte, denn die Stiftung zugunsten der Krankenpflege war eine unter vielen anderen. Ihre Besonderheit bestand darin, dass sie zur Urzelle einer bedeu-

467 *Kongregation der Barmherzigen Schwestern vom hl. Borromäus*: 350 Jahre Borromäerinnen 2002.

468 Hl. Karl Borromäus (1538-1584). Er stammte aus dem italienischen Adelsgeschlecht der Borromäo. Schon mit 14 Jahren begann Carlo das Jura-Studium. Sein Onkel Giovanni Angelo Medici wurde 1559 Papst als Pius IV. Er holte seinen Neffen nach Rom. Gerühmt wurde Carlos vorbildlicher Lebenswandel und seine Pflichterfüllung. 1563 zum Priester geweiht, 1565 Kardinal und Erzbischof von Mailand.

469 *Kongregation der Barmherzigen Schwestern vom hl. Karl Borromäus*, Festschrift zum Jubiläum 350 Jahre Borromäerinnen 1652-2002.

470 *Wienand.* 489f.

tenden Genossenschaft wurde. Die *Borromäerinnen* sind, wenn auch von ihrer Genese her keine Vinzentinerinnen, so doch aus der vom Gründer der neuzeitlichen Caritas inspirierten Bewegung in Frankreich hervorgegangen und haben ihre Ideen weiter getragen.[471]

5.13.2. Die Borromäerinnen in Prag

Schon 1777 wollte Kaiser Josef II. bei einem Besuch des Hospizes der *Barmherzigen Schwestern des hl. Karl Borromäus* in Nancy die Schwestern veranlassen, sich auch in Wien niederzulassen. Aber die Schwestern fühlten sich unter den damaligen Verhältnissen in Wien nicht wohl und kehrten nach Frankreich zurück.

Univ. Prof. Alois Klar war Direktor einer Erziehungsanstalt für blinde Kinder in Prag und wollte diesen Kindern eine liebevolle Behandlung sichern. Sein Plan, die Anstalt der Leitung der *Barmherzigen Schwestern* zu übergeben, fand die Zustimmung des Kaisers. Vier mutige deutsche Mädchen[472], von dem Priester Hermann Dichtl ausgewählt, der ein väterlicher Freund und Ratgeber der Kongregation wurde, reisten in das Mutterhaus in Nancy, um im dortigen Noviziat ausgebildet zu werden. Nach ihrer Rückkehr wurde den Schwestern die Leitung des Blindeninstitutes übergeben, bis ein eigenes Mutterhaus in Prag 1837 gegründet werden konnte. Das Prager Mutterhaus entwickelte sich später zu einem großen Krankenhaus, das auch eine eigene Pflegeschule besaß. Auch in der Betreuung von Gefangenen wurden die Schwestern eingesetzt.

Die Wiege der österreichischen Kongregation stand also in Prag, denn im Gründungsjahr 1837 waren die böhmischen und österreichischen Länder im großen Völkerstaat der Österreichisch-Ungarischen Monarchie vereinigt. Ohne den Schutz und die Hilfe großmütiger Wohltäter[473] hätte die Kongregation in Böhmen nicht Fuß fassen und sich entwickeln können. Am 6. November 1839 erhielt die junge Gemeinschaft die staatliche Bestätigung durch Kaiser

471 *Gatz*, Caritas und soziele Dienste. 261.

472 Theresia Walter, Franziska Fischer, Johanna Niemetz (später erste böhmische Generaloberin), Theresia Preinfalk 1834/35.

473 Fürstin Helene und Fürst Franz Lobkowitz, Freiherrnfamilie Thysbert und Gräfin Wilhelmine von Auersperg.

FERDINAND, aber der Kampf um die Existenz ging weiter. Die Regeln der *Barmherzigen Schwestern vom hl. Karl Borromäus* wurden 1841 von Papst GREGOR XVI. bestätigt.[474] Die evangelischen Räte finden ihren Ausdruck in einfachen, öffentlichen Gelübden. Durch diese und durch das Gelübde der Barmherzigkeit verpflichten sich die Schwestern, gemeinsam Gott zu dienen und den Dienst der beständigen Barmherzigkeit nie aufzugeben. *„350 Jahre La congrégation des Soeurs de Charité Nancy 1652-2002"*, feierten die *Borromäerinnen* am 8./9. Juni 2002.

5.13.3. Das Carolusheim[475] der Borromäerinnen in Wien

Die erste Niederlassung in Oberösterreich war Gmunden, wo die Kongregation 1854 das städtische Krankenhaus übernahm.[476] Bedeutende Persönlichkeiten dachten bereits in diesem Jahr und dann 1866 daran, der Kongregation in Wien ein bleibendes Wirkungsfeld anzubieten.[477] Der Ausspruch von Mutter THERESE ist in der Chronik zu lesen: *„Es ist noch nicht der vom Herrn festgesetzte Augenblick gekommen, warten wir ab".*

Erst 1877 setzte sich Gräfin MARIA THERESIA WENCKHEIM, geb. Gräfin ZICHY, dafür ein, dass unter dem Patronat von Kaiser FRANZ JOSEF und Kaiserin ELISABETH, in Wien ein Greisenasyl errichtet werden sollte, und sie bemühte sich, *Barmherzige Schwestern des hl. Karl Borromäus* aus Prag für dessen Leitung zu bekommen.[478] In Wien wurde zunächst ein provisorisches Heim im III. Bezirk, Dietrichgasse 10 eröffnet, aber ein Jahr später wurde die weitere Benützung des Gebäudes von der k.k. Statthalterei aus sanitären Gründen untersagt.

1879 erwarb die Kongregation unter großen Opfern mehrere klei-

474 Abschrift eines Schreibens von Karl Kardinal Kašpar, Fürsterzbischof von Prag an die Barmherzigen Schwestern des hl. Karl Borromäus zum 100 jährigen Jubiläum. Prag 1937.

475 Name ab 1976/77

476 *Barmherzige Schwestern vom hl. Karl Borromäus,* Geschichte der Kongregation von 1837-1945.

477 Die Barmherzigen Schwestern vom hl. Borromäus sollten das St. Anna-Spital in Wien übernehmen. 1866 sollten verletzte Soldaten gepflegt werden.

478 *Barmherzigen Schwestern vom hl. Karl Borromäus,* Geschichte der Kongregation von 1837-1945. 11.

ne Häuser mit Garten in der Gentzgasse 104-106. Mit zehn Männern und sechs Frauen wurde am 10. Mai 1879 das erste Greisenasyl in Wien-Währing, später XVIII. Bezirk, eingerichtet.[479] Durch einen Zubau im Jahre 1886 gewann das Asyl an Ausdehnung und besserem Aussehen.

5.14. SCHWESTERN UNSERE LIEBE FRAU VON SION

1030 Wien, Gestettengasse 21/16

5.14.1. Theodore Ratisbonne (1802-1884)

Als zweiter Sohn eines jüdischen Bankiers, 1802 in Straßburg geboren, wuchs er in einer Atmosphäre liebevoller Geborgenheit auf, in der jedoch die Religion keine große Rolle spielte. *„Religion ist mir zuwider, meine eigene und alle anderen Religionen."*[480] Von den Eltern dazu bestimmt, einmal ihr Bankhaus zu verwalten, studierte er Rechtswissenschaft und ließ sich als Rechtsanwalt in Colmar nieder. Louis Bautain,[481] sein Philosophieprofessor, der sich neben seinen Vorlesungen bei seinen Studien viel mit der Bibel befasste, ließ Theodore Ratisbonne den Gott des Ersten und Zweiten Testaments entdecken: *„O Gott, wenn es dich wirklich gibt, dann lass mich die Wahrheit erkennen und ich werde ihr mein Leben weihen!"*

Am 14. April 1827 wurde er von Madeleine Louise Humann[482] im Geheimen getauft. Während seines ganzen Lebens als Christ und später als Priester hatte ihn das Wort Gottes inspiriert und zu einem apostolischen Leben berufen. Die Konversion war damals wie heute etwas ganz Unerhörtes, und die Trennung von seiner Familie wie der Tod des Vaters traf ihn hart. 1830 wurde Theodore zum Priester geweiht, 10 Jahre später übernahm er eine Vikarstelle in der Pariser

479 Archiv der Barmherzigen Schwestern des. hl. Karl Borromäus. Ordensgeschichte des österreichischen Zweiges der Borromäerinnen 1837-1975.

480 *Kongregation der Schwestern „Unsere Liebe Frau von Sion"*, (Hg.), Sr. Clemens Maria, Von der Bekehrung zum Dialog, Frankfurt a.M. 1993. 5.

481 Louis Bautain (1796-1867), Philosoph, der sich vom Rationalismus abgewandt und die katholische Tradition entdeckt hatte.

482 Louise Humann wurde Theodores geistliche Begleiterin. Durch sie empfing er mit Erlaubnis des Bischofs das Sakrament der Taufe.

Pfarrei Notre-Dame des Victoires und die Leitung der Erzbruderschaft vom *Heiligsten Herzen Mariens* an diesem Wallfahrtsort.

Nach den Wirren der französischen Revolution war die Kirche ganz auf Restauration ausgerichtet. Der theologische Antijudaismus wurde fraglos weitergegeben mit der Behauptung, die Juden hätten als Strafe für ihre Nichtannahme des Messias in der Person Jesu Leiden und Zerstreuung zu erdulden.[483] Seine seelsorgliche Begabung entdeckte THEODORE RATISBONNE in den ersten Priesterjahren. Unter den Teilnehmerinnen der Glaubenskurse, die er an der Straßburger Kathedrale abhielt, befanden sich auch zwei Frauen, die später zu den ersten Sion-Schwestern zählten. Diese holte THEODORE nach Paris, wo er mit einer kleinen Gruppe von jüdischen Mädchen ein Katechumenat[484] begonnen hatte. Die Erzieherinnen, deren Kreis sich bald vergrößerte, wollten eine religiöse Gemeinschaft bilden. Als THEODORES Blick während eines Gottesdienstes zufällig auf das Wort „Sion" (Zion) im Messbuch fiel, hatte er einen Namen für die Gemeinschaft gefunden.
1847 erfolgte die Gründung mit kirchlicher Zustimmung durch den Apostolischen Stuhl mit Breve vom 15.Jänner 1847.[485]

Da THEODORE durch einen betrügerischen Advokaten sein Erbe verloren hatte, begann sein Werk in großer Armut. Die *Sion-Schwestern* übernahmen fast ausschließlich erzieherische Aufgaben. Das lag einerseits in der großen Nachfrage im Bereich der Mädchenerziehung und andererseits in der Tatsache, dass das Katechumenat schon bald ins Stocken geriet. THEODORES Bruder MARIE-ALPHONS[486] brachte die Schwestern nach Jerusalem. Die Waisenkinder, deren sich die Schwestern annahmen, kamen vor allem aus dem heutigen Libanon und Syrien. ALPHONS erwarb ein Grundstück an der Via Dolorosa mit dem „Ecce Homo Bogen" und sammelte in Europa Geld, um Kloster und Kirche zu bauen. Letztere wurde 1868 eingeweiht.

483 Von der Bekehrung zum Dialog. 7.

484 Tauf- bzw. Konfirmandenunterricht.

485 Von der Bekehrung zum Dialog. 6f.

486 Alphonse Ratisbonne konvertierte am 20.1.1842 in Rom zum katholischen Glauben. Rath Josef Theodor, Ratisbonne Marie Theodore, in: Biographisch-Bibliographisches Kirchenlexikon, VII (1994) Sp. 1388-1390.

Theodore Ratisbonne galt der Respekt vor dem Gewissen anderer stets als unantastbar. Allen Schwestern trug er auf, im eigenen Glauben stark zu bleiben, ohne diesen anderen aufzuzwingen. Die Kongregation der *Schwestern Unsere Liebe Frau von Sion* wurde zuerst 1847 vom Erzbischof von Paris als religiöse Gemeinschaft und 1853 als wirkliche Kongregation anerkannt, die 1863 vom apostolischen Stuhl genehmigt und 1874 approbiert wurde. Die Kongregation wurde im 19. Jahrhundert mit dem Ziel judenmissionarischer Tätigkeit gegründet. Unter dem Eindruck der ökumenischen Bewegung sieht die Kongregation nun ihre Aufgabe im Eintreten für eine neue christliche Haltung zum jüdischen Volk.[487]

5.14.2. Die Schwestern Unsere Liebe Frau von Sion in Wien

In der Nachbarschaft der Pfarrkirche „Maria Hilf" in Wien VI, hielten am 24. April 1889 die *Schwestern der Kongregation von „Notre Dame de Sion*" ihren Einzug. In der Barnabitengasse 7, wo man ein ganzes Haus gemietet hatte, wollten sie wohnen, bis sie ein ständiges Heim gefunden hätten. Am 22. April 1888 stellte man das Ansuchen an das Ordinariat, in Wien eine Schule und eine Erziehungsanstalt für Mädchen zu eröffnen zu dürfen. Sechs Chor- und vier Laienschwestern sollten nach Wien kommen.[488] Berater und Helfer in Nöten wurde Dr. Hermann Tschokko,[489] der die Kongregation als Rektor des österreichischen Pilgerhauses in Jerusalem im „Ecce homo Kloster" der Schwestern kennen gelernt hatte. Der besondere Zweck der Kongregation, nach Möglichkeit praktische Arbeit für die Bekehrung der Juden zu leisten, schien ihm eine Förderung wert. Die Mieträume in der Barnabitengasse erwiesen sich als ungeeignet, so dass ein eigenes Gebäude erworben werden musste, das einer Schule und zugleich dem gemeinsamen Leben der Schwestern dienen sollte. Im Frühsommer 1890 konnte dann das neue Heim in der Burggasse 37, im VII. Bezirk bezogen werden.

487 496 Nostra Aetate Art.4.

488 DOK 22.4.1888. Ansuchen um Internatsgründung zur Ehre Gottes.

489 Dr. Herrmann Tschokko, von 1838-1920 Professor für Alttestamentliche Bibelstudien an der Wiener Universität. 1910 Weihbischof von Wien.

Mutter Sr. MARIA CYRILLA[490] hat das Wiener Sion-Haus zu dem gemacht, was Eltern und Schüler, was Behörden und Vereinigungen erwarteten, eine Stätte des Friedens und des Dialogs. Als ANNA STEFAN wurde sie als Kind eines jüdischen Arztes am 14. März 1866 in Südmähren geboren. Sie war in Wien aufgewachsen und eine begabte Lehrerin, die sich durch ihre tschechischen Sprachkenntnisse auch mit den Zöglingen aus den slawischen Ländern verständigen konnte. Erst im Sion-Kloster fasste sie den Entschluss, in die Kongregation einzutreten. Nach dem Tod der Oberin berichtete eine Schwester, dass ihr Wesen von Intelligenz und Güte, von Frömmigkeit und Gottverbundenheit durchdrungen war: *„Auf Notre Mère konnte der Heiland immer und zu jeder Stunde zählen“.*[491]

Die Gründung der Niederlassung in Wien fiel in jene Zeit, in der unter dem Namen *„Apostolat der christlichen Töchter“* eine Vereinigung für die weibliche Jugend entstanden war. Unter der Organisation von Domkapitular ANTON SCHÖPFLEUTHNER[492] fanden sich Hunderte von jungen Mädchen aus allen Kreisen der Bevölkerung zu den monatlichen Versammlungen ein. Ihre Zusammenkünfte wurden oft im Kloster der *Sion-Schwestern* abgehalten. Die tägliche Armenspeisung, die jährliche Christbescherung, die Aufnahme von armen Kindern und jungen Mädchen waren im Sion-Kloster ebenso selbstverständlich wie in allen anderen Klöstern dieser Zeit. Die Erhöhung der Zahl der Klosterfrauen auf 60 wurde von der k.k. Statthalterei am 29. Oktober 1912 bewilligt.

490 Nach dem hl. Cyrillus, dem Patron von Mähren.

491 *Hlawati* Franz, Mutter M. Cyrilla von Sion. Wien 1936. 13.

492 Schöpfleuthner Anton (1845-1921). Als „Vereinspionier der Diözese“(Franz Loidl) schuf Prälat Schöpfleuthner die Vereinigung „Apostolat der christlichen Töchter“ für die weibliche Jugend als Gegenstück zum „Jünglingsverein“. Bischof Gruscha betraute ihn mit dem Referat für das gesamte katholische Vereinswesen. 1911 wurde er erster Wiener Stadtdechant, 1912-1918 war er Mitglied des Wiener Gemeinderates.

5.15. KONGREGATION DER SCHWESTERN VON DER SCHMERZHAFTEN MUTTER

1110 Wien, Simmeringerhauptstraße 175

5.15.1. Franziska Streitel (1844-1911)

Am 24. November 1844 wurde Amalia Franziska Rosa Streitel in Mellrichstadt in Thüringen geboren. Nach der Grundschule wurde Franziska von ihren Eltern zur Ausbildung nach Augsburg an das Institut „*Maria Stern*" geschickt, das von Franziskanern geleitet wurde. Nach Hause zurück gekehrt, wehrte sie sich standhaft gegen alle Heiratspläne der Eltern, aber vier Jahre Wartezeit waren nötig, bis ihr die Eltern die Erlaubnis zum Eintritt in ein Kloster erteilten. 1866 trat sie in den Franziskanerorden ein. Als Sr. Angela leitete sie acht Jahre lang das Elisabethheim in Würzburg. Dann sollte sie als Oberin eine neu errichtete Marienanstalt übernehmen, wo neben einen Kindergarten auch 60 Waisenmädchen für häusliche Dienste ausgebildet werden sollten. Da Franziska aber wünschte, in ein Kloster mit strengerer Ordensdisziplin einzutreten, erfolgte 1881 der Übertritt in den Karmeliterorden (Sr. Petra) in Würzburg. Schon nach wenigen Monaten verlässt sie diese Gemeinschaft mit Entschluss, das franziskanische mit dem karmelitischen Erbe zu verbinden. Aber wie, wann, wo?

Wieder im Elternhaus, hört sie von Pater Johann Baptist Jordan, der 1881 den Orden der *Salvatorianer* gegründet hatte und nun Schwestern für eine weibliche Genossenschaft suchte. Sie war überzeugt, dort ihrem Ruf zu einem kontemplativen und aktiven Leben folgen zu können. So fuhr sie 1883 nach Rom und wurde Maria Franziska vom Kreuz in der „*Katholischen Lehrgesellschaft* von Pater Jordan. Beide hatten aber verschiedene Auffassungen über die Ideale einer Ordengemeinschaft, denn Jordan war der Meinung, dass die Strenge des Ordenlebens, die Franziska wünschte, auf Dauer von seiner Kongregation nicht eingehalten werden könne.

In Rom gründete sie 1883 die Kongregation der *Schwestern von der schmerzhaften Mutter*, die am 17. September 1885 den Namen „Addolorata Schwestern" erhielt. Papst Leo XIII. bestätigte am 12. Oktober 1885 die „*Sorores Charitatis a Matre Dolorosa*".

Als geistlicher Direktor für die neue Schwesterngemeinschaft wurde Monsignore Georg Jaquemin, 1853-1903, Doktor der Theologie und des Kirchenrechts, ernannt und blieb bis zu seinem Tod in diesem Amt. Vier Jahre ein Diözesaninstitut, wurde die Kommunität 1889 der Kongregation der Glaubensverbreitung unterstellt.[493]

Warum ein neuer Orden? Für Franziska Streitel war klar, dass es notwendig war, sich den immer neu stellenden Bedürfnissen anzupassen. Menschen, von Gott berufen, erkennen oft klarer die Aufgaben, die der Glaube den veränderten Verhältnissen zuweist. Wie so manche und mancher vor ihr, schreckte auch sie vor der Erkenntnis zurück, dass Gott sie zu einer Neugründung berufen wollte.[494]

Mutter Franziska und 36 Schwestern übersiedelten Ende des Jahres in ein größeres Haus in der Straße „Borgo Santo Spirito" gegenüber dem Vatikan. Die Schwestern führen ihr klösterliches Leben nach der Regel des hl. Franziskus von Assisi und sind eine Ordensgemeinschaft von Frauen, die das Evangelium leben wollen. Der Versuch tätige Nächstenliebe und kontemplatives Ordensleben zu verbinden, führte der jungen Kongregation immer neue Mitglieder zu. Die Schwestern betreuten Waisenkinder in ihrem Konvent und pflegten arme Kranke in ihren Wohnungen, aber der eigentliche Zweck der Gründung war, eine säkularisierte Welt wieder zu Gott zu führen, nicht durch große Reden, sondern in den kleinen alltäglichen Dingen. So schrieb Franziska im Juli 1883:

> *Gebet und Arbeit sollen in den gleichen Linien laufen und als Doppelschwestern an der Hebung des geistigen und sozialen Elends der Menschheit wirkend, derselben wieder lehren, was es heißt, beten und arbeiten.*[495]

Aufgrund falscher Anschuldigungen in Rom entzog man Mutter Franziska 1896 das Amt der Oberin, als einfache Schwester und unter für sie härtesten Umständen blieb sie bis 1905 im Mutterhaus

493 *Schellner* Gudrun, Die Spiritualität der Kongregation der Schwestern von der Schmerzhaften Mutter. (ungedr. DA) Wien 1987.

494 *Sauser* Ekkart, Streitel Franziska, in: Biographisch-Bibliographisches Kirchenlexikon XVIII (2001) Sp. 1350.

495 *Probst* Ernst, Franziska Streitel, die „Dienerin Gottes aus Franken", in: Superfrauen 2 – Religion. Mainz 2003. 30.

in Rom und lebte und arbeitete anschließend bis zu ihrem Tod im Kinderasyl „*Castel Sant'Elia*", 50 km von Rom entfernt. Der Ort lag in der Nähe des Heiligtums der Madonna von den Felsen.[496] Erst bei ihrer Beerdigung erfuhren die Leute der Stadt, dass FRANZISKA STREITEL die Gründerin der Kongregation war. Sie war eine Frau, die sich auf den Ruf Gottes einließ, der sie ungeahnte Wege führte, wie sich aus ihrer Lebensbeschreibung erfahren lässt. Sie war erfüllt vom Geist des hl. FRANZISKUS und stellte sich ein Ordensleben mit apostolischer Tätigkeit vor, fruchtbar geworden durch das kontemplative Gebet.[497] Der Seligsprechungsprozess wurde 1936 begonnen. 1937 wurde ihr der Titel „Dienerin Gottes" verliehen.

5.15.2. Das Schwesternhaus in Wien als erste Filiale in Europa

Während einer Pilgerfahrt nach Wien nach Rom versprachen zwei adelige Damen, MARIE und ELISABETH KUPPELWIESER, die von dem Wunsch der Schwestern, in einem deutschsprachigen Land eine Niederlassung zu gründen, gehört hatten, der Gründerin, diese Gunst von der österreichischen Regierung zu erwirken. Dabei hatte die Regierung gerade eine Verordnung erlassen, dass keine neuen Orden mehr ins Land kommen sollten.

Zwei Schwestern kamen aus Rom nach Wien und blieben zunächst als Gäste der *Schwestern vom Heiligsten Herzen Jesu* am Rennweg in Wien. Als Erzieherin der Enkeltochter des Kaisers war Gräfin COUDENHOVE, die nach einem Unfall von einer der Schwestern gepflegt wurde, in der Lage, die Erlaubnis vom Kaiser zu erbitten, eine Niederlassung der *Schwestern der schmerzhaften Mutter* in Wien zu gestatten. 1891 kamen die ersten fünf Schwestern nach Wien und eröffneten ein Jahr später ein Haus in Wien-Simmering zur Ausübung der ambulanten Krankenpflege und begannen zugleich mit einer Ausbildung, die für eine spätere Leitung von einem Kindergarten und einer Nähschule erforderlich war. Von 1894-1899

496 *Schauber* Vera, *Schindler* Hanns Michael, Bildlexikon der Heiligen, Seligen und Namenspatronen. München 1999. 682.

497 *Koller* Sr. Carmeline, „Franziskanische Vision". Das Leben von Mutter Franziska Streitel. Gründerin der Schwestern von der Schmerzhaften Mutter. Straßburg 1982. 5.

leiteten die Schwestern das Maria Theresia Krankenhaus im VIII. Bezirk, das für Frauen in Wien eingerichtet war. Als Gegengabe erhielten sie Unterkunft und Verpflegung sowie eine kleine Vergütung. Das Ansuchen zur Einführung des Vereins „Apostolat der christlichen Töchter“ findet sich im Diözesanarchiv.[498]

5.16. DIE SCHWESTERN OBLATINNEN DES HL. FRANZ VON SALES

1080 Wien, Schönborngasse 14

5.16.1. Louis Brisson (1817-1908) und Leonie Aviat (1844-1914)

Die Priesterweihe von Louis Brisson im Dezember 1840 war anders als das, was man sich heute gewöhnlich unter diesem Fest vorstellt. Eisige Kälte, keine feierlichen Reden, kein anständiges Essen, sondern eine Drohpredigt darüber, dass jeder unwürdige Priester von Gott bestraft werde. Mit diesem Bild des strafenden Gottes war Louis ganz und gar nicht einverstanden, da er bereits die Freude, den Optimismus und die Güte jenes Heiligen kennen gelernt hatte, der sein Leben und Wirken prägen sollte: Franz von Sales, der ihm die Überzeugung vermittelte, dass Gott ein Gott der Liebe ist.

Mitte des 19. Jahrhunderts gewann die Wirkwarenindustrie in Troyes (Frankreich) an Bedeutung. Viele Mädchen, oft noch Kinder von elf Jahren, wurden in die Stadt geschickt, um Geld zu verdienen. Dort jedoch waren sie ganz sich selbst überlassen. Der junge Priester Louis Brisson, der 1875 die Kongregation der *Oblaten des hl. Franz von Sales* gegründet hatte, deren Mitglieder sich der Erziehung und der Seelsorge widmeten, sah dies mit großer Sorge. Für diese Mädchen gründete er drei Heime, die so genannten „Arbeiterinnenwerke“. Aber das Problem war: wer nahm sich dieser Mädchen an? Die Leiterinnen, mit denen er bisher zu tun hatte, vermochten der schweren Aufgabe nicht Herr zu werden. Manche waren herzensgut, hatten aber keine Führungsqualitäten. So wollte Louis Brisson die Arbeiterinnenwerke Ordensfrauen anvertrauen, die diese Unterstützung seiner Arbeit als ihr eigenes Apostolat begriffen. Als er Mutter

498 Diözesanarchiv Wien: Fonds, Schwestern der schmerzhaften Mutter. DOK: Ansuchen vom 22.12.1893 an das Ordinariat mit der Botte um Einführung des Vereins „Apostolat der christlichen Töchter“.

Maria Salesia Chappuis, die Oberin des Klosters von der Heimsuchung in Troyes kennen lernte, war diese davon überzeugt, dass sie und Louis Brisson dazu ausersehen waren, den Plan der Gründung einer Frauengemeinschaft des hl. Franz von Sales in die Tat umzusetzen, den dieser nicht mehr verwirklichen konnte.

Leonie Aviat stammte aus der Champagne, wo sie am 16. September 1844 in der Stadt Sézanne geboren wurde. Sie besuchte das Pensionat des Klosters von der Heimsuchung in Troyes und erhielt dort die damals für bürgerliche Töchter übliche Ausbildung. Ihr Apostolatsleben wollte sie auf der Spiritualität des hl. Franz von Sales aufbauen, die sie durch den Beichtvater des Klosters, Louis Brisson, kennen gelernt hatte. Mit 22 Jahren stellte sich Leonie der doppelten Herauforderung, der Gründung einer Gemeinschaft und der Leitung der Arbeiterinnenwerke. Leonie Aviat war bereit, gemeinsam mit Pater Louis Brisson eine Kongregation zur Betreuung der Arbeiterinnen zu gründen. Doch am 19. Juli 1870 erklärte Preußen Frankreich den Krieg. Es ergab sich eine bedrohliche Situation, auch für die Zivilbevölkerung. Leonie war in großer Sorge um ihre Mädchen, denn es gab keine Arbeit mehr. In ihrer Not bot sie dem französischen Militär an, Uniformen zu nähen. Sie bekam den Auftrag für ihre hungernden Arbeiterinnen und konnte so das Schlimmste verhindern. Endlich war der Krieg zu Ende.

Am 11. Oktober 1871 legte Leonie Avat im Mutterhaus in Troyes ihre Ordensgelübde ab. Ihr Ordensname, Sr. Franziska-Salesia, drückte sehr deutlich aus, dass sie ihr Leben nach der Spiritualität des Heiligen ausrichten wollte: *„Jesus lieben – nicht mehr und nicht weniger!“* Am 25. November 2001 wurde Franziska Salesia Aviat von Papst Johannes Paul II. heilig gesprochen, eine Frau, die einen Orden mitgegründet hatte, im Dienst am Menschen, im Hören auf den Willen Gottes.

5.16.2. Die Gründung der Niederlassung in Wien

1897 kamen die ersten Patres *Oblaten des hl. Franz von Sales* nach Österreich und im selben Jahr setzte sich Gräfin Goluchowska, geb. Gräfin Murat, die Gattin des Außenministers von Kaiser Franz Josef, mit Pater Brisson in Verbindung. Sie wollte eine Niederlassung der

Schwestern *Oblatinnen des hl Franz von Sales* in der Kaiserstadt. Viele Familien der gehobenen Gesellschaft beschäftigten junge Frauen als Lehrerinnen und Gouvernanten für ihre Kinder. Diese Mädchen waren oft gefährdet. In der Annagasse im I. Bezirk bestand eine kleine Unterkunft, die Leitung dieses Hauses sollte den *Oblatinnen des hl. Franz von Sales* anvertraut werden. 1898 kamen die ersten Schwestern nach Wien. Wie so oft, war der Beginn nicht einfach.

1904/05 wurde die „Stiftung Maison St. Genevieve" in der Schönborngasse 14, im VIII. Bezirk gebaut, und im Oktober 1905 bezogen zwei Schwestern und zehn Mädchen das Haus. Dieses Schülerinnenheim steht auch heute noch unter der Leitung der Schwestern. Die Worte der Gründerin Leonie Aviat wurden in die Tat umgesetzt: *„Tragen wir bei zum Glück des Nächsten!"*

5.17. SCHWESTERN DER KINDHEIT JESU UND MARIENS UNTER DEM SCHUTZ DER HL. CHRISTIAN – SANCTA CHRISTIANA

1238 Wien, Willergasse 55 / Hochstraße 8

5.17.1. Anne und Alexis Méjanès

Das Ehepaar Méjanès lebte seit 1789 in Argancy. Es hatte keine Kinder und nahm einige Freunde in ihr großes Haus auf. Das *„Kind Jesus"* wurde zum Mittelpunkt ihres Lebens. Gebet, Arbeit und Dienst an den Armen schlossen sich zur Einheit in der Spiritualität der *„École Française"* zusammen, einer geistlichen Strömung, die zu dieser Zeit in Lothringen verbreitet war. Der Bischof von Metz, Monseigneur Jauffret, war von dieser Gemeinschaft in Argancy sehr beeindruckt. Er machte den Frauen den Vorschlag, ihr Leben Gott zu weihen.

Am 20. April 1807 gab der Bischof der kleinen Gruppe den Status einer Ordensgemeinschaft nach der Regel des hl. Augustinus, als Schutzpatronin die hl. Christiana[499] und eine doppelte Mission: Erziehung und Krankenpflege. Die *Schwestern der Kindheit Jesu und*

499 Im 4. Jahrhundert n. Chr. floh eine Frau, von Armenien kommend, nach Georgien. Sie trug den Namen Nino. In der Hauptstadt Mzcheta lebte sie in einer Hütte und erwarb sich den Ruf einer Heilerin (Kind und Königin), die die Bekehrung der Georgier zum Christentum einleitete: König Mirian III. erhob das Christentum 337 zur Staatsreligion. In der lateinischen Überlieferung wird Nino Christin genannt: Christiana.

Mariens unter dem Schutz der hl. CHRISTIANA sind eine Ordensgemeinschaft, die sich zunächst in Frankreich ausbreitete, aber bereits 1854 nach Österreich kam.

5.17.2. „Sancta Christiana“ von Frohsdorf nach Wien

Die erste Niederlassung in Österreich entstand in Frohsdorf, wohin Erzherzogin MARIA THERESIA von ÖSTERREICH-ESTE, Gräfin von CHAMBORD, die Schwestern berief, zunächst zur Erziehung der Kinder ihrer Dienerschaft, um ihnen dann später die Mädchenvolksschule des Ortes zu übergeben. Ihr Einsatz in Wien war vor allem dem Unterricht und der Jugenderziehung gewidmet. Im früheren Schloss des Fürsten JOHANN von LIECHTENSTEIN in Wien-Rodaun, im heutigen XXIII. Bezirk wurde 1898 eine Mädchen Lehr- und Erziehungsanstalt gegründet.[500]

5.18. „SCHWESTERN VOM GÖTTLICHEN HEILAND“[501] „DIE SALVATORIANERINNEN“

1130 Wien, Hackinger Hof 3-4

Der 8. Dezember 1881 gilt als der Gründungstag der *„Apostolischen Lehrgesellschaft“*, die später den Namen *„Gesellschaft des göttlichen Heilands*“ erhielt. Die Umwandlung in eine Ordensgesellschaft erfolgte 1883 nach den damals geltenden kirchlichen Bestimmungen. *„Apostolisch zu beten, apostolisch zu wirken, apostolisch zu leiden“*, ist nach dem Willen ihrer Stifter die Aufgabe der Salvatorianer und der *„Schwestern vom göttlichen Heiland“*, den Salvatorianerinnen.

5.18.1. Johann Baptist Jordan (1848-1918) und Therese von Wüllenweber (1833-1907)

Die Kongregation ist aus dem Rheinland erwachsen, denn Pater FRANZISKUS MARIA VOM KREUZ (Johann Baptist Jordan), wurde 1848 in Gurtweil am Oberrhein, Mutter MARIA VON DEN APOSTELN (Therese von Wüllenweber) 1833 auf Schloß Myllendonk am Niederrhein bei Mönchengladbach geboren.

500 *Krebs.* 146.

501 Societas Divini Salvatoris = SDS.

In armen Verhältnissen aufgewachsen, fühlte sich Johann Baptist Jordan nach seiner Ausbildung im Malerberuf und nach der damals für Gesellen üblichen „Walz“[502] durch Europa zum Priester berufen. Pater Franziskus vom Kreuz wurde als Spätberufener 1878 in St. Peter (bei Freiburg) zum Priester geweiht. Ein Stipendium ermöglichte in Rom ein weiteres Studium. Auf einer Palästinareise festigte sich sein Entschluss zur Gründung eines eigenen Werkes, das er im Jahre 1881 als *„Apopstolische Lehrgesellschaft“*[503] in Rom ins Leben rief. [504] Nach der Gründung einer eigenen Schwesterngemeinschaft, die ihren Vorstellungen entsprach, trennte sich Franziska Streitel von ihm.

Die zweite Gründung mit Freifrau Therese von Wüllenweber führte zu einem selbstständigen weiblichen Institut salvatorianischer Zielsetzung. Ziel seiner Gründungen, die aus den Erlebnissen der Glaubensnot seiner Zeit, der Unterdrückung der Kirche im Kulturkampf entstanden waren, war die Stärkung des Glaubens in den verschiedensten Bereichen des menschlichen Lebens sowie die Ausbreitung des Glaubens in den Missionsländern. Pater Jordan war ein Mann voller Visionen.

Maria von den Aposteln erlebte als gebildete Frau eine kirchenpolitisch schwierige Zeit, aber auch kleine religiöse Aufbrüche. Man kannte ihre Sorge um die Waisenkinder und junge Arbeiterinnen sowie für Arme und Kranke. Schon als Mädchen hatte sie den Wunsch in die Mission zu gehen. Sie versuchte, wenn auch vergeblich, bei verschiedenen Ordensgemeinschaften einzutreten, sah dann jede Ablehnung als Prüfung Gottes an. 1882 kam sie mit Pater Jordan, mit 33 Jahren einer der jüngsten Ordensgründer der Kirchengeschichte, in Kontakt und hatte die *„Apostolische Lehrgesellschaft“* in Rom kennen gelernt. Durch diese Begegnung fand ihre Suche nach einem apostolischen Leben ihre Erfüllung.

Am 8. Dezember 1888 konnte sie mit einigen Gefährtinnen zu Tivoli in Rom in großer Armut die Keimzelle für die Gesellschaft

502 Wanderung von einer Arbeitstätte zur Nächsten.

503 Ab 1882 „Katholische Lehrgesellschaft“, seit 1893 „Gesellschaft des Göttlichen Heilands“ genannt.

504 Vgl. VII.5.15.

der *Salvatorianerinnen* legen. 1893 wurde der Name in *Gesellschaft vom göttlichen Heiland* geändert. Die Schwestern übernahmen vielseitige Arbeitsgebiete in der Krankenpflege, im Schulwesen jeder Art sowie in verschiedenen Hilfswerken. In THERESE WÜLLENWEBER[505] fand Pater JORDAN eine begeisterte Mitkämpferin. Beide kamen aus völlig unterschiedlichen Gesellschaftsschichten. Doch war dieser Unterschied belanglos, weil sich beide einig waren in dem Apostelcharisma: „*Christus verkünden als Heil der Welt*". Ihre Vision war: „*Wie Jesus mit den Aposteln und den Frauen unterwegs sein*".[506] Vielleicht war damit der Aspekt salvatorianischer Universalität bereits vorgegeben.

5.18.2. Die Salvatorianerinnen in Wien

PETER JORDAN hatte schon lange vor der Niederlassung seiner Kongregation in Wien viele persönliche Kontakte nach Österreich aufgebaut und über eine eventuelle Niederlassung nachgedacht. Nach zehn Jahren konnte er die Gründung verwirklichen. 1899 kamen die ersten sieben Schwestern nach Wien in das „*Maria Theresia Spital*" in der Feldgasse im VIII. Wiener Gemeindebezirk, um die Pflege in diesem Krankenhaus zu übernehmen.[507]

Klein und unbedeutend erschien der Apostolatsbeginn in Kaisermühlen, ein Gebiet, das damals die „Hungerinsel" genannt wurde. In dem Haus Schüttaustraße 56, heute XXII, mieteten drei Schwestern 1904 eine verwahrloste Hochparterrewohnung über einem Misthaufen, um arme Kinder und Kranke zu betreuen. 1905 konnte zusätzlich eine Tagesheimstätte für Mädchen eröffnet werden. Die Chronik der „Salvatorschule" in Kaisermühlen berichtet darüber:

> *Die Kinder werden verköstigt und befinden sich tagsüber unter der Aufsicht der Schwestern, die sich bemühen, sie in Handarbeit, Lesen und Schreiben zu unterrichten und ihnen eine gute religiöse*

505 Therese Wüllenweber wurde 1968 von Papst Paul VI. selig gesprochen.

506 *Kongregation vom göttlichen Heiland*, Spurensuche. Sonderausgabe Wien 1998. 18f.

507 DOK – handschriftliche Eintragungen der Oberin 28.10.1899-8.11.1904.

Erziehung angedeihen zu lassen. Die Schwestern ziehen mit dem Leiterwagerl umher, um für die Kinder zu betteln.[508]

Ein Brief von Sr. DOROTHEA an die Mutter Oberin[509] berichtet von der feierlichen Eröffnung der Kinderschutzstation St. Josef in Kaisermühlen. 50 Kinder im Alter von 6-12 Jahren durften am 15. Mai zum ersten Mal kommen. Der Bürgermeister Dr. LUEGER dankte allen hohen Wohltätern und Gönnerinnen der armen Kinder, die Kinder sangen Lieder, dann folgten Gedichte, und die Feier wurde beendet mit dem Kaiserlied: „*Gott erhalte unsern Kaiser! Gott beschütze unser Land...*“ Der Brief endete mit dem Hinweis auf glückliche Kinder, die sich Schokoladekaffee samt Kuchen schmecken ließen, und Gottes Segen auf dieser Jause, da damit außer den 50 Mädchen, für die sie bestimmt war, noch 40 Knaben beglückt wurden.

5.19. CARITAS SOCIALIS

Generalleitung, 1092 Wien, Pramergasse 9

5.19.1. Hildegard Burjan (1883-1933)

Wien-Besucher finden im linken Querschiff der Votivkirche ein Glasfenster, das die beiden ältesten Schutzheiligen Österreichs zeigt, den HL. SEVERIN (Gefangene befreiend, +482) und den HL. MARTIN (Nackte bekleidend, +397). Beide Heilige verkörpern Aspekte der Caritas, der christlichen Nächstenliebe und verweisen auf deren tiefste Wurzeln aus dem Glauben heraus. Da sie beide als Patrone der Caritas gelten, ist die Thematik des unteren Bildteiles klar. Er ist Menschen gewidmet, die sich auf verschiedenartigste Weise um Sozialreformen im christlichen Sinn bemühten. Neben Papst LEO XIII. mit der ersten päpstlichen Sozialenzyklika *Rerum Novarum* (1891), sind auch Vertreter der katholischen Soziallehre in Österreich zu sehen, so der große Sozialreformer CARL Freiherr von VOGELSANG,[510] der Arbeiter-

508 Kongregation vom göttlichen Heiland, 100 Jahre Salvatorianerinnen in Kaisermühlen.

509 Brief vom 28. Mai 1905.

510 Vgl. III. 2.5.2.

seelsorger P. Anton Maria Schwartz,[511] Kardinal Anton Gruscha,[512] der sich als „Gesellenvater“ besonders der Handwerker angenommen hatte, der Klosterneuburger Chorherr Rudolf Eichhorn,[513] der christlich-soziale Arbeiterführer Leopold Kunschak[514] und der Führer der christlich-sozialen Partei in der Ersten Republik Österreichs, Prälat Dr. Ignaz Seipel.[515] Links am Rande entdeckt der Betrachter auch eine Frauengestalt, die erste christlich-soziale Abgeordnete im österreichischen Parlament nach dem Zusammenbruch der Monarchie und Gründerin der religiösen Schwesterngemeinschaft *Caritas Socialis* – Hildegard Burjan.[516]

An der Schwelle des 20. Jahrhunderts gehörte sie bereits einer neuen Frauengeneration an und beschritt fortan Wege in der Sozialpolitik, die bis heute richtungweisend sind. Mit Weitblick erkannte sie, dass sich die katholische Kirche mit der aufbrechenden Frauenfrage, die durch die zunehmende weibliche Erwerbstätigkeit entstanden war, intensiv auseinandersetzen müsse. Durch ihre zahlreichen

511 Schwartz Anton Maria (1852-1929). Ab 1879 Spitalsseelsorger bei den Barmherzigen Schwestern in Wien. 1882 gründete er einen katholischen Lehrlingsverein. Ab 1886 widmete er sich der Lehrlingsseelsorge, eröffnete ein Lehrlingsasyl, schuf eine Lehrlingsvermittlungsstelle, errichtete mehrere Tagesheimstätten. Er setzte sich für bessere Arbeitsbedingungen ein und achtete neben der religiösen Formung auch auf Bildung der jungen Arbeiter und Lehrlinge. 1889 erfolgte die Gründung der Kongregation für die christlichen Arbeiter vom hl. Kalasanz von der Mutter Gottes.

512 Vgl. IX.1.2. Kardinal Gruscha.

513 Eichhorn Rudolf (1887-1925) gehörte zum Kreis des Freiherrn von Vogelsang. 1885 veröffentlichte er den Bericht über „Die weißen Sklaven in der Tramway-Gesellschaft“, worin er die schlechten Arbeitsbedingungen der Angestellten anprangerte. Ab 1888 Abgeordneter im Reichstag. 1889 Pfarrer in Höflein an der Donau, ab 1895 wirkte er fast drei Jahrzehnte in Nussdorf. Auch die Not der Schiffsarbeiter hatte er erkannt und zu lindern versucht. „Er gilt als einer der bedeutendsten Pioniere der Arbeiterseelsorge.“ (Loidl, Geschichte. 291).

514 Kunschak Leopold (1871-1953) gründete 1892 den christlich-sozialen Arbeiterverein, dessen Vorsitzender er bis 1934 war. In dieser Zeit hatte er verschiedene politische Funktionen inne.

515 Seipel Ignaz (1876-1932). Theologe, Priester, 1921 Prälat. Obmann der Christlich-sozialen Partei, Bundeskanzler 1922-1924 und 1926-1929.

516 *Mikrut* Jan, Faszinierende Gestalten der Kirche Österreichs. 1. Wien 2000. 51.

Werke und Initiativen in der Sozialfürsorge wirkte sie bahnbrechend an der Lösung sozialer Fragen mit.[517]

Über Hildegard Burjan wurden zahlreiche Werke verfasst, das Wesentliche soll hier zusammengefasst werden: Hildegard Lea Freund wurde am 30. Jänner 1883 in eine liberale, jüdische Familie in Preußisch-Schlesien geboren. Als eine der ersten Frauen promovierte sie in der Schweiz. Verheiratet mit dem ungarischen Techniker Alexander Burjan, übersiedelte die Familie 1907 nach Berlin. Ein Jahr später, nach einer schweren Nierenerkrankung, hatten die Ärzte jede Hoffnung auf Genesung aufgegeben, doch am Ostermorgen begann, unerklärlich für die Ärzte, die Wunde zu heilen. Dieses Ereignis wurde von Hildegard als Wunder erfahren. Durch die Pflege der geistlichen Schwestern war sie durch deren Lebenszeugnis dem katholischen Glauben nahe gerückt.

Hildegard war überzeugt: *„So etwas kann ein sich selbst überlassener Mensch allein nicht vollbringen. Ich habe die Gnade erlebt".* Im August 1909 empfing sie das Sakrament der Taufe.[518] Als die Familie nach Wien übersiedelte, fand Hildegard bald Anschluss an katholische Kreise, vor allem an Gruppen, die sich mit den Gedanken des Freiherr von Vogelsang und den Aussagen der Sozialenzyklika Rerum Novarum auseinander setzten. Aber bevor sie sozial aktiv werden konnte, machte die Geburt ihrer Tochter Elisabeth 1910 wieder einen längeren Spitalsaufenthalt nötig.

Hildegard Burjan war sich zuerst ihrer Sendung nicht bewusst. Sie selbst sagte: *„Ich musste Gott erst suchen."* Ihr „soziales Konzept", ihre vielseitige und Zeit aufwendige, caritative und später politische Tätigkeit brachte sie oft in Konfliktsituationen. In der kurzen Zeitspanne, die ihr für die Verwirklichung ihrer Ideen gegeben war, initiierte sie, ihrer Zeit im sozialen Denken weit voraus, Projekte, die den weiten Bereich der Fürsorge entscheidend verändern sollten. *„Wohlfahrt genügt nicht, es gilt, eine Gesinnungs- und Zustände-Reform zu betreiben."* Das war ihr Bestreben, das sie dazu trieb, sich mit der Sozialen Frage auseinanderzusetzen. Sie entwickelte ein

517 *Schödl* Ingeborg, Hildegard Burjan, Christin, Politikerin, Sozialpionierin, in: Communio, internationale katholische Zeitschrift. 32 (2003). 558.

518 *Mikrut.* 56

Konzept, das von einem neuen Ansatzpunkt ausging, heute würde man von „Hilfe zur Selbsthilfe“ sprechen.[519] 1910 fand in Wien der Erste Österreichische Katholische Frauentag statt. In ihrer Ansprache erklärte Hildegard Burjan:

> *Christliche Nächstenliebe und soziale Arbeit müssen zusammenwirken – all unser Tun ist nur dann segensreich, wenn es basiert auf den Grundwahrheiten unserer Religion.*

Drei Punkte suchte Hildegard Burjan zu verwirklichen:
- eine gerechte Lohnpolitik
- die Gründung christlicher Arbeitervereine und
- einen umfassenden, gesetzlichen Arbeiterschutz.[520]

Die Heimarbeit war damals als eine Form weiblicher Erwerbstätigkeit stark verbreitet. Die existentielle Not, die zur Heimarbeit trieb, war der Hauptgrund für die Frauen, sich dem Lohndruck zu fügen und die schlechten Arbeitsbedingungen hinzunehmen. Hildegard wurde aufmerksam auf das Elend der Heimarbeiterinnen, die von den Auftraggebern schamlos ausgenützt wurden, da es keine Lohnkontrolle und keinerlei Rechtsschutz gab. Der Wochenverdienst von 12 Kronen reichte gerade zum Leben, dazu musste aber täglich 15 Stunden gearbeitet werden.[521] So gründete Hildegard Burjan 1912 den „*Verband der christlichen Heimarbeiterinnen*“, der Unterstützung in Krankheit und Sterbefall sowie unentgeltlichen Rechtsschutz anbot und richtete eine unentgeltliche Wöchnerinnenhilfe ein. Sie erreichte auch die Festsetzung von Mindestlöhnen für Heimarbeit. 1914 skizzierte Hildegard Burjan vor dem Zweiten Österreichischen Katholischen Frauentag die Notwendigkeit eines Zusammenschlusses aller Heimarbeiterinnen, um die nötigen gesetzlichen Regelungen durch den Staat zu erreichen. Sie verwies dabei auch eindringlich auf ein damit verbundenes Problem, die Kinderarbeit, da die Kinderschutzgesetze nur auf dem Papier bestanden. Berühmt wurde ihr Referat: „Kinderelend und Heimarbeit“:

519 *Caritas Socialis*, Ganz für Gott und ganz für die Menschen, Hildegard Burjan, o.J. 14.

520 *Mikrut*. 58.

521 *Kronthaler*. 68.

Diesem zum Himmel schreienden Problem ist nicht nur durch eine rigorose Kontrolle der Einhaltung der Kinderschutzgesetze beizukommen, sondern vor allem über die gerechte Entlohnung der Familienerhalter. Das ist nicht eine Sache der Barmherzigkeit, sondern eine der christlichen Gerechtigkeit.[522]

Man proklamierte Hildegard Burjan zur „Heimarbeiterinnenmutter".[523] Ihr Wahlspruch war „*Die Liebe Gottes wird mir helfen*", und diese Liebe hatte Hildegard Burjan offenbar nicht nur mit den Talenten eines heutigen Managers ausgestattet, sondern auch mit der Hartnäckigkeit, ihr Ziel zu erreichen. Als die blühende Heimindustrie der Spitzenklöppelei im Erzgebirge durch den Krieg plötzlich völlig dar nieder lag, organisierte sie in der so genannten „Erzgebirgeaktion" Lebensmitteltransporte sowie Kleiderspenden und war vor allem bemüht, in Wien Arbeitsaufträge zu erhalten. So fanden Hunderte Frauen Arbeit durch Nähen von Militärwäsche. Im Verein „Soziale Hilfe" fasste Hildegard 1918 alle Arbeiterinnenverbände zusammen. Unterkünfte für obdachlose Frauen, Wärmestuben wurden eingerichtet und der „Elisabeth Tisch" eingeführt, wo man gegen einen geringen Betrag eine warme Mahlzeit erhalten konnte. Mit dem „Krankentisch für Bettlägerige", wurde der Grundstein gelegt für das erst fünfzig Jahre später verwirklichte Sozialprojekt „Essen auf Rädern".[524]

Die Gründung der Ersten Österreichischen Republik eröffnete den Frauen neue politische Verantwortungsmöglichkeiten. Durch ihr soziales Engagement und ihr Eintreten für die Rechte der Frau wurden führende Männer der Christlich Sozialen Partei auf Hildegard aufmerksam. Mit der neuen Wahlordnung vom 21. Oktober 1918 erhielten erstmals auch Frauen das aktive und passive Wahlrecht. Hildegard Burjan wurde aus den Vertretern der Arbeiterschaft in die Parteileitung der Wiener Christlich-Sozialen Partei gewählt, zog als erste Frau in den Wiener Gemeinderat ein und wurde stellvertretender Obmann des Arbeiterführers Leopold Kunschak. Man erkannte sehr bald, welches „Zugpferd" man mit ihr in der Gunst um die

522 *Kronthaler*, Referat am 2. Katholischen Frauentag am 16.4.1914. 78.

523 *Mikrut*. 61.

524 *Schödl*, Männerwelt – Frauenwerk. 69.

erstmals wählenden Frauen gefunden hatte, denn die Stimmen der Frauen gaben bei der Wahl den entscheidenden Ausschlag. 1919 war sie als einzige nicht sozialistische Frau Mitglied der konstituierten Nationalversammlung.

Zahlreiche Gesetzesinitiativen auf dem Gebiet des Sozialen sind ihr Werk. Einer ihrer wesentlichen Verdienste war die Verabschiedung des „Hausgehilfinnengesetzes", womit für diesen Berufsstand Rechtsgrundlagen für Arbeits- und Lohnbedingungen geschaffen wurden. Ebenso setzte sie Anträge für Mütter- und Säuglingsschutz, die Einrichtung von staatlichen Schulen für Land- und Hauswirtschaft für Mädchen sowie ein Verbot der Nachtarbeit für Frauen und Mädchen durch. Als Christin fühlte sie sich verpflichtet, durch ihre politische Tätigkeit zur Verbesserung der Lebensbedingungen der Menschen mit zu helfen. Dieser Lebensstil passte allerdings nicht ganz in das Schema des traditionellen Katholizismus hinein, sie bekam oft genug Kritik zu hören.[525] Hildegard Burjan gilt als eine hervorragende apostolische Frau, die wie wenige die Zeichen der stark gewandelten Zeit verstanden hat. Sie war eine Wahrheitssucherin, ganz erfasst vom hart errungenen Christentum und durchdrungen vom Geist der Bergpredigt. Sie war eine Frau mit mütterlichem Herzen, mit Weitblick, voll von Unternehmungsgeist. Hildegard hatte auch noch ein anderes Lebensziel, die „Caritas Socialis". Auf dem Sterbebett sagte sie: *„Ich habe die Caritas Socialis Gott übergeben, Gott wird sie führen"*.[526]

5.19.2. Die Gründung der Schwesterngemeinschaft Caritas Socialis

Das 20. Jahrhundert wird als Jahrhundert grausamer Abstürze und Unmenschlichkeiten der Geschichte eingeprägt bleiben, aber auch als Jahrhundert neuer Aufbrüche. Dazu zählt auch die Entwicklung in der Frauenfrage, das Vordringen der europäischen Frauen in den öffentlichen Raum, in Bildung, an Schule und Universität, dann in die aktive Politik, der Gesetzgebung, der Wissenschaft. Der Erste Weltkrieg definierte mit seinen Schrecken und seinen Folgen auf

525 *Caritas Socialis,* Ganz für Gott... 20.

526 *Caritas Socialis,* Ganz für Gott... 28.

lange Sicht das Lebensgefühl und die Handlungen der Frauengeneration dieser Zeit. Man hatte wohl erkannt, dass neue Wege in der Frage der sozialen Not notwendig waren, aber „Strukturelle Veränderung“ und „konkrete Hilfe im Einzelfall“ hatten noch nicht das nötige Gleichgewicht gefunden. Dass Hildegard Burjan an beiden Fronten schier „Unmögliches“ durchsetzte, macht ihre besondere Größe aus.[527]

Schon zu Beginn ihres sozialen Engagements hatte Hildegard Burjan erkannt, dass eine erfolgreiche Tat ein Tun aus religiöser Motivation erfordert. Sie war überzeugt, dass die *Caritas Socialis* Menschen braucht, die die große, komplizierte moderne Not gesehen haben, die im Leben stehen, äußerlich und innerlich frei sind, die sich nicht abschließen wollen von der Gefahr des Lebens, die beten und nach innigster Vereinigung mit Gott streben. So entstand die Idee, eine religiöse Gemeinschaft von Frauen zu gründen, die „etwas ganz Neues sein soll“. Der „Stoßtrupp Gottes“ sollte dort arbeiten, wo kein anderer diese Arbeit tun wollte. Der Plan wurde bereits im Spätsommer 1913 dem neuen Erzbischof von Wien Friedrich Gustav Kardinal Piffl[528] unterbreitet, kaum sechs Wochen nach seinem Amtsantritt. Hildegard Burjan legte ihm ihren Plan vor, eine religiöse Gemeinschaft zur Ausführung sozialer Arbeit zu gründen. Nicht wie die Ordensschwestern im Äußeren, sollten die Schwestern doch auf religiöser Grundlage stehen und nach den evangelischen Räten leben. Kardinal Piffl wurde schon mit dieser ersten Audienz der geistliche Vater der geplanten Schwesternschaft und sagte zu Hildegard Burjan:

> *Machen Sie nichts Ungarisches, machen Sie nichts Deutsches, machen Sie etwas aus ihrem Herzen heraus, etwas Österreichisches. Ich werde Ihnen helfen, soviel ich kann.*[529]

Der Ausbruch des Ersten Weltkrieges 1914 verhinderte eine baldige Verwirklichung. Erst am 24. Oktober 1918 versammelten sich fünfzig Mädchen und Frauen in der Kapelle des „Carolinums“ in Wien

527 *Schödl*, Zwischen Politik und Kirche. 246.

528 Vgl. IX.1.2.

529 *Schödl*, Männerwelten – Frauenwerke. 61.

V, Arbeitergasse 26, wo ihnen Prälat Ignaz Seipel die von Hildegard Burjan vorgegebenen Leitsätze der *Caritas Socialis* vorlegte.
Am 4. Oktober 1919 sprachen die ersten Schwestern das von der Gründerin verfasste Weihegebet, und dieser innere Kern von Schwestern bildete nun die Kerntruppe.[530] In seiner Ansprache hob Kardinal Piffl die Notwendigkeit der sozialen Arbeit und Heranbringung neuer Kräfte hervor, die bestrebt waren, in Gottesliebe dem Nächsten zu dienen und betonte, dass die *Caritas Socialis* in ihrer Bedeutung den klösterlichen Kongregationen nicht nachstehe. Da zu dieser Zeit die Idee von Säkularinstituten noch nicht aktuell und kirchenrechtlich vorgesehen war, bedurfte es langer Gespräche mit dem Wiener Erzbischof sowie mit dem Moraltheologen und späteren Bundeskanzler Prälat Ignaz Seipel, um die Form einer Gemeinschaft von Schwestern zu finden, welche eben als „beweglicher Stosstruppe der Kirche" zur Behebung extremer sozialer Not einzusetzen war: *„Wir wollen etwas Neues, nicht etwas Bestehendes, sondern der Zeitnot Angepaßtes"*.[531]

Hildegard wollte keinen neuen Orden gründen, sondern eine Schwesterngemeinschaft, *„ähnlich wie Klosterfrauen, die aber in der Welt draußen das tun können, was andere, eingeengt durch die Klausur, nicht tun können"*.[532] Als Patrone ihrer Gemeinschaft wählte sie Maria, die „Mutter vom guten Rat", den hl. Franziskus und die hl. Katharina von Siena, die in ihrem Jahrhundert soziale Probleme zu lösen versuchte und ihr als Frau in einer damals wie zu ihrer Zeit von Männern dominierten Kirche ein Vorbild geworden war. Sie selbst war überzeugt davon, dass es ihr Auftrag war, die Liebe Gottes durch die soziale Tat zu verkünden. Die Ansicht, dass die Frauen an der Lösung der Frauenfrage selbst mitarbeiten müssen, vertrat der Priester Seipel mit der Begründung:

> *Wie soll je ein Mann die Bedürfnisse und Hemmnisse des Frauenlebens vollkommen erfassen, da es doch seit der Weltschöpfung für den Mann kein Übergehen in die Frauenseele gibt, sondern nur ein Hinübersehen im Nebeneinanderwerden.*[533]

530 *Schödl*, Männerwelt – Frauenwerke. 126

531 *Caritas Socialis*, Ganz nah bei Gott...24.

532 *Schödl*, Männerwelt – Frauenwerk. 124f.

533 *Schödl*, Zwischen Politik und Kirche. 118.

Nach Seipels Frauenbild war die Frau für das passive wie auch das aktive Wahlrecht voll und uneingeschränkt dem Manne gleich geeignet. Mit der Zuerkennung des Wahlrechtes für Frauen schien er einen persönlichen Sieg errungen zu haben. Den praktischen Beweis, wie sehr sein Frauenbild der Wirklichkeit entsprach, erbrachte Hildegard Burjan. Diese Frau rang im Parlament Freund und Feind allgemeine Achtung ab.

Die Vereinsgründung der *Caritas Socialis* wurde in der Presse kaum beachtet. Erst im März 1919 berichtete die „Österreichische Frauenwelt" von einer „Religiösen Gemeinschaft sozial tätiger Frauen". 1922 gab es keine Einwände mehr, dass sich die Schwestern zu einer religiösen Gemeinschaft zusammenschlossen, um nach den evangelischen Räten für ihren Auftrag zu leben. 1936 wurde die *Caritas Socialis* eine Gemeinschaft diözesanen Rechtes, unter Papst Paul VI. 1960 eine Gemeinschaft päpstlichen Rechts.[534] Während die Vereinsgründung der *Caritas Socialis* das gemeinsame Werk von Prälat Seipel und Burjan war, darf die Schwesternschaft als die ureigenste Gründungsidee von Hildegard Burjan angesehen werden.[535] Mit Prälat Ignaz Seipel[536] verband sie ab 1917 eine geistige Freundschaft, in ihm fand sie den gesuchten Mitstreiter für ihre Pläne. Mit dem Bau der Gedächtniskirche im Jahr 1932 in einem Arbeiterviertel Wiens[537] hat Hildegard dem Staatsmann und Priester Seipel ein Denkmal gesetzt.

Hildegard Burjan starb am 11. Juni 1933, erst 50 Jahre alt. Sie war mit ihrer Gründung ihrer Zeit um Jahrzehnte voraus, denn erst mit der Enzyklika „Provida Mater" von Papst Pius XII. wurde 1947 die rechtliche Grundlage für die Säkularinstitute geschaffen.[538] Die Schwestern der *Caritas Socialis* nahmen in den Jahren 1918/19 das Wagnis zu etwas ganz Neuem auf sich. Sie waren ohne Sicherung, ohne festgeschriebene Richtung, ohne Tradition, einfach ihrem reli-

534 *Mikrut*. 69.

535 *Kronthaler*. 235.

536 Bundeskanzler 1919-1932, Priester und Moraltheologe. Vgl. IX.2. Die Erzbischöfe von Wien.

537 Kriemhildplatz 12 im 15. Bezirk.

538 Vgl. XI. Die Säkularinstitute.

giösen Ideal hingegeben und folgten dem Vorbild der Gründerin. Die Fürsorgeeinrichtungen des Staates waren erst im Entstehen, noch gab es keine spezialisierten Kräfte, Möglichkeiten zur Schulung auf dem Gebiet der Fürsorge wurden erst nach und nach geboten und wie bei den Schwestern des 19. Jahrhunderts galt es, mit mehr oder weniger anzupacken wie es Herz und Verstand diktierten.[539]

Mit der Gründung der *Caritas Socialis* steht Hildegard Burjan exemplarisch für einen breiten Strom neuzeitlicher Spiritualität, die darin aufgeht, Zeichen der Liebe Gottes zu sein in einer Welt, die von sozialen Spannungen und Ungerechtigkeiten gekennzeichnet ist: *„Ganz für Gott und ganz für die Menschen“.*

539 *Meyer* Sr. Tareisia, Wir dürfen helfen, Wien 1963. 17. *Bosmans* Louis, Hildegard Burjan – Leben und Werk. (Veröffentlichungen des Kirchenhistorischen Instituts der Kath.-Theol. Fakultät Wien. Bd 16. Wien 1973. *Krätzl* Helmut, Burjan Hildegard, in: LThK3 2, Sp. 811. *Sauser* Ekkart, Burjan Hildegard, in: Bautz (Hg.) Biographisch-Bibliographisches Kirchenlexikon, XXI (2003) Sp. 233-234. *Ruthner* Sieglinde, Ganz für Gott und ganz für die Menschen. (Ungedr. DA. Wien 1993).

VIII. DAS SOZIAL-CARITATIVE HANDELN DER NEUEN GEMEINSCHAFTEN

1. DAS APOSTOLAT

Zu Beginn des 20. Jahrhunderts, vor allem unter Papst Pius XI.[540] und Papst Pius XII.,[541] bezeichnet Apostolat die Sendung jedes Katholiken, der kraft der Taufe „gesandt" ist, durch persönliches Zeugnis und soziales Engagement am Kommen des Gottesreiches mitzuwirken. Das II. Vatikanische Konzil hat den Begriff Apostolat vom Kirchenverständnis des Konzils her geformt und festgestellt, dass Apostolat genährt werden muss vom inneren Leben, vom Leben in Christus und aus seinem Geist. Jedes Apostolat, der Hierarchie, der Ordensleute oder der Laien, erweist sich als authentisches Apostolat, das seinen Grund in der Berufung durch Christus selbst hat und qualifiziert sich zweitens als Teilhabe am Apostolat der Kirche.[542]

Apostolat (lat. apostolatus) bezeichnete zunächst Status, Rang und Würde des Trägers einer Sendung. Umfassender wurde der Begriff im Griechischen, wo er eine doppelte Bedeutung gewann: erstens als Sendung, als Vorgang der Beauftragung zur Erfüllung eines Auftrags, zweitens als Sendung in ihrer inhaltlichen Bestimmung als Inbegriff der Aufgabe des Entsandten, so dass Apostolat sehr differenzierte Werke benennen kann. Die Verwendung des Begriffes für Apostelamt und Apostelwürde der Zwölf und des Paulus, bzw. auf die Apostelnachfolge, bleibt charakteristisch für die ersten nachapostolischen Jahrhunderte. Ab dem 5. Jahrhundert ist Apostolat für das Amt und die Würde des Bischofs nachweisbar. Erst nach der ersten Jahrtausendwende ergibt sich eine vereinzelte Ausweitung der Bedeutung auf die missionarische Tätigkeit von Päpsten, Bischöfen und Ordensleuten.[543]

540 Pius XI. 1922-1939.

541 Pius XII. 1939-1958.

542 LThK, 1, [3]1993. Sp. 866/867.

543 LthK, 1, begründet von Michael Buchberger, hg. von Walter Kasper. Freiburg i. Br. [3]1993. Sp. 865-866.

So kann man, von der Gegenwart ausgehend, wohl davon sprechen, dass das Leben der Ordensfrauen und Mitglieder der Kongregationen, die sich im 19. Jahrhundert der Krankenpflege, dem Unterricht, der Erziehung oder der sozialen Fürsorge zur Verfügung stellten, apostolisch war kraft ihres Ordenscharisma. Ihre „Vita apostolica" war ein „auf die Weise der Apostel gelebtes Leben", doch in den Chroniken der Neugründungen des 19. Jahrhunderts ist das Wort „Apostolat" ausdrücklich erst Ende des Jahrhunderts zu finden. Das Ordensleben ist das dauernde charismatische Zeugnis der sozialen Botschaft, die durch das Evangelium an die Menschen gerichtet ist. Das Bekenntnis zu den evangelischen Räten nahm im Laufe der Zeit bei den Kongregationen apostolischen Charakter an. „Apostolat" wird zum Schlüsselwort für die Rechristianisierung einer säkularisierten Welt. Das Leben der Schwestern war nicht nur persönliche Opfergabe für Gott, sondern auch Weitergabe christlicher Werte in den als Sendung, als Berufung, als Liebeswerk an den Armen verstandenen Betätigungen. Die Ordensfrauen gaben ein Zeugnis dafür, dass es ihre Aufgabe war, „*Christus selbst gegenwärtig zu machen*", „*die Liebe Gottes zur Welt sichtbar zu machen*", „*mit dem Herzen Christi die Armen und die Kinder zu lieben...*"[544]

2. DIE ARMUT

> *Die Armen sind unsere Herren, sie sind unsere Könige. Man muss ihnen gehorchen. Es ist keine Übertreibung, denn in den Armen ist unser Herr gegenwärtig.*
>
> *Vinzenz von Paul*

Armut kann als dauernder Mangel an den zur Sicherung des Lebensbedarfes notwendigen Mitteln, der Einzelpersonen oder ganzen Gruppen nur ein kärgliches Leben um oder am Existenzminimum gestattet, angesehen werden. In der Gesellschaftstheorie des 19. Jahrhunderts galt Armut als „schändliche Krankheit" der modernen Gesellschaft, zu deren Bekämpfung immer neue Mittel vorgeschlagen wurden. Die „Armen" traten in den unterschiedlichsten Gewändern auf, an verschiedenen Orten und zu verschiedenen Zeiten, oft als

544 Vita Consecrata, Nachsynodales apostolisches Schreiben von Papst Johannes Paul II, 25.3.1996. 72-75.

Ergebnis einer Verletzung der Würde der menschlichen Arbeit. Man versuchte flächendeckende Maßnahmen für die Bedürftigen zu finden, für alle jene, die nicht wussten, wovon sie leben sollten.[545]

Es gab viele vernachlässigte Menschen in der Kaiserstadt Wien. Wer mit offenen Augen durch die Kaiserstadt ging, musste die zahlreichen Obdachlosen sehen, die als Bettler unterwegs waren oder als Gelegenheitsarbeiter für einen unvorstellbar geringen Lohn Arbeit suchten. Für alle diese führte Franziska Lechner[546] den „Mittagstisch" ein, der in einigen Klöstern bis heute fortbesteht. Pünktlich um 12 Uhr Mittag erhielten die Hungernden eine nahrhafte Suppe oder einen Gemüseeintopf mit einem großen Stück Brot, an Sonntagen sogar ein Stückchen Fleisch.[547] Diese Einrichtung war entstanden, um auf menschenunwürdige Auswirkungen des kapitalistisch-liberalen Wirtschaftssystems menschlich zu antworten. Berührungsängste mit der Welt kannte Mutter Franziska nicht. Durch Erziehung, Bildung und Ausbildung, durch richtige Anleitung zur Arbeit sollte es auch den Armen möglich werden, ihren Platz in der Gesellschaft einnehmen zu können.

Ab 1896 war es den *„Schwestern vom armen Kinde Jesus"* möglich, jeden Samstag einer großen Zahl armer Schulkinder einen großen Laib Brot mit nach Hause zu geben, der in mancher Familie für die ganze Woche reichen musste. Daneben erhielten 60 bis 70 Leute täglich an der Pforte ihre warme Suppe und dazu ein Stück Brot. Es war oft ihre einzige Mahlzeit am Tag.[548]

Vom Mutterhaus am Schottenfeld aus, verpflegten die *„Töchter des göttlichen Heilands"* jährlich mehrer Hunderte von Kranken, meist Arme und Alte, welchen die Schwestern Nahrung, Wäsche und dergleichen verschafften. In mehrfacher Hinsicht wurde das Kloster ein Zufluchtsort der Armen. Oft kamen diese, um Geld für den Mietzins zu erbitten.[549]

545 *Geremek* Bronislaw, Geschichte der Armut, Elend und Barmherzigkeit in Europa. München 1988. 8.

546 Vgl. VII.5.9.

547 *Mohl.* 320.

548 Vgl. VII.5.6.

549 Im Kloster der Kongregation der Schwestern vom göttlichen Erlöser gibt es noch immer täglich einen Mittagstisch für 30-50 Personen.

2.1. ARMUT UND ELEND DER KINDER

Die Sorge für das arme Kind erstreckte sich, allgemein betrachtet, auf zwei Gebiete, die Nothilfe und der Vorbeugung von Notsituationen. Ein Kind, das Hunger hat, muss zuerst etwas zu essen bekommen. Aber wenn man ihm nur zu essen gibt, besteht die Gefahr, das Kind in die Rolle des Bettlers festzulegen. Ein Kind muss nicht nur Essen und Kleidung bekommen, sondern auch die Mittel zu seiner Entwicklung. So bleiben Erziehung und Unterricht unverzichtbare Elemente für die Entfaltung eines Menschen und das Tor zu einer besseren Zukunft des armen Kindes.

Die der *Kongregation der Schwestern vom armen Kinde Jesus* eigene apostolische Tätigkeit ist der Dienst für das arme Kind und die armen Jugendlichen im umfassenden Sinn. Kirche und Staat waren in der ersten Hälfte des 19. Jahrhunderts in Westeuropa offenbar nicht oder kaum imstande, das Problem der verwahrlosten und ausgebeuteten Kinder zufrieden stellend zu lösen.[550] Viele der neuen, im 19. Jahrhundert entstandenen Kongregationen, hatten sich zum Ziel gesetzt, die damals bestehende Not der Kinder zu lindern.

2.2. KINDERBEWAHRANSTALTEN UND KINDERGÄRTEN

Als 1811 der Verein *„Gesellschaft adeliger Frauen zur Förderung des Guten und Nützlichen"* begonnen hatte, sich für die Gründung von Kinderbewahranstalten einzusetzen, sprachen sich viele Verantwortliche dagegen aus, da man es in der Annahme, dass dadurch die unteren Volksschichten zu sehr gebildet würden, als gefährlich ansah. 1832 war man schon anderer Meinung und hoffte auf Anregung der körperlichen Kräfte und geistigen Anlagen der Kinder und eine gute Vorbereitung für die Schule. Die Bewahrungsanstalten waren Noteinrichtungen für zwei- bis fünfjährige Kinder von Fabrikarbeitern und Taglöhnern. Nach Pariser Vorbild wurden die Kinder von älteren Mädchen aus einem Waisenhaus beaufsichtigt, die als „Kinderwärterinnen" ausgebildet wurden.

550 *Hermans* Jo. 15.

Der Wiener Kaufmann Joseph Wertheimer[551] vermittelte die Idee der Kleinkinderbewahranstalten, die er auf seinen Reisen nach England kennen gelernt hatte, in die Habsburgermonarchie und gründete zusammen mit Pfarrer Johann Lindner und mit „landesmütterlicher Huld“ der Kaiserin am 12. Februar 1830 die erste Bewahranstalt in Wien, in der Steingasse im 3. Bezirk, dann weitere auf der Wieden und in Margareten. Die rege Inanspruchnahme dieser Bewahranstalten veranlasste Kaiserin Karoline Augusta unter Mitwirkung zahlreicher Adeliger 1831 den „*Hauptverein der Kinderbewahrungsanstalten*“ zu gründen, der die unentgeltliche Unterbringung noch nicht schulfähiger Kinder übernahm. Präsident des Hauptvereins war der jeweilige Erzbischof von Wien. Im Jahre 1916 unterhielt der Verein 22 Kinderbewahrungsanstalten in Wien, die von Ordensschwestern geleitet wurden.[552]

Von katholischer Seite her bemühte man sich seit der Mitte des 19. Jahrhunderts verstärkt um die Gründung solcher Bewahranstalten. Diese war meist mit der Niederlassung einer Schwesterngemeinschaft verbunden, die Schwestern wurden von Vereinen oder von Seite des Staates mit der Leitung betraut. Durch den großen Personalzuwachs, den die religiösen Orden und Genossenschaften bis 1930 verbuchen konnten, wurde der Unterhalt vieler Einrichtungen möglich, der für die Gemeinden auch finanzierbar war, da die Schwestern sehr anspruchslos lebten und wirtschafteten.[553]

2.3. FÜRSORGE UND SOZIALDIENST IN DEN ARMENHÄUSERN

Die vielen Notstände brachten einen großen Aufschwung der Wohlfahrtspflege, denn Armut und Elend erreichten ein bisher unbekanntes Ausmaß. Die Lücken in den öffentlichen Organisationen im Kampf gegen die Armut wurden von den weiblichen Kongregationen ausgefüllt. Diese waren offen für alle Nöte. Die Alten- und Krankenpflege weitete sich zur sozialen Kinder-, Jugend- und Familienbetreuung innerhalb Wiens und Niederösterreichs aus. Wie

551 *Wertheimer* Joseph gründete am 12.2.1830 zur Feier des Geburtstages von Kaiser Franz I. die erste Kleinkinderbewahranstalt.

552 Vgl. VII.5.2. Schulschwestern vom III. Orden des hl. Franziskus in Erdberg.

553 *Gatz*, Caritas und soziale Dienste. 133f.

dem Ruf zur Krankenpflege folgten die Kongregationen in weiterer Folge auch dem Ersuchen um Betreuung alter und gebrechlicher Menschen in Altersheimen.

3. DIE KRANKENPFLEGE

Den Schwestern, Euch Stillen von heute und gestern,
Euch Immerbereiten
zu allen Zeiten sei dieses Sträußlein gebunden!
In schlichtem Gewand geht ihr durchs Leben,
doch eure Hand kann Perlen geben.
Dem Ärmsten der Armen gibt eure Güte
Trost und Erbarmen aus tiefstem Gemüte.[554]

Ein anderer Bereich, in dem sich die Ordensschwestern großmütig verschenkten, war die Betätigung in den Krankenhäusern. Die Ordensfrauen waren dort, wo menschliches Leid Hilfe brauchte. Die Kranken erwarteten von ihnen zweifellos körperliche Betreuung, aber auch Trost, seelischen Beistand, und Aufmerksamkeit, sie erwarteten die Anhörung ihrer Lebensgeschichte mit der Hoffnung auf Hilfe.[555] Die Tätigkeiten in der Krankenpflege erreichten im Laufe der Zeit verschiedene Varianten. In der ländlichen Bevölkerung gewann die Ausübung der ambulanten und der Hauskrankenpflege immer stärkeren Zuspruch. Dabei hatte die Krankenschwester oft auch die Hausmutter zu ersetzen. Kinderpflege, Kochen und Näharbeiten gehörten selbstverständlich dazu. Aber selbst eine lange Nachtwache oder ein Heimweg erst spät in der Nacht hielt die Schwestern nicht von ihrem Liebesdienst ab.[556]

Die Seuchenjahre der Choleraepidemie waren besonders für die k.k. Weiber-Strafanstalt in Wiener Neudorf in der Obhut der *Schwestern vom Guten Hirten* eine böse Zeit. Die Lungentuberkulose galt als außerordentlich gefährlich. Im ersten halben Jahrhundert des Bestehens der Anstalt starben rund 400 Menschen an dieser Krankheit. Auch der Typhus wütete im Haus. Viele der Insassinnen waren

554 *Panke-Kochinke* Birgit, Die Geschichte der Krankenpflege (1679-2000). Frankfurt a.M. 2001. 143.

555 HBPTh IV. 92.

556 *Karlberger*. 24.

schon vor ihrer Einlieferung gesundheitlich schwer angeschlagen, waren sie doch nicht selten durch Hunger und Not auf die schiefe Bahn geraten.

Die konkreten Bedingungen und Strukturen, unter denen sich christlich motivierte Krankenpflege vollzog, waren zu verschiedenen Zeiten und an verschiedenen Orten recht unterschiedlich. In der Mitte des 19. Jahrhunderts kam es zu einer Forcierung der Ordenskrankenpflege durch die Behörden. Die „Wiener Medizinische Wochenschrift“ schrieb im Jahr 1856, dass Österreich eben daran sei, die Pflege seiner Kranken in die Hände frommer Schwestern zu legen. Durch das Erstarken der liberalen Richtung wurden diese Bestrebungen gestoppt. Erst im letzten Viertel des 19. Jahrhunderts kehrte sich das Verhältnis weltlicher zu geistlicher Pflege um. Weibliche Krankenpflegeorden hatten sich stark ausgebreitet und vielfach die Pflege in öffentlichen Krankenhäusern übernommen, wie aus der Entwicklung der Kongregationen zu ersehen ist.

3.1. IM KRANKENHAUS

Erwin Gatz war der Überzeugung, dass die krankenpflegenden Orden und Kongregationen einen nicht zu unterschätzenden Anteil an der Entstehung des Krankenhauses im heutigen Sinne haben. Die Hospitäler zu Anfang des 19. Jahrhunderts waren eher Auffangstationen für Menschen, die weder für sich selbst sorgen konnten, noch von ihren Angehörigen versorgt wurden. Sie waren gleichzeitig Krankenhaus, Altersheim und Armenhaus, die Hilfskräfte und Pfleger meist unausgebildet und schlecht bezahlt. Viele Krankenhäuser wurden durch Stiftungen gegründet, wie das Mauthner St. Anna Kinderspital 1837 in VIII. Bezirk und das Kronprinz Rudolf Spital in der Vorstadt Landstraße.[557] Für die Pflege holte man geistliche Schwestern. Aufschlussreich ist ein Verzeichnis der Krankheiten der vom 1. November 1832 bis 1. November 1833 unentgeltlich verpflegten Kranken im Institut der *Barmherzigen Schwestern zu Gumpendorf*. Nach ihrer Beschäftigung geordnet, waren Dienstboten und Handarbeiterinnen bei den Frauen, Taglöhner, Tischler und Weber bei den

557 Stiftung von Kaiser Franz Joseph anlässlich der Geburt von Kronprinz Rudolph 1858 „zum Besten der armen, leidenden Menschheit...“

Männern diejenigen, die am meisten der Pflege bedurften. Von 412 angenommenen Patienten sind 39 verstorben und 331 genesen.[558]

Die Entwicklung zum spezialisierten Krankenhaus hin setzte außer dem Fortschritt der Medizin die Arbeit der Ordensschwestern voraus, denn nur sie wie ebenso die Diakonissen im evangelischen Bereich, boten in genügender Zahl qualifizierte Pflege, zugleich mit menschlich-religiöser Betreuung. Durch ihre oft unentgeltliche Arbeit machten sie Krankenhäuser erst finanziell möglich. Dies bedurfte einer längeren Entwicklung, doch inmitten der Veränderlichkeit der Welt blieben die geistlichen Krankenschwestern gleich in Gesinnung und Zuverlässigkeit. Die führende Rolle der Ordenskrankenpflege, die sie in den letzten Jahrzehnten der Monarchie in den österreichischen Krankenhäusern einnahm, ist im Gedächtnis der Bevölkerung präsent geblieben. Ihre Bedeutung verlor die Krankenpflege durch Ordensfrauen erst langsam nach dem Zweiten Weltkrieg, als sich die Nachwuchsprobleme immer stärker bemerkbar machten und die Gemeinschaften sich aus vielen öffentlichen Krankenhäusern zurückziehen mussten.[559]

Obwohl von Zeit zu Zeit von ärztlicher Seite immer wieder eine Ausbildung zur Krankenpflege gefordert wurde, existierte bis zum Ersten Weltkrieg keine diesbezügliche Verordnung. Die erste Krankenpflegeschule der Österreichisch-Ungarischen Monarchie, 1874 in Prag gegründet, musste nach sieben Jahren geschlossen werden, da die Behörden die Genehmigung der Praktika verweigerten. Ein bahnbrechender Schritt ging auf eine Privatinitiative zurück. 1875 hatte sich unter Gustav Jurié in Wien ein „Verein zur Heranbildung von Pflegerinnen" konstituiert. Im weiteren Verlauf spielte jedoch der aus Norddeutschland kommende Chirurg Theodor Billroth[560] die entscheidende Rolle im Verein. Er erkannte als einer der Ersten wie wichtig es war, den damals noch unzureichenden Stand der Kran-

558 Coudenhove Carl Graf, Institut der barmherzigen Schwestern in Wien. Behufs der Krankenpflege in Wien. 26. April 1834. DOK aus dem DA Wien. Vgl. XII.2.H 1.

559 *Schatz*. 158.

560 Vgl. IV.3.2.

kenpflege zu reformieren. Er gründete 1879 das Rudolfiner-Haus[561] und eine Krankenpflegeschule im Jahre 1882, getragen durch den gemeinnützigen Rudolfinerverein, dem Kronprinz RUDOLF Protektorat und Namen gab.

Mit der Verordnung des Ministeriums des Inneren vom 25. Juni 1914 wurde erstmals die Berufsausbildung zur Pflege gesetzlich geregelt. Dahinter standen außer dem Interesse des Staates, der Pflegepersonal für verwundete Soldaten brauchte, auch starke Interessen der Ärzteschaft. Die Dauer der Ausbildung wurde mit zwei Jahren festgesetzt, die Schulen konnten auch von geistlichen Schwestern besucht werden. Im Hinblick auf die kommende Verordnung wurde im November 1913 eine Schule am Wiener Allgemeinen Krankenhaus gegründet, 1914 eine Schule des Roten Kreuzes am Krankenhaus Wieden.[562]

3.2. DIE PFLEGE DER SOLDATEN

Nach dem Kriegsjahr 1859, als sich der König von Sardinien und Kaiser NAPOLEON III. gegen Österreich verbündeten und die Lombardei verloren ging, ersuchte Kaiser FRANZ JOSPH die Oberin am Schottenfeld *Schwestern vom göttlichen Heiland* zur Pflege von Verwundeten an den Kriegsschauplatz zu senden.[563] Mutter Sr. THEOPHILA fuhr mit fünf Schwestern ins Kriegslager nach Pavia. Mit einigen Schwestern aus dem Niederbronner Mutterhaus waren es 18 Pflegeschwestern, die in das Militärspital zu Vicenza[564] gesandt wurden. Als 1870 der deutsch-französische Krieg ausbrach, erging wie an die übrigen Kranke pflegenden Genossenschaften an Mutter THEOPHILA die Frage, ob sie Schwestern zur Pflege von Verwundeten und zum Dienst in den Lazaretten einsetzen könne. Acht Schwestern reisten nach Deutschland in die Lazarette Hanau und Wilhelmbad.[565]

561 Spital in Wien-Döbling, gegründet 1879.

562 *Walter* Ilsemarie, Zur Entstehung der beruflichen Krankenpflege in Österreich, in: Zeitschrift „Historicum" 2003, 1. 22-29.

563 *Theoda*. 19.

564 DOK 14.11.1860: Nachweis der Pflegetätigkeit bei 500 Verwundeten.

565 *Kongregation der Schwestern vom göttlichen Erlöser*, Chronik 31.

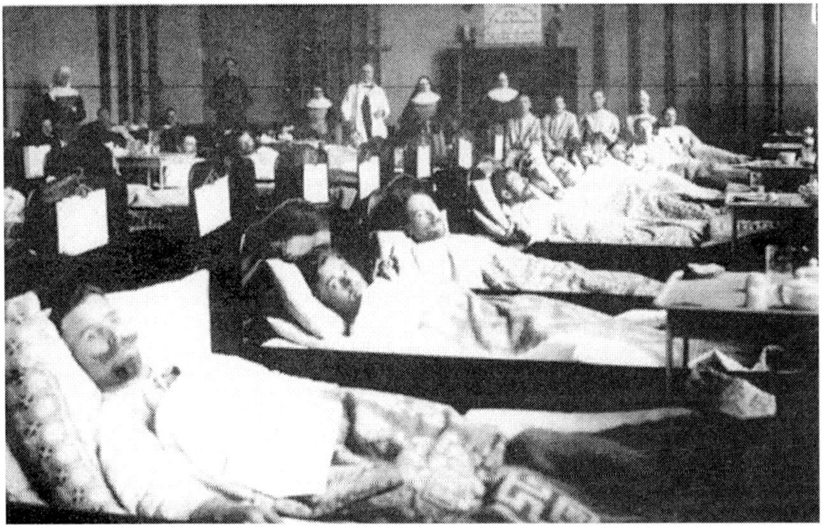

Schwestern vom Göttlichen Erlöser betreuen verwundete Soldaten während des Ersten Weltkrieges.

Im Krieg zwischen Serbien und Bulgarien 1885 wurden vom patriotischen Landeshilfsverein für Niederösterreich 12 Krankenpflegerinnen für Sofia angefordert. Die Reise dauerte neun Tage und war mit vielen Schwierigkeiten verbunden. Die Pflege der Soldaten dauerte nur etwas über ein Monat, da bald ein Waffenstillstand vereinbart wurde. Bei Ausbruch des Ersten Weltkrieges wurde im Palais der Erzherzogin Maria Josefa von Augarten ein Lazarett eingerichtet und die *Kaiserstraßenschwestern* übernahmen zusammen mit der Erzherzogin und weltlichen Pflegerinnen die Pflege der Verwundeten. Gerade in diesen schwierigen Zeiten wuchs die Bereitschaft, das Leid der Soldaten mit zu tragen. Nach vielfältigem Einsatz in Feldlazaretten war ein Höhepunkt ihrer krankenpflegerischen Tätigkeit aber zweifellos die Betreuung der so genannten Lazarettzüge, deren ersten Fürst Johann von Schwarzenberg 1914 bauen ließ und den er persönlich anführte. Diese Züge fuhren unter größten Gefahren und Schwierigkeiten durch alle Länder der Monarchie bis jeweils 7 km an die Front heran, führten auch schwierige chirurgische Erstversorgungen schon im Zug durch und brachte die Verwundeten dann in Spitäler und Feldlazarette, wo die Schwestern ebenfalls eingesetzt wurden. Zusätzlich wurden in den Schulen der Schwestern Lazarette eingerichtet, da die Spitäler Wiens die große Zahl von verwundeten Soldaten nicht mehr aufnehmen konnten.[566]

Auch die *Borromäerinnen* schreckten nicht vor den Schrecken des Krieges und vor den in Folge des Krieges auftretenden ansteckenden Krankheiten zurück. Im Kriegsjahr 1859 begleitete die Oberin selbst zehn Schwestern nach Verona zur Pflege der Verwundeten im österreichischen Feldlager. Später kamen noch zehn Schwestern nach. Sie trafen kurz vor der Schlacht von Solferino ein. *„Sie walteten als Engel inmitten der verwundeten Soldaten und Offiziere, Österreicher wie Franzosen,"* heißt es in den Aufzeichnungen. In den Jahren 1860-1870 mussten die Schwestern dreimal in Lazarette. Im deutsch-dänischen Krieg 1864 erbat die Oberin des St. Hedwigs Spitals in Berlin so schnell als möglich einige Schwestern zu senden. Die Schwestern mussten große Opfer bringen. Nicht nur wegen ihrer geringen Zahl konnten sie oft die Anstrengungen kaum bewältigen. Es gab es auch keine geistliche Stärkung, befanden sie sich doch vielfach in protestantischer Gegend. Im Krieg zwischen Preußen und Österreich 1866 verlangte man überall nach geistlichen Pflegerinnen. Lazarette waren in vielen kleinen und größeren Städten Böhmens und Mährens errichtet worden. Im Jahre 1870 war es dann der deutsch-französische Krieg, der abermals *Borromäerinnen* in die Kriegslazarette rief.[567]

1866 kamen 70 verwundete Soldaten in das Klosterspital der *Hartmannschwestern*, 80 Soldaten, darunter auch Typhuserkrankte, nach Guntramsdorf in Niederösterreich. 1914 musste die medizinische Abteilung des Krankenhauses geräumt werden, um verletzten Soldaten Platz zu machen.[568] Es handelte sich um Opfer von den Schlachtfeldern an der russischen Grenze. Monate hindurch wurden 60 Verwundete im Klosterspital unentgeltlich verpflegt, dann

566 *Mann* Christine und Erwin, Zur Geschichte des Waldklosters und seiner Schule, in: Volksschule Waldkloster Quellenstraße, Festschrift anlässlich der Eröffnung des Neubaus 2004, hg. vom Erzbischöflichen Amt für Unterricht und Erziehung. Wien 2004. 38.

567 *Ordensgeschichte des österreichischen Zweiges der Borromäerinnen.* 9f.

568 *Kongregation der Schwestern der christlichen Liebe*, Werke der Liebe. 100 Jahre 1857-1957. 19.

übernahm das Militär die Kosten. Die Schwestern mussten über die Klosterschwelle hinaus in die Feldspitäler von Galizien, in die Sanitätszüge und in die Krankenhaltestellen am Nordbahnhof in Wien.

Als im Jahre 1885 der serbisch-bulgarische Krieg wütete, trat das Österreichische Rote Kreuz an die Oberin der Kongregation der *Dienerinnen des heiligsten Herzens Jesu* mit dem Ansuchen um Hilfskräfte für das Lazarett in Belgrad heran. 13 Schwestern wurden von Kardinal GANGLBAUER[569] zu ihrer Aufgabe ermutigt. Wieder war es das Rote Kreuz, das im Oktober 1912 anfragte, ob die Kongregation gewillt wäre, Schwestern in das Kriegsgebiet am Balkan zu senden. Zehn chirurgisch geschulte Schwestern wurden bestimmt, diese Mission zu übernehmen. Drei Monate später kehrten die Schwestern gesund zurück. Als der Krieg abermals entbrannte, wurden wieder zwei Kolonien ausgerüstet, wobei jede aus drei Ärzten, acht Schwestern und fünf Sanitätssoldaten bestand.[570]

Nach Ausbruch des Krieges im Juli 1914 wurden auch die Räume des Klosters in der Apostelgasse 5 in Lazarette umgewandelt. Während des Krieges übernahmen dann die *Schulschwestern vom Dritten Orden des hl. Franziskus* in 17 Lazaretten die Pflege von verwundeten Soldaten.[571]

Im St. Rochusspital, später Wien 14., welches 1859 zur Unterbringung verwundeter Soldaten aus dem österreichisch-italienischen Krieg entstanden war, war die Pflege auf ausdrücklichen Wunsch des Kaisers den *Barmherzigen Schwestern von Gumpendorf* anvertraut worden. Ebenso wurden sie zur Pflege der Soldaten im Verwundetenspital der Kaiserin ELISABETH in Laxenburg, im Spital der ERZHERZOGIN SOPHIE in Hetzendorf und im Spital in Penzing herangezogen. 19 Schwestern waren diesen Spitälern zugeteilt. In den beiden Spitälern in Gumpendorf und in der Leopoldstadt hatte man 66 Verwundete aufgenommen. Noch größere Anforderungen wurden 1866 im Krieg

569 Coelestin Joseph Ganglbauer, Erzbischof von Wien 1881-1889. Kardinal 1884.

570 *Dienerinnen des heiligsten Herzens Jesu,* Geschichte der Kongregation. Wien 1923. 260.

571 *Kongregation der Schulschwestern vom III. Orden des hl. Franziskus.* Und der Same ging auf. 51.

zwischen Österreich und Preußen an die *Barmherzigen Schwestern* gestellt. Alle Schwestern wurden gebraucht, im Mutterhaus richtete man sogar das Reflektorium[572] der Schwestern zur Unterbringung von Soldaten ein und konnte auf diese Weise 80 Betten bereithalten. Noch einige kleinere Spitäler wurden rasch instand gesetzt und *Barmherzige Schwestern* zur Pflege herangezogen. Nach Ausbruch des deutsch-französischen Krieges 1870 wurden die Schwestern gebeten, die Pflege verwundeter französischer Gefangener zu übernehmen: in fünf Monaten pflegten sie 2300 Verwundete.[573]

Im Krieg zwischen Bulgarien und Rumänien 1885 richtete das Österreichische Rote Kreuz ein eigenes Spital in der Kriegszone ein. *Schwestern von Gumpendorf* und aus der *Kaiserstraße* wurden vom Präsidium des Roten Kreuzes mitgenommen. Fürst ALEXANDER von Bulgarien bedankte sich im Namen des bulgarischen Volkes für ihre Liebestätigkeit. Auch im Balkankrieg 1912 übernahmen sechs Schwestern im Spital des Roten Kreuzes die Pflege der verwundeten Soldaten. Unmittelbar vor Weihnachten kehrten sie ins Mutterhaus heim. Eine der Schwestern war bei ihrem Dienst an Malaria erkrankt, von der sie sich nicht mehr erholen konnte.[574] In der Wiener Erzdiözese wurde von allen Frauenorden eine Zusammenstellung ihrer Kriegsleistungen im Ersten Weltkrieg verlangt. Vielleicht ist es ein Maßstab, dass 104 von den 199 *Barmherzigen Schwestern von Gumpendorf*, die Verwundete pflegten, eine Auszeichnung erhielten. Mehr noch sagt die Tatsache aus, dass 44 Schwestern in ihrem Kriegsdienst erkrankten und 28 davon starben.[575]

An große Opferwilligkeit und an treues Aushalten unter Flecktyphus-Kranken erinnert ein einfaches Holzkreuz auf dem Friedhof von Vrdnik.[576]

572 Speisesaal im Kloster.

573 Vom König von Sachsen wurde den Schwestern das „Kriegserinnerungskreuz" verliehen, in *Hlawati*. 306.

574 *Hlawati*. 305.

575 *Hlawati*. 308.

576 Vrdnik liegt im nordöstlichen Teil Serbiens.

4. ERZIEHUNG UND UNTERRICHT

Im 18. Jahrhundert wurde die Schule von Kirche und Staat als „annexum ecclesiae“ betrachtet und die geistliche Schulaufsicht war noch im 19. Jahrhundert weitgehend an den Ortspfarrer delegiert. Am 6. Dezember 1774 erließ Kaiserin MARIA THERESIA die „Allgemeine Schulordnung“ für die deutschen Schulen in sämtlichen k.k. Erbländern für Kinder ab dem sechsten Lebensjahr. Die Maßnahmen seiner Mutter fortsetzend, erreichte Kaiser JOSEPH II. durch Schulzwang und Unentgeltlichkeit des Unterrichts deutliche Verbesserungen. Die Rücknahme dieser Schulvorschriften führte zu einer neuen Schulverfassung 1805. Als durch ein Regierungsdekret von 1786 die Kinderarbeit in den Fabriken gesetzliche Duldung erhielt, war damit auch eingeschlossen, die Kinder vom allgemeinen Unterricht fernhalten zu können.

> *Die Art, wie der Staat seine Erziehungspflicht an den schulpflichtigen Kindern, die in Fabriken beschäftigt werden, versäumt, ist keiner Entschuldigung und keiner Verzeihung fähig.*[577]

Als Ursache für den sehr mangelhaften Schulbesuch wurde vor allem Armut angegeben, die sich in der Unbezahlbarkeit des Schulgeldes oder in der Notwendigkeit der Kinderarbeit äußerte. Die Niederösterreichische Landesregierung setzte ihre ganze Hoffnung auf die Geistlichkeit, um diesem Zustand entgegen zu treten. Einem Antrag zur Abschaffung Schulgeldes aber wurde nicht stattgegeben. Es blieb weiterhin ein Bestandteil der Volksschule.[578]

Wie bei CLARA FEY[579] in Aachen, die ihre „Armenschule“ in einem Zimmer ihres Elternhauses begann, so auch bei MARIA THERESIA ZECHNER [580] im „Regelhaus“ in Hallein: sie nahmen sich gerade der Kinder an, die sonst keine Chance der einfachsten Bildung und Erziehung gehabt hätten, um nur zwei Beispiele zu nennen.

Wie bei vielen sozialen Missständen blieb auch in diesem Bereich der Kirche nichts anderes übrig, als die Fehler und Möglichkeiten

577 *Strakosch-Graßmann* Gustav, in: Anhell. 219.

578 *Anhell.* 60f.

579 Vgl. VII. 5.6.1.

580 Vgl. VII..5.2.1.

der Abhilfe aufzuzeigen. Bei der Bischofskonferenz 1856 wies Fürst Erzbischof SCHWARZENBERG auf die Not der Kinder und die Gefahr geistiger und körperlicher Verwahrlosung hin. Die Meinung der Bischöfe drückte Kardinal RAUSCHER in einer Zuschrift an das Ministerium für Kultus und Unterricht aus:

> *Die versammelten Bischöfe blicken mit Mitleid auf das Schicksal der Knaben und Mädchen, welche, sobald ihre Kräfte irgendwie ausreichen zum Dienste der Maschinen verwendet werden, um an Leib und Seele zu verkrüppeln.*[581]

Erst das Reichsvolksschulgesetz vom 14. Mai 1869 sollte eine Änderung bringen Dieses Gesetz richtete die nicht konfessionell gebundene Volks- und Bürgerschule ein, wobei eine religiös-sittliche Erziehung als Aufgabe festgelegt und „Religion" als Gegenstand eingeführt wurde. In den Städten wurde eine vierjährige Lehrer- und Lehrerinnenbildungsanstalt geschaffen. Die Alternative „Katholische Privatschule" wurde zum ersten Mal ins Auge gefasst. Als liberale Gesetze den Einfluss der Kirche auf die Schule erheblich schwächten, richtete Kardinal RAUSCHER sein besonderes Augenmerk auf die Klosterschulen und tat alles, um ihr Ansehen zu schützen und ihre Existenz zu fördern[582]

Im Rahmen des 3. Allgemeinen Österreichischen Katholikentages 1892 wurde auch die Schulfrage diskutiert und der Präsident rief zur Bildung katholischer Bildungsanstalten auf. In diesem Jahr wurde das Mädchenpensionat der *Barmherzigen Schwestern vom hl. Kreuz* in Gmunden eröffnet, lag doch der Erziehungsauftrag, der nun verstärkt an die Frauenorden erging, vorrangig in der Intention ihrer Gründerinnen und Gründer. In Österreich waren die *Kreuzschwestern*, neben den *Ursulinen* in Innsbruck, die Ersten, die 1904 diesen Schritt zu einer katholischen Bildungsanstalt wagten. Sie kamen allerdings bald in Schwierigkeiten, hatten sie doch keine akademisch ausgebildeten Lehrerinnen, und die Bischöfe schienen sich gegen ein Universitätsstudium von Schwestern zu stellen. Erst 1909 konnte Sr. CORNELIA KAINRADL als erste der *Kongregation der Schwestern vom*

581 *Wolfsgruber*, Rauscher 161.

582 *Theoda*. 28.

göttlichen Heiland ihr Studium der Naturwissenschaft zur Ausbildung als Lyzeallehrerin beginnen.

5. WEIBLICHE JUGENDHILFE

5.1. SCHUTZ FÜR ARBEIT SUCHENDE MÄDCHEN UND IHRE AUSBILDUNG

Durch den Auseinanderfall von Wohn- und Arbeitsplatz und die industrielle Fabrikarbeit, die bald die häusliche Handarbeit ablöste, gelangten immer mehr Frauen als Arbeiterinnen in Fabriken. Der Ausbau der Eisenbahn führte zu einer neuen Mobilität. Viele junge Mädchen und Frauen strömten in die Städte, um dort Arbeit zu finden, da die Landwirtschaft häufig keine ausreichende Existenzgrundlage mehr bot. Wenn sie in den Städten eintraffen, hatten sie oft keine Unterkunft und meist nur einen Notgroschen. Ihnen wollte man Schutz gewähren und für Ausbildung sorgen, damit sie qualifizierte Arbeit finden konnten.

5.2. DIE „DIENSTBOTENFRAGE“

Über die Entstehung einer neuen Arbeiterschaft hinaus darf nicht übersehen werden, dass die relativ größte Gruppe von Lohnabhängigen noch immer in hausrechtlichen Abhängigkeitsverhältnissen lebte. Die weiblichen Dienstboten in der Stadt hatten ähnliche Lebensbedingungen wie auf dem Land. Sie waren meist unverheiratet, dienten zeitlich weitgehend unbegrenzt, ihr gesamtes Tun unterstand ständiger Kontrolle. Das Dienstpersonal in Wien war auf den Bereich der Inneren Stadt konzentriert. Um etwa 1820 machte der Gesindeanteil im späteren 1. Bezirk etwa 45% der dort lebenden Bevölkerung aus. Die neue Dienstbotenverordnung von 1810 hatte einen massiven Rückgriff auf patriarchalische Vorstellungen gebracht. Die Dienstherren sollten eine „häusliche Polizey“ ausüben, um über „Ordnung und Sittlichkeit“ zu wachen. Diese Verfügungen sowie das Fehlen von Arbeitszeitbegrenzungen ermöglichten oft eine schrankenlose Ausbeutung.[583] Kennzeichen der Moderne war das starke Anwachsen der Zahl der Dienstboten in der zweiten Hälfte des

583 *Bruckmüller*. 314.

19. Jahrhunderts und der Aufbruch in die familienunabhängige Erwerbsarbeit.[584]

Die „Dienstbotenfrage“ betrachtete die Lebensweise, Einschätzung und Arbeit vor allem weiblicher Dienstboten. Jede Familie, die es sich irgendwie leisten konnte, hielt sich eine „Perle“. Ein Dienstmädchen war Ausweis bürgerlicher Wohlhabenheit und Respektabilität. Spricht man von einem bürgerlichen 19. Jahrhundert, so müsste man auch von einen Jahrhundert der Dienstmädchen reden. Den traditionell begründeten Patriarchalismus des Hausvaters bekamen die Dienstmädchen vor allem dann zu spüren, wenn sie in eine Notlage gerieten. Anton Wildgans schreibt dazu:

> *Dienstboten, sie sind immer nur da, um zu dienen, niemand fragt sie nach ihrem Begehr. Solang sie gehorchen ist man zu ihnen freundlich, nicht mehr. (...) Sie sind Hände, die nie bedankt sind. (..) Wenn sie erkrankt sind, müssen sie aus dem Haus.*[585]

Ländlich und ärmlich sah für die Mehrheit dieser jungen Mädchen die Kindheit aus. In den vielköpfigen Familien war das Essen knapp, alles spielte sich in engstem Raum ab. Geübt also in Genügsamkeit, befähigt zur Anpassung und bereit zur Unterordnung hatten sich die Mädchen in ihren Familien Eigenschaften erworben, die im späteren Dienst sehr gefragt waren. Diese Qualifikation betraf auch die Kandidatinnen der Kongregationen. Die Dienstbotenasyle hatten den Zweck armen Mädchen, welche Dienstplätze suchten, unentgeltlich Unterkunft, Verpflegung und Unterricht zu geben. Über die „Marienanstalt“ von Franziska Lechner in Wien wurde schon berichtet. Eine weitere Gründung der *Kongregation der Töchter der göttlichen Liebe* war das „*Zufluchtshaus zum hl. Josef*“ in Breitenfurt, Hauptstraße 58, als ein Versorgungshaus für ausgediente Dienstboten. 1895 waren im Mutterhaus und in der Filiale 1537 Dienstboten untergebracht.

Keine Freunde in den eigenen Reihen verschaffte sich später Hildegard Burjan mit ihrem Einsatz für das Hausgehilfinnengesetz, mit

584 *Pauleweit* Karin, Dienstmädchen um die Jahrhundertwende. Wien 1993. 15.

585 Anton Wildgans 1881.1932. Jurist, Dramatiker und Lyriker. Zitat in: *Weber-Kellermann*, Frauenleben.

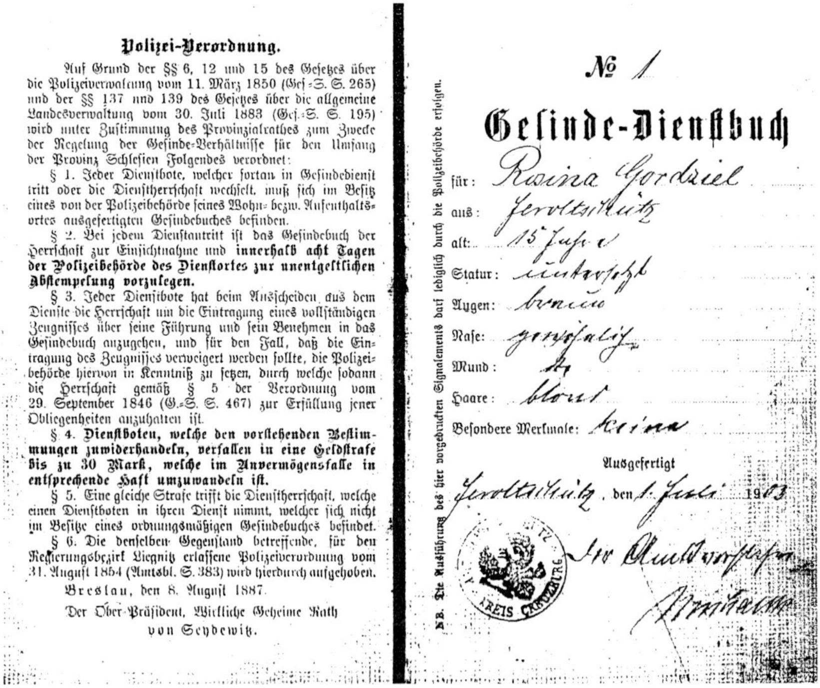

Polizei-Verordnung.

Auf Grund der §§ 6, 12 und 15 des Gesetzes über die Polizeiverwaltung vom 11. März 1850 (Ges.-S. S. 265) und der §§ 137 und 139 des Gesetzes über die allgemeine Landesverwaltung vom 30. Juli 1883 (Ges.-S. S. 195) wird unter Zustimmung des Provinzialrathes zum Zwecke der Regelung der Gesinde-Verhältnisse für den Umfang der Provinz Schlesien Folgendes verordnet:

§ 1. Jeder Dienstbote, welcher fortan in Gesindedienst tritt oder die Dienstherrschaft wechselt, muß sich im Besitz eines von der Polizeibehörde seines Wohn- bezw. Aufenthaltsortes ausgefertigten Gesindebuches befinden.

§ 2. Bei jedem Dienstantritt ist das Gesindebuch der Herrschaft zur Einsichtnahme und **innerhalb acht Tagen der Polizeibehörde des Dienstortes zur unentgeltlichen Abstempelung vorzulegen.**

§ 3. Jeder Dienstbote hat beim Ausscheiden aus dem Dienste die Herrschaft um die Eintragung eines vollständigen Zeugnisses über seine Führung und sein Benehmen in das Gesindebuch anzugehen, und für den Fall, daß die Eintragung des Zeugnisses verweigert werden sollte, die Polizeibehörde hiervon in Kenntniß zu setzen, durch welche sodann die Herrschaft gemäß § 5 der Verordnung vom 29. September 1846 (G.-S. S. 467) zur Erfüllung jener Obliegenheiten anzuhalten ist.

§ 4. **Dienstboten, welche den vorstehenden Bestimmungen zuwiderhandeln, verfallen in eine Geldstrafe bis zu 30 Mark, welche im Unvermögensfalle in entsprechende Haft umzuwandeln ist.**

§ 5. Eine gleiche Strafe trifft die Dienstherrschaft, welche einen Dienstboten in ihren Dienst nimmt, welcher sich nicht im Besitze eines ordnungsmäßigen Gesindebuches befindet.

§ 6. Die denselben Gegenstand betreffende, für den Regierungsbezirk Liegnitz erlassene Polizeiverordnung vom 31. August 1854 (Amtsbl. S. 383) wird hierdurch aufgehoben.

Breslau, den 8. August 1887.

Der Ober-Präsident, Wirkliche Geheime Rath
von Seydewitz.

№ 1

Gesinde-Dienstbuch

für: Rosina Gordziel
aus: [illegible]
alt: 15 Jahre
Statur: untersetzt
Augen: braun
Nase: gewöhnlich
Mund: "
Haare: blond
Besondere Merkmale: keine

Ausgefertigt
[illegible], den 1. Juli 1903
Der Amtsvorsteher

NB. Die Ausführung des hier vorgedruckten Signalements darf lediglich durch die Polizeibehörde erfolgen.

Gesindebuch von 1903 mit Polizeiverordnung der Stadt Breslau.

dem sowohl die Rechtsgrundlagen wie die Arbeits- und Lohnbedingungen geregelt werden sollten. *„Das ist die, die die Hausgehilfinnen närrisch macht"*, hieß es in den konservativen Kreisen des Bürgetums. Das Gesetz vom 26. Februar 1920 enthielt noch keine Kranken-, Alters- und Invalidenversorgung.[586]

6. FÜRSORGE – ERZIEHUNGSANSTALT

Um die Mitte des 19. Jahrhunderts machte sich ein Wandel über die Auffassung von Strafe bemerkbar, die „bessernd" auf weibliche Gefangene einwirken sollte. Der Hauptzweck der *Kongregation der Frauen vom Guten Hirten*[587] war es, „gefallene" und der Besserung

586 Vgl. VII.5.19.1.

587 Vgl. VII. 5.3.

bedürftige Frauen und Mädchen für ein rechtschaffenes Leben auszubilden. Ihre gewählte Ordensaufgabe, die *„Erziehung besserungsbedürftiger Personen weiblichen Geschlechts"*, brachte es mit sich, dass jedes Kloster mit einer „Mädchen-Rettungsanstalt" verbunden sein musste. Diese war keine Zwangs-, sondern eine Erziehungsanstalt, welche den Zweck hatte, diese weiblichen Personen mit den nötigen Kenntnissen und Fähigkeiten auszustatten, *„damit sie nach ihrem Austritte in ehrenhafter Weise ihren Lebensunterhalt gewinnen vermögen"*.[588]

Nach der neuen Auffassung schienen die *Schwestern vom Guten Hirten* für diese Erziehungsaufgabe prädestiniert,[589] denn als größtes Übel wurde stets empfunden, dass Gefangene aus der Strafe entlassen wurden, ohne eine Arbeitsmöglichkeit und ohne ein Unterkommen zu haben. Einen Schwerpunkt der Erziehung bildete daher die Förderung von Arbeitsmotivation und Arbeitsdisziplin. Hauswirtschaftliche Kenntnisse galten als Voraussetzung für einen geordneten Lebensweg. Die Zöglinge der Straf- und Erziehungsanstalt arbeiteten grundsätzlich für den Unterhalt der Anstalt und erhielten bei ihrer Entlassung Wäsche, Kleidung und einen Geldbetrag als Aussteuer.[590] Die Berufsausbildung war auf typisch weibliche Berufe ausgerichtet: Dienstmagd in der Landwirtschaft oder Dienstbote in Hauswirtschaft oder Handwerk (Wäschepflege).

Von Seiten des Staates wurde es sehr begrüßt, dass geistliche Ordensgemeinschaften sich der Obsorge für die Sträflinge annahmen. Gerade die *Guten Hirtinnen* galten als besonders befähigt, an der sittlichen Besserung schwererziehbarer Mädchen mitzuwirken. Die Strafanstalt Wiener Neudorf beherbergte in den Jahren von 1854 bis 1902 mehr als 6700 Sträflinge, die unter der Aufsicht von 405 Ordensschwestern standen.

588 DOK: Ansuchen vom 27.6.1912 an das Fürst Erzbischöfliche Ordinariat eine Filiale in Theresienfeld zu eröffnen.

589 *Urwalek* Franz, Zum 75jährigen Bestand der Strafanstalt Wiener Neudorf 1854-1929. 7.

590 *Gatz*, Caritas und soziale Dienste. 137.

IX. DIE NEUEN KONGREGATIONEN IN WIEN

1. DER KLEINE ANFANG IN ARMUT UND NOT

1.1. FINANZIERUNG – FÖRDERER UND WOHLTÄTER

Fast immer verlangte der Anfang jeder Gründung, bei jedem Haus, bei jeder Niederlassung eine fast unfassbare Opferbereitschaft von den Schwestern. Die Gründung gelang meist nur mit Hilfe von Förderung durch das Kaiserhaus, von Adeligen, von Vereinen, durch den amtierenden Erzbischof von Wien, von Geistlichen oder einzelnen Privatpersonen. Viele Angehörige des Klerus wurden zu Wegbereitern, Beratern und geistlichen Begleiter der neuen caritativ tätigen Schwesterngemeinschaften, weil sie in diesen ein Mittel gegen Armut und Not sahen. Andere versuchten in Eigeninitiative (oder mit Hilfe von geistlichen Schwestern) dem Bildungsnotstand und der Verelendung entgegen zu treten. In der Gesamtschau scheinen alle caritativen Betätigungsfelder auf, die von den Kongregationen als Wirkungsfelder genannt wurden, jedoch von der damaligen Zeitperspektive aus gesehen und ausgeführt.

War es auch bei den *Barmherzigen Schwestern in Gumpendorf* ein räumlich kleiner und einfacher Beginn, so gab es doch Wohltäter und Förderer von der ersten Stunde an. Neben Kaiserin Karoline Augusta, der „Schutzfrau“ und Graf Coudenhove war es besonders Erzherzog Maximilian Este, dem nicht nur die Errichtung von Mutterhaus und Spital 1832 zu verdanken war, sondern auch manche Unterstützung, die eine fortschreitende Entfaltung der Kongregation ermöglichte. Die Kaiserin selbst hatte eine besondere Vorliebe und ein ungewöhnliches Verständnis für das Ordensleben Sie besuchte oft und gerne, manchmal sogar in Begleitung des Kaisers, ein Wiener Frauenkloster.

Vom Jahre 1839 an wurden vom Erzbischöflichen Konsistorium die Sammlungen zugunsten der *Barmherzigen Schwestern in Gumpendorf* alle drei Jahre angeordnet.[591] Neben den Sammlungen waren es Schenkungen, Stiftungen und Vermächtnisse, die dem Kloster und dem Spital in Gumpendorf eine gewisse Basis sicherten.

591 DOK, Aufruf zur Sammlung.

Eine Aufstellung von Graf COUDENHOVE als Vorsteher des Institutes über eingegangene Spenden im Jahre 1833, gibt eine gute Darstellung wie Angehörige des Kaiserhauses und des Adels an der Krankenpflege der Schwestern interessiert waren.

> *... den Händen der Barmherzigkeit und kluger Sparsamkeit anvertraut, haben diese milden Gaben unter Gottes Segen mehrere hundert arme Leidende erquickt und die meisten verdanken ihre wiederhergestellte Gesundheit dieser menschenfreundlichen Anstalt...*[592]

Die *Schulschwestern vom III. Orden des hl. Franziskus* standen von Anfang an unter dem besonderen Schutz und der Fürsorge der Kaiserin KAROLINE AUGUSTA, waren sie doch auf Wunsch der Kaiserin 1845 von Hallein nach Wien gekommen. Die Kaiserin sorgte nicht nur für den Unterhalt des Mutterhauses in Wien-Erdberg III., sondern sandte auch Geld und Lebensmittel wie in den Tagen der Revolution. Immer wieder gab es beträchtliche Geldspenden und Schenkungen für notwendige Räumlichkeiten und Anschaffungen. Nach dem Tod der Kaiserin übernahm Erzherzogin MARIA RAINER[593] das Protektorat. Die Zahl der Schwestern wie auch der Schüler mehrte sich. Mit Hilfe von Spenden konnte das Schulgebäude je nach Bedarf immer wieder vergrößert werden.

Als Triebfeder für das Entstehen der k.k. Strafanstalt in Wiener Neudorf wurde Gräfin IDA HAHN-HAHN schon genannt. Sie war es auch, die sowohl die Kaiserinwitwe KAROLINE AUGUSTA als auch SOPHIE, die Mutter Kaiser FRANZ JOSEFS für ihren Plan, die *Schwestern vom Guten Hirten* nach Wien zu holen, gewinnen konnte. Mit allerhöchster Entschließung vom 1. August 1853 ließ Kaiser FRANZ JOSEPH I. den Orden der *Schwestern vom Guten Hirten* in Österreich Fuß fassen, allerdings mit der Bedingung, in keiner Weise Anspruch auf staatliche Unterstützung zu haben. Gräfin HAHN-HAHN leitete sofort eine Sammlung in hohen aristokratischen Kreisen ein und durch großzügige Spenden der Kaiserin MARIA ANNA, Gattin des auf

592 DOK: Ausweis der eingegangenen milden Beiträge im Jahre 1833. S. 221-223.

593 Erzherzogin Maria Rainer war Äbtissin des adeligen theresianischen Damenstiftes in Prag, das sie 1852 verließ, um ihren Cousin Erzherzog Rainer d. J. zu heiraten.

Ausweis

der eingegangenen milden Beiträge im Jahre 1833 für das Institut der barmherzigen Schwestern Behufs der Krankenpflege in Wien.

Nahme des Gebers.	Betrag in C. M. fl.	Betrag in C. M. kr.
Seine Majestät der Kaiser	1000	..
Ihre Majestät die Kaiserin	500	..
Ihre Majestät die Kaiserin bei Gelegenheit der ersten Einkleidung den 12. July	300	..
Seine Majestät der jüngere König von Ungarn	500	..
Ihre Majestät die jüngere Königin von Ungarn	500	..
Seine k. k. Hoheit Erzherzog Franz	500	..
Seine k. k. Hoheit Erzherzogin Sophie	500	..
Seine k. k. Hoheit Erzherzog Carl	500	..
Seine k. k. Hoheit Erzherzog Anton	300	..
Seine k. k. Hoheit Erzherzog Ludwig	300	..
Seine k. k. Hoheit Erzherzog Ferdinand von Oesterreich-Este	500	..
H. Alexander	586	24
Apponyi, Se. Excellenz Graf	200	..
Apponyi, Ihre Excellenz Gräfin	120	..
Ahremberg, Herzogin	100	..
Auersperg, Fürstin Gabriele	80	..
Barbier, Freiherr	5	..
Batthyanyi, Fürst	120	..
Batthyanyi, Gräfin, geb. Gräfin Sigray	20	..
Boissier, Miß Marie	15	..
Buol-Schauenstein, Graf	50	..
Choiseul, Graf	25	..
Coburg-Sachsen-Gotha, S. D. Prinz Ferdinand	120	..
Colloredo, Graf Franz	50	..
Czernin, Gräfin, geb. Gräfin Salm	40	..
Eskeles, Freifrau	60	..
Esterházy, Fürst Niklas	120	..
Esterházy, Fürstin Paul	120	..
Esterházy, Gräfin, geb. Marquise de Roisin	40	..
Falkenhain, Gräfin, geb. Gräfin Colloredo	40	..
Fekete, Gräfin, geb. Gräfin Esterházy	40	..
Festetics, Gräfin, geb. Fürstin Hohenzollern	120	..
Fürstenberg, Landgraf Joseph	50	..
Fürstenberg, Landgräfin, geb. Gräfin Schlaberndorff	50	..
Gesellschaft adeliger Frauen zur Beförderung des Guten und Nützlichen	200	..
Fürtrag	7771	24

Oben und folgende Seiten: Überblick über die Spender bei einer Sammelaktion zugunsten der Barmherzigen Schwestern, 1833 (Diözesanarchiv Wien, Fonds: Barmherzige Schwestern von Gumpendorf).

Nahme des Gebers.	Betrag in C. M. fl.	kr.
Uebertrag .	7771	24
Giulay, Graf	100	..
Harrach, Gräfin, geb. Gräfin Dietrichstein	40	..
Haugwitz, Graf	50	..
Hiel, Caroline	3	..
Hougart, Mademoiselle Johanna	..	48
Jablonowsky, S. D. Louis Fürst	67	30
Jarcke, Herr und Frau	10	..
Kaiser, Peter	1	..
Kinsky, Gräfin, geb. Gräfin Wrbna	120	..
Kinsky, Graf Dominik	20	..
Kinsky, Graf Eugen	20	..
Kinsky, Graf Rudolph	20	..
Kohary, Fürstin	40	..
Lankoronska, Gräfin, geb. Gräfin Rczewuska	50	..
Lazansky, Gräfin	50	..
L'Epez, Josephine	2	..
Liechtenstein, Fürst Johann	120	..
Liechtenstein, Fürstin Johann	120	..
Liechtenstein, Fürstin, geb. Gräfin Kinsky	20	..
Lothringen, Prinzessin Victoria	40	..
Marschall, Comtesse	10	..
Metternich, Fürst	120	..
Metternich, Fürstin, geb. Gräfin Zichy-Ferraris	60	..
Milde, Vincenz Eduard, Fürst-Erzbischof von Wien	120	..
N. N.	10	..
" "	30	..
" "	..	24
" "	10	..
" "	27	30
" "	100	..
" "	5	26
" "	4	..
" "	..	48
" "	1	12
" "	..	48
" "	2	24
" "	..	48
" "	2	..
" "	10	..
" "	6	4
" "	..	48
" "	2	..
" "	3	..
" "	5	..
" "	15	..
" "	..	24
" "	1	24
Fürtrag .	9214	42

Nahme des Gebers.	Betrag in C. M. fl.	kr.
Uebertrag .	9214	42
N. N.	2	..
" "	1	40
" "	15	..
" "	4	..
" "	10	..
" "	25	..
" "	12	..
" "	60	..
" "	5	..
" "	100	..
" "	10	..
" "	140	..
" "	5	..
" "	10	..
" "	1	..
" "	10	..
" "	10	..
" "	25	..
" "	50	..
Palffy, Fürstin, geb. Fürstin Lobkowitz	50	..
Palffy, Gräfin, geb. Fürstin de Ligne	60	..
Palffy, Fürstin	30	..
Palm, Fürst	82	..
Rasumowsky, Fürst	100	..
Rieger, Freifrau	5	..
Sagan, Herzogin	120	..
Schulteis, Sigism. Abt zu den Schotten	50	..
Schwarzenberg, Fürst Joseph	150	..
Schwarzenberg, Fürstin Eleonore	20	..
Schwarz, Johann	1	..
Sedlnitzky, Graf	120	..
Sedlnitzky, Gräfin, geb. Gräfin Haugwitz	50	..
Salm, Fürstin Marie, geb. Gräfin Kinsky	20	..
Spauer, Gräfin	15	..
Starhemberg, Gräfin, geb. Gräfin Kaunitz-Rittberg	5	..
Szechenyi, Graf Louis	120	..
Szechenyi, Gräfin, geb. Gräfin Wurmbrand	120	..
S. K.	4	..
Wallis, Gräfin, geb. Gräfin Hoyos	20	..
Uruska, Gräfin	20	..
Zichy-Ferraris, Gräfin	60	..
Summe . .	10932	22

Carl Graf v. Coudenhove,

Vorsteher der barmherzigen Schwestern.

den Thron verzichtenden Kaisers Ferdinand I. sowie des Erzherzogs Maximilian Este, der 1854 auch die Anstaltskirche erbauen ließ, war die Finanzierung des für das Kloster geeigneten Gebäudes bald gesichert. Auf Fürsprache der Kaiserin gestattete der Kaiser, dass ein namhafter Betrag aus dem Erlös der Staatslotterie der Kongregation zugewiesen wurde.[594]

Als die *Schwestern vom Guten Hirten* am späten Abend des 4. Oktober 1853 in Wien ankamen, waren sie sehr enttäuscht, dass niemand sie erwartete. Eine vornehme jüdische Familie nahm sich ihrer an und brachte sie im Hotel „Zum goldenen Lamm" in der Leopoldstadt unter. Als der Polizeidirektor Hofrat von Weiss die Schwestern am nächsten Tag abholte, erschreckte er sie mit dem Ausruf. *„Wissen sie auch, wo sie sind? In einem sehr verrufenen Hotel!"* Da das neue Heim in Wiener Neudorf noch nicht bewohnbar war, mussten die Schwester noch vier Wochen bei den Redemptoristinnen[595] am Rennweg untergebracht werden. Die etwa 100 Franken ersparten Reisegeldes reichten gerade, um den Schwestern, die in der Revolution von 1848 vertrieben und erst kürzlich zurückgekommen und verarmt waren, den vierwöchentlichen Aufenthalt halbwegs zu vergüten.[596] Nach dieser Zeit war erst ein einziges Zimmer in Wiener Neudorf beziehbar, und es mangelte an jeglicher Einrichtung. Man hatte den Schwestern einiges zugemutet: weder Betten gab es, noch Tisch oder Stuhl, weder Küche noch Herd und keinerlei Vorrat an Lebensmitteln. Abends legten die Schwestern Bretter und Steine an das Tor, da das Haus nicht abschließbar war.[597] Ihre bedrängte Lage war die Gelegenheit zur ersten großen Bewährung. Die Arbeit war von den vier Schwestern kaum zu bewältigen, und zum Essen gab es oft nur trockene Erdäpfel. Mehrmals erschien die Kaiserin ganz unvermutet in Wiener Neudorf. Als sie einmal im Winter die Räume ungeheizt fand, wies sie 2000 Gulden zum Ankauf von Holz

594 *Urwalek*. 5.

595 Orden vom Heiligsten Erlöser (redemptor), 1731 gegründet von Sr. Maria Celeste Crostarosa in Italien, 1831 die erste außeritalienische Gründung in Wien. 1848 vom Wiener Kloster vertrieben, 1852 in Ried im Innkreis angesiedelt.

596 *Schneider*. 153.

597 *Schneider*. 143.

an. Endlich konnte Ende November die Kapelle eingeweiht und die Klausur abgeschlossen werden.

Bezüglich der Hausordnung, der Arbeit und der Kleidung hatte man seitens der Behörden alles dem Ermessen der Ordensgemeinschaft überlassen, da man die ganze Sache nur für einen Versuch hielt. Kost und Lagerstätten waren jedoch nach dem Muster der übrigen Gefängnisse vorgeschrieben. In den österreichischen Gefängnissen gab es zu dieser Zeit kein Frühstück, aber die Oberin erwirkte die Erlaubnis, aus eigenen Mitteln eine Morgensuppe verabreichen zu dürfen.[598] Das Bedürfnis nach einer zahlreicheren Kommunität wurde indessen sehr dringend. Die 15 Profess-, vier Laienschwestern und eine Ausgehschwester vermochten den Anforderungen der Strafanstalt nicht mehr nach zu kommen. So bemühte sich Kardinal Rauscher in Rom um die Erlaubnis ein Noviziat für diese Kongregation errichten zu dürfen. 1857 erteilte Papst Pius IX. die erbetene Ermächtigung. Mutter Maria vom hl. Petrus übernahm das Amt der Novizenmeisterin.[599]

Für den Ankauf eines Hauses, das „Wienerklösterlein" in Margreten 1860, spendete Gräfin Harrach 8000 Gulden. 1863 wurde das Kloster Wiener Neudorf mit den in der Zwischenzeit gegründeten Klöstern in Baumgartenberg und Graz zu einer Provinz zusammengeschlossen und Maria vom hl. Petrus Ferrenholz wurde erste Provinzialoberin für die Zeit von 1863-1898. Ihren Zeitgenossen blieb sie in Erinnerung als eine von Gottes- und Nächstenliebe durchdrungene Frau, Nachfolgerin wurde ihre Assistentin Sr. Maria vom göttlichen Kinde Jesu Keppelmann in den Jahren 1898-1905.[600]

Als den *Franziskanerinnen von der christlichen Liebe,* später *Hartmannschwestern* genannt, im Spital auf der Wieden nach üblen Verleumdungen 1861 gekündigt wurde,[601] war die erste Frage: „Woher Unterhalt, woher ein Kloster für 120 Schwestern nehmen?" Kardinal Rauscher bot eine Zuflucht in seinem Haus in Kirchberg am

598 *Senfelder.* 14.

599 Die Noviziatkapelle wurde 2003 Standort des Archivs der Markgemeinde Wiener Neudorf.

600 *Senfelder.* 12.

601 Siehe IX.2. Anfeindungen.

Wechsel an, und einmal mehr erwies sich Erzherzog MAXIMILIAN ESTE als Retter in der Not. Er holte zwei der für „untauglich" erklärten Schwestern zur Pflege für seinen Adjutanten, der an Blattern erkrankt war. Nach dessen Gesundung spendete er 10 000 *fl* als erste Rate für den Kauf eines Hauses in der Laurenzgasse im 5. Bezirk.

Durch Sammlungen und Zuschüsse hoher Wohltäter konnten dann 1865 die Häuser in der Hartmanngasse 7-9 erworben werden. Kaiser FRANZ JOSEPH, Fürstin SCHWARZENBERG, Fürst LIECHTENSTEIN, Minister TAAFFE, die I. ÖSTERREICHISCHE SPARKASSE und Weihbischof ANGERER zeigten sich als Gönner, auch Kardinal RAUSCHER hatte in seinem Testament nicht auf die *Hartmannschwestern* vergessen. Die NIEDERÖSTERREICHISCHE LANDESHYPOTHEKENBANK gewährte ein Darlehen von 120 000 Kronen und so konnte am 28. Oktober die feierliche Einweihung von Kloster und Spital in der Hartmanngasse stattfinden.[602]

Nachdem Kardinal RAUSCHER am 1. September 1857 die Erlaubnis gegeben hatte, ein Ordenshaus der *Töchter des göttlichen Erlösers* zu errichten, zeigten sich auch die weltlichen Behörden entgegen kommend. Die Oberin THEOPHILA DAUR berichtete:

> *Ich ließ mich mit einer Schwester zum Herrn Statthalter führen, der so gern mit Franzosen zu tun hat. Ich sprach französisch mit ihm und er äußerte große Freude, französische Schwestern in Wien etablieren zu sehen, und meinte, er selbst wolle uns beim Kaiser ankündigen.*

Am 28. November 1857 erfolgte die staatliche Genehmigung für die Einführung der Kongregation in Wien.[603] Die Schwestern wohnten zuerst in einem kleinen Haus in der Klementinengasse,[604] und die Armut, die sie beim Einzug vorfanden, übertraf alle Erwartungen. Ihre erste Tätigkeit war den Waisenkindern gewidmet. Die Kinder, die man zu ihnen brachte, waren schwer vernachlässigt, unterernährt, hatten Ungeziefer und litten an schlecht behandelten Wunden, immer wieder wurden neue Krankheiten mitgebracht.[605] So wurde unter anderem von einem Kind aus dem Kinderspital die ägyptische

602 *Kongregation der Schwestern der christlichen Liebe*, Werke der Liebe. 9.

603 *Theoda*. 19.

604 Später XV. Wiener Gemeindebezirk.

605 *Theoda*. 15.

Wiener Mutterhaus der „Kaiserstraßenschwestern".

Augenkrankheit[606] eingeschleppt, von welcher trotz sorgfältigster Pflege auch einige Schwestern und die meisten Kinder angesteckt wurden. Wie sollte diesen Kindern geholfen werden? In einem Aufruf des Ordinariats wurde die Mildtätigkeit allen frommen Christen für die *Töchter des göttlichen Erlösers* anempfohlen. Der erzbischöfliche Sekretär Kornheisl, seit der Gründung der Genossenschaft in Wien ein tatkräftiger Freund, schrieb aus Rom an die Oberin:

> *In Wien müssen sie Wunder wirken, sonst geht es nicht. Denn ohne Geld ein großes Waisenhaus zu bauen und mit einem Dutzend Schwestern die Krankenpflege in einer so großen Stadt zu tun, heiße ich doch Wunder wirken.*[607]

Mit dem Elisabethverein, der die Schwestern nach Wien gerufen hatte, stellten sich Schwierigkeiten ein. In einer Unterredung mit Kar-

606 Infektiöse außerordentlich hartnäckige, akute bis chronische Bindehautentzündung.

607 *Theoda*, 23f.

dinal Rauscher stellte die Oberin fest, dass der Verein den Schwestern zumutete, sich nur der Förderung der Zwecke des Vereines zu widmen, die Schwestern aber wollten vor allem dem Hauptzweck ihrer Kongregation dienen, der Krankenpflege in den Wohnungen der Kranken und der Erziehung von armen Kindern. So wurde am 1. Oktober 1860 der Vertrag mit dem Verein gelöst. Die *Armen Schulschwestern von Notre Dame* aus München übernahmen die Anstalt und schufen in der Klementinengasse und Umgebung, in der die Friesgasse liegt, ein Haus der Erziehung und des Unterrichts.[608]

Die *Schwestern vom göttlichen Erlöser* mussten sich nun ein neues Heim suchen. Mutter Theophila mietete ein Haus in der Dreilaufengasse, wo der Besitzer, der den Schwestern sehr gewogen war, eine kleine Kapelle errichtete. Als es schließlich mit finanzieller Hilfe vieler Wohltäter und Vermächtnisse gelang, sich 1861 in der Kaiserstraße anzukaufen, war damit noch kein Existenzmittel für die Schwestern verbunden. Die Krankenpflege war unentgeltlich. Für die Waisenkinder zahlte der Magistrat der Stadt Wien einen so winzigen Betrag, dass es nur mit größter Sparsamkeit gelang, die Kinder gut zu betreuen. Die Wiener hielten die *Kaiserstraßenschwestern* für reich, doch in Wirklichkeit waren die Schwestern sehr arm: morgens gab es Erbsensuppe, mittags Brot und Wasser. So bat die Oberin um staatliche und kirchliche Erlaubnis zur Sammlung in den einzelnen Kronländern. Mehrere Schwestern machten sich dann auf die Reise, um Almosen zu sammeln. Erzbischof Rauscher gab noch ein Fürwort-Schreiben mit. Bei diesen Sammelreisen entwickelten die Schwestern oft einen staunenswerten Mut.

Als Not und Armut im Haus wieder einmal sehr groß waren, wandten sich die Schwestern an die Salesianerinnen[609] am Rennweg, die Naturalien und Möbel spendeten. Zweimal in der Woche durften sich die Schwestern Lebensmittel am Rennweg abholen, und wiederholt wurden dann auch Nahrungsmittel für Kinder und Schwestern an der Klosterpforte abgegeben. Aber die Schwestern galten in Wien noch

608 Die Friesgasse trägt ihren Namen in Erinnerung an die Gräfin Fries, die eine große Wohltäterin der Kinder dieses Bezirkes war, in: *Theoda*. 22.

609 Vgl. Franz von Sales, VI.1. Das Kloster in Wien wurde 1717 von der Kaiserin Wilhelmine Amalie, Witwe nach Kaiser Joseph I., gegründet.

immer als Ausländerinnen, und es fehlte der heimische Zuwachs. Die eintretenden Aspirantinnen mussten ihre Noviziatszeit in Niederbronn verbringen, die Professschwestern ihre jährlichen Exerzitien ebenso. Die Errichtung einer österreichischen Provinz wäre die Lösung des Problems von großen Kosten- und Zeitaufwandes gewesen. Doch die Oberin in Niederbronn fürchtete um die Geschlossenheit der Ordensgründung und war nicht willens, in Wien ein Noviziat zu errichten. Als Kardinal Rauscher erkannte, dass er mit der Generaloberin in Niederbronn kein Übereinkommen schließen konnte, und er die Auflösung des Klosters in Wien befürchtete, beschloss er die Selbständigkeit des Hauses in Wien mit dem Dekret vom 16. März 1866:

> *Seit 10 Jahren wirken die Töchter des göttlichen Erlösers zu Wien mit einer Tätigkeit, deren Erfolge bedeutend dankenswert sind, aber noch größer wären, wenn nicht die Schwierigkeiten, welche die weite Entfernung des Mutterhauses bereitet, der Entwicklung hemmend im Wege stünden. (...) Christliche Gemeinden, deren christliche Liebe werktätig ins Leben eingreift, sind also für Wien so wichtig als irgendwo und zugleich finden sie dort für ihre Bemühungen ein sehr fruchtbares Feld. (...)* [610]

Nachdem ein briefliches Übereinkommen zwischen dem Vinzenzverein in Wien und der Oberin des Mutterhauses der *Schwestern vom armen Kinde Jesus* in Aachen, zwecks einer Niederlassung in Wien, getroffen worden war, hatte Fürst von Liechtenstein den Schwestern in einem Nebengebäude des fürstlichen Palais in der Rossau eine Wohnung angeboten. Nach der Beschreibung in der Chronik bestand sie aus drei Zimmern und einer kleinen Küche, war aber so feucht, dass in den Wintermonaten das Wasser an den Wänden herunter lief. Es gab nur einen kleinen Tisch und sechs Stühle. Die Feldbetten waren so ärmlich, dass die Schwestern sich mit Kleidern und Mänteln zudecken mussten. Bei den zwölf Kinderbetten war es nicht besser. Selbst allernotwendigste Sachen wie Koch- und Essgeschirr und Bettzeug fehlten.“[611] Wieder versprach Kardinal Rauscher Hilfe und Schutz, Canonicus Nogall versuchte Wohltäter zu gewinnen. Am Silvestertag 1857 wurden drei Knaben gebracht, von Ungeziefer zerbissen, sogar

610 *Karlberger.* 7

611 *Kongregation vom armen Kinde Jesus*, Chronik 1857. 26.

die Kleidungsstücke wimmelten davon, aber die Schwestern besaßen nur ein paar Herrenhemden, die man ihnen geschenkt hatte. Von den sechs Gulden Kostgeld, das der Vinzenzverein monatlich für jedes Kind zahlte, wurde Stoff gekauft und einfache Anzüge genäht. Die Kinder zeigten sich dankbar: „*Es juckt nicht mehr!*“ Die Zahl der Kinder hatte sich bald auf vierzig erhöht, und die Schwestern bekamen zwei Zimmer dazu. Im Winter 1858 erkrankten Kinder und Schwestern in der feuchten Wohnung. Zum Weihnachtsfest kam Gräfin Hoyos mit einem geschmückten Christbaum, mit Geschenken und nützlichen Dingen für die Kinder. Ein Freund und Gönner wurde auch Baron Rieger, der, alt und kränklich, mehrmals in der Woche kam, um die heilige Messe zu lesen, weil sich die Schwestern keinen eigenen Priester halten konnten, und meist ließ er ein reichliches Almosen zurück. In seinem Testament vermachte er den *Schwestern vom armen Kinde Jesus* 6 000 Gulden.

Im Frühjahr 1859 drohte der Eisstoß auf der Donau eine Überschwemmung der Rossau an. Ein Jahr später wurde den *Schwestern vom armen Kinde Jesus* ein Haus in Döbling XIX., neben einer Kirche angeboten, die damals als Theater benützt wurde. Die Erlaubnis vom Mutterhaus in Aachen, dieses Haus zu erwerben, enthielt die Bedingung, den Kaufpreis von 32 000 Gulden selbst aufzubringen. Eine Spende von 3 000 Gulden gab Kardinal Rauscher, der auch die Zinsen für das Darlehen übernahm, und 10 000 Gulden spendete der Vinzenzverein. Die Schwestern gingen von Haus zu Haus, und jeden Tag brachten sie zwischen 60-100 Gulden an Spenden nach Hause. Das neue Haus konnte am 7. Dezember 1860 bezogen werden.

Da immer mehr Kinder um Aufnahme baten, wurde mit einem Neubau hinter der Kirche begonnen, dieser erhielt den Namen „Engelsburg“. Das Geld für diesen Bau wurde durch weit ausgedehnte Sammlungen in Ungarn aufgebracht. Durch die Stiftsdame Gräfin Marietta Coudenhoven, die schon oft geholfen hatte, lernten die Schwestern noch eine andere große Wohltäterin des Hauses kennen, Valerie, Edle von Fridau. Diese erklärte sich bereit alle Kosten des neuen Hauses zu bestreiten. Max von Gagern, Präsident des Vinzenzvereins, blieb 32 Jahre lang ein großer Förderer und Ratgeber der Gemeinschaft. Fast alle Kongregationen aber mussten, trotz fürstlicher Gönner und Wohltäter aus dem Bürgertum, zur Finanzierung von Unterhalt und Wohnung um Erlaubnis für Sammlungen ansuchen. Die Sammeltätigkeit erforderte große Anstrengungen, sehr oft wurde es eine beschwerliche Wanderung. Viele Nächte in Bahnhofshallen, im Zug, und weite Fußwege bei jeder Wetterlage zehrten an der Gesundheit der Schwestern.

Am 16. November 1867 richtete die Oberin der *Ordensfrauen vom heiligsten Herzen Jesu* (Sacré Cœur) in Graz das Ansuchen an das Wiener Ordinariat, die Gründung einer Niederlassung in Wien zu gestatten. Die Gesellschaft wollte ein Erziehungshaus für Mädchen höherer Stände wie eine Armenschule und ein Haus für geistliche Übungen weltlicher Frauen errichten:

> *Zu diesem Zweck wurde soeben eine paßende Gebäulichkeit nebst großem Garten in der Vorstadt Landstraße 27 am Rennweg käuflich erworben. Wir glauben durch diese Gründung einen ausdrücklichen Wunsch und wesentlichen Teil des letzten Willens unserer hochwürdigen Stifterin Madame Sophie Barrat zu erfüllen.*[612]

Als Franziska Lechner, die Gründerin der *Töchter der göttlichen Liebe* im Oktober 1868 nach Wien kam, plagten sie große Zweifel über ihre Berufung, aber unverrückt stand ihr Ziel vor ihrem Auge. Sie wollte sich in die Problematik der „kleinen Leute" einschalten, sich der Sorgen der vielen Menschen annehmen, die zur Masse der Armen zählten, von denen nur die Arbeitskraft erwünscht war. Doch Franziska Lechner war auch realistisch genug einzusehen, dass in dieser Lage an Unterricht- und Erziehungsanstalten für sozial benachteiligte Kinder nicht zu denken war. Dr. Theodor Wiedemann machte sie bei ihrer Vorsprache in der Statthalterei auf einen Stiftungsfond Erzherzog Albrechts aufmerksam, der zur Errichtung einer Dienstbotenanstalt eingerichtet worden war. Bereits am 17. November trug sie bei Sektionschef Freiherrn von Breisky vom Kultusministerium ihr Gesuch zur Gründung einer religiösen Gemeinschaft, der „*Töchter der göttlichen Liebe*" und der Errichtung eines Dienstbotenasyls vor. Freiherr von Breisky und Statthalter Baron von Weber waren von ihrem Vorhaben sehr beeindruckt, sie wurden die ersten Freun-

612 Praesidialia DA, Frauenorden 522: Ordensfrauen vom heiligsten Herzen Jesu (Sacré Cœur).

de und Förderer, später waren die Gebrüder LANG[613], Fabrikanten aus Fünfhaus, große Wohltäter der Gesellschaft.

Am 21. November 1868 wurde die Gründung ihrer klösterlichen Gemeinschaft behördlich genehmigt und FRANZISKA hatte die Erlaubnis zur Sammlung milder Gaben erhalten. Mit Sr. LUZIA[614], der ersten Mitarbeiterin aus Bukau in Böhmen, begann FRANZISKA LECHNER in der Umgebung von Wien zu sammeln und auf ihrer Reise fanden sich Mädchen, die müde und verzagt von der Arbeitssuche waren und sich ihnen anschlossen. Viele der ersten Kandidatinnen erschraken allerdings über die Dürftigkeit der Unterkunft und den Mangel eines eigentlichen Klosters in Wien. Das Verbleiben in der engen Wohnung in der Taubstummengasse 5, IV. Bezirk, wo sich FRANZISKA eingemietet hatte, war nun nicht mehr möglich. Die Brüder LANG liehen ihr das so genannte Angeld für den Kauf eines Hauses, doch nur unter großen Schwierigkeiten gelang es, die nötige Kaufsumme bei der Bank auszuleihen.

> *„Was ich bei der Unterzeichnung des Kaufvertrages für das Haus in der Fasangasse 4 im 3. Bezirk empfunden habe, ist unbeschreiblich. Der Gedanke, eine solche Verpflichtung auf mich genommen zu haben, erfüllte mich mit großer Angst“, schrieb sie später in der Chronik.*[615]

FRANZISKA LECHNER bemühte sich, einen eifrigen Priester zu finden, der zugleich einen bekannten Namen haben sollte, um für die Gesellschaft eintreten zu können. Sie fand diesen in ANTON STEINER, dem Kooperator an der Hofpfarrkirche zu St. Augustin, er nahm die Stelle als Direktor gerne an. Am 9. Oktober 1869 legte Mutter FRANZISKA in Gegenwart von Direktor STEINER und aller Schwestern das feierliche Versprechen der Armut, der Keuschheit und des Gehorsams ab, denn Kardinal RAUSCHER konnte den Schwestern laut Kirchenrecht vorerst nur die Ablegung von Versprechen und keine Gelübde gestatten, da die formale Approbation der Regeln noch nicht erfolgt war.[616] Das

613 Die Gebrüder Lang Gasse im 15. Bezirk wurde später dem Gedenken der wohltätigen Brüder gewidmet. In: *Mann,* Marienanstalt. 69.

614 Katharina Benda.

615 *Mohl.* 71.

616 *Anonym.* 26.

angekaufte Haus wurde „*Marienanstalt*“ genannt und als zwei Wohnungen von Mietern frei wurden, konnte mit den Renovierungsarbeiten zur Vergrößerung begonnen werden.

Den ersten Entwurf der Regeln formulierte Franziska Lechner 1869 und legte ihn dem zuständigen Ministerium handschriftlich vor. Die 1899, also 30 Jahre später, gedruckten Konstitutionen zeigen einerseits, dass die Ziele gleich geblieben waren, andererseits aber auch eine Erweiterung durch Unterricht und Erziehung für arme Kinder erfuhren. Am 8. Jänner 1870 übernahm die Gemahlin des kaiserlichen Bruders Karl Ludwig, Erzherzogin Maria Annunciata, das Protektorat über die Gründung und blieb bis zu ihrem Tod eine treue Schutzfrau des Klosters. Als sich die Erzherzogin nach der Höhe des Gründungsfonds erkundigte, erwiderte Mutter Franziska: „*Wir haben einen sehr großen Fond, nämlich die göttliche Vorsehung.*“[617]

Die kostenlose Betreuung von Dienstboten war nur möglich, weil praktisch immer zwei bis sechs Schwestern behördlich genehmigte Sammlungen für das Heim durchführten. Der Ertrag einer Wohltätigkeitsveranstaltung adeliger Damen von 6 100 Gulden gab einige Zeit später die Möglichkeit, die Marienanstalt zu erweitern.[618] Die Schwestern arbeiteten selbst fleißig am Bau mit, doch auch viele Nächte hindurch wurde gearbeitet, um mit Handarbeiten und Wäschewaschen Geld zu verdienen. Nach der Übersiedlung in die Jaquingasse im III. Wiener Gemeindebezirk fanden sich immer wieder Gewerbetreibende, die den Schwestern Spenden für die Armen brachten.

Als sehr naiv würden die Menschen unseres Jahrhunderts die Antwort der Oberin der *Barmherzigen Schwestern vom hl. Kreuz*, Mutter Stephanie Baumgartner bewerten, die sie ihrem Anwalt beim Kauf des Hauses in der Murlingergasse im 12. Bezirk gab, als er meinte, die Angabe von 200 Kronen sei schon sehr wenig, und er würde sich nicht trauen dieses Unternehmen zu wagen. „*Wir haben beim ersten Kauf auch kein Geld gehabt; der liebe Gott schickt uns immer, was wir brauchen,*“ sagte sie und tatsächlich, es fehlte nicht an Wohltätern wie etwa der Fürst Johann III. von und zu Liechten-

617 *Anonym.* 27.

618 *Mohl.* 266.

STEIN, die I. ÖSTERREICHISCHE SPARKASSE, der NIEDERÖSTERREICHISCHE LANDTAG und andere Adelige, die eine Summe von 53 805 Kronen zusammen brachten. Dazu kamen die Jahresbeiträge der Prinzessin THERESE ARNULF von Bayern und der beiden Fürsten SCHWARZENBERG und LOBKOWITZ, die Firma SIEMENS UND SCHUKERT hatte sich bereit erklärt, die elektrischen Leitungen mit einem Preis von 2 255 Kronen gratis zu installieren.[619] Hohe Damen und Herren der Gesellschaft nahmen jedes Jahr mit sichtlicher Freude an den „Christbaumfeier" teil. Alle Kinder wurden mit Kleidern, Wäsche, Spielsachen und Esswaren beschenkt. Der Kooperator der Pfarre Meidling kannte die Notlage der Schwestern und legte kinderlosen Ehepaaren nahe, über ihr Haus zugunsten der sie pflegenden Schwestern zu verfügen.

Die Kongregation der *Barmherzigen Schwestern des hl. Karl Borromäus* wurde 1837 in Prag gegründet, als die böhmischen Länder Teil der Monarchie waren. Ohne die geistige und vielfach auch materielle Hilfe von Pater HERMANN DICHTL, Hofkaplan und Beichtvater des Kaisers wären Gründung und Fortbestand der Gemeinschaft mehrmals gescheitert. Unter den Wohltätern wären besonders Fürstin Helene und Fürst FRANZ LOBKOWITZ, die Freiherrenfamilie THYSBAERT und Gräfin WILHELMINE VON AUERSPERG zu nennen. Als die Schwestern 1851 mit dem Bau des Mutterhauses beginnen wollten, meinte Fürst LOBKOWITZ:

> *Wenn die Schwestern so auf Gott vertrauen, dann bin ich auch dafür, in Gottes Namen wollen wir anfangen.*[620]

Mit der Fürstin LOBKOWITZ, die 1856 an Typhus starb, verlor die Kongregation eine ihrer größten Wohltäterinnen. Sie hatte sich bei der Pflege der an Typhus erkrankten Schwestern angesteckt.

In den Praesidialakten des Diözesanarchivs befindet sich auch das Ansuchen der *Schwestern von der Schmerzhaften Mutter* 1892 an das Ordinariat mit der Bitte um Befürwortung des Ansuchens an die k.k. Statthalterei, ein Heim für ambulante Krankenpflege errichten zu dürfen. Dabei würden die in Krankenpflege geübte Schwestern Spitalspflege übernehmen, öffentliche Mildtätigkeit sollte nicht

619 DOK PAL G/PR I/2, 171-174.

620 Geschichte der Kongregation der Borromäerinnen. 7.

in Anspruch genommen werden.[621] Im Antwortschreiben wurde mitgeteilt, dass für ambulante Pflege derzeit kein Bedarf anstehe und da sich nur zwanzig Schwestern dem Dienst im Krankenhaus widmen könnten und für diese Wohnräume, ein Refektorium und ein Sprechzimmer gewünscht werden, müsse die Statthalterei ablehnen. Aber der Dechant von Simmering, LEONHARD KARPF lies sich nicht entmutigen und schrieb an das Ordinariat, dass im Pfarrgebiet Simmering im Hinblick auf die mündliche Zusage eine provisorische Niederlassung in der Nähe der Kirche und des Pfarrhofes stattgefunden habe. Er gab folgende Gründe für sein Ansuchen an:

> *Für die Krankenpflege in Privathäusern sei noch lange nicht hinreichend gesorgt, in Simmering wären die Schwestern gleich in Beschlag genommen worden und könnten gar nicht alle Ansuchen annehmen, außerdem sei „die Hauptaufgabe, verlassene und in ihrem Seelenheil gefährdete Mädchen in ihr Haus aufzunehmen, zu erziehen, zu unterrichten, in der religiösen Lehre zu unterweisen, ihnen gute Sitten beizubringen und zu einem Gott gefälligen Stand vorzubereiten. Das hochwürdige Ordinariat werde es begreiflich finden, wenn der Pfarrer einer Gemeinde, wo so viele Arbeiterfamilien sind und wo so dringend einige Einrichtungen für Kinder und Jugendliche notwendig wären und wo bisher kein weiblicher Orden existiere, dringendst bitte...*[622]

Am 20. April 1894 berichtete die Vikarin Sr. M. SCHOLASTIKA DEMER an das Ordinariat, das Haus werde in ein Kloster umgebaut, Spenden und Gaben, die sie für ihre Pflege erhielten, seien ausreichend als Subsistenzmittel. Weiter gab sie bekannt, dass die Schwestern im April 1894 über hundert Kranke aller Konfessionen gepflegt, 1888 Tag- und 2049 Nachtstunden gearbeitet hätten und viele Familien um Schwestern ansuchen würden. Am 18. Juni 1894 wurde die Einführung gestattet.

An den angeführten Beispielen ist zu ersehen, dass die neuen Schwesterngemeinschaften vielfach gefördert wurden und sich immer wieder Wohltäter fanden, wenn auch der Anfang meist unter den armseligsten Verhältnissen stattfand. Die Sozialarbeit der

621 DOK 16. Dezember 1892 ZL 9997.

622 DOK aus DA: Dechant Leonhard Karpf, Schreiben vom 18. August 1893 an das Fürst-Erzbischöfliche Ordinariat Z 7383/1893: Bericht über die Niederlassung.

Schwestern wurde vielfach anerkannt, man verfolgte ihr zeitgemäßes Engagement und viele unterstützten die Bemühungen der jungen Kongregationen. Die Behörden wussten genau Bescheid über die Nützlichkeit der so opferbereiten und sparsamen Schwestern in allen sozialen Bereichen und waren bemüht, sie für ihre Zwecke einzusetzen.

Etwas leichter hatte es Jahrzehnte später Hildegard BURJAN.[623] Der Zustrom zu der neuen Gemeinschaft *Caritas Socialis* war groß, weil sich viele von der neuen Idee dieser Schwesterngemeinschaft angezogen fühlten. Die größere Last war das Aufbringen der finanziellen Mittel, doch HILDEGARD BURJAN hatte die unschätzbare Gabe, immer wieder neue finanzielle Quellen zu erschließen, nicht nur bei den Behörden, sondern auch in der Wiener Gesellschaft, die ihr dank der Stellung ihres Mannes offen stand. Die von ihr veranstalteten Benefizabende, Weihnachtsmärkte und andere Veranstaltungen, zählten bald zu den beliebtesten Treffpunkten der Wiener Gesellschaft und brachten finanzielle Hilfe.

1.2. DIE ERZBISCHÖFE VON WIEN

Im Jahre 1631 war das Wiener Bistum von Kaiser FERDINAND II.[624] zum Fürstbistum erhoben worden, dem aber kein reichsunmittelbares Territorium unterstand. Mit der *Bulle „Suprema dispositione"* von Papst INNOZENZ XIII.[625] erfolgte 1722 die Erhebung Wiens zum Erzbistum.[626] Die Besetzung des Erzbistums Wiens war nicht nur wegen dessen Größe, sondern auch wegen seines Sitzes in der Residenzstadt von besonderer Bedeutung, traten die Erzbischöfe doch in eine außergewöhnliche Nähe des Hofes und standen an der Spitze des österreichischen Episkopates.[627]

623 Vgl. VII.5.19.

624 1619-1637.

625 1711-1740.

626 *Loidl* Franz/ *Krexner* Martin, Wiens Bischöfe und Erzbischöfe. Wien 1983. 8.

627 *Gatz* Erwin, Die Bischöfe der Kirchenprovinzen Wien und Salzburg von 1785/1803 bis 1962, in: Wiener Katholische Akademie Miscellanea, Dritte Reihe Nr. 159, zusammengestellt von Franz Loidl. Wien 1987. 268. (1864: 1 204 000, 1900: 1 973 000 Katholiken in Wien.)

Ein halbes Jahrhundert stand Kardinal Christoph Anton Migazzi (1757-1803) an der Spitze der Kirche von Wien. Seine Regierungszeit war nicht nur eine der längsten, die ein Wiener Bischof amtiert hatte, sondern war auch sicher eine der schwersten. Unter Kaiserin Maria Theresia kam es bereits zu einer Fülle von staatlichen Eingriffen in kirchliche Angelegenheiten, und Kaiser Joseph II. trieb die Bevormundung der Kirche an die Spitze. 1773 kam es zur Aufhebung der *Gesellschaft Jesu,* der in Österreich der allgemeine „Klostersturm" folgte. Allein in Wien und Niederösterreich wurden an die 70 Ordenshäuser geschlossen.[628]

Sigismund Anton Graf von Hohenwart (1803-1820) war zuerst Bischof von Triest und wurde zwei Jahre später Bischof von St. Pölten, bevor ihn Kaiser Franz mit der Leitung der Erzdiözese Wien betraute. Auch hier achtete der Erzbischof gewissenhaft auf die Einhaltung staatskirchlicher Vorschriften. Der schwerste Schlag für Wien war die Franzoseninvasion 1805 und 1809.[629]

Sein Nachfolger Leopold Maximilian Graf zu Firmian (1822-1831) entstammte einem alten angesehenen Südtiroler Grafengeschlecht. Nach ihm hatte Wien nur noch einen adeligen Fürst-Erzbischof, Joseph Othmar von Rauscher, Lehrer von Kaiser Franz Josef und Kardinal Schwarzenberg. Die soziale Herkunft hatte seither eine stets geringere Rolle gespielt, persönliche Leistung und Leitungsfähigkeit fielen um so mehr ins Gewicht.

Erzbischof Vinzenz Eduard Milde (1831-1853) lag die Förderung caritativer Einrichtungen in Wien sehr am Herzen. Dies ist am Beispiel der Einführung der *Barmherzigen Schwestern von Gumpendorf* 1832 in Wien zu erkennen, so dass seine Amtszeit bei der Berufung der Schwestern beschrieben wurde. Die Tatsache, dass er in einer Zeit der Wende und des Umbruchs lebte, ließ ihn zu einer umstrittenen Persönlichkeit werden.[630]

628 *Loidl/Krexner.* 56/57.

629 *Loidl/Krexner.* 68/69.

630 Vgl. IV.6.2. und VII.5.1.

Die Bedeutung Wiens als kirchliches Zentrum Österreichs datiert seit der Mitte des 19. Jahrhunderts nicht zuletzt als Verdienst von Kardinal RAUSCHER. Als Kaiser FRANZ JOSEPH am 26. März 1853, zwölf Tage nach dem Tod Erzbischofs MILDE, JOSEPH OTHMAR Ritter von RAUSCHER (1853-1875) auf den Wiener Bischofsstuhl berief, sollte dieser nicht nur zum Mittelpunkt der kirchenpolitischen Neuerung Österreichs werden, sondern sich auch mit besonderem Interesse dem Vereinswesen und den Ordensgemeinschaften zuwenden. Schon bei der Bischofskonferenz 1849 war er die treibende Kraft, verlangte vor allem die Beseitigung der Ehegesetze von JOSEPH II., die Aufsicht über die Schule und freie kirchliche Vermögensverwaltung. Er war zweifellos die führende Persönlichkeit der kirchlichen Freiheitsbewegung und der eigentliche Schöpfer des Konkordats von 1855. In Anerkennung seiner Verdienste erhob ihn Papst PIUS IX. im selben Jahr zum Kardinal.

1856 errichtete er ein Knabenseminar im Gebäude des Karmeliterklosters „Ob der Laimgrube". Vom Klerus verlangte er eine geistliche Weiterbildung, während er das religiöse Leben des Volkes durch Gründung und Förderung von Vereinen zu heben suchte. Als nach 1860 mit dem Erstarken des Liberalismus der Kampf gegen das Konkordat einsetzte, war Kardinal RAUSCHER heftigen Angriffen im Reichsrat, in der Presse und selbst auf der Bühne ausgesetzt. Als das Konkordat zu Fall gekommen war, versuchte er, neue Wege der Zusammenarbeit zwischen Kirche und Staat aufzuzeigen.[631] Kardinal RAUSCHER wahrte auch sehr energisch seine Rechte, welche ihm als Bischof über die weiblichen Ordenshäuser seiner Diözese zustanden. So bei den *Schulschwestern des Dritten Orden des hl. Franziskus*, die 1845 von der Kaiserin nach Wien Erdberg berufen wurden, den *Hartmannschwestern* und den *Frauen vom Guten Hirten*, als sie bösen Angriffen ausgesetzt waren. Für die *Töchter des göttlichen Heilands* schrieb er die Professformel vor. Kardinal RAUSCHER nahm regen Anteil an allem, was das Klosterleben betraf. Die neuen Frauenorden mussten fast durchwegs die Probe der Verleumdung bestehen. Der

631 *Loidl* Franz, Über Bischöfe und Erzbischöfe von Wien zur 500 Jahr Feier des Wiener Erzbistums. In: Wiener Katholische Akademie, Miscellanea. Neue Reihe 144. Wien 1983. 13.

Kardinal fällte jeweils erst ein Urteil nach genauester Untersuchung, stand aber dann wie ein Fels hinter den Schwesterngemeinschaften. Diese unterstützte er finanziell oft aus eigener Tasche, genehmigte Sammlungen und Privatinitiativen zugunsten Spitäler und Klöster und förderte das Ordensleben in allen Belangen.

Der Schulfrage widmete Kardinal RAUSCHER seine ganze Beredsamkeit und allen Einfluss, über den er verfügte. *„Für die Kirche in Österreich"*, sprach Kardinal RAUSCHER im Jahre 1872 in der Generalversammlung der Erzbruderschaft vom hl. MICHAEL, *„ist gegenwärtig die Vertheidigung der Jugend wider den Missbrauch der Volksschule die brennende Frage."*[632] Er förderte die private katholische Schule, war er doch vom ausgezeichneten Unterricht der geistlichen Schwestern überzeugt. Unter seinem Episkopat entstanden viele der angeführten Kongregationen.[633] Zu Beginn seiner Amtszeit zählte man in den Frauenklöstern 331 „Religiose", als der Kardinal starb, betrug ihre Zahl bereits 1030.

JOHANN BAPTIST RUDOLF KUTSCHKER (1876-1881) war Kardinal RAUSCHER dreizehn Jahre lang als Generalvikar zur Seite gestanden. 1863 erschien das erste „Wiener Diözesanblatt" als offizielles Publikationsorgan des Ordinariats und seines Ordinarius. 1852 hatte ihn Kaiser FRANZ JOSEPH zum Hof- und Burgpfarrer in Wien ernannt. In dieser Stellung oblag ihm auch die Stelle eines Vorstehers des „Höheren Weltpriesterbildungsinstitutes zum hl. AUGUSTIN".[634] In den Jahren 1857-1876 arbeitete KUTSCHKER als Ministerialrat im Ministerium für Unterricht und Kultur.[635] Als erfahrener Jurist und Staatsbeamter und genauer Kenner der neuen konfessionellen Gesetzgebung, erfüllte er die schwierige Vermittlerrolle zwischen kirchlichem und staatlichem

632 *Wolfsgruber*, Kardinal Rauscher. 249.

633 Vgl. Kapitel: Niederlassungen und Gründungen: 1845 Schulschwestern, 1853 Frauen vom Guten Hirten, 1857 Hartmannschwestern, die Schwestern vom armen Kinde Jesu, die Töchter des göttlichen Heilands, 1867 die armen Schulschwestern, 1873 die Dienerinnen vom heiligsten Herzen Jesu.

634 Jakob Frint (1827-1834), 1804 Professor der Religionswissenschaften an der Universität Wien 1810 Hof- und Burgpfarrer. 1816 gründete er das „k.k. höhere Weltpriesterinstitut zum hl Augustin", genannt „Frintaneum", das bis 1918 bestand.

635 Loidl/Krexner. 76/77.

Standpunkt und trug durch seine maßvolle Haltung nicht unwesentlich zur Verhinderung eines gehässigen Kulturkampfes bei. Er war wie kein anderer vor und nach ihm Symbolfigur für die Kooperation zwischen dem Habsburger Staat und der katholischen Kirche.[636]

Von Kardinal Rauscher bereits als Nachfolger angesehen, ernannte ihn der Kaiser im Jänner 1876 zum neuen Erzbischof von Wien. 1877 wurde er zum Kardinal erhoben. Im selben Jahr fand der 1. Allgemeine Österreichische Katholikentag statt.[637] In seine Amtszeit fallen die Gründung der *Dominikanerinnen* in Wien-Hacking 1870, der Beginn der Pflegetätigkeit der *Herz Jesu Schwestern* im Rudolf-Spital 1873 und die Ankunft der *Barmherzigen Schwestern vom hl. Karl Borromäus* 1877 in Wien. Durch seine Klugheit und seinen Sinn für Gerechtigkeit war Kardinal Kutschker den neuen Kongregationen eine große Stütze und ernsthaft um Abhilfe des akuten Priester- und Kirchenmangels in Wien bemüht.[638]

Als Nachfolger des verstorbenen Erzbischofs entschied sich der Kaiser für den Abt von Kremsmünster Coelestin Joseph Ganglbauer (1881-1889). Erste öffentliche Handlung war die Errichtung des nach Hollabrunn verlegten Knabenseminars, das Kardinal Rauscher 25 Jahre zuvor im 6. Bezirk gegründet hatte. Am 20. Februar 1884 beging die Katholisch-Theologische Fakultät an der Wiener Universität die 500 Jahr Feier mit einem vom Erzbischof zelebrierten Dankgottesdienst. Ende desselben Jahres wurde er von Papst Leo XIII. in das Kardinalskollegium aufgenommen. Unter Erzbischof Ganglbauer kam es zur Gründung des „Wiener Kirchenbaufonds", des späteren Kirchenbauvereines, um der Kirchen- und Seelsorgenot der aufstrebenden Großstadt zu begegnen. In einem Aufruf wies er auf die alarmierende Diskrepanz zwischen Seelenzahl und Fassungsraum der Kirchen hin. Der Kardinal selbst ging mit gutem Beispiel voran und spendete 24 000 Gulden. Anfang Mai 1889 tagte der 2. Allgemeine Österreichische Katholikentag in Wien, bei dem es vor allem um die Bewältigung der sozialen Not und Ungerechtigkeit ging.[639] Mit der Unterstützung

636 *Gatz*, Die Bischöfe der Kirchenprovinzen Wien und Salzburg. 268.

637 Vgl. III.2.5.1.

638 *Loidl*, Geschichte. 251.

639 Vgl. III. 2.5.2.

des Kardinals konnte ANTON MARIA SCHWARZ 1889 die *Kongregation der Kalasantiner* in Wien gründen, die als Ziel die Arbeiterfürsorge hatte.[640] Zwei Jahre vor der Enzyklika „Rerum Novarum"[641] widmete der Kardinal der Sozialen Frage einen Hirtenbrief.

Als eine der ersten bemerkenswerten Stimmen auf sozialem Gebiet kann eine Abhandlung des späteren Wiener Kardinals ANTON JOSEPH GRUSCHA (1890-1911) „Zur sozialen Frage" 1852 in der „Wiener Zeitschrift für die gesamte Theologie" angesehen werden, in welcher er den Klerus auf die Wichtigkeit dieser Frage aufmerksam zu machen suchte. Als Sohn eines Schneiders und eines Stubenmädchens wurde er schon als Kind mit den unzureichenden Lebensbedingungen der damaligen Arbeiterschaft konfrontiert. Er brachte dort vor allem die Meinung zum Ausdruck, dass die von der staatlichen Bevormundung freigewordene Kirche nun die soziale Not der Zeit zu lindern habe. Vehement setzte er sich für eine „freie Kirche" ein und gründete zusammen mit ADOLPH KOLPING[642] ab 1852 mehrere katholische Gesellen- und Meistervereine. In 15 Jahren entstanden in den Städten der Monarchie 400 Kolpingvereine. KOLPING konnte ihn dazu bewegen, erster Präses zu werden. Dies trug ihm später den Namen „Gesellenkardinal" ein.[643]

1855 wurde Erzbischof GRUSCHA Domprediger bei St. Stephan. Da er in seinen Predigten zu aktuellen Fragen Stellung nahm, wurde er bald Angriffsziel der gegnerischen liberalen Presse. Sein sozialpolitisches Denken hatte das unerschütterliche Fundament, dass nur der Glaube und nur die Kirche die soziale Not lindern könnte.[644] Im

640 Kalasantiner: eigentlich Kongregation für die christlichen Arbeiter vom hl. Josef Kalasanz. Pater Schwartz (1852-1929) fühlte sich von Gott zum Erzieher für christliche Arbeiter und Lehrlinge berufen. Er schuf Unterkünfte, vermittelte Lehrstellen und sorgte für eine menschenwürdige Behandlung am Arbeitsplatz. 1998 wurde er von Papst Johannes Paul II selig gesprochen.

641 Vgl.III.2.5.3.

642 Adolf Kolping (1813-1865) erlebte als wandernder Schuhmachergeselle alle Missstände und alles Elend damaligen Herumwanderns. Er gab seinen Beruf auf und wurde Priester. 1852 kam er nach Österreich. Er wollte jungen Menschen während der Berufsausbildung ein Heim zur Verfügung stellen.

643 *Loidl.* Geschichte. 264.

644 *Butterweck* Hellmut, Österreichs Kardinäle von Anton Gruscha bis Christoph Schönborn. Wien 2000. 34.

Jahre 1890 wurde er vom Kaiser an die Spitze der Erzdiözese berufen. Papst LEO XIII. erhob ihn schon ein Jahr danach zum Kardinal. Als sozial engagierter Priester hatte er geholfen, die Gesellenvereine aufzubauen, aber als Fürst-Erzbischof war er später ein rigoroser Verteidiger der Autorität. Alles was auf Demokratie hindeutete, galt ihm als gefährliches Übel. Es schien, als hätte er in den zwölf Jahren der Militärseelsorge die Verschärfung der Sozialprobleme nur am Rande mitbekommen. Zugleich aber war er auch der Wegbereiter einer neuen Epoche, denn die Kirche musste nun ohne Hilfe einer Partei oder des Staates ihre Aufgaben erfüllen. Sein Bemühen um neue Kirchenbauten fand 1901 in der Einweihung der Kirche „*St. Anton*" im Arbeiterbezirk Favoriten seinen Höhepunkt.[645] Eine bedeutende Stütze in der Organisation des neu entstehenden Vereinslebens wurde ihm ANTON SCHÖPFLEUTHNER.[646]

FRANZ XAVER NAGL (1911-1913) wurde nach seiner Priesterweihe 1878 in das „Frintaneum"[647] nach Wien gesandt und hierauf zum Weiterstudium an die Päpstliche Universität Gregoriana in Rom. Nachdem er 1883 sein Studium mit dem Doktorat für Theologie abgeschlossen hatte, war er zwei Jahre lang Professor am Priesterseminar in St. Pölten. 1885 als Hofkaplan an die k.k. Hof- und Burgpfarre berufen, rückte er 1887 zum Spiritualdirektor am „Frintaneum" auf. Ab März 1889 war er Rektor der Anima in Rom. Sein angegriffener Gesundheitszustand und Schwierigkeiten in der Führung der Anima[648] in Rom ließen ihn in die Heimat zurückkehren. Im März 1902 wurde er zum Bischof von Triest-Capo d'Istria[649] und am 1. Jänner 1910 zum Titularbischof von Tyrus und zum Erzbischof-Koadjutor der Erzdiözese Wien mit Nachfolgerecht ernannt. Nach dem Ableben

645 *Loidl.* Bischöfe und Erzbischöfe in Wien. 14.

646 Vgl. VII.5.14.2.

647 Das „Höhere Welt-Priester-Bildungs-Institut zum hl. Augustin". Vgl. IX.1.2. EB Kutschker.

648 Collegio Teutonico di Santa Maria dell'Anima („Anima") ist ein katholisches Priesterkolleg und Pilgerhospiz in Rom. Schwierigkeiten und finanzielle Nöte waren mit der Führung verbunden.

649 Neben dem akuten Priestermangel bildete das heikelste Problem die Nationalitäten- und Sprachenfrage, da in diesem Gebiet Italiener, Slowenen, Kroaten, Deutsche und einige Rumänen angesiedelt waren.

von Kardinal GRUSCHA trat er dessen Nachfolge an. 1911 wurde er als Kardinalpriester mit der Titelkirche San Marco in das Kardinalskollegium aufgenommen.

Der enorme Anstieg der Bevölkerungszahl in Wien war zu einem großen Problem geworden. Viele Pfarrsprengel waren zu Monsterpfarren mit bis zu 60 000 Seelen angewachsen. Erzbischof NAGL begann mit großer Aktivität und Energie die Erneuerung der Wiener Erzdiözese. Der Kirchenbau wurde aktiviert, Notgottesstätten[650] erbaut und neue Seelsorgeposten geplant. Das alte Gebäude des Waisenhauses in der Boltzmanngasse, IX. Bezirk, wurde von der Erzdiözese erworben und als Priesterseminar eingerichtet. Höhepunkt seiner Amtszeit war der XXIII. Internationale Eucharistische Kongress in Wien vom 12.-15. September 1912. Nach seiner Romreise, anlässlich der Kardinalserhebung, kam sein überraschender Tod.[651]

Kardinal ERZBISCHOF FRIEDRICH GUSTAV PIFFL (1913-1932) war selbst sehr an der „Sozialen Frage" interessiert, denn als Kooperator in einer Pfarre in Floridsdorf hatte er die Nöte der Arbeiter in der Praxis kennen gelernt und er selbst bezeichnete diese Zeit als seine „Soziale Schule". Geprägt von den Ideen VOGELSANGS und der Sozialenzyklika Papst LEO XIII., nahm er an den so genannten „Enten-Abenden" teil, die der Moraltheologe FRANZ M. SCHINDLER[652] im Gasthaus „Zur goldenen Ente" veranstaltete. Diese Zusammenkünfte hatten vor allem die Auseinandersetzung mit der Sozialen Frage zum Ziel. In Verbindung mit diesem und LEOPOLD KUNSCHACK[653] entwickelte er sich zu einem zielstrebigen Kämpfer für die Lösung der Sozialen Frage und setzte sich besonders für ein katholisches Vereinsleben und eine katholische Presse ein. PIFFLS Wahlspruch: *„Der Arbeit, nicht der Ehre seien meine Kräfte geweiht"*, zeigte an, welchen Weg er auch als Bischof weiter verfolgen wollte. Kardinal PIFFL steuerte die Kirche von Öster-

650 Ein gelungenes Beispiel einer Kategorialseelsorge war die „schwimmende Kirche" am Winterhafen in der Freudenau.

651 Loidl/Krexner. 82/83.

652 Franz Martin Schindler: priesterlicher Sozialtheoretiker, als Moraltheologe Verkünder der Soziallehre der Kirche „Die Soziale Frage der Gegenwart". Sein Schüler war Dr. Ignaz Seipel.

653 Vgl. VII.5.19.1. Hildegard Burjan/Leopold Kunschak.

reich durch die Kriegsjahre des ersten Weltkrieges, den Zusammenbruch der Monarchie und die Wirren der Nachkriegszeit. Er wurde ein wahrer Seelsorge- und Volksbischof und bewahrte den Kontakt mit dem Kirchenvolk und der Arbeiterschaft. Um dem Elend und der Armut entgegen zu treten, wurde am 18. April 1890 eine Vinzenzkonferenz[654] errichtet, ein Verein, der sich der Caritas widmete.

Martin Krexner nannte Kardinal Piffl den „Hirten an der Zeitenwende", der die Fähigkeit besaß komplizierte, unklare Situationen zu durchschauen und Lösungen in die Tat umzusetzen.[655] Nach dem ersten Weltkrieg rief der Kardinal eine große Caritashilfe ins Leben, wodurch es ihm gelang tausenden von Kindern Erholungsaufenthalte in der Schweiz und in Holland zu vermitteln und namhafte Spenden für die kirchliche Caritas aufzubringen. In seiner Amtszeit gründete Hildegard Burjan die *Schwesterngemeinschaft Caritas Socialis,*[656] und in der Stadt Wien konnten zehn, im niederösterreichischen Teil der Diözese acht neue Kirchen erbaut werden.[657]

1.3. KAISERIN KAROLINE AUGUSTA (1792-1873)

Karoline Augusta war das vierte Kind des späteren Königs von Bayern, Maximilian I. Joseph, die vor ihrer Heirat mit dem österreichischen Kaiser den Namen Charlotte Augusta führte. Im Alter von zwei Jahren erkrankte die kleine Prinzessin an Blattern, eine Erkrankung, die entstellende Narben hinterließ. Nach dem Tod ihrer Mutter, die mit 31 Jahren einem Lungenleiden erlag, heiratete ihr Vater wieder, und sie bekam acht Halbgeschwister, unter ihnen Sophie, die mit 19 Jahren Erzherzog Franz Karl heiratete und die Mutter Kaiser Franz Josephs wurde. Ein gebildeter Geistlicher, Joseph Anton Sambuga, wurde für sie und ihren Bruder Ludwig[658] der neue Erzieher. Er lehrte Charlotte Auguste nach den Geboten des Christentums zu leben, zu

654 Der Student Frédéric Ozanam gründete 1833 die erste Vinzenzkonferenz in Paris, eine Organisation für die Unterstützung von sozialem Elend betroffene Menschen. Der Name geht auf Vinzenz von Paul zurück.

655 *Butterweck*. 74.

656 Vgl. VII.5.19.1.

657 *Loidl/Krexner*. 84/85.

658 Später König Ludwig I. von Bayern.

denken und zu handeln. Ihre tiefe Frömmigkeit und das ausgeprägte caritative Empfinden und Wirken der späteren Kaiserin fand in dieser Zeit ihre Prägung.[659] Diese Erziehung war auch grundlegend für ihr ernsthaftes Bestreben, als österreichische Kaiserin den Kindern und Jugendlichen wohlmeinende und tüchtige Lehrer und Erzieher zu verschaffen sowie die Angelegenheiten der christlichen Schulen großmütig zu unterstützen.[660]

Nach ihrer Trennung von Kronprinz Wilhelm von Württemberg,[661] mit dem sie 1808 auf Wunsch des französischen Kaisers Napoleon Bonaparte vermählt wurde, bewarben sich zwei Brüder, Kaiser Franz von Österreich und Großherzog Ferdinand von Toskana, um die Hand der bayerischen Prinzessin. 1816 wurde Karoline Augusta die vierte Gemahlin von Kaiser Franz I. von Österreich. Sie erfüllte alle Vorstellungen des Kaisers von weiblich, häuslich, gütig und selbstlos, der Altersunterschied von 24 Jahren schien keine Rolle zu spielen. Den Stiefkindern war sie eine liebevolle Mutter, während sie selbst zu ihrem Bedauern kinderlos blieb. Ihr langjähriger Beichtvater, Sebastian Franz Job, kam aus Bayern und hatte in Österreich, genauso wie die Kaiserin, eine neue Heimat gefunden. In Wien widmete er sich der katholischen Reform und wurde ein enger Freund von Clemens Maria Hofbauer. Bei den *Schulschwestern Unserer Lieben Frau*[662] wird er noch heute als „Vater Job" verehrt.

Die Wohltätigkeit der Kaiserin wurde sprichwörtlich. Die Kaiserin widmete sich der Jugendfürsorge, der Armen- und Krankenpflege und gründete Waisenhäuser und Kinderheime. Nach Katastrophen leistete sie rasche Hilfe. So stellte sie nach der großen Donauüberschwemmung 1830 spontan 20 000 Gulden für die betroffene Bevölkerung in den Vorstädten zur Verfügung.[663] Nicht umsonst wurde ihr ein Buch[664] gewidmet, das von allen Unternehmungen berichtet, die

659 *Weissensteiner* Friedrich, Liebeshimmel und Ehehöllen. Graz 2001. 100.

660 *Dederichs* Clara, Von der Bewahranstalt zum Kindergarten. Salzburg 1962. 31.

661 Diese Vermählung wurde von Wilhelm als „Opfer der Politik" bezeichnet. 1816 erklärte Papst Pius VII. die Ehe, die nie vollzogen wurde, für nichtig.

662 Vgl. VII.5.7.

663 *Weissensteiner*. 116.

664 *Wolfsgruber*, Kaiserin Karolina Auguste. Wien 1893. 108.

sie in Sorge um das Wohl anderer vornahm. *„Mutter der verlassenen Jugend“*, *„Mutter der Kranken“*, *„Mutter in jeder Not“* u. a. waren die Ehrentitel, die ihr die Wiener Bevölkerung verliehen hatte.

Einer ihrer großen Verdienste war, dass sich in der Donaumonarchie die Idee der Kleinkinderbewahranstalt ausbreiten konnte. Als Protektorin förderte sie nicht nur die Idee, sondern trat bei einigen Kinderbewahranstalten als Gründerin auf.[665] Die intensive Fürsorge für Kinder könnte in der eigenen Kinderlosigkeit eine Ursache haben, die Rolle der Familienmutter wurde so auf eine andere Ebene übertragen. Nach dem Tod des Kaisers 1835 engagierte sich die „Kaiserin Witwe“ als wohltätige Repräsentantin des Kaiserhauses. Die Hinwendung zu Religion und sozialer Betätigung gab ihr einen neuen Lebenssinn.

Kaiserin Karoline Augusta unterstützte Orden und Kongregationen bei Gründung oder Niederlassung in Wien, gab selbst oft den Anstoß dazu, bot finanzielle Hilfe und zeigte großes Interesse. Sie setzte ihr Vertrauen in die qualitativ hochwertige Krankenpflege durch geistliche Schwestern[666] und war überzeugt von deren Art der Erziehung und des Unterrichts wie das Beispiel der *Schulschwestern vom III. Orden des hl. Franziskus*[667] zeigt. Die Kaiserin sorgte für den Unterhalt des Mutterhauses dieser Kongregation in Erdberg durch Anlage von Kapital und Schenkung von drei Häusern. Die klösterlichen Erziehungs- und Fürsorgeanstalten erfreuten sich ihres besonderen Schutzes. Ein großes Anliegen der Kaiserin war die Erziehung der Töchter von Soldaten, deren Familien in der Kaserne wohnten. So entstand eine ihrer bekanntesten Stiftungen, eine Erziehungsanstalt für Soldatentöchter, die *„Carolinenstiftung“*.[668] In allen Schulen und Einrichtungen wurde die Absicht der Kaiserin verwirklicht, den Mädchen nicht nur Unterricht, sondern auch eine fromme Erziehung angedeihen zu lassen. In

665 *Hauser* Elisabeth, Caroline Auguste von Bayern, die vierte Gemahlin Kaiser Franz I. von Österreich. Ungedr. Diss. Bd. 3. Wien 1991. 622. Noch zu Lebzeiten der Kaiserin betreuten die Schulschwestern allein im Wiener Kirchensprengel 16 Kinderbewahranstalten.

666 Vgl. Barmherzige Schwestern von Gumpendorf. VII.5.1.6.

667 Vgl. Schulschwestern. VII.5.2.3.

668 Stiftungsbrief in: *Wolfsgruber*, Carolina Auguste. 149. Vgl. VII.5.2.

vielen Klöstern erschien die Kaiserin ganz unerwartet, erkundigte sich nach allen Vorkommnissen und bot ihre Hilfe an.[669]

Die Kaiserin war sich auch der mangelhaften staatlichen Invalidenfürsorge bewusst und setzte begleitende Initiativen zur öffentlichen Fürsorge, da diese nur begrenzt leistungsfähig war.[670] Die Kaiserin Mutter war nicht nur fromm, sie hatte auch das „Herz auf dem rechten Fleck", wie man es in Wien nannte und sie „gab" in einem überreichen Maße, nicht nur weil es standesgemäß war, sondern weil es ihr als Christin ein Anliegen war zu helfen. Nach ihrem Tod war im Nachruf in der Wiener Zeitung zu lesen:

> *(...) Im späteren Andenken wird der Name „Kaiserin Mutter" fortleben, denn Mutter war sie allen – ob hilfsbedürftig oder nicht – und eine Mutter ist es, die wir in allen Ländern der Monarchie in dieser Kaiserin beweinen.*[671]

1.4. ADELIGES SELBSTVERSTÄNDNIS – STANDESETHOS ALS CARITAS

Demut, Bescheidenheit und Ernst zeichnen den wahren Christen aus, schrieb Kaiserin KAROLINE AUGUSTA an ihren Bruder LUDWIG, die Religion sei die Kraft zur Wohltätigkeit und für Fürsten wäre es die heiligste Pflicht mit gutem Beispiel voran zu gehen.

Der Adel war die in feudalen Ständeordnungen herrschende soziale Schicht, meist gegründet auf Geburt, Besitz und gelegentlich auf Leistung. Mit dem Adelsstand war eine Reihe von Privilegien verbunden und Adelige hatten eine Vorrangstellung in Politik, Gesellschaft und Staat. Der Österreichische Adel war eine Hofgesellschaft, zugleich aber auch mit ihren Herrschaften und Ländern verbunden, hatte besondere Lebensformen und nach eigener Einschätzung ein hoch entwickeltes Standesethos. Die Hocharistokratie, die „erste Gesellschaft" der Monarchie, war vorwiegend katholisch-konservativ.[672]

669 Es wurden nur die caritativen Einrichtungen in der Erzdiözese Wien behandelt.

670 *Hauser*. 681.

671 Wiener Zeitung vom 10. Februar 1873. in: *Hauser*. 719.

672 *Wandruska* Adam, *Urbanitsch* Peter (Hg.), Die Habsburgermonarchie 1848-1918, IV. Wien 1985.

In der Bibel wird mit dem Wort „Almosen“ die Gabe der Barmherzigkeit bezeichnet. Im Mittelalter hatten die vornehmen und reichen Leute eine so genannte „Almosentasche“ bei sich, wenn sie in der Stadt unterwegs waren. Almosen[673] ist eine materielle Gabe an bedürftige Empfänger ohne Erwartung einer Gegenleistung. Je nach Kultur oder Religion kann sich aber mit dem Almosen die Erwartung eines spirituellen Vorteils verbinden.

Die Wohlfahrt seiner Völker war Kaiser Franz I. ein wirkliches Anliegen. Er konnte sich dabei allerdings nicht über den damals üblichen Rahmen hinausheben und fand keine neuen Möglichkeiten und Wege innerhalb der Fürsorge. Als er 1816 zum vierten Mal heiratete, wurden 200 000 Gulden für die Armen zur Verfügung gestellt. Das erste Wiener Kinderspital, 1837 fertig gestellt, stand unter dem Schutz der Kaiserin Maria Anna, die den Bau durch Spenden gefördert hatte.[674] Stiftungen nahmen in der Armenfürsorge einen sehr bedeutenden Platz ein.

Diese Stiftungen wurden vom Herrscherhaus wie von vielen Adeligen und Bürgern gegründet; sie bezogen sich auf alle Sparten der Wohlfahrtspflege. Das Stiftungsmotiv hatte sich im 19. Jahrhundert im Gegensatz zu früheren Jahrhunderten geändert. Entscheidend war nicht mehr so sehr die Sorge um das eigene Seelenheil, sondern die Linderung der Not, durch Werke der Nächstenliebe gepaart mit Mitgefühl und Verantwortung gegenüber den Armen.[675]

Die Wohltätigkeitsvereine des 19. Jahrhunderts stellten eine eigene Mischung zwischen Privatfürsorge und staatlicher Wohlfahrtspolitik dar. Sie waren einerseits vollkommen privat, wurden jedoch vom Kaiser gefördert und für Zwecke herangezogen, die eigentlich Aufgaben der Staatsverwaltung gewesen wären. Einer der ersten dieser Vereine war der *„Adelige Damenverein zur Beförderung des Guten und Nützlichen in Wien“*, der 1810 auf Anregung des Kai-

673 Griechisch: Mitleid, Mildtätigkeit.

674 „Kaiserin Maria Anna Kinderspital“ in: *Kropf* Monika, Die Wohlfahrtsethik des österreichischen Kaiserhauses im Vormärz. Ungedr. Diss. Wien 1966. 71. Maria Anna, 1803-1884, wurde im Alter von 27 Jahren mit dem späteren Kaiser Ferdinand I. 1793-1875, Krönung 1836 in Prag, vermählt. Sie war eine überaus populäre und beliebte Kaiserin.

675 *Anhell.* 39.

sers von der Fürstin Lobkowitz gegründet wurde. Das Kaiserpaar hatte den obersten Schutz übernommen. In den Jahren 1816/17 entstand in Wien der *„Verein zur Unterstützung der Armen und Hilfsbedürftigen“* unter der Leitung des Fürsten Schwarzenberg, der aber bereits 1818 wieder aufgelöst wurde. In Audienzen und durch Bittschriften erhielt der Kaiser Kenntnis der Wohlfahrtspolitik. Den Besuchen des Kaiserpaares auf Reisen in den Anstalten der verschiedenen Städte folgte meist ein finanzielles Geschenk an die Stadt für wohltätige Zwecke. Bei der Donauüberschwemmung 1830 in Wien wurden die Hilfsmaßnahmen vom Kaiser persönlich geleitet und organisiert, Kronprinz Ferdinand und sein Bruder Franz Karl fuhren mit Kähnen in die überfluteten Vorstädte um Lebensmittel zu verteilen.[676]

Es gehörte zum Status des Herrschers, der Kaiserfamilie und zum Verhalten von Fürsten und Adeligen, Armen Almosen zu spenden, sich für Waisenkinder einzusetzen und Wohltätigkeit auszuüben. In allen Ordensgeschichten und Chroniken finden sich die Namen jener, ohne die es den Schwesterngemeinschaften unmöglich gewesen wäre, die schwierigen Zeiten des Anfangs, die Not der ersten Jahre nach der Gründung oder Niederlassung zu überstehen. Eine Verbundenheit zwischen Kaiserhaus und Kongregationen zeigte sich schon bei der ersten Einkleidung von *Barmherzigen Schwestern in Gumpendorf* im Juli 1833. Die Schwestern erhielten Namen nach dem Kaiser und den fünf anwesenden Mitgliedern des Kaiserhauses.[677] Die Spendenliste des Jahres 1833 weist eine Reihe adeliger Förderern auf.[678] Erzherzog Maximilian von Österreich-Este kann als Prototyp des adeligen Fürsten bezeichnet werden, der immer zur Hilfe und Unterstützung bereit war. Die Beiträge von Kaiserin Karolina Auguste als Landesmutter sind bei den einzelnen Kongregationen im Kapitel der Gründungen angeführt.[679]

Das außergewöhnliche Wachstum der *„Kongregation der Töchter der göttlichen Liebe“* wäre nicht zu verstehen einerseits ohne die starke Förderung durch viele hohe Kleriker, andererseits durch

676 *Brandstätter*. 247.

677 *Hlawati*. 44: Sr. Franziska Vinzenzia, Sr. Karolina Nikolina. Sr. Maria Anna, Sr. Sophia Aloisia, Sr. Ferdinanda Elisabeth und Sr. Maximiliana Josepha.

678 DOK: Spendenliste 1833. Vgl. S. 219/220.

679 Vgl. VII. 5.1.

die großzügigen finanziellen Gaben des Kaiserhauses und des Adels. Nicht nur die Bischöfe aus den Diözesen der Kronländer kamen regelmäßig in das alte und neue Mutterhaus der Kongregation, die Wiener Erzbischöfe verfolgten die Tätigkeit der Schwestern mit großem Interesse, gaben neben finanzieller Unterstützung auch Befürwortung, Ratschläge und rechtliche Hilfe.

Franziska Lechner, die Gründerin, hatte die Gabe die richtigen Kontakte zu suchen und zu finden. Sie hatte mehrfach Gelegenheit zu einer Einzelaudienz bei Kaiser Franz Joseph, der ihre Arbeit schätzte und die Kongregation immer wieder mit namhaften Geldbeträgen unterstützte. 1872 konnte sie auch in einer Audienz bei Kaiserin Karoline Augusta, seiner Großmutter, ihre Anliegen vorbringen und bekam finanzielle Unterstützung ebenso wie von Kaiser Ferdinand, dem Vorgänger von Kaiser Franz Joseph, und seiner Frau Anna. Auf Grund dieser allgemein bekannten Stützung durch das Kaiserhaus, stand ihr auch der Zugang zu anderen Adelshäusern offen.

Bei allen Gründungen in den Kronländern verstand es Mutter Franziska mit den adeligen Herrschaften Kontakt aufzunehmen, sie für ihre Gesellschaft zu interessieren und viele von ihnen wurden zu Förderern und Wohltätern der Gesellschaft. Kamen Adelige um sich die Anstalt anzusehen und bemerkten die große Armut und Not, ließen sie oft eine Spende zurück,[680] veranstalteten Benefizabende zugunsten der Kongregation oder suchten noch andere Wohltäter. Neben den Protektionen aus dem Hochadel erhielt Franziska Lechner auch geistliche Protektoren im Kardinalsrang. Zu Beginn war dies Kardinal Staatssekretär L. Jakobini, den der Kaiser zum Kardinal Protektor der Gesellschaft ernannt hatte und den sie anlässlich ihrer Privataudienz bei Papst Leo XIII. persönlich begegnen konnte. Ihm folgte Kardinal Serafino Vannutelli, einst Nuntius in Wien. Er besuchte 1889 das Mutterhaus in Wien, und seinem Einsatz ist es zu verdanken, dass die Anerkennungsdekrete schon 1891 erledigt wurden. Sein Nachfolger als Protektor wurde dann Kardinal Granito Pignatelli di Belmonte.[681]

Mutter Franziska war klug, sie bewahrte durch ihre Berichterstattung den Kontakt mit dem Kaiserhaus, mit ihren adeligen Protekto-

680 *Anonym*. 158.

681 *Mann*, Marienanstalt. 33.

ren sowie mit den Erzbischöfen. In der damaligen Zeit war es nicht üblich Rechenschaftsberichte aufzustellen. Doch der erste Bericht der Kongregation der *Töchter der göttlichen Liebe* erfolgte bereits 1873. Er beeindruckte und schuf eine Vertrauensbasis, die den Spendern die Gewissheit über die effiziente Verwendung ihrer Gaben brachte.

Leistungen: Vom Tage der Gründung am 27. November 1868 bis 1. Mai 1873 in den Marienanstalten:
Arme außer Dienst stehende Mädchen aufgenommen 10 600.
Die Summe der Verpflegetage erreichte die Zahl 148 400.
Von diesen verpflegten Dienstmädchen wurden:

- in neue Dienstplätze gegeben 9 800
- in Spitäler oder in die Heimat geschickt 50
- wegen Untauglichkeit entlassen 210.

Der Religion nach waren von den Aufgenommenen:
katholisch 10 150, evangelisch 373, mosaisch 77.
Der Abstammung nach waren: aus Niederösterreich 2 300, aus Böhmen und Mähren 3 500, aus Ungarn 2 400, aus den übrigen Kronländern 1 800, aus dem Auslande 600. Zöglinge, für welche ein ganz geringer Beitrag für die Verköstigung geleistet wurde, waren in der Marienanstalt 75, in der Pester Marienanstalt 2, in der Brünner Marienanstalt 48, in der Troppauer Marienanstalt 20. In den Sonntagsschulen wurden unterrichtet 210 Schülerinnen. Arme Kinder in den unentgeltlichen Arbeitsschulen wurden unterrichtet 160. Arme Waisenmädchen wurden in allen vier Anstalten erzogen unentgeltlich verpflegt und unterrichtet 322. In der Dornbacher Kinderbewahranstalt wurden beaufsichtigt 130 Kinder.[682]

Als Geste der Dankbarkeit dafür, dass Mutter Lechner in allen Häusern der Kongregation zum Silberhochzeitstag des Kaiserpaares 1879 Festgottesdienste abhalten und in Wien Festschmuck anlegen ließ, sandte das Kaiserpaar eine Überweisung von 10 000 Gulden. Damit konnte letztlich das gesamte Zufluchtshaus „St. Josef" der *Töchter der göttlichen Liebe* in Breitenfurt vom Kaiserhaus finanziert werden, womit wieder ein Zeichen der Unterstützung des caritativen Wirkens zur Milderung des sozialen Notstandes gesetzt wurde.

682 *Mann,* Marienanstalt. 83.

2. DIE ANFEINDUNGEN

Ein zentrales Element des Liberalismus war sein gespanntes Verhältnis zur katholischen Kirche. Die Liberalen, die sich als Führungsmacht fühlten, blieben nicht nur defensiv, sondern gingen zur Offensive über. Sobald sie die Staatsmacht erobert hatten, mobilisierten sie gegen „Übergriffe der Kirche". Ihre kulturpolitischen Ziele waren die Unterordnung der Kirche unter den Staat in den Angelegenheiten, die Kirche und Staat betrafen (res publicae mixtae), die Verstaatlichung des Schul- und Bildungswesens wie die Säkularisierung der Ehe. Agitationen gegen die Kirche und kirchliche Institutionen waren daher in den Jahren des Liberalismus in Österreich an der Tagesordnung. In den Anfeindungen gegen Klöster und Ordensgemeinschaften lässt sich der Übergang von einer ursprünglich liberalen Haltung zu einer scharfen antiklerikalen Ablehnung feststellen.

Zur Zeit der Gründung der Strafanstalt in Wiener Neudorf 1853 hatten Skeptiker ihre Bedenken dagegen ausgesprochen, dass die Anstalt unter geistliche Verwaltung trete und man die Gefangenen den *Ordensfrauen vom guten Hirten* anvertraue. Da man die Gründung nicht verhindern konnte, hoffte man auf den Misserfolg der erzieherischen Methode der Klosterfrauen. Als gerade das Gegenteil der Fall war, fing man an, die Schwestern böswillig zu bekämpfen. Wiederholt nahm die gegen christliche Unternehmungen feindlich eingestellte liberale Presse die Gelegenheit zu Angriffen und argen Schmähungen wahr. Von allen Seiten machte man Anstrengungen, etwas zu finden, was die Leitung durch die Ordensschwestern bloßgestellt oder verdächtig gemacht hätte. Die Gegner der Kongregation hatten es nicht leicht. Eine unangemeldete, strenge Visitation bei den *Schwestern vom Guten Hirten* fand alles in musterhafter Ordnung, so dass nichts beanstandet werden konnte.[683]

Mitte der 60er Jahre verdichteten sich wieder die Angriffe auf die Ordensgemeinschaften. Die Belobigungen der Regierung riefen in der liberalen Presse einen Sturm hervor. Die Hetze gegen die klösterliche Strafanstalt begann neuerlich und wurde systematisch betrieben. Der Redakteur der „Wiener medizinischen Wochenschrift",

683 *Schneider*. 154.

Leopold Wittelshöfer, hatte es sich zum Ziel gesetzt, die Sträflinge der Obhut der geistlichen Schwestern zu entziehen. Jedoch Befürworter des Hauses griffen die Sache auf. Der Angreifer wurde zum Widerruf seiner Lügen, zu einer einmonatigen Gefängnisstrafe und zu einer Geldstrafe verurteilt.

Kardinal Rauscher hielt am 5. Jänner 1864 im Herrenhaus die Verteidigungsrede zu den Anschuldigungen gegen die Ordensfrauen. Als die Entfernung geistlicher Orden aus den Strafanstalten verlangt wurde, bezeichnete der Kardinal dies als Demonstration gegen die katholische Kirche oder richtiger, wie er sagte, gegen das Christentum. Graf Leo Thun vom Ministerium für Kultus und Unterricht fragte sofort beim Polizeidirektor Theodor Weiss von Starkenfels an, ob denn die Schwestern den „landesherrlichen Konkordats mäßigen Konsens" zu ihrer Etablierung in Österreich erlangt hätten, während der Justizminister Anton Freiherr von Hye-Gluneck wissen wollte, wie denn der Strafvollzug gesichert sei.[684] Aber die Regierung hielt an dem für gut befundenen, neuen System fest und schenkte den Schwestern weiterhin ihr Vertrauen. Ein Besuch der Strafanstalt wurde von nun an ohne Ausnahme nur mehr gegen Bewilligung gestattet.[685] 1865 wurden Verwaltung und Leitung dem Justizministerium übergeben, die Bestimmungen blieben jedoch gleich.[686]

In der zweiten Hälfte des 19. Jahrhunderts wurden zur selben Zeit in Österreich, Deutschland und Belgien Angriffe auf geistliche Schwestern in Krankenhäusern gemacht. Diese galten nicht den einzelnen Schwestern, noch weniger dem Wohle der Kranken. Vielmehr wollten so liberale Gegner der kirchlichen Institutionen ihre Gegnerschaft zur Religion kundtun und versuchten daher, Verleumdungen gegen die geistlichen Genossenschaften zu verbreiten.

1860 richteten sich die Beschuldigungen zunächst gegen die *Franziskanerinnen der christlichen Liebe* im Spital auf der Wieden. Fast alle Zeitungen brachten Berichte, welche Anklagen wie bewiesene Tatsachen behandelten. Die Bitte der Kongregation um ein De-

684 Die Strafanstalt unterstand der Statthalterei, erst 1865 ging die Leitung und Verwaltung des Gefängniswesens in das Ressort des Justizministeriums über.

685 *Senfelder*. 18.

686 *Urwalek*. 10.

menti in der Wiener Zeitung war vergebens.[687] Sogar das Theater wurde zum Agitationsmittel. Das Schaustück im Josefstädtertheater „Die verfolgte Unschuld“ war gegen die Kirche gerichtet: Schwestern betranken sich, empfingen Liebhaber, bereicherten sich am Geld ihrer Schützlinge. Lieder begannen mit einer kirchlichen Melodie und endeten in der eines „Graseltanzes“.[688] Widerlegungen wurden zwar veröffentlicht, doch meist nur in Zeitungen mit geringer Leserzahl. Nach Aussage des Dokumentes vom 7. Februar 1861 wurden in diesem Theaterstück „Wahrheit, Religion und Sittlichkeit“ verhöhnt. Nachdem sich Kardinal Rauscher von der Unschuld der Schwestern überzeugt hatte, verteidigte er sie gegen jedermann, auch gegen die staatliche Behörde. Die sachliche Darstellung jedoch genügte nicht, und den Schwestern wurde im September 1861 der Vertrag mit dem Krankenhaus gekündigt.[689] *„Die Räumung des Wiedner Spitals ist nur ein halbes Resultat“* schrieb dazu die „Wiener medizinische Wochenschrift“. Noch deutlicher drückte sich die „Morgenpost“ aus, indem sie erklärte: *„Nicht gegen einzelne Personen, sondern gegen Institute geht unser Kampf!“*[690]

Jede Anerkennung der Arbeit der *Töchter des göttlichen Heilands* in der Kaiserstraße brachte Neider und Gegner. In einem Aufsatz in der „Morgenpost“ vom 29. September 1861, unter dem Titel „Interpellation“[691] an den Wiener Gemeinderat über die Waisenpflege der Kongregation am Schottenfelde, machte man den Schwestern den Vorwurf, zu hohe Beträge für die Verköstigung der Kinder zu verlangen. Diese aber konnten nachweisen, dass der Magistrat nur sechs Gulden monatlich für jedes Kind zahlte. Man hetzte aber auch den Magistrat auf mit dem Vorwurf, die Kinder würden vernachlässigt, denn man suchte einen Vorwand, um die Kinder dem

687 DOK vom 23.11.1860..

688 Räuberhauptmann Johann Georg Grasel wurde am 31. Jänner 1818 hingerichtet. Sein Ruf als „Karl Moor“ – es konnte ihm kein Mord nachgewiesen werden – machte ihn zu einer volkstümlichen Gestalt. Seine populären Lieder wurden Grasel-Tanz genannt. In: *Brandstätter.* 231.

689 *Wolfsgruber*, Kardinal Rauscher. 285. DOK 7.2.1861.

690 *Senfelder.* 24.

691 Einspruchsrecht

klösterlichen Einfluss zu entziehen. Eine Kommission nach der anderen kam ins Haus. Die Oberin aber ließ sich nicht einschüchtern, da sie von dem Plan wusste, Ordensschwestern durch weltliche Lehrkräfte ersetzen zu wollen.[692] Sie kam der Behörde zuvor, indem sie am 25. März 1863 ein Schreiben an den Gemeinderat richtete. Darin bemerkte sie, dass es dem Gemeinderat selbstverständlich freistehe, die Waisen in Pflege zu geben, wohin er wolle. Es stehe aber auch ihr das Recht zu, auf die beschlossene Art der Herausnahme der Kinder aus ihrer Obhut nicht einzugehen, sondern dass sie aus ökonomischen Gründen darauf bestehen müsse, dass die Kinder gemeinsam in andere Pflege gebracht werden. Die Oberin bedauerte das Vorgehen der Waisenkommission sowohl in Rücksichtnahme auf die Kinder und die der Kongregation, denn es werde keinerlei Bedacht auf Wünsche und Bitten der Verwandten oder Vormünder der Kinder genommen. Sie wisse sehr wohl, dass es viele Menschen gebe, welche grundsätzlich Einwände gegen die Pflege und die Erziehung durch geistliche Schwestern haben. Aber man solle dann auch den Mut haben, den wahren Grund anzugeben, statt die Abneigung hinter unbilligen und ungerechten Anschuldigungen zu verbergen.[693]

Im Jahre 1862 wurde ein angeblicher Vorfall in der Schule der *Schwestern vom armen Kinde Jesus* von der Presse zu einem großen Skandal aufgebauscht und ein Prozess erzwungen, zu dessen Besuch große Plakate einluden, der letztlich mit einer Rechtfertigung der Schwestern endete. Als zuletzt der Staatsanwalt sich genötigt sah, die Schuldlosigkeit der Schwestern anzuerkennen, benützte er seine Abschlussrede, um Ordensgenossenschaften und besonders die Schwesterngemeinschaft in Döbling möglichst herabzusetzen. Trotz allem wurde zuletzt aus der gewünschten Verleumdung eine wirkungsvolle Empfehlung für die Schul- und Erziehungserfolge dieser Schwestern.[694]

692 *Theoda*. 32.

693 *Kongregation der Schwestern vom göttlichen Erlöser,* Chronik. 15: Brief der Oberin Theophile Daur an den Wiener Gemeinderat am 25. März 1863.

694 *Kongregation der Schwestern vom armen Kinde Jesus* „75 Jahre im Dienst der christlichen Jugenderziehung". Wien 1933.

Als Krankenpflegerinnen hatten auch die *Barmherzigen Schwestern in Gumpendorf* mit Ablehnung seitens der Ärzte zu rechnen. Religionsfeindliche Ärzte führten einen ziemlich scharfen Kampf gegen die Ordensschwestern im Krankenhaus. Man sprach von Unzulänglichkeiten in der Pflege der Schwestern, fühlte sich aber eher durch die fortwährende Erinnerung an Religion und Glauben durch die Anwesenheit der Schwestern und durch ihre Arbeit gestört. Die „Vorstadtzeitung" vom 30. Juli 1869 brachte den Artikel: *„Eine Klostergeschichte in Wien"* mit Verleumdungen der Ordensfrauen. Man erfand Klostergeschichten, wie es genehm war und weil man sie brauchte.[695]

Bei der Ankunft der *Dienerinnen des heiligsten Herzens Jesu* aus Frankreich gab es viele Missverständnisse, bedingt durch die andere Sprache, andere Gebräuche, aber auch durch glaubenslose Ärzte. Diese versuchten immer wieder, die geistlichen Schwestern in den Spitälern zum Gegenstand des Spottes und der Ablehnung zu machen.

Auch die Gemeinschaft der *Caritas Socialis*, obgleich viele Jahre später gegründet, blieb vor Anfeindungen nicht geschützt. Trotz wachsender Aktivitäten an sozialen Brennpunkten blieb die geistliche Ausrichtung der Gemeinschaft lange Zeit und über den Tod der Gründerin hinaus umstritten, weil hier etwas Neues entstand, dass auf keinerlei Modell der Kirche zurückgreifen konnte. Hildegard Burjan entgegnete:

> *Wie haben uns zu der freieren Form und den Fehlen von Bindungen entschlossen, weil wir großen Wert darauf legen, dass die sozial tätigen Menschen auch auf unserer Seite nicht weltfremd sind, sondern durch stetige Verbindung mit dem Leben der ärmsten Schichten auch diese besser begreifen lernen.*[696]

In einer Zeit, in der die Angehörigen weiblicher Ordensgemeinschaften in einen Habit gehüllt und „Flügelhauben" selbst im Pflegedienst noch üblich waren, musste die moderne Kleidung der Schwestern in ihren einfachen blauen Kleidern Aufsehen erregen. Innerkirchliche

695 *Hlawati*. 7.

696 *Schödl*, Männerwelt – Frauenwerk. 133.

Anfeindungen aber brachte vor allem das erste Heim für ledige Mütter. Es war eine revolutionierende Tat angesichts der gesellschaftlichen Einstellung, dass dadurch „nur die Unmoral" gefördert werde. Unterstützung kam von Kardinal Piffl, der die Einweihung persönlich vornahm und damit jede Kritik verstummen lies.

3. ANSEHEN UND ANERKENNUNG

Eine große Anerkennung für ihre mühevolle Tätigkeit wurde den *Frauen vom Guten Hirten* im Frühjahr 1857 durch den Besuch der Kaiserin Elisabeth zuteil, welche mit großem Interesse die Strafanstalt besichtigte. Die Kaiserin gab hier den ersten und wichtigsten Anstoß zur Abschaffung der Kettenstrafe in den Strafhäusern.[697] Dass die österreichische Regierung ihren seinerzeitigen Entschluss, die Führung der Anstalt diesen Schwestern anzuvertrauen, nicht bereute, bewies einerseits der 50jährige Bestand der Strafanstalt, andererseits die Anerkennung, welche die Anstaltsleitung erhielt. Für ihr vieljähriges verdienstvolles Wirken wurde der Oberin Sr. Maria vom hl. Petrus Ferrenholz im Juli 1880 allerhöchste Anerkennung ausgesprochen und am 15. November 1893 das goldene Verdienstkreuz mit der Krone verliehen.[698]

Es gab auch Auszeichnungen für besondere Pflegedienste. Für die Betreuung von Pestkranken durch die *Dienerinnen vom heiligsten Herz Jesu* wurde die Oberin des Kaiser Franz Josef Spitals und mit ihr die Kongregation durch die Verleihung der Elisabeth-Medaille ausgezeichnet.[699] Vier Schwestern erhielten vom „Gemeinderath der k.k. Reichshaupt- und Residenzstadt Wien" im Rathaus die doppelte, große goldene Salvatormedaille für die Pflege von Pestkranken verliehen.[700] Am 6. März 1870 wurde der Oberin Flora Niehssen das goldene Verdienstkreuz der Krone überreicht für ihre Dienste in der Krankenpflege und allen Werke der Nächstenliebe, wobei sich alle Schwestern durch besondere Pflichttreue bewährt hatten. 1910 galt

697 *Senfelder*. 18. Mit schwerer Kerkerstrafe war das Tragen der Ketten verbunden.

698 *Senfelder*. 26.

699 DOK 15.11. 1898. Z 7208.

700 DOK 13.11.1898. Z 10796.

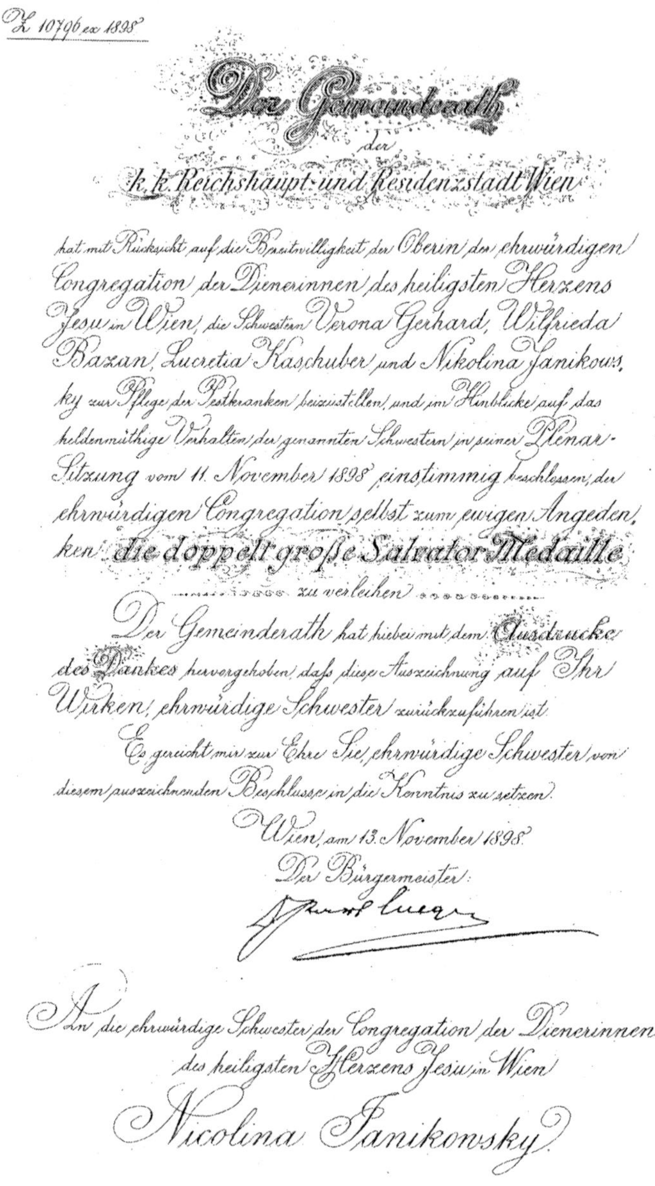

Z 10796 ex 1898

Der Gemeinderath
der
k. k. Reichshaupt- und Residenzstadt Wien

hat mit Rücksicht auf die Bereitwilligkeit der Oberin der ehrwürdigen Congregation der Dienerinnen des heiligsten Herzens Jesu in Wien, die Schwestern Verona Gerhard, Wilfrieda Bazan, Lucretia Kaschuber und Nikolina Janikowsky zur Pflege der Pestkranken beizustellen, und im Hinblicke auf das heldenmüthige Verhalten der genannten Schwestern in seiner Plenar-Sitzung vom 11. November 1898 einstimmig beschlossen, der ehrwürdigen Congregation selbst zum ewigen Angedenken die doppelt große Salvator-Medaille zu verleihen.

Der Gemeinderath hat hiebei mit dem Ausdrucke des Dankes hervorgehoben, daß diese Auszeichnung auf Ihr Wirken, ehrwürdige Schwester zurückzuführen ist.

Es gereicht mir zur Ehre Sie, ehrwürdige Schwester von diesem auszeichnenden Beschlusse in die Kenntnis zu setzen.

Wien, am 13. November 1898.
Der Bürgermeister:
Lueger

An die ehrwürdige Schwester der Congregation der Dienerinnen des heiligsten Herzens Jesu in Wien
Nicolina Janikowsky

Ehrenurkunde anlässlich der Überreichung der doppelt großen Salvatormedaille durch den Gemeinderat für die Pflege von Pestkranken an die Kongregation der Dienerinnen des heiligsten Herzens Jesu (FN 700).

die Auszeichnung Sr. Ludowika Pook, Oberin im Allgemeinen Krankenhaus, sie erhielt das goldene Verdienstkreuz.[701]

Im Jänner 1886 fuhr Franziska Lechner zur Papstaudienz nach Rom. *„Unsere Gesellschaft steht in Rom in großem Ansehen, es wird viel von uns erwartet“*, schrieb sie an ihre Schwestern. Der Papst sandte ein Dekret mit Lob und Anerkennung, Franziska sah die Arbeit der *Töchter der göttlichen Liebe* von Rom bestätigt.[702] Am 2. Jänner 1894 sollte die Verleihung des goldenen Verdienstkreuzes mit der Krone an Mutter Franziska Lechner stattfinden. Diese kam aber nicht mehr zur Ausführung, denn eine Lungenentzündung brachte eine rapide Abnahme der Kräfte der Oberin. Nach den Osterfeiertagen nahm sie Abschied vom Mutterhaus und den Schwestern in der Jaquingasse. Sie wollte in Breitenfurt sterben.

In den ersten Jahrzehnten nach der Gründung des Mutterhauses in Wien waren etwa siebzig *Schwestern des göttlichen Heilands* in der Kaiserstraße in der Privatkrankenpflege beschäftigt. Die Samariterdienste in den Familien schienen der Generaloberin Theophile Daur so wichtig, dass sie selbst die Schwestern dafür bestimmte. Von den Ärzten blieb die von den Schwestern ausgeübte Pflege der Kranken nicht unbemerkt. Ein vom 5. Mai 1876 von mehreren Wiener Ärzten unterfertigtes Schreiben enthielt ein besonderes Lob:

> *Wir hatten seit Jahren oft Gelegenheit zu konstatieren, wie die Mitglieder der Kongregation der Töchter des göttlichen Heilands ihren schweren Pflichten als Krankenpflegerinnen mit größter Aufopferung und christlicher Menschenliebe nachkommen und nicht nur in wohlhabenden und angesehenen Familien, sondern hauptsächlich dort, wo nicht der geringste Vorteil in materieller Hinsicht erreichbar ist. (...) Wir ergreifen nun die Gelegenheit um dieser Kongregation die vollste Anerkennung und den wärmsten Dank für ihre Hilfe auszusprechen.*[703]

In einem zweiten Brief heißt es ebenfalls,

> *dass die Schwestern vom göttlichen Heiland mit der größten Aufopferung und unentgeltlich wochenlang bei armen Familien Wartedienste*

701 *Dienerinnen des heiligsten Herzen Jesu*, Geschichte. 257.

702 *Mohl*. 370.

703 *Karlberger*. 24.

> *verrichten und dass diese Schwestern ihren Dienst auf das genaueste kennen, wie der Arzt oft Gelegenheit hatte, dies bei Typhus, Blattern oder anderen ansteckenden Krankheiten zu sehen.*[704]

Anerkennung von kirchlicher Seite kam durch Weihbischof MARSCHALL: „*Wann immer etwas Gutes in Wien geschieht, sind sicher die Schwestern von der Kaiserstraße daran beteiligt*". Im Jahre 1900 wurde Sr. ERNESTINE SCHLUND mit der goldenen Salvatormedaille ausgezeichnet. KARL LUEGER als Bürgermeister von Wien betonte die Anerkennung ihrer Verdienste in 25jähriger Schulpraxis als Leiterin der Privat-Volksschule in Favoriten, Waldgasse 25 und hob hervor, dass die Schule eine Musterschule sei. Am 30. März 1901 erhielt die Oberin Mutter GENEROSA das goldene Verdienstkreuz mit der Krone überreicht.[705]

Viele Auszeichnungen folgten: die Goldene Salvatormedaille an Sr. EUTROPIA KINTER[706], 1905 erhielt Mutter GENEROSA in Anerkennung ihres Wirkens die große goldene Salvatormedaille. Weitere Schwestern erhielten die so genannte „Elisabethmedaille"[707] in Anerkennung für die Pflege von Typhuskranken. Der Oberin vom Schottenfeld verlieh Kaiser FRANZ JOSEF 1912 das goldene Verdienstkreuz mit Krone mit den Worten:

> *Die Heilandstöchter haben nicht müßig zugeschaut und abgewartet bis der Gottessegen von selbst vom Himmel kam, sondern sie haben ihn durch Arbeit, Gebet und Opfer herabgeholt und so ist dieses Werk entstanden.*[708]

Im Gedenkbuch des Klosters der *Hartmannschwestern* ist eine Eintragung des Kaisers zu finden, der 1893 das Kloster und das Spital besuchte. Die Oberin und zwei Schwestern wurden durch die Verleihung der Elisabeth-Medaille ausgezeichnet.[709]

704 *Kongregation der Schwestern vom göttlichen Erlöser*, Chronik. 44.

705 *Kongregation der Schwestern vom göttlichen Erlöser*, Chronik. 169.

706 Direktorin der Bürger- und Volksschule am Mutterhaus.

707 Verdienstorden im Hinblick auf den Samariterdienst der Hl. Elisabeth.

708 *Theoda*. 77.

709 *Franziskanerinnen von der christlichen Liebe*, Werke der Liebe. 16.

Die goldene Salvatormedaille wurde 1899 einer Barmherzigen Schwester vom hl. Kreuz, Sr. ADELE SPIELER, überreicht in Anerkennung ihrer Verdienste zum Wohl der Bevölkerung des 10. Bezirkes. „*Mit dieser Ehrung sei die ganze Kongregation ausgezeichnet*“, betonte Bürgermeister LUEGER.[710] Sehenswert waren die jährlichen Ausstellungen im Asylhaus in Meidling, die „vom Fleiß der Zöglinge und der Emsigkeit der Kreuzeskinder Zeugnis geben“. In Anerkennung ihrer Verdienste erhielt Sr. THEODOSIA WIESNER 1901 von Kaiser FRANZ JOSEF die Elisabeth-Medaille. Der Kindergarten in Meidling wurde 1910 als „*schönster Kindergarten der Monarchie*“ ausgezeichnet.[711]

Hier wäre auch noch die große Anerkennung zu vermerken, die Dr. FLEISCHMANN als Leiter des Ordenspitals dem Wirken der *Barmherzigen Schwestern von Gumpendorf* am Krankenbett aussprach. Diese Hochachtung und Anerkennung brachte er immer wieder in der Öffentlichkeit zum Ausdruck und trug so viel dazu bei, das Vertrauen in die Schwestern in der Bevölkerung zu stärken und ihnen auch in Ärztekreisen Achtung zu verschaffen.

4. DER NAME

Der Name „*Barmherzige Schwester*“ war in Wien bis 1900 bereits zu einem Gattungsnamen geworden. Mit ihm wurden die im Krankendienst tätigen Schwestern bezeichnet. Er galt für die *Vinzentinerinnen von Gumpendorf*, die *Töchter des göttlichen Heilands* in der Kaiserstraße, die *Barmherzigen Schwestern vom hl. Karl Borromäus*, die *Barmherzigen Schwestern vom hl Kreuz, den Dienerinnen vom heiligsten Herzen Jesu*, schließlich ebenso auch für die *Schwestern des Dritten Ordens des hl. Franziskus.*

Daneben gab die Wiener Bevölkerung den Schwestern oft den Namen, wo sie zu finden waren, nach dem Patron oder einem anderen Unterscheidungsmerkmal. Die Wiener ersetzten die eigentlichen Namen, die ihnen vielfach fremd oder kompliziert erschienen durch einfachere. Sie kannten darum die *Hartmannschwestern*[712],

710 *Barmherzigen Schwestern vom hl. Kreuz*, Chronik 645.

711 *Kirchgatterer.* 637a.

712 Franziskanerinnen der christlichen Liebe, V., Hartmanngasse.

die *Gumpendorfer Schwestern*[713], die *Kaiserstraßenschwestern*[714], die *Borromäerinnen*[715], die *Kreuzschwestern*[716], die *Fasanschwestern,* nach der ersten Niederlassung der Töchter der göttlichen Liebe,[717] die *Dominikannerinnen* und so fort. Diese Namen sind auch heute noch im Gedächtnis der älteren Bevölkerung von Wien.

713 Barmherzige Schwestern des hl. Vinzenz von Paul, VI., Gumpendorferstraße.

714 Schwestern vom göttlichen Heiland (1866-1984)- VII., Kaiserstraße.

715 Barmherzige Schwestern vom hl. Karl Borromäus.

716 Barmherzige Schwestern vom hl. Kreuz.

717 Die Frauen in dem einfachen schwarzen Kleid mit weißem Kragen und einer weißen Haube mit Rüscheund zwei Bändern waren im Fasanviertel (3. Bezirk) auch als „Rüscherl- oder Mascherschwestern" bekannt. In: *Mann.* 89

X. ENTWICKLUNG DER NEUEN GRÜNDUNGEN UND NIEDERLASSUNGEN

1. AUSBREITUNG DER EINZELNEN GEMEINSCHAFTEN

Die Entwicklung der Kongregation der „*Gumpendorfer Schwestern*“ stand seit ihrer Gründung 1832 unter der Schutzherrschaft der Kaiserin KAROLINA AUGUSTE, die maßgeblich an der Ausbreitung der Kongregation, wie schon dargelegt, beteiligt war. An vielen Orten entstanden Stiftungen durch Adelige und Private und immer wieder wurden die *Barmherzigen Schwestern von Gumpendorf* zur Leitung und Pflege gerufen. Schon 1839 richtete man ein kleines Heim für Waisenkinder im Mutterhaus ein, das 1859 auf das Haus Gumpendorferstraße 110 ausgedehnt wurde. Im gleichen Haus wurde 1874 eine Schule genehmigt, später übersiedelten Waisenhaus und Schule in die Liniengasse.[718]

1870 wurden in den Vororten Reindorf und Penzing Kindergärten errichtet, deren Erhaltung von Bürgerfamilien übernommen wurde.[719] Hier konnten die Schwestern auch ihren Plan der Mittagsausspeisung verwirklichen. Zu Beginn war die Zahl der Mütter, die für ihre Kinder um Essen baten, so groß, dass Geschirr und Tische nicht rasch genug angeschafft werden konnten. Für das Jahr 1878 gibt die Chronik die Zahl von ungefähr 20 000 Mittagsportionen an und hebt vier Penzinger Geschäftsleute besonders hervor, sogenannte „Milchverschleißer“,[720] die über 400 Liter Milch spendeten.

1875 wurde das Haus der Barmherzigkeit übernommen, das mit Mitteln der „Bruderschaft der Allerheiligsten Dreifaltigkeit zur Pflege armer Unheilbarer“ gebaut werden konnte. „Unheilbar“ bedeutete im ausgehenden 19. Jahrhundert Isolation, Armut, Ausstoß aus der Gesellschaft, Einsamkeit. Es gab wenige Orte der Zuflucht. Als Zielsetzung legte man fest:

718 2006 wird eine Volkschule und Hauptschule/Kooperative Mittelschule von der Kongregation erhalten..

719 *Hlawati*. 453.

720 Milchgeschäfte, wo Milch in kleinen Mengen verkauft wurde.

> *Gottes Segen über die hl. katholische Kirche, über das Allerhöchste Kaiserhaus, unser Vaterland und dessen Bewohner, besonders aber gnädige Abwendung pestartiger Krankheiten zu erflehen, ferner durch Beschaffung der nötigen Mittel die Aufnahme und Verpflegung der armen schwerkranken Unheilbaren im eigenen Haus in Währing zu fördern...*[721]

Die sozialen Umwälzungen erweckten bei frommen Bürgern das Bewusstsein ihrer christlichen Verantwortung, etwas gegen das Elend und die Not zu unternehmen. FRANZ EIPELDAUER war der Mentor, ein sozial höchst engagierter Buchdruckereibesitzer aus der Wiener Leopoldstadt, der als Armenvater in der Pfarre St. Leopold im II. Bezirk unermüdlich tätig war. Geistlicher Rektor der Bruderschaft wurde der Wiener Domkapitular Graf LUDWIG TITUS COUDENHOVE.[722] Beide wollten eine Institut schaffen, das sich die Aufgabe stellte, arme, schwerkranke, die häusliche Pflege entbehrende Unheilbare ohne Unterschied des Geschlechts, der Nationalität und des Glaubensbekenntnisses bis an ihr Lebensende unentgeltlich zu pflegen. Die Oberin THERESE KÜPPER wurde die „Seele des Hauses."[723] Man könnte das Haus der Barmherzigkeit, das 1875 eröffnet wurde, als Geburtsstätte der Geriatrie[724] bezeichnen, und diesen Vorbildcharakter hat das Pflegeheim bis heute nicht aufgegeben. 1892 wurde das Haus der Barmherzigkeit in eine Stiftung umgewandelt, deren Verwaltung in den Händen der jeweiligen Ordensoberin und des Stiftungskuratoriums liegt.

Im Jahre 1879 wurde das „*Marienstift*" in der Gfornergasse[725] von den *Barmherzigen Schwestern* übernommen, ein Dienstboten-

721 *Institut Haus der Barmherzigkeit* (Hg.), 125 Jahre Haus der Barmherzigkeit. Wien 2000. 56.

722 Neffe von Graf Carl Coudenhove, dem Vorsteher der Barmherzigen Schwestern von Gumpendorf.

723 125 Jahre Haus der Barmherzigkeit. Wien 2000. 56.

724 1904 wurde das „Versorgungsheim Lainz", heute „Geriatriezentrum am Wienerwald" nach dem Vorbild des Hauses der Barmherzigkeit gegründet. Als der amerikanische Arzt Ignatius L. Nascher Wien 1908 besuchte, prägte er den Begriff „Geriatrie" am Beispiel dieser Institutionen.

725 Franz Gforner, ein Gumpendorfer Gärtner, widmete den Baugrund zur Errichtung eines Dienstbotenasyls, in: *Hlawati*. 463.

asyl, das später ein Altersheim wurde. Die Dienstmädchen wurden unentgeltlich aufgenommen, für einige Zeit beherbergt und waren dann verpflichtet einen Posten anzunehmen. Das *„St. Joseph Vinzentinum"* in Wien Fünfhaus diente der Erziehung verlassener und verwahrloster Knaben. Auch das *„Apostolat der christlichen Töchter"* fand im Kindergarten und in der Arbeitsschule im 15. Bezirk, Beingasse, ihre Aufnahme, wo die erwachsenen Mädchen sich einmal monatlich versammelten. Der Wiener Fabrikbesitzer ALEXOVITS errichtete auf der Wieden ein Kinderspital, mit zwölf Betten ein bescheidener Anfang. Dagegen standen 1908 im St. Josef Kinderspital im IV. Bezirk bereits hundert Betten für die Spitalspflege zur Verfügung. 1140 Kinder wurden in diesem Jahr von den *Barmherzigen Schwestern* in das Kinderspital aufgenommen und 16 000 Kinder in der Ambulanz behandelt.

Die *Gumpendorfer Schwestern* waren in Wien ein fester Begriff geworden. Nachdem die *Barmherzigen Schwestern* fast fünfzig Jahre ihre Niederlassungen geführt hatten, wurde die Zahl derer, die durch Alter oder Krankheit nicht mehr arbeiten konnten, immer größer. So wurde es notwendig, ein Heim für alte Schwestern in Laab am Walde in Niederösterreich zu bauen. Für die Einrichtung sorgte der Wiener Domherr Prälat LEOPOLD STÖGER.

In wenigen Jahren entstanden in und um Wien für die *Schulschwestern vom Dritten Orden des hl. Franziskus,* die in Erdberg mit Hilfe der Kaiserin 1845 ihren Anfang gesetzt hatten, eine Reihe neuer Arbeitsstätten. Immer mehr Mädchen schlossen sich der neuen Schwesterngemeinschaft an, sodass ein Novizenhaus notwendig wurde. Nach Gründungen von Filialen 1853 auf dem Schottenfeld und in Wien Rennweg, 1854 in der Alservorstadt, 1857 in Wien-Nußdorf, Wien-Hernals sowie Mödling und Vöslau, wurde 1858 die neu gegründete Kinderbewahranstalt in Wien-Leopoldstadt von den Schulschwestern übernommen. Diese sollte die zweitgrößte Niederlassung der Kongregation werden. Neben dem Kindergarten wurde eine Arbeitsschule eröffnet, 1869 eine Volksschule und 1894 eine Bürgerschule. Weitere Filialen folgten in Wien-Ober St. Veit 1867 in der Innocentiagasse,[726] 1868 in Ottakring, 1870 in Dornbach, 1886

726 Sr. Maria Innocentia Bögl.

in Wien-Perchtoldsdorf. 1888 wurden in Wien-Hernals, 1889 in Baumgarten, 1892 in der Unteren Weißgärberstraße im III. Bezirk verschiedene Einrichtungen gegründet. Besonders die Vororte als Siedlungsgebiete der Arbeiter boten den Schulschwestern ein reiches Arbeitsfeld.

Noch im Jahre 1846 waren in der Baumwolldruckerei des CASIMIR CHAZEL im Knappenhof[727] in der Marktgemeinde Perchtoldsdorf[728] täglich zwanzig Kinder beschäftigt. Die Kinderarbeit spielte besonders in der Textilindustrie eine wichtige Rolle, da gewisse Tätigkeiten an den Webstühlen nur von Kindern wegen ihrer geringen Körpergröße ausgeführt werden konnten. JOSEPH HYRTL, ein großer Wohltäter des Ortes, hatte als Arzt diese Missstände erkannt. Aus Anlass seines 50jährigen Doktorjubiläums stellte er 1885 dem *„Verein zur Gründung und Erhaltung der Kinderbewahranstalt“*[729] den Betrag von 30 000 Gulden zur Verfügung. Zu einer Zeit, als auf staatlicher Seite ein soziales Bewusstsein noch kaum ausgeprägt war, stellte die Kinderbewahranstalt, eine Mischform zwischen Kinderkrippe und Kindergarten, eine viel beachtete Errungenschaft der Sozialfürsorge dar. Auf der Liegenschaft Hochstraße 28 wurde ein Anstaltsgebäude errichtet und im Oktober 1886 seiner Bestimmung übergeben. Die Leitung wurde den *Schulschwestern vom Dritten Orden des hl. Franziskus* übertragen. Bereits 1910 musste das Gebäude um einen Zubau erweitert werden. 1920 vom Land Niederösterreich übernommen, verblieb die Leitung des Kindergartens weiter in den Händen geistlicher Schwestern. Nach dem Zweiten Weltkrieg erfolgte die Übergabe an die Kongregation der *Armen Schulschwestern Unserer Lieben Frau.*[730]

727 Der Knappenhof, von Otto II. von Perchtoldsdorf errichtet, wechselte bis 1870 oft die Besitzer und auch die Nutzung war vielfältig. Zuerst diente er der Unterbringung von Knappen. 1787 wurde das Gebäude als Flachs- und Wollspinnerei genützt und in den Jahren 1795-1848 als erste Kattundruckerei verwendet.

728 Heute Niederösterreich.

729 Von Bürgermeister Johann Reicher gegründet.

730 *Gatscha-Riedl* Gregor, Von der „Bewahranstalt zum Erlebniskindergarten“ in: „Perchtoldsdorfer Rundschau“ 3/2003. 10. Von 1962-1965 besuchten die Kinder der Verfasserin diesen Kindergarten.

Mittels Erlass des k.k. Landesschulrates[731] wurde die Volksschule der *Schulschwestern* in der *Apostelgasse* III. in eine fünfklassige Volksschule und dreiklassige Bürgerschule umgestaltet. Jahr für Jahr wuchs die Zahl der Schulkinder, aber auch die Schwesternschar wurde größer, und das von Kaiserin KAROLINE AUGUSTA erbaute Schulhaus erwies sich als zu klein. Spenden und Sammlungen ermöglichten es, dass trotz aller Schwierigkeiten ein den Erfordernissen entsprechender Bau auf dem Grund von zwei zugekauften Häusern, die abgerissen wurden, errichtet werden konnte. Am 7. September 1912 fand unter dem Protektorat von Erzherzogin MARIA RAINER die Grundsteinlegung statt, Kanonikus ANTON SCHÖPFLEUTHNER nahm die Weihe vor.

Erst 200 Jahre nach der Gründung der Kongregation der *Schulschwestern vom III. Orden des hl. Franziskus* in Hallein wurden ihre Konstitutionen im Jahre 1923 approbiert.[732] Unter den katholischen Privatschulen der Erzdiözese Wien[733] findet sich im Verzeichnis von 2006 das Haus „St. Elisabeth" in 1020 Wien mit einer Volksschule und einer Hauptschule/kooperative Mittelschule. Angeschlossen an das Mutterhaus in der Apostelgasse, 1030 Wien, wird von der Kongregation das Zentrum „St. Franziskus" Erdbergstraße mit Volksschule, Hauptschule/kooperative Mittelschule, eine einjährige Haushaltungsschule sowie eine Fachschule und Höhere Lehranstalt für wirtschaftliche Frauenberufe erhalten. Die Schulschwestern sind derzeit in drei Kontinenten vertreten.

Schon unter der ersten Generaloberin Mutter EUPHRASIA[734] hatte sich die *Kongregation Unserer Frau von der Liebe des Guten Hirten* in alle fünf Weltteile verbreitet. 1887 unterstanden der nachfolgenden Oberin, MARIA VOM HL. PETRUS 158 Häuser. 93 in Europa, 51 in Amerika, sechs in Afrika, fünf in Asien und drei in Australien.

Das Jahr 2003 war ein besonderes Gedenkjahr für Wiener Neudorf, denn vor 150 Jahren hatte die Kongregation der *Schwestern*

731 23. Juli 1900. ZL 7544.

732 *Schulschwestern vom III. Orden des hl. Franziskus*, Und der Same ging auf. 50.

733 Erzdiözese Wien, Jahrbuch der Erzdiözese Wien 2006. 160.

734 Vgl. VII.5.3.1. Rose Virginie Pelletier.

vom Guten Hirten die „K.K. Weiberstrafanstalt“ übernommen, das Kloster ausgebaut und einen Hort der Nächstenliebe geschaffen. Die Erinnerung an die pädagogischen, sozialen und menschlichen Leistungen, die eine Reihe von Generationen der Schwestern im Kloster zu Wiener Neudorf vollbracht haben, ist geblieben. Die Mitglieder der Kongregation waren stets bemüht, den von der Gründerin vorgegebenen Weg zu folgen. Erst 1983 zogen sich die Schwestern aus Altersgründen und Personalmangel in die Filiale Baumgartenberg zurück.[735] 1992 erwarb die Gemeinde Wiener Neudorf die Klosteranlage, in der ehemaligen Kapelle wurde das neue Gemeindearchiv untergebracht.

Das innere und äußere Wachstum der Kongregation der *Hartmannschwestern* ist der Broschüre „100 Jahre Kongregation der *Schwestern des III. Orden des hl. Franziskus von der christlichen Liebe*“ zu entnehmen: die Übernahme des Armenhauses in der Leopoldstadt II., 1864-1913, des Kindergartens in Dornbach, heute XVII. Bezirk, 1867-1939, und einige Anstalten in Niederösterreich. 1886 dehnte die Kongregation ihren Wirkungskreis auch auf die Nachbardiözese aus und übernahm Küche und Krankenpflege in Stift Zwettl.

Ab 1909 (bis 1946) wurde ein Kindergarten in Simmering XI. geführt, wo den Schwestern durch eine Testamentverfügung ein Haus mit Garten zugeeignet worden war. 1912 wurden die *Hartmannschwestern* nach Lainz gerufen, um Krankenhaus sowie Altersheim der Stadt Wien zu übernehmen.[736] Das Mutterhaus in der Hartmanngasse wurde vergrößert, das Krankenhaus immer wieder dem medizinischen Fortschritt angepasst. Jedes Jahr stieg die Zahl der Ordensmitglieder, jedes Jahr erhöhte die Lebensfähigkeit der Neugründung, jedes Jahr vergrößerte sich die Wertschätzung der Bevölkerung für die Tätigkeit der Schwestern.

Die Unterrichtserfolge der *Schwestern vom göttlichen Heiland* führten 1868 mit Bewilligung der k.k. Statthalterei zur Eröffnung einer Volksschule mit vier Klassen in der Kaiserstraße. Das zweistöckige Schulgebäude wurde innerhalb des Klosterterrains gebaut, das

735 *Janetschek*. 30.

736 *Anhell*. 134.

von der Kaiserstraße 27 durch einen Glasgang erreichbar war.[737] Die sehr gut besuchte Schule in der Rossau, 1867 eröffnet, musste schon nach einem Jahr wegen ständig drohender Überschwemmungen der Donau geschlossen werden.

Der spätere Bezirk Favoriten[738] war 1870 noch durch den Favoritenwall von der Residenzstadt getrennt. Im Revolutionsjahr 1848 war die „Matzleinsdorferlinie" gestürmt worden und der „Gloggnitzer Bahnhof" (späterer Südbahnhof) wurde ein Raub der Flammen. Durch den Bau des Arsenals[739] erhielt der ländliche Vorort eine neue Bevölkerungsstruktur und eine steigende Bevölkerungsdichte. Die Entstehung großer Ziegeleien brachte viele „Gastarbeiter" ins Land, vor allem Kroaten. Daher bekam die Siedlung den Namen „Kroatendörfl", eine Siedlung ohne Kirche, ohne Schule trotz Einführung der allgemeinen Schulpflicht. Der Stadt Wien fehlten die Mittel, eine neue Schule zu bauen. Der Kanzleidirektor der Erzdiözese Wien, Prälat Kornheisl meinte schließlich:

> *Wenn es mit Männern nicht geht, probieren wir es mit Frauen. Ich werde die Oberin am Schottenfeld fragen, ob sie willens wäre, daselbst ein Haus mit einer öffentlichen Kapelle und eine Schule zu errichten.*

Mutter Theophila Daur nahm die Herausforderung an. Ihr sagte man außerordentliche Begabungen nach. Ihr großes Organisationstalent und ein weit vorausschauender Scharfsinn kamen der Gründung und der Ausbreitung der Kongregation sehr zugute. Das Filialhaus im X. Bezirk, Waldgasse 25 wurde auf Wunsch von Kardinal Rauscher zum Zweck der Erziehung und des Unterrichtes für Mädchen 1870/71 gegründet. Der Bauplatz im Werte von 40 000 Kronen war

737 Trägt heute noch den Namen „Schulgang".

738 In der Amtszeit von Propst Floridus Leeb 1782-1799 hatte das Stift Klosterneuburg nördlich der Donau 30 Bauparzellen zu vergeben. Der 25.9.1786 gilt als Gründungstag der neuen Gemeinde. Im Sinne einer Verfügung von Kaiser Josef II. erhielten 30 junge Männer diese Bauplätze. Die Ansiedlung erhielt den Namen des Grundherrn Floridus – Floridsdorf. In: *Bittner* Markus, Von der Dorfkirche zur Großstadtpfarre. St. Pölten 2001.

739 Ein ehemaliger militärischer Gebäudekomplex im 3. Bezirk. Die Anlage wurde aus Anlass der Märzrevolution 1849/1856 erbaut.

eine Spende des Kardinals. Die Klosterkapelle war weit und großzügig angelegt, bot etwa 400 Personen Raum und platzte bald aus allen Nähten. Da es keine Kirche im Umfeld gab, wurde die Kapelle als öffentliche Kirche benützt. Ssie wurde so gut besucht, dass die Menschen oft sogar auf der Straße stehen mussten.[740]

Den Anstoß zur Errichtung der „Waldschule" als erste katholische Schule in Favoriten, gab ebenfalls Kardinal RAUSCHER. Die Schwestern begannen 1872 den Schulbetrieb mit einer Volksschule mit zwei Klassen, später erweitert auf fünf Klassen, der sich 1902 eine Bürgerschule anschloss. Die Armut unter den Fabrikarbeitern war groß, die notwendigen Schulutensilien und Bücher mussten die Schwestern oft auf eigene Kosten besorgen. Favoriten wurde schon 1874 eingemeindet, zwanzig Jahre vor der Eingliederung der anderen Vororte. 1897 wurde ein Kindergarten, 1908 eine Industrieschule eröffnet.[741] Die Schwestern, die hierher versetzt wurden, mussten gesund und kräftig sein, hatten sie doch anfangs den Weg zum „Kroatendörfl" täglich zu Fuß zurückzulegen. Auch von Krankheiten wurde die Niederlassung immer wieder heimgesucht, 1885 waren es die echten Blattern. In der Chronik ist vermerkt, dass vier Kinder dem Tode nahe waren, aber keines starb.[742]

Die Weltausstellung 1873 in Wien war für die Kongregation der *Heilandschwestern* von großer Bedeutung. Die Schwestern im Stickzimmer, welche in der Gold-, Flach- und Tambourstickerei[743] schon große Fertigkeit erlangt hatten, bekamen den Auftrag, Möbelstoffe für die kaiserlichen Pavillons zu sticken sowie zwei Messkleider anzufertigen, das eine mit Symbolen der Lauretanischen Litanei, das zweite mit figurierten Heiligen bestickt. Die Bestellungen mehrten sich und viele Schwestern waren im Stickzimmer beschäftigt.[744] Die Stickerei in Gold und Seide wurde sehr kunstvoll betrieben. 1898 wurden die Schwestern vom Chorherrenstift Klosterneuburg mit

740 Erst 1876 wurde die Pfarrkirche St. Johann Evangelist auf dem Keplerplatz fertiggestellt.

741 *Theoda*. 75.

742 *Mann*, Waldkloster. 31.

743 Stickart aus der Empiremode.

744 *Kongregation der Töchter des göttlichen Heilands*, Chronik. Wien 1921. 38.

verschiedenen Arbeiten wie dem Besticken eines Türkenzeltes, eines goldenen Ornates und einiges mehr betraut.[745]

Durch Vermittlung von Prälat Heinrich Swoboda[746] erhielten die Schwestern 1907 den Auftrag für die ganze Einrichtung von Paramenten[747] für die am Steinhof neu erbaute Kirche.[748] Die geistliche Genossenschaft der *Kaiserstraßenschwestern* war keine „Erwerbsgenossenschaft", aber ohne finanzielle Einnahmen wäre die eigene Erhaltung, die der Kirche und der Pflegebefohlenen, die notwendigen Bauten, die Erhaltungskosten der Häuser, die jährlich große Summen verbrauchten, nicht möglich gewesen.[749] Die *Kaiserstraßenschwestern* sahen es als Absicht Gottes an, dass sich auch die Mal- und Vergolderkunst in der Kongregation einbürgerte, da sich fast zu gleicher Zeit ein Maler und ein Vergolder fanden, die sich bereit erklärten, die Schwestern ohne Entgelt in diese Künste einzuführen. Es entstanden viele Ölbilder, zuerst für die Kirche im Mutterhaus[750], später erfolgte Renovierung oder Herstellung neuer Altäre und Bilder in den Kapellen der einzelnen Filialen.

Im März 1875 erhielt Mutter Theophila die Möglichkeit, einen Vertrag für Pflegedienste im Spital Korneuburg abzuschließen. Im November desselben Jahres übernahmen zwei Schwestern die Pflege des plötzlich erkrankten Kardinals Rauscher. Mit seinem Tod am 24. November 1875 verlor die Kongregation ihren höchsten Beschützer und Protektor. Auch Kardinal Ganglbauer[751] nahm später die Pflege der Kaiserstraßenschwestern in Anspruch, als er 1889 einen schweren Schlaganfall erlitt. Über das Jahr 1878 berichtet die Chronik:

745 *Kongregation der Töchter des göttlichen Heilands,* Chronik. 137.

746 *Swoboda* Heinrich 1861-1923, „Großstadtseelsorge". Wien 1911.

747 Als Paramente werden gottesdienstliche Gewänder, Altar- und Kanzeldecken bezeichnet.

748 Nervenheilanstalt im Pavillonsystem, erbaut von Otto Wagner unter Bürgermeister Karl Lueger.

749 *Kongregation der Töchter des göttlichen Heilands*, Chronik. 215.

750 Drei Ölbilder für die Kanzel, Bild am Hochaltar und Muttergottesaltar und die Kreuzwegrahmen. Chronik 142.

751 Vgl. IX.1.2. Die Erzbischöfe von Wien.

Von der Kongregation sind fortwährend 70 Schwestern mit der Krankenpflege beschäftigt, teils in Spitälern, teils in der ambulanten Krankenpflege. Die Schwestern werden theoretisch und praktisch ausgebildet, sie erhalten von Zeit zu Zeit Unterricht durch einen Arzt der Medizin und der Chirurgie und in den Spitälern vermehren sie ihre praktischen Kenntnisse. Die Schwestern üben bei der Pflege der kranken Schwestern, der Kinder und Pensionärinnen im Kloster unter der Leitung der zwei Hausärzte.[752]

1880 reifte in der Oberin der Plan, ein Kranken- und Rekonvaleszentenhaus in Gablitz[753] zu bauen. Es sollte kranken Schwestern und solchen, die nach überstandener Krankheit einer Erholung bedurften, zur Verfügung stehen, aber auch jenen Schwestern, die aus verschiedenen Gründen nicht mehr imstande waren, ihren Berufspflichten nachzukommen.

Die Übernahme des Krankendienstes in dem nahe gelegenen „Erzherzogin Sophie Spital" erfolgte im Mai 1880.[754] Anlässlich der Vermählung von Kronprinz Rudolf mit Prinzessin Stefanie von Belgien am 10.5.1881 wurde eine bedeutende Anzahl caritativer Werke ins Leben gerufen; eines derselben war das Stephaniespital, heute XVI. Bezirk, wo die Krankenpflege von den *Barmherzigen Schwestern des hl. Vinzenz* von 1882-1892 ausgeübt wurde, dann sollten die *Kaiserstraßenschwestern* die Betreuung übernehmen.

Am 17. August 1888 starb die Generaloberin Theophila Daur[755], neue Oberin wurde Sr. Generosa Erhard.[756] Sie wählte Sr. Kosma Brand als Oberin für das Stephaniespital, eine in der Krankenpflege wie wirtschaftlich tüchtige Schwester. 20 Schwestern wurden für 135 Patienten angestellt. Es war ein schwerer Dienst, acht bis zehn Operationen täglich, zu jeder Stunde des Tages und der Nacht mussten die Schwestern zur Aufnahme von Verletzten und Kranken bereit

752 *Kongregation der Töchter des göttlichen Heilands*, Chronik. 50.

753 Ort in Niederösterreich, westlich von Wien.

754 Eugenie Louise Kenyon bestimmte in ihrem Testament das Spital zu ihrem Universalerben mit der Bedingung, dass es im 6./7. Bezirk erbaut wird. 1900 wurde das Spital von der Gemeinde Wien übernommen.

755 Theophila Daur Oberin von 1866-1888.

756 Generosa Erhard, Oberin von 1888-1913.

sein.[757] In der Allgemeinen Poliklinik, VIII. Bezirk, erstreckte sich der Pflegedienst der Schwestern über einen Zeitraum von sechs Jahrzehnten.[758] Ambulante Behandlungen fanden gegen ein ganz geringes Entgelt statt, jedes Wiener Kind bis zum vierten Lebensjahr wurde unentgeltlich behandelt. Als die Schwestern dort ihren Dienst antraten, diente ihnen nur ein Zimmer als Wohn-, Schlaf- und Gebetsraum. Da die Ärzte immer mehr die hervorragende Pflegetätigkeit der Schwestern erkannten, wurde ihnen 1894 die Pflege im Kronprinz Rudolf Kinderspital[759] im III. Bezirk, in der Baumgasse 75 übertragen. Der eigentliche Stifter war Adolf Ignaz Mautner, Ritter von Markhof.[760]

Als Folge der Stadterweiterung entstand an der Rückseite des Mutterhauses die Kenyongasse und nur zwei Häuser weiter noch eine neue Gasse. Die Oberin fürchtete, neue Zinshäuser oder Fabriken könnten eine Erweiterung des Mutterhauses für alle Zukunft unmöglich machen. So hielt sie es für ihre Pflicht, selbst unter größeren Opfern durch den Ankauf Zweck entsprechender Parzellen dieser Gefahr vorzubeugen. Das Haus Kaiserstraße 21 wurde um den hohen Preis von 25 000 Gulden erstanden, dort wollte man einen neuen, drei Stockwerk hohen Bau errichten, um allen Anforderungen zu entsprechen.[761]

Erst in den letzten Jahrzehnten des 19. Jahrhunderts wurde der Vorort Ottakring der Großstadt Wien als XVI. Bezirk einverleibt. Der damalige Pfarrer Schwarz wusste um die Gefahr für Kinder und Jugendliche, wenn rechte Aufsicht und Beschäftigung fehlten. Deshalb erstand er ein altes Gemeindegasthaus und bat die Oberin ihm einige *Kaiserstraßenschwestern* für die zu gründende Kinderbewahrungsanstalt in der Seitenstettengasse 2 zu senden. Die Oberin sagte schwe-

757 *Kongregation der Töchter des göttlichen Heilands*, Chronik. 179.

758 *Karlberger*. 28. (1893-1957)

759 Krankenpflege von 1894 -1925.

760 Adolf Ignaz Mautner, von Böhmen nach Wien gekommen, pachtete die St. Marxer Brauerei, wurde ein bekannter und erfolgreicher Bierbrauer und 1872 zum „Ritter von Markhof" geadelt. Ab dem 1. Weltkrieg lautet der Name Mautner Markhof'sches Kinderspital. 1925 wurde es von der Gemeinde Wien übernommen.

761 *Kongregation der Töchter des göttlichen Heilands*, Chronik. 139.

ren Herzens zu, denn sie wusste, wie armselig die Räumlichkeiten waren und mit welchen materiellen Schwierigkeiten die Schwestern zu kämpfen haben würden. Das Mutterhaus spendete Hausgeräte und Möbel, 1902 begannen die Schwestern ihren Dienst. 1905 wurde eine Knabenheimstätte angeschlossen, sodass zur Betreuung und Verköstigung der 150 Kleinkinder noch 70 Knaben dazukamen. In vielen sozialen Einrichtungen wurde die Leitung der *Heilandschwestern* gewünscht und in den meisten Fällen dieser Bitte auch entsprochen. Eine weitere Übernahme in sozial-caritativer Richtung erfolgte 1902 durch Vermittlung von Erzherzogin Maria Josepha, der Mutter Kaiser Karls I. Sie eröffnete in Verbindung mit dem Verein „Kinderschutzstationen" das „*Maria Josephinum*" im XVI. Bezirk Hyrtlgasse 28, welches einerseits als Tagesheimstätte, andererseits als Nachtasyl für Dienst suchende Mädchen Verwendung fand. Die Obsorge lag in der Hand der *Kaiserstraßenschwestern*. Später wurde hier ein Heim für „lungengefährdete" Kinder von zwei bis vierzehn Jahren eingerichtet, denn in allen Arbeiterbezirken zeigte sich eine starke Zunahme von Tuberkulose.[762]

1901 konnte das Haus Kaiserstraße 31, bei welchen ein prächtiger Garten war, erworben werden. Natürlich gibt es auch zu diesem Zukauf eine Legende, die mir sogleich von der Archivarin Sr. Siglinde erzählte wurde, nach der die Oberin Mutter Generosa, als sie noch Assistentin war, einmal eine Muttergottesmedaille in den Garten geworfen habe mit der heimlichen Bitte, die Muttergottes möge bewirken, dass derselbe samt Haus der Kongregation zufalle. Ein handgreiflicher Beweis von großem Vertrauen an die Mutter Gottes.

1869 war in Österreich jene Form der Lehrerbildung entstanden, die nach 100jährigem Bestand von Pädagogischen Akademien abgelöst wurde. Der Heranbildung von Lehrerinnen galt von jeher die große Sorge der Kongregation. In Anbetracht des Umstandes, dass die Kongregation genötigt war, Schwestern und Zöglinge zur Ausbildung in die in Wien bereits bestehenden Lehrerbildungsanstalten zu schicken, sodass diese vier Mal täglich den weiten Weg zurücklegen mussten, wurde Anfang des 20. Jahrhunderts der Entschluss gefasst ein Seminar zu gründen, dessen Bewilligung mit dem Erlass vom 14. Juli 1903

762 *Theoda*. 245.

erfolgte.[763] Die erste Matura der Lehranstalt am Schottenfeld fiel 1907 mit der Gedenkfeier zur 50jährigen Tätigkeit der *Töchter des göttlichen Heilands* in Wien zusammen. Im Juli 1899 machten die ersten Schwestern ihre Staatsexamen in französischer Sprache, von einem Klavierlehrer wurden Schwestern für das Examen in Musik vorbereitet.

Das *„Maria Josefinum“* in Floridsdorf, Frömmelgasse 29, welches 1905 vom *„Maria Josefa Verein“* gegründet wurde, war zur Hilfe von Wöchnerinnen gedacht. Die Schwestern sollten für den Pflegedienst ein jährliches Kostgeld von 500 Kronen pro Schwester, nebst Wohnung, Beheizung und Beleuchtung erhalten. Die Bevölkerung von Floridsdorf kannte weder Klosterleben noch Klosterschwestern. Die Ordenstracht war ein ungewohntes Bild, aber bald hatten sich die Schwestern durch ihre ausgezeichnete Krankenpflege die Achtung der Bevölkerung errungen. Das *„Apostolat der christlichen Töchter“*[764] stand in Zusammenhang mit der Einrichtung von „Patronagen“, Sonntagsvereinigungen, in denen Frauen höherer Stände und Bürgersfrauen Dienstmädchen und Jungarbeiterinnen zur „Belehrung, Erbauung und Unterhaltung“ um sich sammelten.[765] Eine ziemlich große Anzahl junger Mädchen traf regelmäßig zusammen und fand im *„Maria Josefinum“* liebevolle Aufnahme.

Immer wieder gab es Legate zugunsten der Kongregation in Dankbarkeit für die geleistete Krankenpflege, wodurch neue Projekte verwirklicht werden konnten. Wie dem Ruf zur Krankenpflege folgte die Kongregation gegen Ende des 19. Jahrhunderts dem Ersuchen um Betreuung alter und gebrechlicher Menschen, lag es doch in ihrer Zweckbestimmung, allein stehenden, alten Menschen in Heimen die Möglichkeit zu geben, ihren Lebensabend zu verschönern.[766] In Korneuburg und Gloggnitz übernahmen die Schwestern 1897 und 1898 die Verantwortung für die Bezirksarmenhäuser.

763 Erlass Zl 21426.

764 Erste Präsidentin dieser Vereinigung war Maria Schmalzhofer. Die Vereinszeitung, das „St. Angela Blatt“, war nach der Stifterin der Ursulinen, Angela Merici genannt. Prälat Schöpfleuthner, der Gründer der Vereinigung war seit 1881 Kirchendirektor der Ursulinen.1911 wurde er der erste Wiener Stadtdechant.

765 *Loidl*. 267.

766 *Karlberger*. 37.

Mit Bündeln auf den Rücken zogen die Ärmsten ein, es war all ihr Hab und Gut, (...) es gehörte viel christliche Nächstenliebe dazu vor diesem Elend nicht zurückzuschrecken.[767]

1908 wurde in der Pfarre Altlerchenfeld VII., Neustiftgasse 111, eine Kinderbewahrungsanstalt unter Leitung der *Kaiserstraßenschwestern* gegründet. Da sich der *„St. Antonius-Verein"* sehr um das Institut, das etwa 200 Kinder beherbergte, verdient gemacht hatte, bekam es den Namen *„St. Antoniusheim"*.[768] Auch im XX. Bezirk sollten die Schwestern ein *„Maria Josefinum"* übernehmen. Es war vor allem die Einrichtung einer Kinderkrippe geplant, da die Arbeiterfrauen gezwungen waren, einem Erwerb nachzugehen. Der Lokalverein Brigittenau wollte die notwendigen Hilfsmittel zur Verfügung stellen. An die Kinderkrippe wurde bald eine Bewahrungsanstalt und ein Kindergarten angeschlossen.[769]

Woher nahm die Oberin die große Anzahl von Schwestern? Oft mussten die Schwestern vom Stickzimmer aushelfen, was sich auch positiv auswirkte, da sie für einige Monate vom Stickrahmen entfernt waren und sich in frischer Luft erholen konnten. Die Oberin bemühte sich unentwegt, den Wirkungskreis der Kongregation zu erweitern und nahm deshalb fast jedes Haus, jede Anstalt zur Betreuung an, die ihr unter halbwegs günstigen Bedingungen angeboten wurde. Dies war nur möglich, weil sich die Zahl der Schwestern unter ihrer umsichtigen Leitung rasch mehrte.[770] Zur Gedenkfeier des 50jährigen Bestandes der Kongregation 1907 entstand die Widmung:

Die Kongregation der Töchter des göttlichen Heilands,
ein lebendig geistiger Bau zu Gottes Ehre!(..)
Es war vor 50 Jahren, da kamen schlichte Frauen
aus Niederbronn im Elsaß, um einen Turm zu bauen.
Den Bau lebend'ger Steine, gefügt von Meisterhand.

Der große Schulkomplex in der Kenyongasse 2-4 trägt heute den Namen *„Mater Salvatoris"* und beherbergt neben Kindergarten

767 *Kongregation der Töchter des göttlichen Heilands*, Chronik. 146.

768 *Karlberger*. 31.

769 *Theoda*. 258.

770 *Kongregation der Schwestern vom göttlichen Erlöser*, Chronik. 199.

und Volksschule eine Allgemeinbildende Höhere Schule und eine Bundesanstalt für Kindergartenpädagogik. In Wien-Dornbach, im 17. Bezirk wird das Spital *„Krankenanstalt zum göttlichen Heiland“*[771] geführt. Als einen wesentlichen Dienst sehen die Schwestern die Begleitung Sterbender in ihrem Hospiz.

Die finanzielle Grundlage für weitere soziale Tätigkeiten erhielten die *Schwestern vom armen Kinde Jesus* durch die Eröffnung des Pensionates in der Hofzeile in Döbling. Die Privatschule konnte 1863 in eine Hauptschule umgewandelt und das Klostergebäude erweitert werden. Die ersten zwanzig Jahre fanden weder die Oberin Mutter ASSUMPTA noch ihre Schwestern Zeit, eine Chronik anzulegen. Erst dann entstand der Wunsch, über Gründung und Ausweitung des Hauses schriftliche Aufzeichnungen zu machen. Über die ersten Jahre 1857-1863 sind es schriftliche, wahrheitsgetreue Berichte, wie in der Einleitung vermerkt, der Oberin selbst. 1863-1885 wurde eine Zusammenstellung dessen, was der Oberin und den älteren Schwestern noch im Gedächtnis geblieben, aufgezeichnet. Die Chronik blieb aber leider nur Stückwerk, da viele der ersten Schwestern bereits verstorben und andere nicht mehr im Haus waren.[772]

Eine Lotterie brachte Geld für den Kirchenbau in Döbling. 6000 Gulden wurden als Zuschuss aus dem Religionsfond gegeben, und die Gemeinde Oberdöbling spendete dazu 1000 Gulden. So konnte der Bau der Kirche im romanischen Stil begonnen werden. 1882 feierten die Schwestern „25 Jahre in Wien“. Aus einem kleinen Kreis von Schülern war eine Schar von 230 Kindern geworden. Das Schulgebäude wurde immer wieder erweitert: mit Internat und Handarbeitsschule ab 1860, einer Bürgerschule 1894, der Lehrerbildungsanstalt 1902 und einem Kindergarten im Jahre 1904.[773]

771 Ab 1. April 2004 mit den Krankenhäusern der Barmherzigen Schwestern in Gumpendorf, dem Orthopädischen Spital Wien-Speising als Vinzenz Gruppe Wien geführt, Juni 2004 wurde auch das Krankenhaus Göttlicher Heiland integriert.

772 *Kongregation der Schwestern vom armen Kinde Jesus*, Chronik. Wien 1921. 1.

773 Seit der Marienweihe 1937 tragen die Unterrichtsanstalten den Namen „Maria Regina“. Am 19.7.1938 durch das nationalsozialistische Regime beschlagnahmt und geschlossen, 1945 wiedereröffnet, besuchten im Jahre 2003 1150 Kinder und Jugendliche die Einrichtungen.

Im Frühjahr 1890 zogen vier Arbeitsschwestern in das kleine Priesterhaus in Stadlau[774] um die Arbeiten auf dem Feld und im Haus zu besorgen, auch wurde ihnen die Führung einer Volksschule mit drei Klassen bewilligt. Für den Bau einer kleinen Kirche spendete der Kaiser 500 Gulden. Neben dem Kloster *„Maria Frieden"* wurden die Volksschule und ein Kindergarten eingerichtet, wenig später wurde den Schwestern eine Wohngemeinschaft von Kindern aus sozialproblematischen Familien anvertraut·

2003 konnte *„50 Jahre Clara Fey Kinderdorf"* am Stefan-Enders Platz neben der Kaasgrabenkirche im 19. Bezirk „Am Himmel" gefeiert werden. Stefan Enders, ein reicher Textilkaufmann, erwarb Ende des 19. Jahrhunderts den Grund um die kleine Wallfahrtskirche „Zur schmerzhaften Mutter", die zum Dank der Errettung vor den Türken im Jahre 1683 erbaut worden war. Er baute für seine Familie eine große Villa und widmete eine große Fläche dem Parkbereich. Auf der Anhöhe plante er eine Kirche im neubarocken Stil, die 1909 vollendet wurde.

Als die Enders-Villa 1952 für soziale Zwecke zum Kauf angeboten wurde, erwarb die Kongregation der *Schwestern vom armen Kindes Jesus* diese Liegenschaft mit dem Ziel, hier den schwächsten Gliedern unserer Gesellschaft, behinderten Kindern, Unterricht, Pflege und Heimat zu geben.[775]

Das Schulzentrum *„Maria Regina"* in der Hofzeile in Döbling ist heute weithin bekannt und wird von der Kongregation der *Schwestern vom armen Kinde Jesus* erhalten wie auch die Volksschule *„Maria Frieden"* in 1220 Wien, Hardeggasse 65. Der Einsatz für „das arme Kind" und das geistliche Zeugnis sind die Triebfedern der Schwestern geblieben. Im Jahre 2005 lebten und arbeiteten die *Schwestern vom armen Kinde Jesus* auf vier Erdteilen in 14 verschiedenen Ländern, wo arme und verwaiste Kinder Verständnis, Hilfe, Geduld und Liebe suchen.

774 Teil des 22. Wiener Gemeindebezirkes Donaustadt.

775 Von der Ordensleitung in Simpelveld in den Niederlanden wurde Sr. Clara Assumpta Niedermayer dazu bestimmt sich für die Führung einer Sonderschule ausbilden zu lassen.

Das Angerkloster in München wurde zum Stamm- und Mutterhaus der Kongregation der *Armen Schulschwestern Unserer Lieben Frau*. Von hier aus kam es zu weltweiter Verbreitung. Ihr apostolischer Dienst ist auf Erziehung und Unterricht ausgerichtet.[776] Bischof WITTMANN wollte seine geistlichen Töchter *Arme Schulschwestern* genannt wissen, weil

> *die Armut die Grundfarbe, die Schule die Hauptbestimmung und die Schwesternschaft die geistige Verbindung des neuen Institutes sein sollte.*

In Wien konzentrierte sich ihre Tätigkeit auf Kindergärten, Schulen, Internate und Pastoral. Die Kongregation der *Armen Schulschwestern Unserer Lieben Frau* ist derzeit Schulerhalter des Schulzentrums in der Friesgasse mit Volksschule, Kooperativer Mittelschule, Gymnasium und einer dreijährigen Handelsschule. 1997 arbeiteten weltweit in mehr als 30 Ländern der Erde etwa 5000 Schulschwestern in Kindergärten, Kinder- und Jugendheimen und allen Schultypen.

Die *Sacré Cœur-Schwestern vom Heiligsten Herzen Jesu* haben ihr Provinzialat in 1030 Wien, Rennweg 31A mit Volksschule und Gymnasium, die vom Institut Sacré Cœur der Erzdiözese Wien erhalten werden. Das große moderne Schulzentrum liegt in Pressbaum, im heutigen Niederösterreich, wo neben Volksschule und Gymnasium wie Realgymnasium auch eine Bildungsanstalt für Kindergartenpädagogik geführt wird. Der Schwesternorden machte sich die Ausbildung von Schülerinnen, Lehrerinnen und Frauen im Rahmen von Erwachsenenbildung zur Aufgabe und ist derzeit in Europa, Amerika und Afrika vertreten.

Drei Jahre nach der Gründung der *Töchter der göttlichen Liebe* hatte Mutter FRANZISKA LECHNER[777] 1871 bereits vier Marienanstalten[778] gegründet, aber sie wünschte sich auch ein Altersheim für „ausgediente" arme Dienstboten. So entstanden 1873 das Zufluchtshaus zum *„Hl. Josef"* und das Rekonvaleszentenheim *„Maria Hilf"* in Breitenfurt, denn auf ein soziales Netz für Krankheit und Alter

776 Vgl. VII.5.7.2.

777 Vgl. VII. 5.8.1.

778 Wien. Troppau, Brünn, Budapest.

mussten die Dienstboten noch lange warten. Die Ausbildung der Kandidatinnen, die in häuslichen und ökonomischen Arbeiten Verwendung finden sollten, wurde nach Breitenfurt verlegt.[779] Kardinal RAUSCHER besuchte oft die Marienanstalten, interessierte sich für die Herkunft der arbeitslosen Mädchen und für die Art und Weise, wie die Schwestern ihren Sozialdienst verstanden und ausübten. Nach dem Tod der Protektorin Erzherzogin MARIA ANNUNCIATA, bat Mutter FRANZISKA um eine Audienz beim Kaiser, um eine neue Wohltäterin zu erbitten. Einige Tage später kam die Nachricht, dass Kaiserin ELISABETH mit dem 31. Juli 1871 das Protektorat zu übernehmen gedenke.[780] Schon im Jahre 1875 zeigte sich, dass durch den Zuzug der Hilfe suchenden Mädchen und der wachsenden Schwesterngemeinschaft trotz Zubau von 1870 der Raum immer enger wurde. 1876 erfolgte vom Kaiser die Zusage, der Gesellschaft einen Anteil von der Staatslotterie zukommen zu lassen. Das bedeutete nicht weniger als 10 000 Gulden. Der Zubau, der das Haus in Richtung Jaquingasse verlängern sollte, konnte beginnen.[781]

Bildung und Ausbildung von Mädchen zählte im 19. Jahrhundert keinesfalls zu den Prioritäten der Verantwortlichen weder in der Monarchie noch in der Ersten Republik. So schöpften die Schwestern in der Mädchenbildung aus alten Traditionen der weiblichen Orden und waren im Sinn von Innovation und Suche nach sozialer Gerechtigkeit bestrebt, die Stellung der Frau durch verbesserten Zugang zur Bildung zu verändern. Mit dem ihr eigenen Weitblick hatte Mutter FRANZISKA schon Mitte der 70er Jahre begonnen, Postulantinnen an den k.k. Lehrerinnenbildungsanstalten in Troppau für das Lehramt in Deutsch, in Budapest bei den *Englischen Fräulein* für die ungarische und in Brünn für die deutsche und böhmische Sprache ausbilden zu lassen. Sobald also die wichtige Frage nach einer entsprechenden Anzahl von Lehramts geprüften Lehrkräften geklärt war, wurde eine eigene katholische Elementarschule eröff-

779 *Anonym.* 52.

780 *Mann.* Marienanstalt. 79.

781 *Anonym.* 59.

net.[782] Ein neues schulisches Konzept für die Marienanstalt war gegeben, als gutbürgerliche Eltern Mutter FRANZISKA baten, ein Unterrichtsangebot für schulentlassene Mädchen zu stellen: Fortbildung in Haushaltungskunde und weiblichen Handarbeiten. 1872 wurde als Fortbildungseinrichtung eine Sonntagsschule für Dienstmädchen errichtet, eine beliebte Sonderform des Bildungswesens im 19. Jahrhundert.[783]

Kardinal KUTSCHKER versprach die von Mutter FRANZISKA ausgearbeiteten und von Jesuitenpatres überdachten Regeln zu überprüfen. Nach der Zustimmung aller Bischöfe, in deren Diözesen die Gesellschaft ihre Wirksamkeit ausübte, konnte Mutter FRANZISKA das Gesuch bezüglich kirchlicher Anerkennung und Approbation der Regeln nach Rom senden. Nachdem 1884 die Anerkennung aus Rom eingetroffen war, konnte zum ersten Mal die Ablegung lebenslänglicher Gelübde stattfinden. Der 21. November 1884 war zu diesem Fest ausersehen und beim Hochamt, von Kardinal GANGLBAUER zelebriert, legten Mutter FRANZISKA und 40 Schwestern die Gelübde auf Lebensdauer ab. Als Beschützer ihrer Gesellschaft in Rom erbat sie sich von Papst LEO XIII. Kardinalstaatssekretär JAKOBINI.[784]

Als die Räume in der Fasangasse wieder zu eng wurden, fand sich ein geeignetes Haus mit Garten in der Johannesgasse 31.[785] Noviziat, Zöglingsheim und Volksschule übersiedelten in das neue Haus. Dieses *„Herz Marienkloster"* wurde 1885 von Kardinal GANGLBAUER eingeweiht.[786] An diesem Standort ist die Kongregation im Jahre 2006 Schulerhalter für Volksschule und Hauptschule/ Kooperative Mittelschule. Wiederholt hatte Mutter FRANZISKA den Plan erwähnt, ein neues Mutterhaus erwerben zu wollen, das den Bedürfnissen der wachsenden Schwesterngemeinschaft, deren Apostolatsaufga-

782 Genehmigung zur Errichtung einer Volksschule für schulpflichtige Mädchen und einer Wiederholungsschule für nicht mehr schulpflichtige Mädchen. Erlass vom 5. März 1879. In: *Mann,* Marienanstalt. 98.

783 *Mann,* Marienanstalt. 75.

784 *Anonym.* 115.

785 Heute XVIII. Bezirk, Lacknergasse 87.

786 *Kongregation der Töchter der Göttlichen Liebe.* Mutter Franziska Lechner. 1928. 55.

ben inhaltlich differenzierter und größer wurden, entspreche. Viele Jahre stand sie mit der Gemeinde Wien in Verhandlungen, um ein Grundstück für ein neues Mutterhaus zu erwerben. Da meldete sich plötzlich ein Herr und bot ihr sein Haus in der Jaquingasse[787] im III. Bezirk zu den denkbar besten Bedingungen an. Im September 1888 erwarb FRANZISKA LECHNER dieses Haus und die Weihe des neuen Hauses konnte bereits zur Feier des 20jährigen Bestehens der Gesellschaft 1888 vorgenommen werden.[788]

Auf Vermittlung der Tochter Kaiser FRANZ JOSEPHS, MARIE VALERIE, wurde der Kongregation ein 900 m^2 großer Grund, Teil des Botanischen Gartens, zum Bau einer Kirche übergeben. Die Kirche wurde in den Jahren 1890/91 erbaut, ihre Patronin ist die „Dreimal wunderbare Muttergottes". Der Hochaltar, eine Spende des Kaisers, trägt die kaiserlichen Wappen über dem Tabernakel.[789] Am 22. April 1891 begrüßten die Schwestern den Apostolischen Nuntius Erzbischof GALIMBERTI, der die Weihe vornehm.[790] Das „Neuigkeits-Welt-Blatt" vom 24. April 1891 hielt das große Ereignis auf der Titelseite im Bild fest: „Der Kaiser in der neuen Klosterkirche in der Jaquingasse!" Dieser Artikel in der Presse trug selbstverständlich zur Steigerung des Bekanntheitsgrades der Kongregation bei. Am 6. August 1891 erhielt die Kongregation die probeweise Approbation der Konstitutionen auf fünf Jahre.

Mutter FRANZISKA verstand es immer wieder hervorragend, die Öffentlichkeit auf ihre Kongregation aufmerksam zu machen. Bereits 1880 hatte sie anlässlich des Ansuchens um die päpstliche Approbation ihrer Ordensregel einen Bericht über die Tätigkeit

787 Benannt nach dem Arzt und Direktor des Botanischen Gartens unter Kaiserin Maria Theresia.

788 *Mohl.* 633.

789 Es war der Wunsch der Gründerin, dass die Kirche auch der Bevölkerung der umliegenden Gassen diene. 1939 wurde das Gotteshaus Pfarrkirche der „Mutter Gottes Pfarre" und das der Kongregation angehörende „Elisabethheim" in der Jaquingasee 53, 1905 errichtet, wurde Pfarrhof. In: 100 Jahre Mutterhaus-Kirche der Kongregation der Töchter der göttlichen Liebe, Wien Jaquingasse. 22.

790 Kardinal Gruscha hielt sich zu dieser Zeit in Rom auf. In: 100 Jahre Mutterhauskirche. 17.

der Gesellschaft verfasst. Diese ließ sie in 350facher Ausfertigung Behörden, weltlichen und geistlichen Förderern überbringen. Ein Hoffotograf wurde gebeten, die Räumlichkeiten und die Mädchen bei ihren verschiedenen Tätigkeiten zu zeigen. Mit diesen Bildern wurden „Tableaus“[791] gestaltet, um sie bei diversen Ausstellungen zu zeigen. Anlässlich der Ausstellung des Frauenerwerbsvereines in der Marienanstalt im Jahre 1900 wurde der Haushaltungsschule die Goldmedaille zuerkannt.[792] Die Öffentlichkeitsarbeit zeigte Erfolg, wieder musste man über eine Vergrößerung und Ausbau der Marienanstalt nachdenken. 1897 hatte Oberlandesgerichtsrat Adam Staudt 3 000 Gulden für den Umbau gespendet, die stattliche Summe von 16 000 Gulden erhielt die Kongregation 1901 vom Kaiser aus der Staatslotterie zugesprochen. Der Redakteur Koller von der Zeitung „Vaterland“, ein bewährter Freund des Hauses, gab den Rat einen „Hellerverein“ zu gründen. Als Zweck wurde *„die Erhaltung und Ausgestaltung des Klosters der Kongregation der Töchter der göttlichen Liebe*“ angegeben.

Mutter Franziska gelang es, die Fürstin Clementine Metternich-Sandor als Präsidentin des Damenbeirates zu gewinnen. Man veranstaltete verschiedene Feste, Vorträge und Ausstellungen. Redakteur Koller hatte auch die gute Idee von Sonntagsversammlungen für die bereits entlassenen Mädchen, wo sie Erinnerungen und Erfahrungen austauschen konnten. Diese Mädchen wollte man unter den Schutz des hl. Nährvaters Josef stellen. Die Statuten für den „St. Josefs-Verein“ wurden im September 1907 vom Ordinariat genehmigt.[793] Viele Gründungen in der Umgebung Wiens und innerhalb der Monarchie folgten. Stiftungen, wie zum Beispiel ein Kindergarten in Leopoldsdorf von Freifrau von Wiener-Welten, wünschten die *Töchter der göttlichen Liebe* zur Leitung.[794]

Wenn auch Mutter Franziskas erste Sorge den armen Dienstmädchen gegolten hatte, blieb sie ihrer Vorliebe für Erziehung und Un-

791 Tafeln mit Fotos.

792 *Mann*. 111.

793 19. September 1907. Z 9238 Erzbischöfliches Ordinariat. In: *Mann*, Marienanstalt. 123.

794 DOK Zl 7977 31.8.1893 und DOK Zl 11948 31.8.1899. *Anonym*. 1905. 174.

terricht doch ihr Leben lang treu. Grundsätzlich ist daher die Kongregation zu den Schulorden zu zählen, da die Ziele ihrer Tätigkeit auf den Bereich der Bildung hingeordnet waren. Bemerkenswert war auch Franziska Lechners Mitarbeit am Arbeiterinnenasyl von Adam Latschka.[795] Dieser zog als erster Priester in den Gemeinderat von Wien ein und setzte sich besonders für die Wohnungsprobleme von jungen Arbeiterinnen ein. 1908 wurde der Bau in der Fasangasse fertig gestellt, der voll Freude vielen hohen Persönlichkeiten vorgestellt wurde. Am 1. Februar 1909 waren es 40 Jahre, dass Franziska mit ihren Schwestern in die Marienanstalt eingezogen war. Von diesem Mutterhaus aus verbreitete sich die Kongregation über alle Kronländer Österreich-Ungarn. In der Marienanstalt wurden in dieser Zeit 53 180 Dienst suchende Mädchen verpflegt und beherbergt, 3357 Zöglinge und Waisen unterrichtet.[796]

Ein geistiger Blumenstrauß in Gedichtform mit Blumennamen, die den Inhalt symbolisierten, wurde Mutter Franziska 1893 zu ihrem Silbernen Ordens- und Amtsjubiläum überreicht, das zugleich 25jähriges Jubiläum der Kongregation war.

> *Die Gründung der Gesellschaft und der Marienanstalt in Wien mit „Rosen", die erste Einkleidung und Profess, die erste hl. Messe mit „Lilien",das Protektorat von Maria Annunciata und Kaiserin Elisabeth mit „Rosmarin", „Immortellen" für den Besuch der Kaiserin, „Efeuranken" für die Gründung der Filialen, „Sonnenblumen" für das Belobigungsdekret des Papstes sowie „Edelweiß und Kaiserkron" für Ablegung der lebenslangen Gelübde, das neue Mutterhaus und Kirche in Anwesenheit des Kaisers.*[797]

1969 ergänzte ein Provinzdirektorium die neuen Konstitutionen, um die nötige Anpassung, die vom 2. Vatikanischen Konzil gewünscht wurde, sicher zu stellen, eine neue Kopfbedeckung, und ein neu-

795 Adam Latschka 1847-1905, Priester und „Sozialapostel". Als Pfarrer von Ottakring setzte er sich gegen die Verwahrlosung junger Menschen ein. Er stiftete ein Mädchenasylhaus und gründete den „Verein der katholischen Arbeiterinnen." In diesen Einrichtungen sollte Mutter Franziska die Leitung übernehmen.

796 *Mann*. Marienanstalt. 132.

797 *Anonym*. 191.

es Ordenskleid wurde vom Generalkapitel beschlossen. Drei Jahre später kam es zur Einbindung der *Töchter der göttlichen Liebe* in den Vorstand des Institutes Sacré Cœur: „*Die Schulen der Marienanstalt und des Sacré Cœur werden zusammen ein großes Schulzentrum bilden*". Ihren multireligiösen Charakter hat die Schule weiter entfaltet. Jugendliche mit 14 verschiedenen Religionsbekenntnissen leben, lernen und feiern hier gemeinsam. Von Kardinal John Henry Newman stammt der Ausspruch: „*Die Gesellschaft wird morgen sein, was Schule heute ist*".[798]

„*Alles für Gott, das Kloster und die Armen*" ist auch heute noch das Motto dieser Ordensschwestern. So ist es für Schwester Laurentin, heuer 90 Jahre alt, selbstverständlich, dass sie Punkt 11 Uhr an der Pforte steht und ein Mittagessen an Bedürftige und Obdachlose ausgibt, seit 30 Jahren Tag für Tag.[799]

Nachdem die *Barmherzigen Schwestern vom hl. Kreuz* in Oberösterreich im Jahre 1866 mit dem Bau eines Mutterhauses in Linz Fuß gefasst hatten, dehnten sie ihren Wirkungskreis schnell aus. Die Nachfrage nach ihren Diensten war groß. Wohltätige Vereine und Stiftungen, vermögende Einzelpersonen, die Mittel für soziale Dienste zur Verfügung stellten, kirchliche Institutionen, zunehmend aber auch öffentliche Einrichtungen der Fürsorge, selbst Landesanstalten wünschten die Schwestern für die Armen-, Alten- und Krankenpflege, für die Betreuung von Behinderten sowie für Erziehung und Unterricht der Kinder. In ihrer Chronik haben die Kreuzschwestern über alle Erweiterungen genau berichtet: 1869 wurde in Favoriten, Ordensgasse, eine Arbeitsschule eingerichtet, später ein Kindergarten,[800] 1873 eine Industrieschule angeschlossen. Eine fünfte Schwester wurde als Handarbeitslehrerin berufen, 1875 kamen zwei weitere Schwestern dazu. Ein kleiner Raum wurde als Hauskapelle eingerichtet und von Weihbischof Godfried Marschall[801] geweiht. Dieser blieb viele Jahre ein priesterlicher Freund und Gönner.

798 *Mann*, Marienanstalt. 224.

799 Bäcker Oskar Strauss steht ihr zur Seite.

800 DOK PAL 644-647.

801 Erzieher der Erzherzöge Ferdinand und Otto.

Franziska, Fürstin von und zu Liechtenstein gründete 1869 in Meidling, später XII., eine Kinderbewahranstalt, die von zwei Kreuzschwestern übernommen wurde. Nachdem einige Vorurteile der Bevölkerung gegen die neue und dazu von Klosterfrauen geleitete Kinderbewahranstalt beseitigt werden konnten, stieg die Zahl der Kinder bald auf hundert. 1871 wurde eine dritte Schwester berufen. Nach Aufstockung des Kindertraktes konnten 200 Kinder von sieben Schwestern betreut werden.[802]

Das Niederlassungsrecht in Österreich wurde den Kreuzschwestern im Jahre 1875 zuerkannt. Im Mai 1877 wurden sie von Therese Prinzessin von und zu Liechtenstein zur Privatkrankenpflege ins „Marienheim“ in Meidling, Murlingergasse 71/73 berufen. Die Prinzessin wollte einen Versuch mit ambulanter Krankenpflege machen. Dieser Dienst wurde grundsätzlich nur bei armen Familien übernommen, denn „Elend und Not gab es im Übermaß“.[803]

Die Übernahme des Städtischen Waisenhauses in Meidling, Vierthalerstraße 15 erfolgte 1882,[804] später ein Asylheim für Kinder armer Taglöhner. Es folgte die Übergabe der Leitung einer Arbeitsschule mit 177 Kindern auf der Wieden, 1883 die der Lehr- und Erziehungsanstalt „*St. Josef*“ im XIV. Bezirk, Breitenseerstraße 31, 1887 das „*Liebfrauenheim*“ in Hietzing XIII., Trautmannsdorfferstraße 15 mit Kindergarten, Arbeitsschule und Bewahranstalt. Es bedurfte einer außerordentlich straffen und sorgfältigen Organisation, um alle Anstalten und Filialen bestens zu betreuen.

Einige wohlhabende Bürger Wiens hatten 1879 ein „Haus auf freiem Felde“ gekauft und brachten zehn Mädchen und Knaben aus der Findelanstalt zu den *Kreuzschwestern* mit der Bitte um Betreuung der armen Kinder. Unter dem Protektorat der Fürstin Wilhelmine von Auersperg und der Fürsorge von Prälat Godfried Marschall konnte schließlich ein Asyl für fünfzig Kinder und eine kleine Kapelle geschaffen werden. Durch ein Vermächtnis des Wiener Apothekers Josef Fuchs war es möglich, die Schulden für den Erweite-

802 DOK 632.

803 DOK 165-174, PAL G/PR I/2.

804 DOK 639. Gestiftet zur Vermählung von Erzherzogin Gisela und Prinz Leopold von Bayern.

rungsbau zu tilgen. Die Volksschule wurde auf fünf Klassen aufgestockt und eine erste Klasse der Bürgerschule eingerichtet. Ab 1903 führte die Anstalt mit Kindergarten, Volks- und Bürgerschule mit Öffentlichkeitsrecht,[805] den Titel *„St. Josefinum."* 1890 wurde Meidling der Residenzstadt Wien als XII. Gemeindebezirk einverleibt und das Weiterwirken der *Kreuzschwestern* war in Frage gestellt. Die Schwestern sahen sich durch den Akt der Eingemeindung einer neuen Behörde gegenübergestellt, die ihnen keineswegs wohlgesinnt war. Das Heim der Schwestern übersiedelte in die Murlingergasse, aber die Arbeit im Kindergarten blieb in den Händen der geistlichen Schwestern. Als „30 Jahre Anstalt" gefeiert werden sollte, wandte sich die Oberin Sr. Stefanie Baumgartner an Karl Lueger, damals schon Bürgermeister von Wien, und erreichte, dass notwendige Reparaturen durchgeführt und eine neue WC-Anlage gebaut wurde.

Karl Lueger blieb ein Freund und Gönner der Kongregation und drückte stets seine Anerkennung über ihre Arbeit aus.

Im Jahre 1900 wurde der Schwesterngemeinschaft das Nachbarhaus Murlingergasse 35 zu einem günstigen Preis angeboten. Diese Gelegenheit konnte man nicht ungenützt verstreichen lassen. Mutter Stefanie ließ sich von Geldnöten nicht abhalten, dank vieler Wohltäter kam es 1905 zur feierlichen Einweihung des neuen Klosters. Im Dezember 1903 wurden auf Beschluss des Wiener Gemeinderates sechs *Kreuzschwestern* zur Leitung des städtischen Waisenhauses in der Kaiserstraße berufen. Neben ihren pflegerischen Tätigkeiten rief man die *Barmherzigen Schwestern vom hl. Kreuz* in Anstalten für körperlich und geistig Behinderte, in Irrenhäuser und Gefängnisse.

Franziska Gräfin von Auersperg legierte 1902 zugunsten der Gemeinde Wien 160 000 Kronen für wohltätige Zwecke. Ihr Mann folgte ihrem Beispiel und überließ der Stadt Wien eine Realität in Döbling zu Zwecken eines Mädchenwaisenhauses.[806] So konnten die Schwestern 1904 auf die Hohe Warte im XIX. Bezirk übersiedeln. Zwei Mädchen kamen als Hilfe dazu um 300 Kinder zu versorgen.[807] Von der Gemeinde adaptiert und ausgestattet wurde dieses Haus zu

805 Unterricht von staatlich geprüften Lehrkräften.

806 Schenkungsurkunde 1903.

807 DOK 637 a PAL G/PR.

einem „Vorzeigebeispiel" eines städtischen Waisenhauses der Gemeinde Wien.[808] Es scheint fast unglaublich, dass es 1909 möglich war, mit Hilfe von Wohltätern und Zuschüssen der Gemeinde Wien, 600 (!) Kinder unentgeltlich in einem Kindergarten, der von 12 Schwestern geführt wurde,. zu betreuen und zu verköstigen.[809]

„Ganz dem Gekreuzigten, darum ganz dem Nächsten: der Liebe Christi Stellvertreterin". Diese Worte enthalten das Programm der *Kreuzschwestern* und stehen auf der Grabplatte von vier jungen Schwestern, die in Rom bei der Pflege von Typhuskranken Opfer ihres Berufes geworden waren. Als Mutter Maria Theresia 1888 starb, gehörten 92 Armenanstalten, 82 Schulen, 20 Waisenhäuser, 64 Spitäler und 85 Stationen für Privatkrankenpflege sowie 23 Kinderheime der Kongregation an. Eine kaum fassbare Leistung.[810]

Trotz großer Anfangsschwierigkeiten entwickelte sich die Kongregation der *Barmherzigen Schwestern vom hl. Kreuz* zu einem bedeutenden Schulorden des Landes und diente in einer zunehmend pluralistischen Gesellschaft nicht nur den Interessen der Kinder, sondern auch dem Recht der Eltern auf eine entsprechende Erziehung ihrer Kinder. Das Provinzmutterhaus für Wien und Niederösterreich in Laxenburg wurde 1913 übernommen und eingerichtet.[811] Der „Traum" P. Theodosius Florentinis von Schwestern, die keinen Bereich der Nächstenliebe ausschließen, war Wirklichkeit geworden. Die *Kreuzschwestern* waren ein Teil der großen Frauenbewegungen des 19. Jahrhunderts.

Im Juli 2005 feierte Kardinal Christoph Schönborn mit den *Barmherzigen Schwestern vom hl. Kreuz* in der Murlingergasse Wien 12., ihr „100 Jahre Fest". Im Kloster ist derzeit ein Kindergarten untergebracht, der für seine multilinguale Kinderschar bekannt ist.[812]

808 DOK 664-667.

809 DOK 637 c.

810 Spenger-Viol. 158.

811 Das Mediations- und Gemeinschaftszentrum „Ort der Mitte" wird als Bildungshaus geführt. Verkauft 2007. Dem Provinzmutterhaus ist ein Alters- und Pflegeheim, das 1970/72 erbaute „Haus Elisabeth", angeschlossen.

812 „Der Sonntag" vom 17.7.2005. IV.

Nach der Gründung der Schule der *Dominikanerinnen* im Jahre 1874 in Hütteldorf-Hacking wurde 1885/86 die Klosterkirche erbaut, während der Schulausbau erst 1897 beendet werden konnte. Es entstand ein Pensionat mit Privat-, Volks- und Bürgerschule mit Fortbildungskursen für Mädchen. Diese fühlten sich wohl und erzielten gute Schulerfolge. Das Areal des Klosters wurde allmählich vergrößert, und 1913 in der Auhofstraße im XIII. Bezirk eine Haushaltungsschule eröffnet. Über die Jahre der Gründung schrieb die Priorin M. Dominika Lipesik 1925 an Leopold Krebs:

> *In hingebungsvoller Weise (...) arbeiteten und wirkten die Schwestern für das geistige und leibliche Wohl der Jugend. (...) der Konvent war eine Wohlfahrtsanstalt im wahrsten Sinn des Wortes. Die Schülerinnen kamen aus dem Mittelstand, der oft schwer mit der Not des Lebens rang (...) Die Schwestern gewährten Schulgeldermäßigungen und -befreiungen, erzogen, verpflegten und ernährten kostenlos viele Zöglinge. Viele Arme kamen täglich an die Klosterpforte und sie gingen nie unbeschenkt von dannen.*[813]

1938 kam es auch hier durch den Einbruch des Nationalsozialismus zu einer zwangsläufigen Schließung der katholischen Privatschule. Die jüngeren Schwestern mussten das Kloster verlassen, in der Landwirtschaft arbeiten oder im Lazarett Dienst leisten. Das Schulgebäude wurde beschlagnahmt. Im Oktober 1945 konnte das Haus seine Tore wieder öffnen, die Schule wurde erweitert und modernisiert. 60 Jahre später besteht das große Schulzentrum der *Dominikanerinnen* aus Kindergarten, Volksschule, Hauptschule/ Kooperative Mittelschule, Gymnasium und Wirtschaftskundliches Realgymnasium sowie einer dreijährigen Fachschule für wirtschaftliche Berufe und wird vom Konvent der Dominikanerinnen erhalten. Neben dem Schuldienst sind die Schwestern in der Glaubensverkündigung und der Seelsorge tätig.

Im Jahre 1879 konnten die *Dienerinnen des heiligsten Herzen Jesu* in das erste eigene Heim am Rennweg III., übersiedeln, das zum Provinzialhaus in Österreich wurde. Die Kongregation der *Dienerinnen des heiligsten Herzen Jesu* war der erste Orden, der seine Schwestern in ein öffentliches Krankenhaus entsandte.

813 *Krebs*. 101.

Bereits 1891 standen fünf größere Spitäler[814] und ein Greisenasyl unter der Leitung der *Herz Jesu Schwestern*, wie sie allgemein genannt wurden. Allein im *Rudolfspital* waren 62 Schwestern tätig, welche jährlich über 5000 Kranke pflegten, dazu kam die Privatpflege durch 22 Schwestern.

Im Jahre 1872 stiftete Adolf Ignaz Mautner und seine Ehefrau der Bezirksvertretung Landstraße einen Betrag von 150 000 Gulden zur Erbauung eines Kinderspitals, das arme Kinder ohne Rücksicht auf deren Konfession aufnehmen sollte. Die zehn Kinder des Ehepaares erklärten sich bereit, je 6000 Gulden zur Verfügung zu stellen. Ein Geschenk von drei Parzellen in der Kleingasse war als Baugrund gedacht. Die Familie Mautner finanzierte auch die Betten sowie die nötige Spitalswäsche. So konnte das „*Kronprinz Rudolf Kinderspital*“ am 1. Juli 1875 eingeweiht und am 20. September in Betrieb genommen werden. Die *Herz Jesu Schwestern* übernahmen auch die Krankenpflege im „*St. Anna Kinderspital*“ in der Alservorstadt, IX. Bezirk.[815] Ein neues Wirkungsfeld fanden sie im „*Epidemiespital*“ in der Triesterstraße.

1883 stiftete Baronesse Hedwig Malfatti das „*St. Josef Greisenasyl*“ in Unter St. Veit. Ein Prospekt der Hausordnung gibt Einblick in die Verhältnisse eines Altenheimes zu dieser Zeit.[816]

Dokumente beweisen die Schwierigkeiten der Anerkennung der Kongregation.[817] Ein Dokument von 1874 bestätigt, dass die *Dienerinnen des heiligsten Herzens Jesu* 1873 in das k.k. Rudolfspital berufen wurden, zur Zeit 36 Schwestern mit der Krankenhauspflege beschäftigt, die Leitung des Krankenhauses mit der Leistung der Schwestern zufrieden seien und drückt die Bitte der Oberin um Anerkennung der Kongregation aus. Die Antwort lautete, dass es erst nach der Errichtung eines Mutterhauses zu Verhandlungen

814 Rudolfspital 1873-1966, Kronprinz Rudolf Kinderspital 1875-1888, St. Anna Kinderspital 1877-1938, Wiedner Krankenhaus 1888-1945, Franz Josef Spital 1889-1982.

815 Dr. Ludwig Wilhelm Mautner gründete das erste Kinderspital Österreichs auf dem Schottenfeld. 1848 entstand ein Neubau mit 120 Betten und es erfolgte die Übersiedlung in die Kinderspitalgasse 6.

816 Diözesanarchiv Wien, Prospekt mit Hausordnung.

817 DOK 21.10.1874. Ansuchen an das Fürst-Erzbischöfliche Ordinariat.

über einen definitiven Bestand der Genossenschaft in Wien kommen könne.[818]

So wurde 1886 der „Himmelhof" in Ober St. Veit gekauft, um ein Provinzialmutterhaus zu bauen. Durch die weite Entfernung von der Stadt erwies sich der Standort aber bald als ungeeignet. Erst 1890 konnte ein passendes Tauschobjekt gefunden und ein neues Mutterhaus gebaut werden. Diese Bedingung der Anerkennung war somit erfüllt. Aber mit dem Dokument vom 26. Juli 1890 Z 5831 wird abermals die genaue Zahl der Schwestern in den drei öffentlichen Krankenhäusern mit Bestätigung ihrer Leistungen durch die Anstaltsleitung sowie der Nachweis der österreichischen Staatsbürgerschaft der Provinzoberin Flora Niehssen und der Ausweis des jährlichen Ertrages aus der Privatkrankenpflege eingefordert. Ein Bericht an das Ordinariat über Gründung, Berufung nach Wien, Zahl der Schwestern u.s.w.[819] brachte endlich die ersehnte Anerkennung. Am 29. Mai 1893, zwanzig Jahre nach ihrer Berufung nach Wien, kam die Zusage der definitiven Einführung der Kongregation.[820]

Unter der Generaloberin Flora Niessen wurde die österreichische Provinz dann von Kardinal Gruscha[821] als selbstständig erklärt. In den Jahren 1893-1897 konnten noch zwei Handarbeitsschulen und zwei Kindergärten errichtet werden. Im Inquisitionsspital im Landesgericht wurde die Krankenpflege übernommen, ebenso im neu erbauten Kinderpavillon des *„Kaiser Franz Josef Spitals"*, X. Bezirk, der 1906 eröffnet wurde.[822] Im Jahre 1899 wurde ein Haus in Hütteldorf als Erholungsort für die „Urlaubsschwestern" der Spitäler angekauft. Die neuromanische Klosterkirche wurde in den Jahren 1904/1906 gebaut, sie trägt den Namen *„Herz Jesu Kirche"* und ist angeschlossen an das Kloster, wo Ignaz Seipel während seiner Amtszeit als Bundeskanzler wohnte. Ab 1873 waren die geistlichen Schwestern mit dem Rudolfspital verbunden, ob es nun als Pocken-, als Choleraspital, als Infektionskrankenhaus oder als Militärlazarett

818 DOK 3.3. 1875, Z 3432.

819 DOK 20.6.1891, Z. 13885.

820 DOK 29.5.1893, Z 4987, Zusage der definitiven Einführung.

821 Vgl. IX.1.2. Die Erzbischöfe von Wien.

822 *Dienerinnen des heiligsten Herzen Jesu*, Geschichte. 224.

Verwendung fand. Zeitweilig waren bis zu 160 Ordensschwestern in diesem Spital beschäftigt. Manche von ihnen hatten praktisch ihr ganzes Leben dort verbracht. Von den insgesamt 350 Schwestern sind nicht weniger als 86 im Dienst gestorben. Im Jahre 1965 hieß es Abschied nehmen. Es gab nur mehr 61 geistliche Schwestern im Rudolfspital, die meisten älter als 65 Jahre.

Nach der Errichtung des „*Greisenasyl*" in Wien XVIII. in der Gentzgasse 1877 durch die Kongregation der *Schwestern vom hl. Karl Borromäus,* entstand 10 Jahre später an der Peripherie von Wien ein neue Niederlassung in Rodaun. Durch eine Schenkung erhielt die Schwesterngemeinschaft ein Gebäude in der Haselbrunnerstraße 7 im heutigen XXIII. Bezirk, in welchem eine Arbeitsschule und ein Kindergarten untergebracht wurden.[823] Derzeit ist der Kindergarten mit dem „*Marienheim*", eingerichtet als Pflegeheim für alte Schwestern, durch einen parkähnlichen Garten verbunden. Die Aufgabe dieser *Barmherzigen Schwestern* war, ist und wird immer darauf ausgerichtet sein, kranken, armen und verlassenen Menschen zu helfen und die Jugend zu erziehen. Niederlassungen finden sich heute in Europa, Ägypten, Israel und Tansania.

Im März 1894 wurde Mutter CYRILLA zur Direktorin der nun vollständig ausgebauten Privat- Volks- und Bürgerschule von „*Notre Dame de Sion*" bestellt. Es war eine eher stille und doch fortschreitende Entwicklung, in der sich die Anstalt der Wiener Niederlassung entfaltete. Auch hier brachte die Kriegserklärung zum ersten Weltkrieg eine Zäsur, waren doch wie in den meisten Häusern der *Sion-Schwestern* so auch im Wiener Haus, Schwestern verschiedener Nationalität vereint. Die Schwierigkeiten im eigenen Haus konnte Mutter CYRILLA gering halten, aber dann fingen die verschiedenen Behörden an, sich mit den „Ausländerinnen" zu beschäftigen. Viele Kontrollen folgten und endeten erst, als die französischen Schwestern und die serbischen Zöglinge in die Heimat abreisten. Von Seiten der Schulbehörde bestand „Spionageverdacht" und der Direktor musste sein Amt niederlegen. Dr. HLAWATI, k.k. Hofkaplan und Hofburgpfarrvikar erklärte sich bereit den Posten zu übernehmen. Am

823 1959 erfolgte ein Neubau für den Kindergarten, der sich bis heute großer Beliebtheit erfreut.

28. Oktober 1999 feierte die Diözesan-Volksschule „*Notre Dame de Sion*" in der Burggasse mit einem Festgottesdienst und Festakt ihre 110 Jahre Feier.[824]

Die ersten Jahre nach ihrer Ankunft in Wien verbrachten die *Schwestern der schmerzhaften Mutter* mit der Pflege von Kranken. Den Unterhalt verdienten sie sich mit Waschen der Kirchenwäsche und durch Almosensammeln. Die Intention, tätige Nächstenliebe und ein kontemplatives Leben zu verbinden, führte der jungen Gemeinschaft immer wieder neue Mitglieder zu. Zwei Häuser entstanden in Wien-Simmering, wo sich die Schwestern besonders der Pflege skrofulöser[825] und rachitischer Kinder widmeten. Von 1894-1899 leiteten die *Schwestern von der schmerzhaften Mutter* das Maria Theresia Krankenhaus für Frauen. In letzter Zeit verstärkt der Orden seine Mission vor allem in Amerika.[826]

Zwanzig Jahre nach der Ordensgründung 1872 in Frankreich (Troyes) sandte Mutter Franziska Salesia *Schwestern Oblatinnen des hl. Franz von Sales* in alle Welt, nach Südafrika und Lateinamerika, in die Schweiz, nach Österreich, Italien und England, später nach Deutschland und USA. Zu Beginn des 20. Jahrhunderts erlebte die Kongregation einen Rückschlag. Durch Gesetze der religionsfeindlichen Regierung in Frankreich wurden 1903 an einem Tag 23 Häuser geschlossen. Mutter Franziska Salesia musste das Mutterhaus 1904 nach Perugia in Italien verlegen. Nur wenige Schwestern blieben in Frankreich, um wenigstens einen Teil der Arbeiterinnenwerke und Schulen zu retten.

In Wien wurde das Haus für französische Erzieherinnen bei österreichischen Adelsfamilien 1898 eröffnet. Das „*Home française*" in der Schenkenstraße im 1. Bezirk blieb das Heim der Schwestern bis zur Übersiedlung in das Haus „*St. Genoveva*" im Jahre 1905. Die offizielle Zustimmung zur Niederlassung hatten 1903 vier Schwestern erhalten, 1904 wurde der Bau in der Schönbornstraße VIII., begonnen. „*Gute Menschen haben uns durch schwere Jahre immer wieder unterstützt*", berichteten die Schwestern. Nach dem Charisma

824 Wiener Kirchenzeitung vom 7.11.1999.

825 Haut- und Lymphknotenerkrankung.

826 *Koller* Sr. M. Carmeline, Franziskanische Vision. Straßburg 2004.

des hl. Franz von Sales sollten Kontemplation und Aktion verbunden werden im „Hier und jetzt".

Die apostolische Sendung der *Schwestern von Sancta Christiana* rief sie in die ganze Welt und brachte Einsatz in jeglichem Dienst, besonders in Erziehungsaufgaben jeder Art, Kranken- und Altenpflege vor allem in den Entwicklungsländern.[827] Die Schulanstalt in Rodaun im XXIII. Bezirk umfasst eine private kooperative Mittelschule/Hauptschule mit Öffentlichkeitsrecht unter Berücksichtigung individueller Interessen und Begabungen. Am selben Standpunkt sind eine Volksschule und eine Fachschule für wirtschaftliche Berufe mit einem Aufbaulehrgang in Schwerpunkt Medieninformatik untergebracht.

Die Krankenpflege der *Salvatorianerinnen* begann 1899 im „*Maria Theresien Frauenhospital*" in der Feldgasse, im VIII. Wiener Gemeindebezirk. Adelige Damen hatten diese Stiftung 1872 ins Leben gerufen, und im November 1899 trafen sieben Schwestern der Kongregation im Alter zwischen 23 bis 31 Jahren in Wien ein. Im Jahre 1914 wurde das Spital vergrößert und 1939 von der Gemeinde Wien übernommen. Die Pflege blieb in den Händen der geistlichen Schwestern. Erst 1947 verließen die *Salvatorianerinnen* dieses Spital, um im ordenseigenen Krankenhaus „*St. Josef*" in Hütteldorf-Hacking zu arbeiten.[828]

Zur Arbeit in der Kindertagesstätte in der Schüttaustraße 56 in Kaisermühlen, 1904 begonnen, kam bald ambulante Krankenpflege dazu. In dieser „*St. Josef Kinderschutzstation*" wurden die Kinder verköstigt und blieben bis 18 Uhr unter der Aussicht der Schwestern. Das Haus wurde bald zu klein. Daher brachten die Schwestern den Hort „*Frohe Kindheit*" in Baracken in der Weissau unter. Diese waren nur notdürftig eingerichtet, das Essen sehr einfach und vielfach von den Schwestern bei wohltätigen Menschen erbettelt, um den Hunger der Kinder zu stillen.[829] Im Laufe der Zeit wurden ein Kindergarten

827 *Sessing*. 164.

828 1930 kaufte die Kongregation das ehemalige Sanatorium Rosenthal in Wien/Hacking.

829 *Schwestern Salvatorianerinnen (Hg.)*, Salvatorianerinnen in Wien-Kaisermühlen. Wien 1984. 190.

und eine Schule mit Internat sowie ein Hort für die Nachmittagsbetreuung errichtet, um eine gezielte und ganzheitliche Ausbildung und Betreuung zu ermöglichen. In den Jahren 1907-1914 wurde ein katholisches Arbeiterinnenheim in der Pramergasse 9 im IX. Bezirk eingerichtet und ein „*Grundarmenhaus*" in 1020 Wien, Im Werd 19 in den Jahren 1907-1918. Mit der Betreuung taubstummer Kinder und Waisen wurde 1913 im Waisenhospital in Wien-Speising ein neuer Weg beschritten.[830] In den 50er Jahren des 20. Jahrhunderts erwarb die Kongregation der *Salvatorianerinnen* die Villa Waldfried in Pitten bei Wiener Neustadt, wo mit der Zeit ein großzügiges Genesungs-, Wohn- und Pflegeheim entstand.

Den Bau der neuen Salvatorschule in Kaisermühlen 1968 verdankt die Kongregation Kardinal Franz König: Die Erzdiözese gewährte ein langfristiges Darlehen. Das Jubiläumsfest „*100 Jahre Salvatorianerinnen in Kaisermühlen*" im Jahre 2004 zeigte eine große moderne Schule, deren Angebote von der wachsenden Bevölkerung im Stadtteil über der Donau gerne angenommen werden. Das Fest wurde mit einem Tag der offenen Tür, einem Vortrag und mit der Ausstellung „*Von der Hungerinsel zur Donaucity*" bereichert.[831]

Die Schwesterngemeinschaft *Caritas Socialis* übernahm nach ihrer Gründung 1919 durch Hildegard Burjan eine Reihe von Fürsorge- und Gefährdetenheime, einige Stützpunkte der Bahnhofsmission, Unterkunftsstellen und Heime für obdachlose Frauen sowie psychopathische Kinder, die Sorge für Familien wie Altenpflege in Österreich und Deutschland. Das Haus in der Pramergasse auf dem Alsergrund wurde vom Verein der christlichen Arbeiterinnen übernommen, wo sich noch heute die Generalleitung der *Caritas Socialis* befindet. Zehn Jahre nach der Gründung der Schwesterngemeinschaft, ergab sich die Gelegenheit das so genannte „Mackschlößl"[832] in der Mackgasse in Kalksburg im XXIII. Bezirk günstig zu erwerben.

830 *Musick* Sr. Ulrike, Auflistung der Niederlassungen der österreichischen Provinz der Salvatorianerinnen.

831 Auf Einladung der Provinzoberin Sr. Patricia Erber konnte die Verfasserin an diesem Fest teilnehmen.

832 Franz Edler von Mack kaufte 1790 von der K.K. Staatsgüteradministration die ehemaligen Jesuitenherrschaften Mauer und Kalksburg und erbaute die Pfarrkirche von Kalksburg in den Jahren 1793-1801. Das „Schlössl", das mit der Kir-

In der Anfangszeit der Kommunität, zwischen 1920-1930, wuchs die Zahl der internen Schwestern erfreulicherweise stark an. Wer an einer anderen Form der Zugehörigkeit interessiert war, konnte sich in dem Verein „*Soziale Hilfe*" haupt- oder ehrenamtlich engagieren. So haben sich bis zum heutigen Tag in der *Caritas Socialis* folgende Formen entwickelt: die Schwestern als Kerngruppe versprechen Armut, Ehelosigkeit und Gehorsam nach dem Evangelium Christi. Sie leben in Gemeinschaften und sind für die nötigen sozialen Einsätze verfügbar. Wer die säkulare Form der Zugehörigkeit wählt, verbleibt in seinem Beruf und Umfeld und verwirklicht dort den Gedanken der *Caritas Socialis*, ebenfalls ehelos, bescheiden und verfügbar für den Willen Gottes zu leben.

2. GRÜNDE FÜR DAS WACHSTUM DER SCHWESTERN-GEMEINSCHAFTEN

Das erstaunliche Wachstum der Schwesterngemeinschaften wird als geschichtliches Phänomen gewertet, denn in keiner geschichtlichen Epoche vorher haben Ordensschwestern, primär als Kranken- und Schulschwester, das Bild der Kirche in diesem Ausmaß geprägt. Das rapide Wachstum war einerseits eine von „unten gewachsene" christliche Antwort auf die Herausforderung der sozialen Not, andererseits in Zusammenhang stehend mit dem generellen Aufbruch des Katholizismus im 19. Jahrhundert und parallel laufend zur katholischen Erneuerung. Den Erfordernissen der Zeit und der Umwelt entsprechend, erfolgten diese Gründungen mit sozial-caritativen Aufgabenstellungen und festigten die Rolle der Frau in der Kirche.

Die Weichen zu diesem Wachstum der Schwesterngemeinschaften wurden in der ersten Hälfte des 19. Jahrhunderts gestellt. Zunächst erfolgte die Einwanderung von Kongregationen aus Frankreich, später aus Deutschland, und in einem zweiten Schritt setzte dann Mitte des Jahrhunderts eine Welle eigenständiger Gründungen ein. Die deutschsprachigen Länder wurden mit einem dichten Netz von Niederlassungen überzogen. Die Schwestern waren meist

che durch Schwibbögen verbunden war, ließ er bauen, weil seine Frau leidend war und die Stufen vom Kirchenplatz zur Kirche nicht hinaufgehen konnte.

gleichzeitig für Krankenpflege, Siechen- und Waisenfürsorge tätig, eine Spezialisierung erfolgte erst später. Wo geistliche Schwestern die Betreuung eines Hospitals übernahmen, bedeutete dies einen qualitativen Sprung in der Pflegeleistung. Obwohl die Schwestern noch keine formalisierte Berufsausbildung erhielten, wurden die Novizinnen von älteren Mitschwestern gut angelernt. Die ambulante und stationäre Krankenpflege blieb bis in das letzte Drittel des 19. Jahrhunderts eine Domäne der unentgeltlich arbeitenden Ordensschwestern.[833]

Aus der ursprünglichen Hinwendung zu den Armen erwuchsen Antriebskraft und Bereitschaft, um alle möglichen Formen von Elend zu bekämpfen. Voraussetzung für die rasche Ausbreitung waren auch die zahlreich entstehenden caritativen Einrichtungen, die Spezialisierung vieler Gründungen in Sonderbereichen der Wohlfahrtspflege und schließlich die Möglichkeit zur Selbstentfaltung, die Kongregationen den Töchtern kinderreichen Familien boten. Zu den Gründen für den Erfolg der Kongregationen scheinen vor allem drei Faktoren auf:

- die Anpassungsfähigkeit der Lebensform der Schwestern,
- die Nachhaltigkeit, mit der die Mitglieder der Kongregationen auf die Bedürfnisse der Bevölkerung antworteten und
- zuletzt die Geschicklichkeit, mit der die Leitungspersönlichkeiten die neu entstandenen Beziehungen zwischen Stadt und Land zu nutzen wussten. Begabungen, die durch die wachsende Bildung der Landbevölkerung hervortraten, wurden erkannt, Landmädchen erhielten Ausbildung und sozialen Schutz in Alter und Krankheit. Arbeitsame Hände waren gefragt, um die Kongregationen wachsen zu lassen. [834]

Gemeinsamer geschichtlicher Hintergrund dieser Gemeinschaften war, dass sie auf vielerlei Arten die religiöse Antwort auf die Soziale Frage im weitesten Sinne darstellten. Man dachte zuerst nicht an ein Ordensleben, im Vordergrund stand die Not der Kinder, die Not der Armen, der Kranken und der Notleidenden.

833 *Gatz* Erwin, Caritas und soziale Dienste. 105

834 *Altermatt* Urs, Katholizismus und Moderne. Zürich 1989. 123.

Erst durch die Erfahrung des gemeinsamen Lebens und dem Streben nach kirchlicher Bestätigung wuchs der Wunsch eine geeignete Form für ihre Gemeinschaft zu finden. Das Leben als Ordensgemeinschaft schien sich als der Weg zu zeigen, wo die von Gott Gerufenen und nach Vollkommenheit Strebenden ihren Platz hatten. Die Schwestern wollten „richtige Ordensfrauen" sein.[835] Man knüpfte an das Ordensleben vor der französischen Revolution an und konservative Formen festigten sich. Durch das Eindringen der neuen Kongregationen mit einfachen Gelübden in den Sozialbereich entstand eine hohe Beteiligung von Frauen an der katholischen Reformbewegung.[836]

2.1. GRAPHISCHE DARSTELLUNG DES WACHSTUMS DER FRAUENORDEN UND KONGREGATIONEN[837]

Eine graphische Darstellung in der Reihenfolge der Gründungen und Niederlassungen in Wien wurde erstellt, um die Entwicklung des Personalstandes der einzelnen Gemeinschaften aufzuzeigen, aufgeteilt in Professschwestern, Novizinnen, Kandidatinnen und Laienschwestern. Der Stand von 1999 ist den Ordensnachrichten desselben Jahres entnommen, um einen Vergleich zu bieten.[838] Vorausbemerkend ist aus diesen Darstellungen zu ersehen, dass die Gemeinschaften, die sich der Krankenpflege und mehreren Bereichen der Caritas widmeten, den größten Zuwachs aufweisen. Dies ist vielleicht dadurch erklärbar, dass viele Mädchen aus dem ländlichen Bereich eintraten, die bereits in der eigenen Familie die Pflege von Kranken ausübten, dann aber die Möglichkeit erhielten, von älteren Schwestern im Noviziat angelernt und ausgebildet zu werden. Dies galt auch für die Tätigkeit in Kinderbewahranstalten und Kindergärten. Den Höchststand an Mitgliedern in den Entwicklungsjahren erreichten die meisten Kongregationen in den ersten Jahrzehnten des 20. Jahrhunderts. 1927 lag die

835 HPTh IV. 556.

836 *Schatz.* 152.

837 Personalstand der Säkular- und Regulargeistlichkeit der Erzdiözese Wien 1825-1924.

838 Ordensnachrichten 38. Jg. (1999), 4: Zeugnis für das Evangelium in der Großstadt Wien.

- Kongregation der *Schwestern vom göttlichen Erlöser* mit 1317 Mitgliedern an der Spitze,
- gefolgt von den *Schwestern vom armen Kinde Jesus* mit einem Personalstand von insgesamt 1150 Mitgliedern und
- der Kongregation der *Töchter der göttlichen Liebe*, die in diesem Jahr eine Mitgliederzahl von 1136 aufweisen konnte.

Erklärungen zum Wachstum der einzelnen Gemeinschaften sind der graphischen Darstellung zugeordnet.

2.1.1. Barmherzige Schwestern vom Hl. Vinzenz von Paul

Jahr	*Laien-Sr.*	*Profess-Sr.*	*Novizinnen*	*Kandidatinnen*	*Gesamt*
1833		4	1	21	26
1838		39	34	7	80
1845		98	33	9	140
1850		99	27	0	126
1857		132	61	0	193
1860		95	86	2	183
1865		151	32	0	183
1868		165	42	0	207
1873		187	33	0	220
1878		209	27	0	236
1880		217	20	0	237
1885		254	20	0	274
1890		226	39	0	265
1895		319	37	0	356
1900		363	54	73	490
1905		381	52	81	514
1910		386	46	69	501
1914		411	31	65	507
1999					181

Nach ihrer Gründung im Jahr 1832 vermehrte sich die Zahl der *Barmherzigen Schwestern in Wien-Gumpendorf* sehr rasch, bereits 1845 war das erste Hundert an Professschwestern erreicht. Den stärksten Anstieg in der Schwesternzahl weist das Jahrzehnt von 1895 bis 1905 auf. Der Höchststand wird im Jahr 1914 mit 507

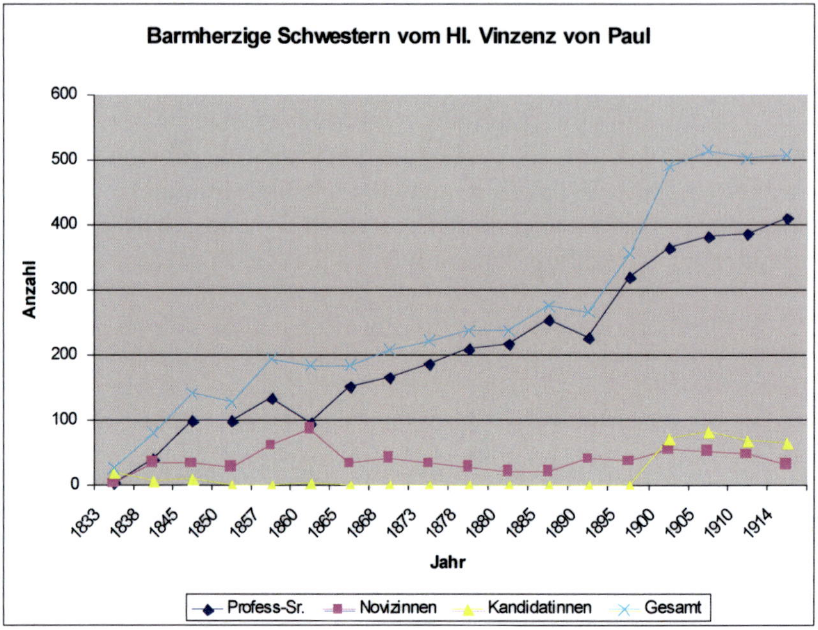

Mitgliedern erreicht. Während des Ersten Weltkrieges ging die Zahl bedeutend zurück. Die verstärkte Sterblichkeit und der Rückgang an Nachwuchs waren dafür verantwortlich. Auffallend, dass die kleinste Zahl in das Jahr 1848 fiel, also in das Jahr innerer Unruhen und politischer Wirren in Wien und in Österreich.

Nicht alle Kandidatinnen vollendeten das zweijährige Noviziat. Mangel an körperlicher Eignung, Versagen der Gesundheit, Bedenken bezüglich des Ordensberufes führten immer wieder zu Austritten oder Entlassungen. Im Durchschnitt ergab sich, dass von 100 in das Noviziat eingetretenen Kandidatinnen etwa 75 bis 80 zur Ablegung der Gelübde kamen. Auch die Sterblichkeit unter den Schwestern war verhältnismäßig hoch. In den 15 Jahren von 1836-1850 waren 22 Novizinnen und 63 Professschwestern gestorben, davon mehr als die Hälfte noch nicht 30 Jahre alt. Man hatte wohl zu wenig bedacht, wie stark der Pflegedienst, vor allem die häufigen Nachtwachen, die jungen Nonnen hernahm. Dazu kam die tiefgehende Umstellung in der Lebensweise, wenn sie ins Kloster eintraten.

2.1.2. Schulschwestern vom Dritten Orden des hl. Franziskus

Jahr	*Laien-Sr.*	*Profess-Sr.*	*Novizinnen*	*Kandidatinnen*	*Gesamt*
1857		42	9	0	51
1860		51	19	0	70
1865		64	7	0	71
1868		69	6	0	75
1873		72	8	0	80
1878		78	7	0	85
1880		80	6	0	86
1885		80	6	0	86
1890		69	9	0	78
1895		109	20	0	129
1900		137	15	13	165
1905		159	15	13	187
1910		161	14	10	185
1914		175	12	21	208
1999					48

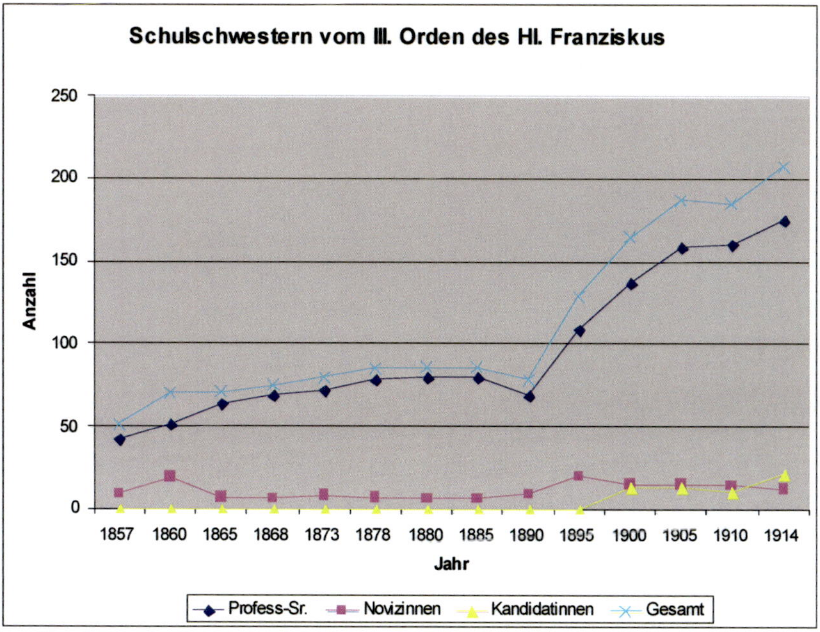

Die *Schulschwestern vom Dritten Orden des hl. Franziskus* wie fast alle Gemeinschaften, die sich dem Schulunterricht und der Heranbildung von Mädchen verpflichtet fühlten, hatten nicht von Beginn ihrer Tätigkeit in Wien 1845 an gleich großen Zulauf. Der Anstieg erfolgte erst in den Jahren ab 1895, als ihre Erziehung Anerkennung gewann. Da aber im Unterricht in den einzelnen Häusern weniger Schwestern gebraucht wurden, ergab der Personalstand im Jahre 1914 eine Mitgliederzahl von 208.

2.1.3. Kongregation Unserer Frau von der Liebe des Guten Hirten

Jahr	*Laien-Sr.*	*Profess-Sr.*	*Novizinnen*	*Kandidatinnen*	*Gesamt*
1857	4	16	3	0	23
1860	6	21	11	0	38
1865	25	24	23	0	72
1868	41	28	7	1	77
1873	20	30	8	0	58
1878	32	38	12	0	82
1880	17	36	12	0	65
1885	41	43	8	0	92
1890	20	35	17	0	72
1895	29	40	18	0	87
1900	30	41	19	6	96
1905	34	48	21	12	115
1910	37	36	7	9	89
1914	31	46	11	3	91
1999					4

Die *Schwestern vom Guten Hirten* waren im Spezialbereich der Mädchenfürsorge tätig. Mit einem Personalstand von nur vier Schwestern übernahmen sie 1853 die k.k. Weiberstrafanstalt in Wiener Neudorf, den sie in den ersten drei Jahren auf 38 Mitglieder aufstocken konnten. Bis 1865 gelang eine Verdoppelung, dann folgte ein Auf und Ab, bis 1905 ein Höchststand von insgesamt 115 Mitgliedern erreicht werden konnte.

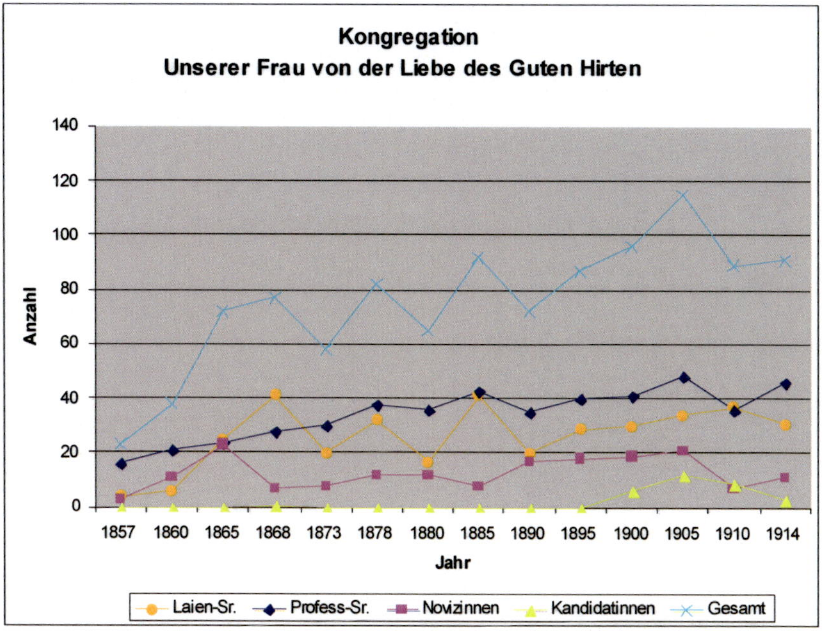

2.1.4. Franziskanerinnen von der christlichen Liebe

Jahr	*Laien-Sr.*	*Profess-Sr.*	*Novizinnen*	*Kandidatinnen*	*Gesamt*
1860	3	84	11	0	98
1865	0	95	6	0	101
1868	0	96	0	0	96
1873	0	79	0	0	79
1878	0	98	0	0	98
1880	7	103	0	0	110
1885	0	113	6	0	119
1890	0	100	24	0	124
1895	0	148	11	0	159
1900	0	187	22	37	246
1905	0	243	46	30	319
1910	0	343	24	62	429
1914	0	429	22	69	520
1999					126

Die *Kongregation der Franziskanerinnen von der christlichen Liebe* (Hartmannschwestern) war mit 95 Schwestern konstituiert worden. Der Zugang begann sehr langsam, erst ab 1895 machte sich eine signifikante Steigerung bemerkbar bis zu einem Personalstand von 520 Mitgliedern im Jahre 1914.

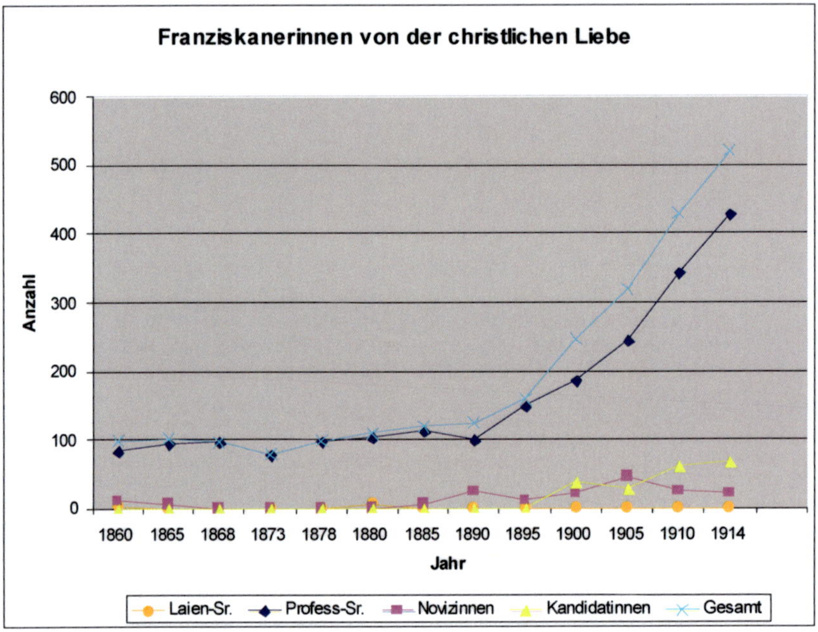

2.1.5. Schwestern vom Göttlichen Erlöser

Jahr	*Laien-Sr.*	*Profess-Sr.*	*Novizinnen*	*Kandidatinnen*	*Gesamt*
1865	11	15	20	0	46
1868	13	47	21	0	81
1873	42	118	22	0	182
1878	44	139	20	0	203
1880	47	112	37	0	196
1890	29	101	53	0	183
1895	51	175	105	0	331
1900	67	284	113	130	594
1905	91	456	141	155	843
1910	108	585	106	103	902
1914	31	710	89	91	921
1999					133

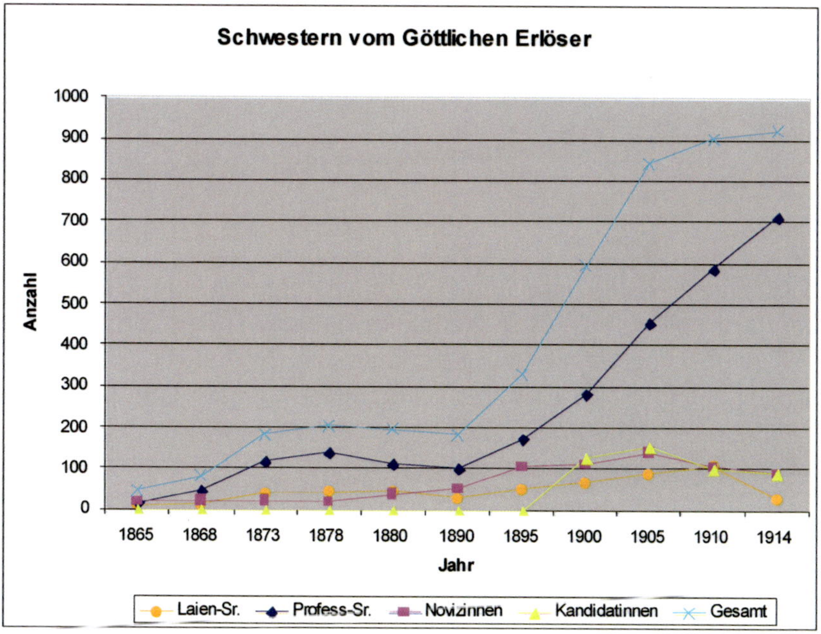

Die absolute Spitze im Wachstum erzielten die *Schwestern vom Göttlichen Erlöser*. Innerhalb von acht Jahren ab 1865 konnten sie die Anzahl ihrer Mitglieder auf das Vierfache erhöhen. Ab 1895 steigerte sich der Zuwachs in jeweils fünf Jahren um über 200 Mitglieder, um mit einem Personalstand von 921 Mitgliedern 1914 einen Höhepunkt zu erreichen. Ausschlaggebend dafür war zum Teil sicher die Möglichkeit der Tätigkeit in vielen Bereichen. Die Entwicklung ist aber nicht zuletzt auch der Tüchtigkeit der Oberinnen in diesen Jahren zuzuschreiben.

2.1.6. Schwestern vom armen Kinde Jesus

Jahr	*Laien-Sr.*	*Profess-Sr.*	*Novizinnen*	*Kandidatinnen*	*Gesamt*
1868	0	37	2	0	39
1873	0	49	4	53	106
1878	0	55	7	62	124
1880	4	62	2	8	76
1885	0	73	7	0	80
1890	36	53	7	0	96
1895	75	91	13	0	179
1900	103	132	23	20	278
1905	123	148	28	17	316
1910	138	175	24	23	360
1914	159	187	24	21	391
1999					55

Nach einem sehr armseligen Beginn verdoppelten die *Schwestern vom armen Kinde Jesus* in 20 Jahren ihren Personalstand. Wie bei fast allen Gemeinschaften begann der starke Aufschwung 1895 und steigerte sich bis 1914 auf einen Mitgliederstand von 391.

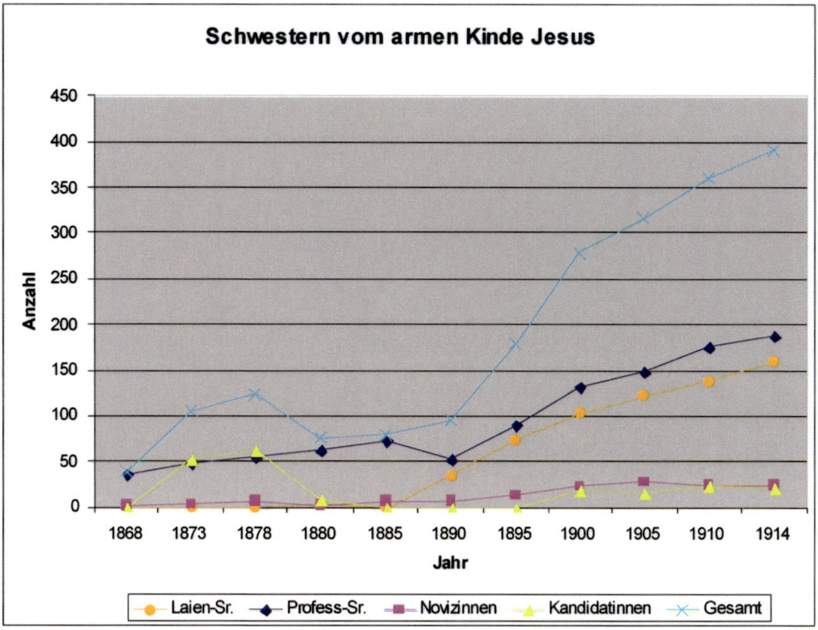

2.1.7. Arme Schulschwestern von Unserer Lieben Frau

Jahr	*Laien-Sr.*	*Profess-Sr.*	*Novizinnen*	*Kandidatinnen*	*Gesamt*
1868	0	9	3	0	12
1873	4	13	0	0	17
1878	4	22	10	0	36
1880	4	23	8	2	37
1885	5	25	5	5	40
1890	7	35	5	0	47
1900	12	41	32	0	85
1999					52

Es gab auch eine Vielfalt kleinerer Gemeinschaften, die im beschränkten Rahmen ihr Apostolat lebten. Sie bekamen nicht genügend Unterstützung und hatten daher daher weniger Zulauf. Ein Beispiel dafür sind die *Armen Schulschwestern von Unserer Lieben Frau,* die sich 1868 mit 12 Mitgliedern in Wien niederließen und um die Jahrhundertwende einen Stand von 85 Personen erreichten.

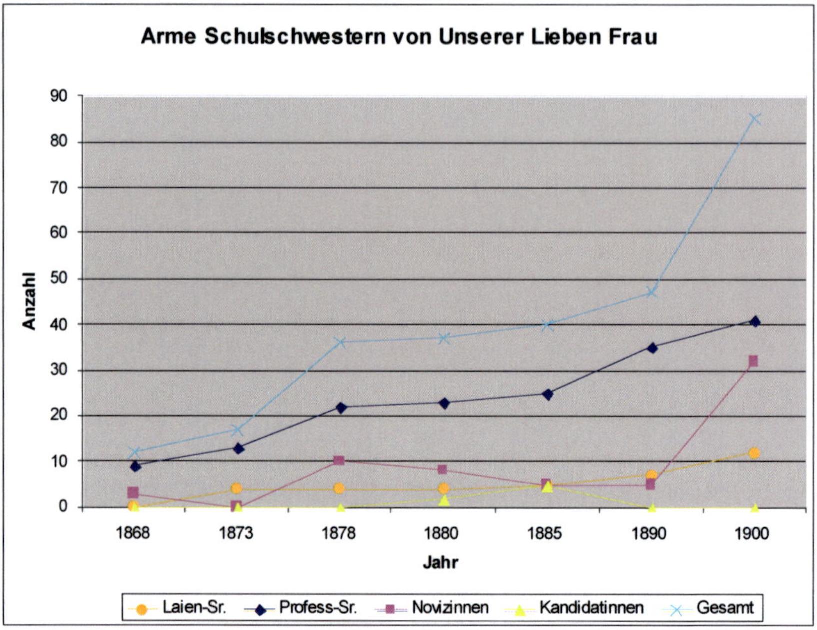

2.1.8. Sacré Cœur-Ordensfrauen vom Heiligsten Herzen Jesu

Jahr	*Laien-Sr.*	*Profess-Sr.*	*Novizinnen*	*Kandidatinnen*	*Gesamt*
1873	12	18	3	0	33
1878	20	29	1	0	50
1880	21	29	1	0	51
1885	18	32	7	0	57
1890	18	37	14	0	69
1895	37	55	27	0	119
1900	41	71	4	2	118
1905	50	82	7	0	139
1910	49	76	3	0	128
1914	47	69	4	0	120
1999					30

Sacré Cœur – die Ordensfrauen vom Heiligsten Herzen Jesu – als reiner Schulorden erfuhr eine Entwicklung in kontinuierlichen Schritten, die sich um 1890-1895 auf ungefähr 120 Mitglieder steigerte und dann eher konstant verlief.

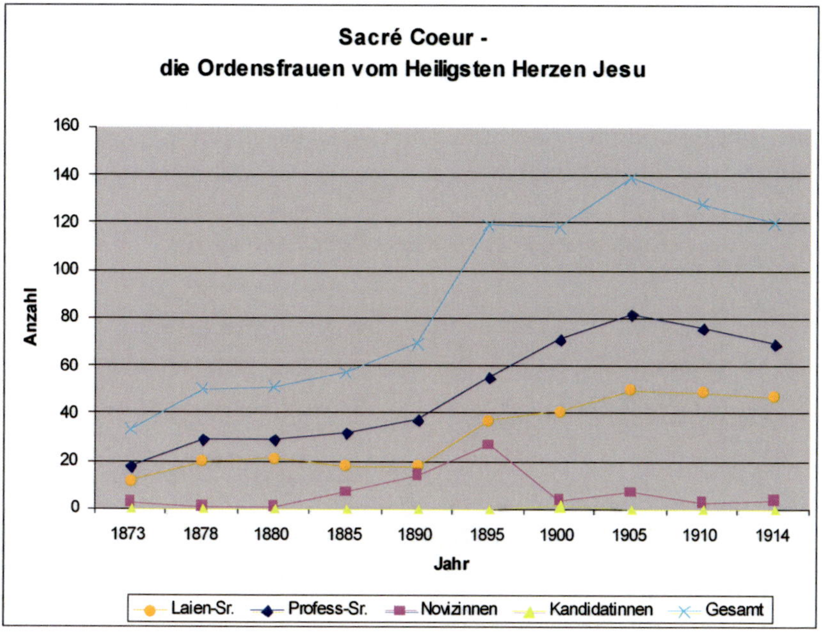

2.1.9. Kongregation der Töchter der göttlichen Liebe

Jahr	*Laien-Sr.*	*Profess-Sr.*	*Novizinnen*	*Kandidatinnen*	*Gesamt*
1880		51	15	0	66
1885		49	24	0	73
1890		81	31	0	112
1895		115	32	0	147
1900		148	39	13	200
1905		180	27	20	227
1910		227	32	10	269
1914		247	40	0	287
1999					70

Durch das Engagement von Franziska Lechner für die Dienstmädchen, die ohne Familie nach Wien gekommen waren, war die *Kongregation der Töchter der göttlichen Liebe* 1880 bereits auf 51 Professschwestern und 15 Novizinnen angewachsen. Der Zuwachs konnte sich ab 1890 weiter steigern und erreichte 1914 einen Stand von 287 Mitgliedern. In allen ihren Klostergründungen versuchte die Kongregation mit wenig Personal auszukommen, um die Kosten möglichst gering zu halten.

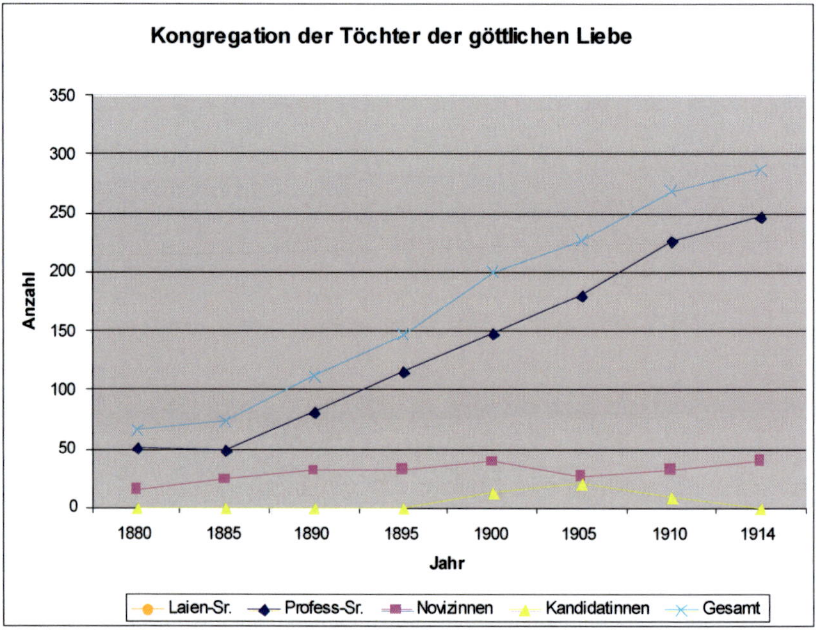

2.1.10. Barmherzige Schwestern vom Hl. Kreuz

Jahr	*Laien-Sr.*	*Profess-Sr.*	*Novizinnen*	*Kandidatinnen*	*Gesamt*
1878		20		0	20
1880		24		0	24
1885		32		0	32
1890		29		0	29
1895		75		0	75
1900		131		25	156
1905		166		24	190
1910		209		27	236
1914		229		13	242
1999					86

Das gilt auch für die *Barmherzigen Schwestern vom Hl. Kreuz,* die in vielen eigenen Häusern und öffentlichen Einrichtungen tätig waren, aber meist nur mit einigen Schwestern. Der Schwerpunkt ihrer

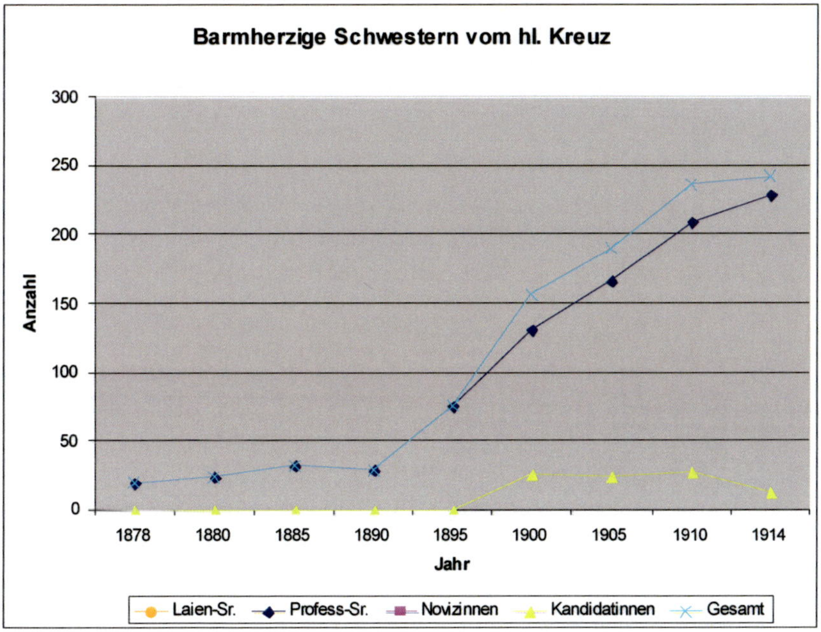

Arbeit in allen Bereichen der Caritas lag in Oberösterreich mit dem Mutterhaus in Linz.

2.1.11. Dominikanerinnen vom III. Orden des hl. Dominikus

Jahr	*Laien-Sr.*	*Profess-Sr.*	*Novizinnen*	*Kandidatinnen*	*Gesamt*
1878	2	6	7	1	16
1880	3	6	5	0	14
1885	9	9	3	0	21
1890	8	9	3	0	20
1895	12	13	3	0	28
1900	12	16	6	4	38
1905	18	18	6	10	52
1910	25	22	2	10	59
1914	26	25	7	5	63
1999					41

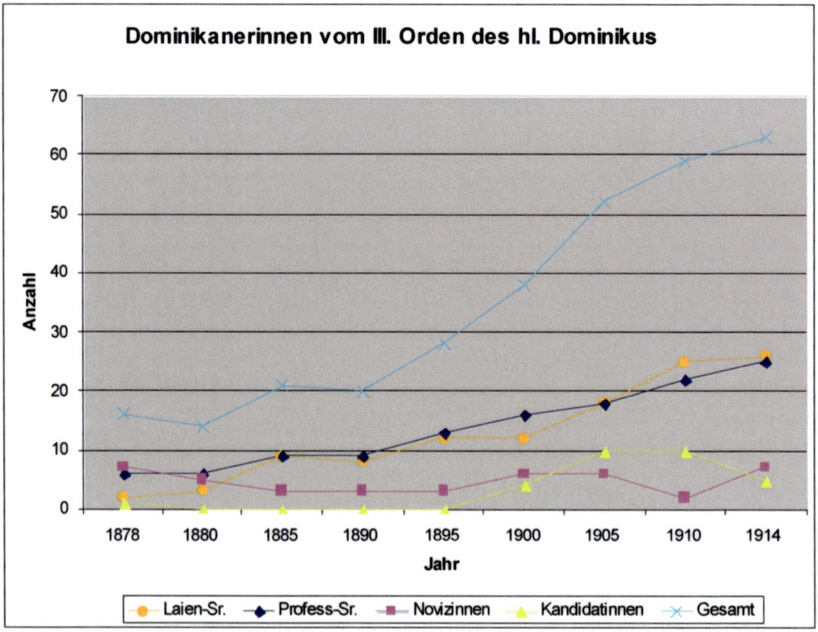

Die *Dominikanerinnen vom III. Orden des hl. Dominikus* blieben ein reiner Schulorden und beschränkten sich in Wien auf den Standort in Hütteldorf-Hacking mit dem Schwerpunkt Unterricht und Erziehung für Mädchen. So erreichte die Kongregation 1914 einen Personalstand von insgesamt 63 Mitgliedern.

2.1.12. Dienerinnen des heiligsten Herzens Jesu

Jahr	*Laien-Sr.*	*Profess-Sr.*	*Novizinnen*	*Kandidatinnen*	*Gesamt*
1880		68	29	13	110
1885		131	31	12	174
1890		140	37	0	177
1895		195	101	0	296
1900		311	87	35	433
1905		421	125	50	596
1910		582	132	56	770
1914		656	83	50	789
1999					119

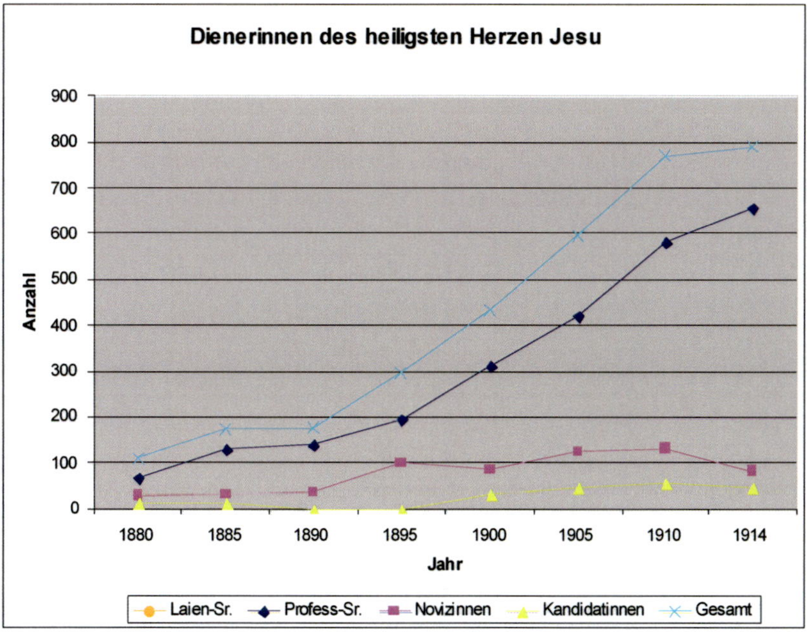

Obwohl erst 20 Jahre nach der Aufnahme ihrer Tätigkeit im Wiener Rudolfspital in Wien anerkannt, hatten die *Dienerinnen des heiligsten Herzens Jesu,* die sich vor allem der Krankenpflege widmeten, großen Zulauf. Schon 1881 waren aus vier Schwestern 400 geworden. Sie konnten ihre Mitgliederzahl bis 1895 fast verdreifachen und waren 1914 zur zweitgrößten Ordensgemeinschaften nach den Schwestern vom Göttlichen Erlöser in der Erzdiözese mit 789 Mitgliedern heran gewachsen.

2.1.13. Barmherzige Schwestern vom hl. Karl Borromäus

Jahr	*Laien-Sr.*	*Profess-Sr.*	*Novizinnen*	*Kandidatinnen*	*Gesamt*
1880	0	4	0	0	4
1885	0	15	0	0	15
1890	0	16	0	4	20
1895	0	22	4	0	26
1900	0	27	0	10	37
1905	0	37	5	18	60
1910	8	54	15	0	77
1914	7	54	14	0	75
1999					71

Die *Barmherzigen Schwestern vom Hl. Karl Borromäus* waren in Wien mit der Gründung eines Greisenasyls in Währing und später mit einem Altersheim für Schwestern und Kindergarten in Wien-Rodaun vertreten. Da sich ihre Tätigkeit vorwiegend auf Kinder und Altenpflege bezog, blieb die Gemeinschaft mit 75 Mitgliedern im Jahre 1914 eher klein.

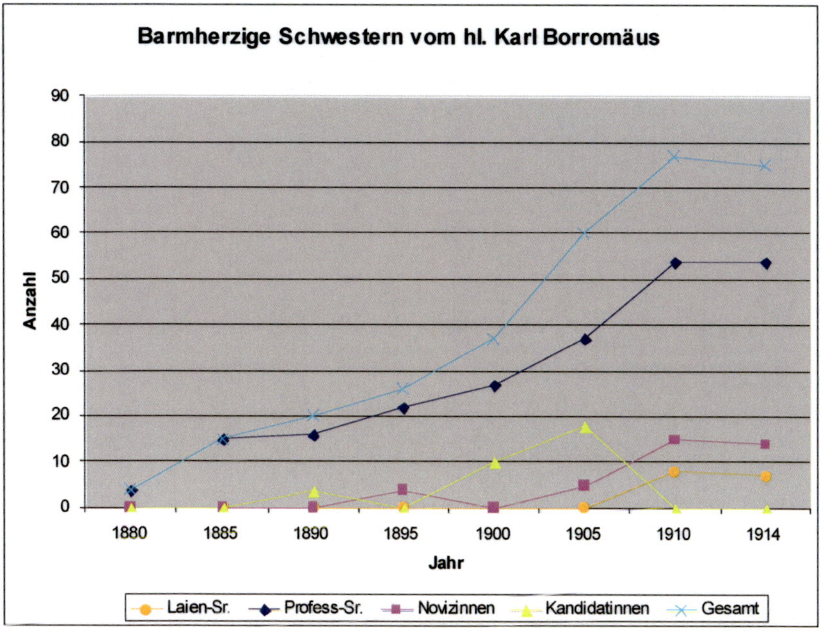

2.1.14. Schwestern Unsere Liebe Frau von Sion

Jahr	*Laien-Sr.*	*Profess-Sr.*	*Novizinnen*	*Kandidatinnen*	*Gesamt*
1895	8	12	0	0	20
1900	19	20	0	0	39
1905	20	20	0	0	40
1910	20	21	0	0	41
1914	31	26	0	0	57
1999					10

Die *Schwestern Unsere Liebe Frau von Sion* wurden mit dem Ziel judenmissionarische Tätigkeit gegründet. 1914 war der Personalstand auf 57 Mitglieder angewachsen.

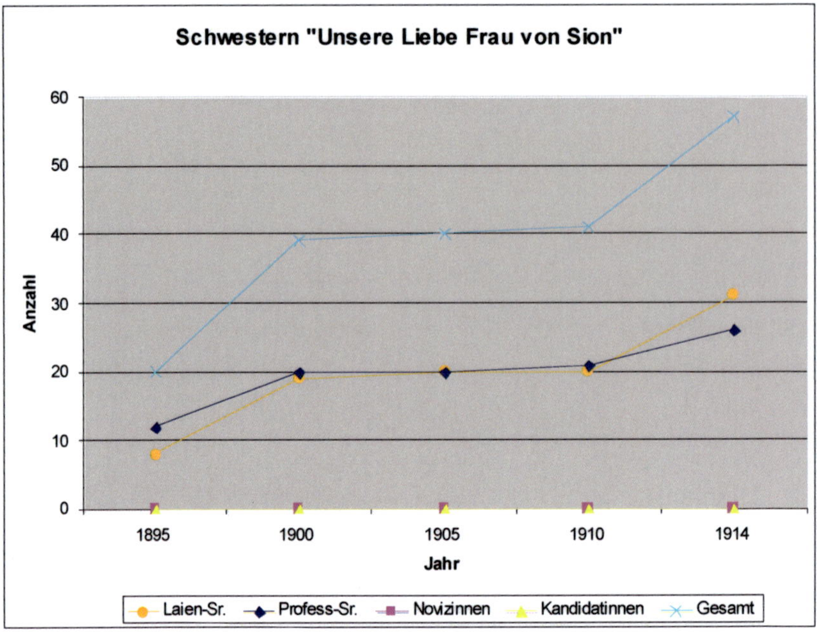

2.1.15 Schwestern von der Schmerzhaften Mutter

Jahr	*Laien-Sr.*	*Profess-Sr.*	*Novizinnen*	*Kandidatinnen*	*Gesamt*
1895		17	7	0	24
1900		24	0	0	24
1905		18	0	4	22
1910		25	3	5	33
1914		29	0	3	32
1999					19

Die *Schwestern von der Schmerzhaften Mutter* waren von Beginn an auf sich allein gestellt und mussten ihren Unterhalt durch private Krankenpflege und Sammlungen bestreiten. So blieb die Gemeinschaft in den ersten Jahren relativ klein, eine substanzielle Entwicklung fand erst nach dem Zweiten Weltkrieg statt.

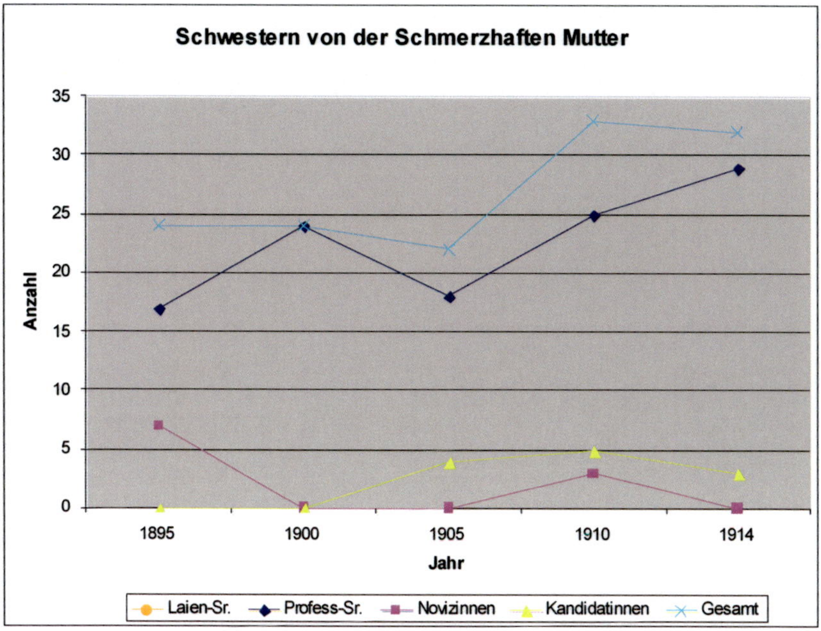

2.1.16. Schwestern Oblatinnen des hl. Franz von Sales

Jahr	*Laien-Sr.*	*Profess-Sr.*	*Novizinnen*	*Kandidatinnen*	*Gesamt*
1905		5			5
1910		7			7
1914		8			8
1999					4

Die „Home française“ der *Schwestern Oblatinnen des hl. Franz von Sales* war für französische Erzieherinnen des österreichischen Adels bestimmt. Dafür waren nur einige Schwestern bestimmt worden. Mit dem Bau einer Schule wurde erst zu Beginn des 20. Jahrhunderts begonnen.

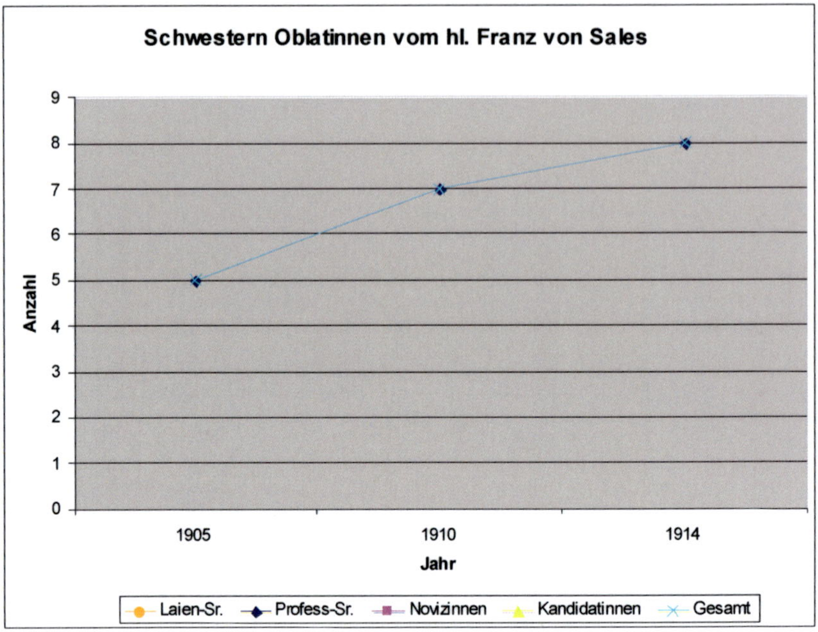

2.1.17. Schwestern der Kindheit Jesu und Mariens unter dem Schutz der hl. Christiana

Jahr	*Laien-Sr.*	*Profess-Sr.*	*Novizinnen*	*Kandidatinnen*	*Gesamt*
1890	3	13			16
1895	4	11			15
1900	7	16			23
1905	18	44			62
1910	21	44			65
1914	26	44			70
1999					10

Die *Schwestern der Kindheit Jesu und Mariens unter dem Schutz der hl. Christian* („Santa Christiana") wählten das Apostolat der Verkündigung besonders an Kinder und Jugendliche. Seit ihrer Niederlassung 1898 in Wien haben sie sich dem Unterricht und der Erziehung gewidmet.

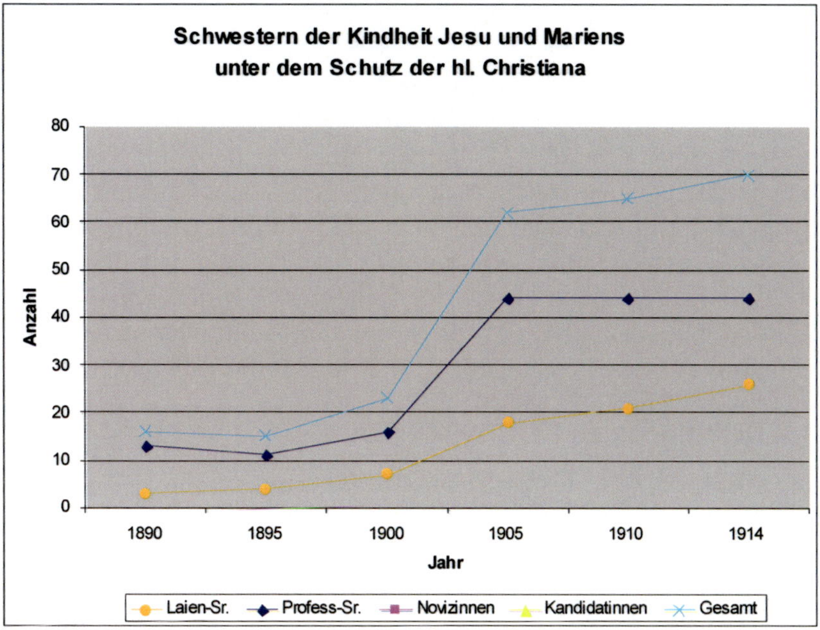

2.1.18. Salvatorianerinnen-Schwestern vom Göttlichen Heiland

Die Gemeinschaft der *Schwestern vom Göttlichen Heiland* (Salvatorianerinnen) ist erst 1899 nach Wien gekommen und hat mit nur wenigen Schwestern in einem Wiener Krankenhaus ihre Tätigkeit aufgenommen. Ihre Entwicklung war erst nach dem Ersten Weltkrieg möglich.

2.2. EINTRITTSGRÜNDE

Die Tatsache des großen Zulaufs zu den Kongregationen kann nur vor dem sozialen Hintergrund verstanden werden. Das ländliche Elend und das der Frühindustrialisierung folgende wirtschaftliche Tief bedingte die Priorität der Option für die Armen und – wie KLAUS SCHATZ es nannte – den Grundsatz der staatsfreien Sozialhilfe. Es sollte freiwillig Liebe geschenkt werden, unabhängig von Recht, Anspruch und Pflicht.[839] Die Fülle der Neugründungen und die hohe

839 *Schatz*. 157.

Zahl der Eintritte in die neuen Kongregationen waren ein Zeichen religiös motivierter sozialer Einsatzbereitschaft in der Kirche. Dabei ist die Stellung der Frau im 19. Jahrhundert zu beachten.[840]

Es war eine Lebensform, die für viele junge Frauen von heute unverständlich geworden ist. Ihnen ist unvorstellbar, ihr Leben nicht mehr individuell gestalten zu können. Armut und Gehorsam sind „schwierige" Begriffe geworden, das Gelübde der Keuschheit ist für viele eine große Hürde. Niemand kann vorhersagen, wie die gesellschaftliche Entwicklung in Europa weitergehen wird: Überalterung? Kulturelle Veränderungen? Andere Familienstrukturen und neue Armutsformen entstehen, eine Zeit für neue Berufungen?

2.3. HERKUNFT DER KANDIDATINNEN

Die sinkende Zahl der Ordensberufungen macht diese Frage verständlich. Die Bereitschaft zum Ordensleben, die Berufung zur Nachfolge Christi war zu jener Zeit bei so vielen Mädchen und jungen Frauen lebendig, dass die Neugründungen schnell wachsen konnten. Nicht immer kamen die Kandidatinnen von sich aus um aufgenommen zu werden. Franziska Lechner zum Beispiel versuchte Mitarbeiterinnen zu finden, indem sie, als die behördliche Genehmigung feststand, möglichst viele Pfarr- und Klosterkirchen besuchte und die Beichtväter bat, junge und für die sozialen Nöte der Zeit aufgeschlossene Mädchen auf ihr Werk aufmerksam zu machen. Diese jungen Frauen und Mädchen waren gläubig und hatten den Idealismus, in der Tätigkeit für die Armen ihre Lebenserfüllung zu sehen. Andererseits war es auch ein großes Wagnis, sich einem Werk anzuschließen, das noch gar nicht lebensfähig schien. Viele Menschen stellten das Gründerwerk dieser Kongregation als abenteuerliches Unternehmen hin, dem die jungen Mädchen ihre schönsten Jahre widmeten. Die Zahl der Schwestern stieg zuerst nur langsam, aber schon bald konnte sich Mutter Franziska über einen starken Zustrom zu ihrer Gemeinschaft freuen.[841] Die Mädchen, die sich angesprochen

840 Vgl. Innovationsmodell VII.3.2.

841 *Mohl.* 206.

fühlten, kamen in der Mehrzahl aus fest in der Volksfrömmigkeit verwurzelten ländlichen Kreisen. Einige der neuen Gemeinschaften, die sich vor allem dem Unterricht widmeten, zogen auch Töchter des Adels und des Bürgertums an.[842]

2.4. DOKUMENTE DER EINKLEIDUNG, PROFESS UND PRÜFUNGEN

Eintritt und Profess weisen auf einfache Bildung von Landmädchen hin. Wichtig war vor allem, dass der Eintritt ohne Zwang erfolgte und die Eltern diesem Schritt zustimmten.[843] Vom erzbischöflichen Ordinariat wurde Carl Graf von Coudenhove als Vorsteher der *Barmherzigen Schwestern von Gumpendorf* aufgefordert, den Personalstand vom Jahre 1833 bekannt zu geben. Aus der Namensliste der 26 Schwestern vom Jahre 1833 und der 80 Schwestern im Jahre 1838, die Oberin Sr. Xaveria Strasser zusammenstellte, sind auch die Herkunftsländer zu ersehen.[844] Aus diesen und anderen Dokumenten[845] ist zu erfahren, dass die Kandidatinnen aus den verschiedensten Ländern der Monarchie kamen, oft angesprochen von Schwestern, die in diesen Ländern auf Spendensammelreisen unterwegs waren.

Andere junge Frauen oder Mädchen waren auf Arbeitssuche in Wien und wurden auf die Kongregationen aufmerksam gemacht. Da die meisten Kandidatinnen aus kinderreichen Familien und bäuerlichen Kreisen stammten, waren sie von klein auf ein einfaches Leben gewöhnt. Doch nicht alle Mädchen und Frauen, die als Novizinnen eintraten, waren für das Klosterleben und das entbehrungsreiche Leben geeignet. Eintragungen in den einzelnen Chroniken zeigen auf, dass so manche der Bewerberinnen diesen Belastungen nicht gewachsen waren und in jungen Jahren starben.

842 *Gatz*, Caritas und soziale Dienste. 105.

843 DOK. Gelübdeablegung von Magdalena Trenkwalder im Jahr 1836. S. 318.

844 DOK. Personalstand der Barmherzigen Schwestern von Gumpendorf 1833 und 1838. Vgl. S. 320.

845 DOK. Zl 8748 vom 4.8.1899. Ansuchen um Einkleidung von 27 Kandidatinnen und 26 Novizinnen der Töchter der Göttlichen Liebe mit Namensverzeichnis und Angabe des Geburtslandes.

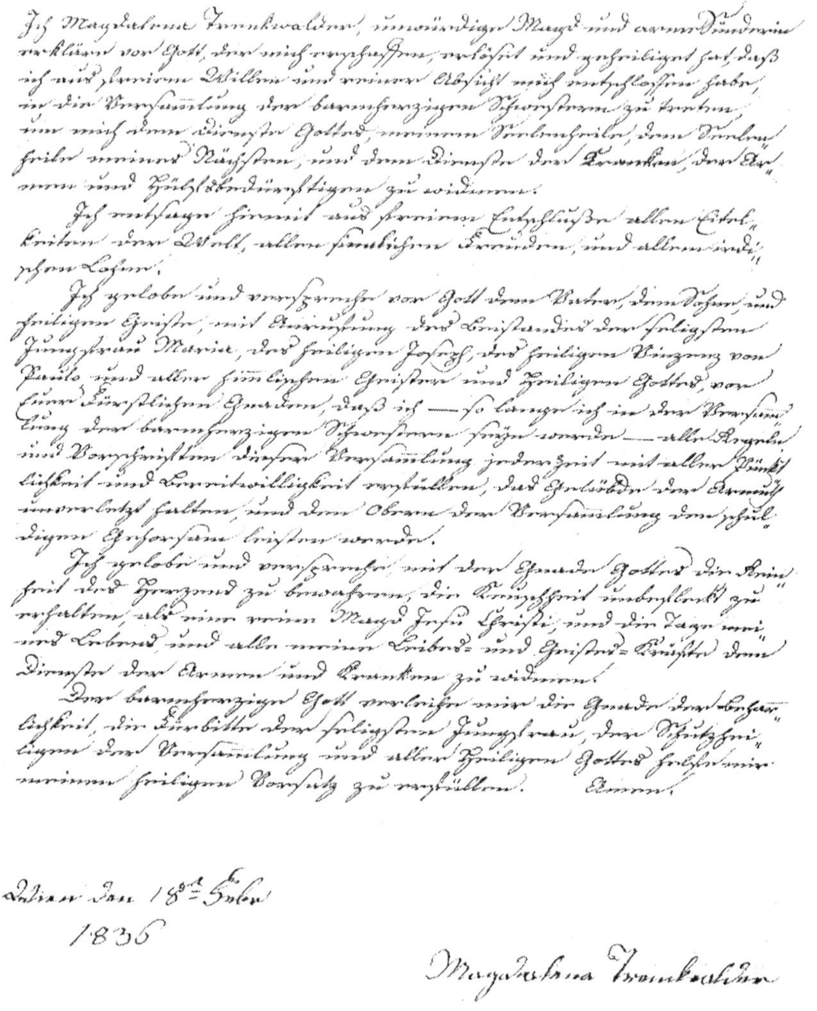

Ich Magdalena Trenkwalder, unwürdige Magd und arme Sünderin erkläre vor Gott, der mich erschaffen, erlöset und geheiliget hat, daß ich aus freiem Willen und reiner Absicht mich entschlossen habe, in die Versammlung der barmherzigen Schwestern zu treten, um mich dem Dienste Gottes, meinem Seelenheile, dem Seelenheile meines Nächsten, und dem Dienste der Kranken, der Armen und Hülfsbedürftigen zu widmen.

Ich entsage hiermit aus freiem Entschluße allen Eitelkeiten der Welt, allen sinnlichen Freuden, und allem irdischen Lohne.

Ich gelobe und verspreche vor Gott dem Vater, dem Sohne, und heiligen Geiste, mit Anrufung des Beistandes der seligsten Jungfrau Maria, des heiligen Joseph, des heiligen Vinzenz von Paulo und aller himmlischen Geister und Heiligen Gottes, von Ihren kirchlichen Gnaden, daß ich — so lange ich in der Versammlung der barmherzigen Schwestern seyn werde — alle Regeln und Vorschriften dieser Versammlung jederzeit mit aller Pünktlichkeit und Bereitwilligkeit erfüllen, das Gelübde der Armuth unverletzt halten, und den Obern der Versammlung den schuldigen Gehorsam leisten werde.

Ich gelobe und verspreche, mit der Gnade Gottes die Reinheit des Herzens zu bewahren, die Keuschheit unbefleckt zu erhalten, als eine reine Magd Jesu Christi, und die Tage meines Lebens und alle meine Leibes- und Geistes-Kräfte dem Dienste der Armen und Kranken zu widmen.

Der barmherzige Gott verleihe mir die Gnade der Beharrlichkeit, die Fürbitte der seligsten Jungfrau, der Schutzheiligen der Versammlung und aller Heiligen Gottes helfen mir meinen heiligen Vorsatz zu erfüllen. Amen.

Wien den 18ten 7ber
1836

Magdalena Trenkwalder

Professformel der Sr. Magdalena Trenkwalder vom 18. September 1836 (Diözesanarchiv Wien, Fonds: Barmherzige Schwestern von Gumpendorf).

Die hoch gepriesene Qualität der Pflege ging oft zu Lasten der Gesundheit der Ordensschwestern.[846] Eine hohe Zahl der Schwestern starb an Tuberkulose oder an Erschöpfung, bedingt durch katastrophale hygienische Verhältnisse, schlechte Ernährung und einem Arbeitstag, der um 4 Uhr früh begann und spät in der Nacht endete, ohne Urlaub und Erholungsphasen.[847]

Die Oberin wurde für viele die „Mutter", der man Gehorsam schuldete, zu der man aber auch mit allen Sorgen kommen konnte. Die Bewilligung für Einkleidung und Profess mussten beim erzbischöflichen Ordinariat eingereicht und von diesem erteilt werden.[848] Für die Schwesterngemeinschaft waren Einkleidung und Professfeier immer ein besonderer Anlass und wurde als Fest der Gnade Gottes gefeiert.

2.5. DIE BEDEUTUNG DER ORDEN FÜR KIRCHE UND GESELLSCHAFT

An vielen Beispielen wäre aufzuzeigen, dass die Kirche in Krisensituationen mit Angst und Abwehr reagierte. Sie versuchte oft Herausforderungen mit geschlossenen Augen zu überstehen und übersah dabei echte Alternativen. Hier boten die neuen Ordensgemeinschaften oft eine Art „Schocktherapie" für die Großkirche, wie es Johann Baptist Metz nannte. Denn einerseits hatten die Kongregationen eine innovatorische Funktion für das „Sich einleben" der Kirche in neue sozio-ökonomische und geistig-kulturelle Situationen, die nicht selten als Bewegungen „von den Rändern" her entstanden, wo sich der gesellschaftliche Wandel zuerst bemerkbar machte, andererseits traten sie gegen fragwürdige Kompromisse auf und forderten die strikte Nachfolge Jesu ein.[849]

846 Bei den Barmherzigen Schwestern in Gumpendorf starben in den Jahren 1836-1850 von 307 eingekleideten Novizinnen 22, also 7%.

847 *Lehner* Markus, Caritas – die soziale Arbeit der Kirche. Freiburg i.Br. 1997. 230.

848 DOK 18.11.1887. Z 8406: Superior Dr. Johann Schneider ersucht die Einkleidung von 13 Kandidatinnen vornehmen zu dürfen

849 *Metz*, Johann Baptist, Zeit der Orden. Mystik und Politik der Nachfolge. Freiburg i.Br. 1977. 10.

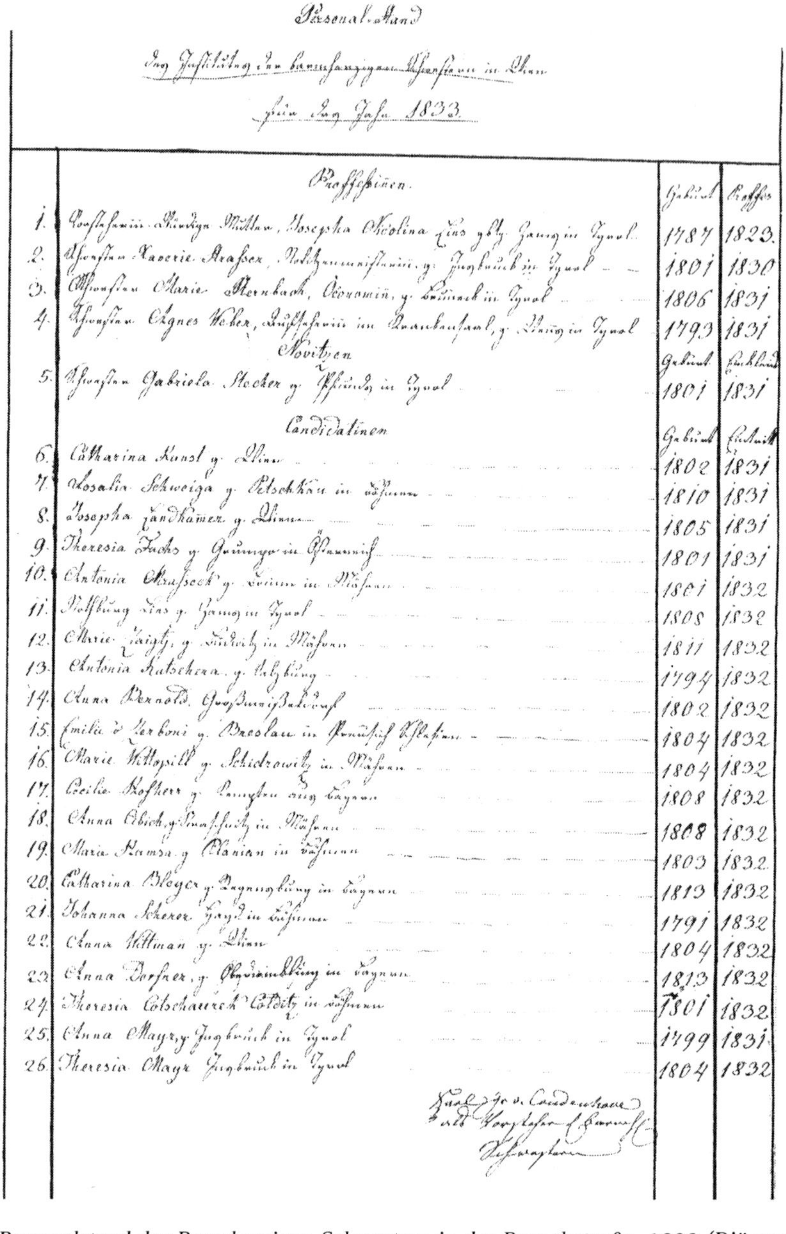

Personal-Stand der Gesellschaft der barmherzigen Schwestern in Wien für das Jahr 1833.

	Professinen	Geburt	Profess
1.	Vorsteherin ehrwürdige Mutter Josepha Nicolina Lins gbg. Zams in Tyrol	1787	1823.
2.	Schwester Xaverie Straßer, Noviziatsmeisterin, g. Innsbruck in Tyrol	1801	1830
3.	Schwester Marie Sternbach, Oekonomin, g. Bruneck in Tyrol	1806	1831
4.	Schwester Agnes Weber, Aufseherin im Krankenhause, g. Zams in Tyrol	1793	1831
	Novitzen	Geburt	Einkleidung
5.	Schwester Gabriela Stecker g. Schwaz in Tyrol	1801	1831
	Candidatinen	Geburt	Eintritt
6.	Catharina Kunst g. Wien	1802	1831
7.	Rosalia Schweiga g. Petschkau in Böhmen	1810	1831
8.	Josepha Landkamer g. Wien	1805	1831
9.	Theresia Fuchs g. Grinzing in Österreich	1801	1831
10.	Antonia Mrasseck g. Brünn in Mähren	1801	1832
11.	Walburg Lins g. Zams in Tyrol	1808	1832
12.	Marie Zaigly g. [illegible] in Mähren	1811	1832
13.	Antonia Katschera g. Salzburg	1794	1832
14.	Anna Bernold, [illegible]	1802	1832
15.	Emilie v. Zerboni g. Breslau in Preußisch Schlesien	1804	1832
16.	Marie Wittopill g. Schidrowitz in Mähren	1804	1832
17.	Cecilie Hofherr g. Kempten aus Bayern	1808	1832
18.	Anna Ebich, g. [illegible] in Mähren	1808	1832
19.	Maria Hamsa g. Planian in Böhmen	1803	1832
20.	Catharina Bleyer g. Regensburg in Bayern	1813	1832
21.	Johanna Scherer Haid in Böhmen	1791	1832
22.	Anna Wittman g. Wien	1804	1832
23.	Anna Dorfner, g. [illegible] in Bayern	1813	1832
24.	Theresia Cotschaureck Coldiz in Böhmen	1801	1832
25.	Anna Mayr, g. Innsbruck in Tyrol	1799	1831
26.	Theresia Mayr Innsbruck in Tyrol	1804	1832

[illegible] (signature)

Personalstand der Barmherzigen Schwestern in der Baruchstraße, 1833 (Diözesanarchiv Wien, Fonds: Barmherzige Schwestern von Gumpendorf).

In jeder Ordensgemeinschaft hat die Gründungsgeschichte einen normativen Rang. Aber sie bleibt zugleich eine offene Geschichte, denn durch sich wandelnde Situationen und neue Herausforderungen ergeben sich immer wieder neue Wege der Nachfolge, werden neue Kapitel in jeder Ordensgeschichte geschrieben. Die Treue gegenüber den ursprünglichen Formulierungen, einer bestimmten Lebensform und Spiritualität muss daher immer wieder im Blick auf die „Zeichen der Zeit" erörtert werden.[850] Der grundlegende Dienst der Orden und Kongregationen liegt in der öffentlichen Bezeugung Gottes und seiner Gnade, der Botschaft von der Zuwendung Gottes zur Welt und zum Menschen in Jesus Christus. Die caritativ tätigen Ordensfrauen fassen ihr Leben als *„Dasein für Andere"* auf und stellen ihr Leben in den Dienst der Menschen. Sie bezeugen Gottes Dasein und seine Liebe zu den Menschen, sie versuchen Suchende im Glauben, in der Hoffnung zu stärken und zu ermutigen. Die evangelischen Räte können als Zeichen der Solidarität gelebt werden, können Brennpunkt sein für eine *„Zivilisation der Liebe"*.[851]

Robert Swoboda nannte die caritativen Genossenschaften einen Mischtyp, der sich aus verschiedenartiger religiöser Führung, aus Einfluss der Zeitströmungen, aus Gegendruck gegen Bedrängnis und endlich in persönlicher Antwort der Schwestern entwickelte. Ihre frauliche Eigenverwaltung hat sich zweifellos hervorragend bewährt. In der Zielsetzung des Ordenslebens ist die Nachfolge Christi zum Mittelpunkt geworden.[852]

Die Geschichte der caritativ tätigen Gemeinschaften ist noch immer in Bewegung. Das 19. Jahrhundert brachte den Aufbruch, er war keineswegs selbstverständlich, doch die Kongregationen konnten sich ausweiten und ausbreiten. Die Herausforderung bestand in der Zäsur durch den Beginn des Zweiten Weltkrieges 1938 und in der zweiten Hälfte des 20. Jahrhunderts im Nachwuchsmangel und gleichzeitiger Überbeanspruchung, so dass es notwendig erschien, sich mit den entstandenen Strukturen auseinander zu setzen.

850 *Metz.* 25.

851 *Kamphaus* Franz, Mutter Kirche und ihre Töchter. Freiburg i.Br. 1989. 64.

852 *Swoboda* Robert, Um die Zukunft der caritativen Genossenschaften, in: Das Wagnis der Nachfolge, hg. von Stephan Richter. Paderborn 1964. 183.

Die Ordensschwestern sind fast überall auf der ganzen Welt verbreitet und haben mit ihrer Caritasarbeit unerwartet rasch bei den anderen Völkern Fuß gefasst.

XI. RÜCKBLICK UND AUSBLICK

1. DER „ORDENSFRÜHLING“ UND DIE SOZIALE FRAGE

Das 19. Jahrhundert, das als Jahrhundert des Rationalismus und des großen Abfalls der Arbeiterklasse von der Kirche in die Geschichte einging, erfuhr eine neue Blütezeit des Ordenslebens, wie sie die Kirche bisher noch nie verzeichnet hatte. Nachdem die erste Hälfte des 19. Jahrhunderts praktisch eine „ordenslose Zeit“ gewesen war, erwies sich die Zeit von der Mitte des 19. Jahrhunderts an als eine Zeit der neuen Entfaltung von Orden, vor allem der Schwesterngemeinschaften. Die Faktoren, die bei dieser aufbrechenden religiösen Erneuerungsbewegung zusammenwirkten, sind rational nicht bis ins Letzte fassbar. Der so genannte „Ordensfrühling“ ist ein Phänomen, eine geschichtliche Tatsache, die sich aus der geschichtlichen Situation, der gesellschaftlichen Ordnung, der Stellung der Frau, der kirchenpolitischen Lage und nicht zuletzt der Sozialen Frage ergeben hat. Das Phänomen war allgemein und erstreckte sich auf alle Länder. Im Abstand von mehr als 150 Jahren lässt sich ersehen, dass viele „Zeitumstände“ mitgewirkt haben, um den so genannten „Ordensfrühling“ erblühen zu lassen

- Das Kaiserreich der Habsburger mit seinem katholischen Herrscher, Kaiser Franz Joseph (1848-1916), der in seiner langen Regierungszeit für Stabilität und Tradition sorgte.
- Ein Völkerstaat, der trotz aller nationalen Bestrebungen noch durch das Band des Katholizismus zusammengehalten wurde und der ein mehrfaches Potential in sich barg, d.h. einerseits durch die große Zahl derer, die durch die Industrialisierung angelockt oder durch die Veränderungsprozesse in der Agrarwirtschaft gezwungen waren, sich in der Stadt Arbeit zu suchen, andererseits damit aber für den Nachwuchs und die Entwicklung der Kongregationen sorgten.
- Die große Zuwanderung in die Residenzstadt Wien, deren Entwicklung zur Industriestadt mit ihrem großen Armuts- und Bildungsnotstand ein reiches Arbeitsfeld für die Schwesterngemeinschaften brachten.

- Das Kaiserhaus mit seiner reichlichen Verwandtschaft, Adelskreise und wohlhabendes Bürgertum sowie Wohltätigkeitsvereine sahen es als eine ihrem Stand und den Vorgaben der Kirche entsprechende Pflicht und Aufgabe an, Almosen zu geben und die geistlichen Schwestern, von deren Leistungen sie sich überzeugt hatten, zu fördern und zu unterstützen. Auch gab es viele Persönlichkeiten in oberen und höchsten Gesellschaftskreisen, die aus christlicher Nächstenliebe großzügige Hilfe leisteten, nicht nur in materieller Hinsicht, sondern auch durch Anteilnahme am Leben und Entwicklung de einzelnen Genossenschaften.
- Für die Bevölkerung war es ein Novum, hatte man doch Klosterfrauen vorher selten wahrgenommen, man wusste sie hinter Klostermauern. Jetzt aber gingen sie durch die Straßen, pflegten Kranke im Spital und zu Hause, betreuten Kinder in Bewahrungsanstalten und Waisenhäusern, lehrten in Schulen und waren Hilfe in Not und Alltag der Menschen. Die Mitglieder der Kongregationen brachten „Herz und Hand" in ihr Apostolat ein, und die Menschen spürten dankbar die menschliche Nähe der geistlichen Schwestern.
- Die „Frauenfrage" war in die „Soziale Frage" inkludiert und die Kongregationen boten Chance und Innovation. Für die Qualitätsarbeit der Schwestern und ihre „Niedrigkosten" gab es keine Konkurrenz. Die geistliche Krankenpflege war im 19. Jahrhundert ein Neubeginn, und die heutige moderne Krankenfürsorge ist zu einem beträchtlichen Teil aus der Arbeit der geistlichen Schwestern erwachsen.
- Die Stadterweiterung, die neuen Verkehrsverbindungen, der Bau einer Wasserleitung und vieles mehr kamen der Entwicklung der Schwesterngemeinschaften sehr entgegen. Filialgründungen in Breitenfurt, Gablitz, Baden und andere betätigten sich meist als Selbstversorger und Selbsterhalter. Sie konnten zugleich als Ausbildungsstätte wie als Erholungsaufenthalte für Kinder, Schwestern und alte Menschen genutzt werden.
- Die zahlreichen neuen Frauenkongregationen setzten sich neben der Erziehungs- und Lehrtätigkeit in Schulen und Anstalten besonders die Caritas in jeder Form zur Aufgabe. Sie pflegten Kranke in Spitälern und in ihren Wohnungen, wobei die Schwestern

oft auch den Haushalt und die Kinder versorgten, wenn die Frau und Mutter erkrankt war. Das Elend der Kinder versuchten sie zu stillen, indem sie Säuglinge in Krippen, Waisen und Findlinge in ihre Häuser aufnahmen. Sie nahmen sich der stellenlosen Mädchen ebenso an wie derer, die mit dem Gesetz in Konflikt gekommen waren sowie der Unheilbaren und der Obdachlosen. Selbst Gegner der Ordensgemeinschaften anerkannten die Uneigennützigkeit der Genossenschaften der Kranken- und Lehrschwestern.

- Die Entwicklung im Gesundheitswesen wie im Pflegedienst gab die Möglichkeit Ordensspitäler zu errichten. Das Konkordat brachte die Grundlage zur Gründung von Ordensschulen.
- Nicht zuletzt „spielten“ die Veränderungen in der Gesellschaft mit um den „Höhenflug“ der Ordensgemeinschaften und Kongregationen Realität werden zu lassen.
- Gerade das Bemühen, sich den religiösen Bedürfnissen einer im Wandel befindlichen Gesellschaft anzupassen, scheint zum Erfolg der gegründeten Kongregationen beigetragen zu haben. Das zutiefst Verbindende lag jedoch wohl darin, dass alle diese jungen Gemeinschaften aus einer echten Liebe zu Christus heraus lebten. Nicht von Kirchenfürsten anbefohlen, sondern aus Kreisen schlichter Frauen gewachsen, die unbeirrbar den Weg der Nächstenliebe und der Barmherzigkeit beschritten.

Barmherzigkeit ist ein altes Wort, eine Lehnübersetzung des lateinischen „misericordia“, also soviel wie *„Ein Herz für die Elenden haben.“* Heute spricht man von Mitgefühl, von Solidarität, denn das Wort Barmherzigkeit weckt oft noch die unbehagliche Vorstellung gönnerhafter Überlegenheit des Anderen. Die Bedeutung und Wertschätzung der Barmherzigkeit ist mit den religiösen Werten einer Kultur oder einer Epoche verbunden. In diesem Zeugnis für die Liebe Gottes liegt wohl der eigentliche Daseinsgrund der aktiven Frauenorden. Augustinus drückt es in folgenden Worten aus:

> *Was ist Barmherzigkeit anderes als eine Art Mitleiden mit dem Leiden des Anderen in unseren Herzen, das uns drängt, wenn wir nur irgendwie können, ihm zu Hilfe zu kommen.*[853]

853 Augustinus, Civ. Dei IX,5 (CCSL.48, 254 z. 17-19), in: Marianne *Schlosser*, Christliche Barmherzigkeit, Ordensnachrichten 44.Jhg. 2005/ 2.

Zum 70. Geburtstag von Generosa Erhard, Oberin der *Töchter des göttlichen Heilands*, verfasste P. Maurius Kinter 1905 eine kurze Geschichte der Kongregation:

> *(...) Die christliche Caritas, ein Wort, welches bei den vielfältigen Versuchen zur Hebung des sozialen Elends ebenso oft gebraucht wie missbraucht, hat gerade in diesen Tagen eine ausgedehnte Wirksamkeit gewonnen. Sie fühlt sich berufen nicht nur die menschliche Misere in ihren verschiedensten Erscheinungen zu bekämpfen und zu lindern, sondern auch der Wurzel derselben nachgehend, durch Förderung der Erziehung und Unterricht der Jugend, die Gesellschaft so viel als möglich zu regenerieren, auf dass diese durch eigene Kraft das Elend wirksam zu bekämpfen und zu verhüten imstande ist.*[854]

Papst Johannes XXIII. sah 1963 in seiner Enzyklika „Pacem in terris" die „Frauenfrage" als eine der wichtigsten Zeichen der Zeit.[855] Die Kirche hat bis heute auf diese Herausforderung eher kläglich reagiert. Weihbischof Helmut Krätzl[856] vertrat in einem Vortrag die Sicht von Karl Hillenbrand.[857] Dieser sieht die Stellung der Frau im Verhältnis Maria von Magdala zu den Jüngern, zitiert dabei Gregor den Grossen und überträgt dessen Aussage vorsichtig auf das 20. Jahrhundert:

> *Hierbei ist zu beachten, welche Kraft der Liebe das Herz dieser Frau entzündet hatte, da sie das Grab des Herrn nicht verließ, als selbst die Jünger weggingen. Sie suchte den, den sie nicht gefunden hatte, beharrlich weiter, und sie fand. Beharrlichkeit ist die Kraft der guten Tat.*[858] *Ich denke doch, dass hier ein Zugang zum unverwechselbaren Zeugnis der Frau und vor allem der Ordensfrau in der Kirche liegt.*

Die Orden und Kongregationen im 19. Jahrhundert stellten der Kirche das nötige Potential zur Verfügung, um Zutritt zum staatlichen Unterricht und Entwicklung eines freien Unterrichtswesens zu erreichen. Das Bestreben der neuen Gemeinschaften betraf vor allem

854 *Kongregation der Töchter des göttlichen Heilands*, Chronik. 213.

855 Papst Johannes XXIII., Enzyklika „Pacem in terris", Nr 41.

856 *Krätzl* Helmut, Die Stellung der Orden im Seelsorgekonzept einer Diözese, in Ordensnachrichten 38. Jg. (1999) 4. 56.

857 1999 Generalvikar in Würzburg.

858 *Gregor der Große*, Liber (Homilia in Evangelia) 2, Hom.25, Pl 76, 1198f und 1192f.

eine gründlichere Ausbildung auf religiösem wie auf beruflichem Gebiet.[859] Ohne Zweifel wurde in den tätigen Orden auf Kosten des geistlichen Lebens zu viel gearbeitet, galten doch die Klosterfrauen als billige und jederzeit verfügbare Arbeitskräfte.

Die geschichtliche Verwirklichung, namentlich die Gründergestalten des 19. Jahrhunderts wurden im deutsch sprachlichen Raum, im Gegensatz zu Frankreich und Italien, in ihrer wegweisenden Bedeutung lange übersehen und unterschätzt. Sie waren dazu bestimmt, die Nachfolge Christi in einer bestimmten Zeit zu konkretisieren.

2. WARUM GERADE WIEN?

Wären in einem Wienplan alle jene Punkte markiert, wo Schwesterngemeinschaften ihre Mutterhäuser, Klöster wie Filialen gegründet haben und dazu noch die Stätten ihres Wirkens in Krankenhäusern, Schulen, Kinder- sowie Altersheimen und vieles mehr, so ergäbe sich ein über die ganze Stadt mit ihren damaligen Vorstädten und Vororten verteiltes Mosaikbild.

Was hat die Gründer und Gründerinnen sowie die nachfolgenden Oberinnen bewogen, gerade Wien als Ziel ihrer Pläne zu wählen? Aus den vorhergehenden Berichten ist zu entnehmen, dass es in den Ländern, vor allem in den kleinen Orten, wo ihre jeweilige Gemeinschaft ihren Anfang nahm, wenig Entwicklungs- und Ausbreitungsmöglichkeit gab. Dazu kam die politische Lage in Frankreich, in der Schweiz wie der Kulturkampf in Deutschland[860] oder Kriegswirren[861], die die Schwestern zwangen, ihre Gründungsorte aufzugeben.

In den ersten Jahrzehnten des 19. Jahrhunderts blieben die antiklerikalen Kräfte in Frankreich sehr einflussreich, wenn es auch einige innerkirchliche Aufbrüche gab. Nach 1875 verschlechterte sich die Lage erneut zuungunsten der Kirche, vor allem die katholischen Schulen und einige Ordensgemeinschaften wurden davon in Mitleidenschaft gezogen. Das Vereinsgesetz von 1901 richtete sich wieder gegen die Orden und viele Niederlassungen mussten geschlossen

859 *Suenens*, Krise und Erneuerung der Frauenorden. Salzburg 1962. 552.

860 Vgl. VII.5.6.1. Schwestern vom armen Kinde Jesus: 1876 Räumung des Mutterhauses.

861 Vgl.VII.5.12.1. Dienerinnen des Heiligsten Herzen Jesu: Flucht nach England.

werden. Es war also nicht verwunderlich, dass Paris für die Schwesterngemeinschaften kein Ort der Zukunft war. Die Barrieren schienen zu groß.[862]

Die staatsrechtlichen Einschränkungen für Neugründungen fielen in Preußen 1840. Die Errichtung neuer Gründungen und Niederlassungen blieb bis zum Kulturkampf völlig unbehindert. Von 1871-1878 führte Otto von Bismarck den sogenannten Kulturkampf[863] gegen die katholische Kirche. 1872 wurden zunächst die Jesuiten und die ihnen verwandten Orden aus dem Gebiet des Deutschen Reiches ausgewiesen. Im Mai 1875 wurden die für Erziehung und Unterricht tätigen Ordenshäuser aufgehoben, zugelassen waren nur jene Niederlassungen, die sich der Krankenpflege, der Alten- und der Siechenpflege widmeten.[864]

In der Schweiz war die Mehrzahl der Kantone den Kongregationen der katholischen Kirche nicht wohlgesinnt.[865] Erst die sozialen Folgen der Industrialisierung führten dann zu einem Klimawechsel.[866]

Schon Sr. Nicolina Lins, Oberin der ersten vinzentinischen Gemeinschaft in Österreich/Zams hatte erkannt, dass ein großer Unterschied darin lag, ob eine Kongregation in einem kleinen unbedeutenden Ort ihren Standort hatte oder in der Residenzstadt Wien mit ihren vielen Möglichkeiten. Die Nähe des katholischen Kaiserhauses, des Adels und wohlhabenden Bürgertums bot die notwendige finanzielle Unterstützung, und durch Zuwanderung und Bevölkerungsanstieg in der Stadt waren genügend Kandidatinnen für ihre Genossenschaften zu finden. So war es gerade die Kaiserstadt Wien, wo der „Ordensfrühling"[867] stark zum Ausdruck kam. Es waren vor

862 *Wolff* Norbert, Die Kirche in Frankreich, in: www.kath.de/benediktbeuern/-wolff.

863 Bismarck Otto von, 1862 preußischer Ministerpräsident unter König Wilhelm I. und ab 1871 Reichskanzler. Im Zuge der Auseinandersetzung wurden Rechte und Machtstellung der Kirche durch Gesetze beschnitten.

864 *Gatz*, Caritas und soziale Dienste. 125.

865 *Gatz*, Caritas. 229: Theodosius Florentini wurde angesichts der Aufhebung der Klöster in Aargau ausgewiesen.

866 *Gatz*. Caritas. 106.

867 Nach Erwin Gatz ist eher von einer Frauenkongregationsbewegung zu sprechen, die sozial-caritative Anliegen aufgegriffen hat. In: Geschichte des kirch-

allem ökonomische und zukunftsorientierte Überlegungen der Ordensleitungen zur Erweiterung und Ausbau der Schwesterngemeinschaften. Der Erfolg bewies die Richtigkeit dieser Planungen, war er auch hart erkämpft durch einen Anfang in großer Armut, mit fast übermenschlichen Leistungen und nicht zuletzt mit dem Tod junger Schwestern, die wie viele andere in diesem Jahrhundert die Arbeitslast, verbunden mit nicht ausreichender Ernährung, nicht verkraften konnten.[868]

3. EINE ERFOLGSGESCHICHTE OHNE FORTSETZUNG?

Leonhard Holtz ist der Meinung, dass es eine Gesetzmäßigkeit gebe, die Entstehen, Wachsen und auch den Rückgang eines Ordens bestimme. Nach dem Verständnis von Sozio- und Pastoralpsychologie dauert die Entstehungsphase für gewöhnlich etwa dreißig Jahre. In dieser Zeit kann man das Wachstum aus den stark spirituellen Grundströmungen der jeweiligen Zeit durch den Zusammenschluss von Frauen zu kleinen Gruppen erkennen, die nach der entsprechenden Ausdrucksform ihres Ideals suchen. Der ersten Formung der Kerngruppe, getragen von einer oder mehreren Persönlichkeiten, folgten Strukturierung, offizielle Weihe, Anwachsen der Mitgliederzahl, Institutionalisierung, in der das bisher „ungeschriebene Ideal" in Statuten festgeschrieben und von der Kirche bestätigt wurde. Darauf setzte die Phase der Ausbreitung ein. Die Gemeinschaft wuchs zahlenmäßig und dehnte sich geographisch aus. Der Orden oder die Kongregation erreichte seine typische Gestalt und festigte sich nach außen und innen. Nach ungefähr hundert Jahren verlangsamte sich Anwachsen und Ausbreitung, die Kräfte wurden zur Bewahrung des Erreichten eingesetzt. Dann erfolgten meist Einbrüche, wobei vielen Frauengemeinschaften die Krisenbewältigung dadurch gelungen ist, indem sie ihre Tätigkeiten nach Übersee, Südamerika und Afrika verlegten, wo sich ein großes Arbeitsfeld auftat.[869]

lichen Lebens, 7, Klöster und Ordensgemeinschaften, hg. von Erwin *Gatz*. Freiburg i.Br. 2006. 214.

868 Vgl. VII.5.5.2. Schwestern vom Göttlichen Erlöser: in knapp zehn Jahren starben 105 Schwestern.

869 *Holtz*. 16.

Bei einem Round Table Gespräch betonte Bischofsvikar Alois Kraxner[870], dass sich in den meisten Gemeinschaften des 19. Jahrhunderts eine gemeinsame Grundströmung feststellen lässt, eine stark missionarische Ausrichtung und ein großes Sendungsbewusstsein. Dies äußerte sich

- *in der Zuwendung zu den Armen und Kranken*
- *in der Wahrnehmung pastoraler Notstände*
- *in der Zuwendung zu Kindern und Jugendlichen, um jenen, die keine Bildungschancen hatten, eine schulische Bildung, eine christliche Erziehung zu geben*
- *im Aufbau und Übernahme von Kinderbewahrungsanstalten, woraus später Kindergärten und Horte entstanden*
- *in der Gründung von Altenasylen, aus denen sich Alten und Pflegeheime entwickelten*
- *in der Sorge um gefährdete Mädchen, in der Errichtung von Arbeitsschulen, die später Haushaltungs- und Berufsschulen wurden*
- *nicht zuletzt in der Begeisterung für die Mission*

In all den angeführten Arbeitsbereichen geschah indirekt Pastoral, aber direkte Seelsorge übernahmen Ordensfrauen und Mitglieder der Säkularinstitute erst im 20. Jahrhundert.

Hildegard Burjan, die zu den wegweisenden Frauenpersönlichkeiten des 20. Jahrhunderts zählt und entscheidende Signale setzte, war sich immer bewusst, dass kirchliche Lehrschreiben nur schöne Worte bleiben, wenn sich niemand findet, der *„die Liebe Gottes durch den sozialen Dienst verkündet“.*[871] Die Gründung der Schwesterngemeinschaft *Caritas Socialis* wurde zum Paradigma für ähnliche, kirchlich anerkannte Lebensformen im 20. Jahrhundert.[872]

Das Zweite Vatikanische Konzil[873] brachte auch für die Ordensgemeinschaften eine neue Sicht. Das Ordensdekret *„Perfectae Cari-*

870 Bischofsvikar der Erzdiözese Wien, „Der spezielle Beitrag der Orden zur Gesamtpastoral im 19. und 20. Jahrhundert“. Round Table zum Thema „Gemeinsames Glaubenszeugnis für das Evangelium in der Großstadt Wien“ am 11.-12. Juni 1999, Pfarre St. Elisabeth, in: Ordensnachrichten 38. Jg. (1999) 4. 21.

871 *Schödl.* Zwischen Politik und Kirche. 227.

872 *Kronthaler.* 313.

873 1962-1965. Das Dekret „Perfectae Caritatis“ wurde am 28. Oktober 1965 verkündet.

tatis" definierte das Ordensleben nicht mehr einfach als „Stand der Vollkommenheit", sondern forderte eine „*zeitgemäßen Erneuerung des Ordenslebens*",[874] in welcher ausdrücklich die Nachfolge Christi als maßgebliche Aufgabe und Lebensform hervorgehoben wurde. Da diese Nachfolge aber jedem Christen aufgetragen ist, kann hier die Verbundenheit zwischen Ordensleuten und Laien gesehen werden und diese Verbundenheit wird auch in vielen Einrichtungen praktisch gelebt.

4. DER WANDEL IN DER DASEINSVORSORGE

4.1. NACH DEM ERSTEN WELTKRIEG

Den Sozialdemokraten waren die caritativen Einrichtungen eher ein Dorn im Auge. Sie wollten keine Almosen, sondern Gerechtigkeit für alle. Der Grund für diese ablehnende Haltung lag sicher auch darin, dass sich auf der helfenden Seite vor allem Angehörige des Adels und des Großbürgertums engagierten. Für manche Angehörige dieser Gesellschaftsschichten war es sozusagen „schick", sich in der Rolle des Wohltäters oder einer Förderin zu zeigen. Scharf und bissig kommentierte die Sozialdemokratin Maria Bock[875]:

> *... ob Erzherzogin, der Herr Graf, die reiche Fabrikantenfrau oder Spießer als Funktionär eines Vereins, alle fühlten sich als Wohltäter, alle warteten darauf im Mittelpunkt der Ereignisse zu stehen, wo sie edle Spender sind und das Glück haben, nicht so zu sein wie die anderen, die mit gekrümmten Rücken warten mussten, bis sie eine Gnadengabe erhalten.*[876]

Aber noch gab es kein staatliches Fürsorgesystem und die „Wohltäter alten Stils", wie Julius Tandler die Hilfsaktionen der privaten und kirchlichen Wohlfahrt später eher abwertend bezeichnete, waren einfach notwendig um wenigstens die ärgsten Nöte zu lindern.

Bürgermeister Karl Lueger sprach sich bereits 1897 für das Frauenstimmrecht aus, aber erst am 27. November 1918 wurde die Zuerkennung des aktiven und passiven Wahlrechtes an „alle volljährigen

874 „Accomodata renovatio vitae religiosae."

875 Bock Maria war Mitglied des Österreichischen Frauenkomitees von 1917.

876 *Schödl*, Zwischen Politik und Kirche. 48.

Staatsbürger ohne Unterschied des Geschlechts" beschlossen. Selbst auf die Stimmen der Klosterfrauen wollte man nicht verzichten. Nach einer Rückfrage in Rom gab das erzbischöfliche Ordinariat die Weisung an alle „wohlehrwürdigen Klostervorstehungen", dass mit Rücksicht auf die besondere Bedeutung der Wahlen die Erlaubnis erteilt wurde, dass sich die wahlberechtigten Klosterfrauen am 16. Februar 1919 aus der Klausur zur Abgabe der Stimme in das Wahllokal begeben dürfen.[877]

4.2. JULIUS TANDLER, MEDIZINER UND SOZIALREFORMER

Im Jahre 1917, noch in der Monarchie und am Höhepunkt des Ersten Weltkrieges, fasste der Gemeinderat in Wien den einstimmigen Beschluss, die Jugendfürsorge mit einem großen Einsatz der Mittel auszubauen. Nach dem Ende des Krieges erhielten im sogenannten „Roten Wien" die Fürsorgemaßnahmen neben dem sozialen Wohnbau höchste Priorität. Das in dieser Zeit entwickelte „Wiener System" ist eng mit dem Namen Julius Tandler verknüpft. In seiner Kindheit und Jugend hatte Julius Tandler nur Armut gesehen. So ist seine Anschauung zu verstehen, die ihn zur Sozialdemokratie hinführte. Sein soziales Gefühl brachte ihn dazu, in der Wiener Rettungsgesellschaft aktiv mitzuarbeiten, als Universitätsprofessor Stipendien und Essen für Studenten zu organisieren und letzthin das Wohlfahrtswesen der Stadt Wien aufzubauen. Von seiner Reform ist die grundsätzliche Einstellung geblieben, dass es die Aufgabe und die Verpflichtung der Gesellschaft ist, sozial Schwachen und Benachteiligten zu helfen.

Die meisten Probleme aus dieser Zeit sind heute weitgehend gelöst, die Zeit des Nationalsozialismus mit der Maxime, dass es „unwertes Leben" gibt, überwunden.[878] Außergewöhnlich war, dass sich Julius Tandler mit dem Frauenstudium und der Frauenarbeit auseinander setzte. Er sah es als selbstverständlich an, dass alle Menschen das Recht auf Bildung haben. 1917 regte er bei Kaiser Karl die Gründung eines Sanitätsministeriums an, woraus ein Ministerium für soziale Fürsorge und ein Ministerium für Volksgesundheit entstand. Aber noch fehlte die Organisation, alles war noch immer mehr oder

877 *Schödl*, Zwischen Politik und Kirche, 88.

878 *Sablik* Karl, Julius Tandler, Mediziner und Sozialreformer. Wien 1983. 7f.

weniger auf dem Primat der Barmherzigkeit, der Mildtätigkeit aufgebaut, war ein Wohltäter- und nicht ein Wohlfahrtssystem. JULIUS TANDLER war der Überzeugung: *„Fürsorge ist die Erfüllung eines klaren, ethischen Vertrages innerhalb der menschlichen Gesellschaft.“* Er postulierte drei Grundpflichtleistungen seines Systems:

- das Recht auf Fürsorge
- die Pflicht zur Leistung durch die Gesellschaft und
- die Verantwortung.[879]

In der Zeit nach dem Ersten Weltkrieg wurde der „Sozialstaat“ geboren. Die politische Situation in Österreich gab den Sozialdemokraten die finanzielle und gesetzgebende Möglichkeit, die Fürsorgemaßnahmen durchzuführen. Kinder bekamen leichteren und besseren Zugang zu einer Ausbildung, und alte und kranke Arbeiter waren nicht länger Almosenempfänger. Wenn er auch die öffentliche Fürsorge bevorzugte, gestand er doch der privaten Fürsorge Pionierarbeit zu und legte Wert auf ihre Mitarbeit. Ab 1920 prägte JULIUS TANDLER als Stadtrat für das Wohlfahrtswesen die Entwicklung der Jugendfürsorge, die für ihn das Fundament jeder Fürsorge war.

> *Was wir auf Jugendhorte verwenden, sparen wir an Gefängnissen. Was wir in der Schwangeren- und Säuglingsfürsorge ausgeben, ersparen wir uns an Irrenanstalten. Wo immer sollte die Familie in ihrem Bestand erhalten und geschützt werden.*[880]

In der Nachfolge der Erziehungsmaßnahmen der *Schwestern vom Guten Hirten* in Wiener Neudorf, hatte JULIUS TANDLER ein „Lieblingskind“, die Erziehungsanstalt in Eggenburg, die von der Stadt Wien übernommen wurde. Auch ihm brachte die neue Form von weniger Zwang und Arbeitstherapie an Stelle der „alten mit Stock und Revolver“ immer wieder Angriffe der Opposition ein, wenn sich ein Zwischenfall in der Anstalt ereignete.

Im Jahre 1913 wurde das Krankenhaus Lainz[881] im 13. Bezirk mit 1000 Betten eröffnet und konnte die mit dem Anwachsen der Bevölkerung entstandene Spitalsnot rasch mildern. JULIUS TANDLER

879 *Jugendamt der Stadt Wien (Hg.)*, 70 Jahre Wiener Jugendamt. Wien 1987. 8.

880 *Sablik*. 215.

881 Trägt jetzt den Namen Krankenhaus Hietzing

wusste die Einsatzfreudigkeit der geistlichen Schwestern zu schätzen, besonders bei schwierigen Pflegefällen. Die Schwestern selbst unterstanden jedoch nicht der Gemeinde Wien. Verträge wurden mit den Ordensleitungen geschlossen.

Der Grund für den Stillstand der sozialpolitischen Gesetzgebung lag in den gegensätzlichen Interessen der Parteien. Nach Karl Sablik kann man die Zeit vor dem Ersten Weltkrieg als die Zeit der Wohltätigkeit, die Zwischenkriegszeit als die der Fürsorge betrachten, die Zeit nach dem Zweiten Weltkrieg als die Zeit der Versicherungen, auch wenn es Ende des 19. Jahrhunderts schon Versicherungen gab und heute noch die Wohltätigkeit.[882] Die Entwicklung der öffentlichen Hilfe von der staatlichen Armenpflege über die Fürsorge zur Sozialhilfe basiert auf gesellschaftlichen Veränderungen in der Einstellung zur Hilfsbedürftigkeit, auf die Zunahme von Wissen über Not und die Möglichkeiten, ihr individuell und gesellschaftlich zu begegnen. Die Sozialhilfe ist ein wesentlicher Faktor im Rahmen einer umfassenden Garantie zur Sicherung einer menschenwürdigen Existenz durch den Sozialstaat.

Die Grundtendenz der heutigen Sozialeinrichtungen ist nicht mehr unmittelbar am „Pauperismus“ orientiert, der Bereich der sozialen Hilfeleistungen ist zu einem Rechtsanspruch geworden, Staat und Gemeinde treten als „Existenzgarantie“ des einzelnen Menschen hervor. So entstand der Begriff des „Wohlfahrtsstaates“, der aber kritisch zu beobachten ist, da diese Entwicklung die Gefahr in sich birgt, ein Versorgungsstaat zu werden.

4.3. DIE PFLEGE IM WANDEL DER ZEIT

Die „Warm-Satt-Sauber-Pflege“ ist der aktivierenden, der individuellen Pflege gewichen. Unter dem Druck veränderter Pflege- und Betreuungsanforderungen kommt es im Pflegeberuf immer wieder zu tief greifenden Veränderungen.

> *Was ist das für ein merkwürdiger Beruf, der verlangt, ein professionelles Mädchen für alles zu sein, und diese unendliche, nicht abgrenzbare und nie aufhörende Arbeit auch noch gerne zu verrichten?*

882 *Sablik*. 194.

Eine Frage der Pflegewissenschaftlerin Hilde Steppe im Haus der Barmherzigkeit. Sie verbindet zwei Bilder mit dieser Aussage. Eines davon ist die Schwesternhaube. Sie ist auf den Köpfen des Pflegepersonals nicht mehr häufig anzutreffen, aber als Symbol auf dem Klingelknopf der Patientenrufanlage manchmal noch zu sehen. Die Haube hatte früher eine zweifache Bedeutung für die Frauen. Zum Ersten, sie war „unter die Haube gekommen", stand im Dienste der Familie und hatte die Schlüsselgewalt im eigenen Haus. Die Haube der Krankenschwester symbolisierte nicht nur die Mitgliedschaft zu einer Ordensgemeinschaft, sondern auch die Zugehörigkeit zu ihrem Beruf und brachte so die Gleichstellung mit der verheirateten Frau zum Ausdruck. Das zweite Bild ist der Name der Schwester. Verwurzelt in klösterlichen Traditionen war der Ordensname die „Zweitidentität" der Schwestern. Durch welche neuen Bilder die alten ersetzt werden, wird sich erst zeigen.

4.4. DIE BEDEUTUNG DES WANDELS FÜR DIE ORDENSGEMEINSCHAFTEN

Einst war die Sorge um die Kranken vor allem der christlichen Nächstenliebe anvertraut, heute kümmert sich das Gesundheitsministerium um die Gesundheitspflege und private Unternehmungen müssen sich an dessen Gesetze halten. Die Einrichtungen der geistlichen Gemeinschaften werden von der Gesellschaft längst nicht mehr als Liebeswerke für arme Leute verstanden, sondern sind Teil eines komplexen und anspruchsvollen Sozialsystems geworden, in dem sie sich behaupten müssen. Die enge Verflochtenheit von Werk und Kloster wurde gelöst, denn beide Bereiche haben ihre je eigenen Gesetzmäßigkeiten und Erfordernisse. Auch die Zeit der großen Förderer des Kaiserhauses, der Adeligen und der bürgerlichen Wohltäter war vorbei. Orden und Kongregationen mussten lernen auf eigenen Füßen zu stehen. Was für den heute großteils laisierten Bereich der Krankenpflege gilt, gilt auch für das Schulwesen. Ein Netz von Gesetzen ist über das private wie über das öffentliche Schulwesen gebreitet. Die Ordensfrau ist eine Lehrperson wie jede andere.[883]

883 HPTh IV. 55.

Heute begegnet die Kirche im Vollzug ihrer Caritas in einem früher nicht vorhandenen Maße sozialen Großorganisationen und Versorgungsplanungen, die weitgehend dasselbe anstreben und verwirklichen wie die Kirche in ihren caritativen Bemühungen. Mit diesen Änderungen fand ein grundlegender Wandel der Daseinsvorsorge statt. Heute ist die Kirche nur noch eine, wenngleich höchst wichtige, unter jenen gesellschaftlichen Kräften, die sich diesen Aufgaben widmen.[884] Die wachsende Sozialisierung des Lebens, der staatliche Einfluss auf Bereiche, die früher weitgehend der privaten Initiative überlassen waren, wandelten das Leben der Ordensfrauen. Der Raum, der für ihre persönliche religiöse Entwicklung und für ihre apostolische Entfaltung unentbehrlich war, wurde immer enger.

Die caritative Tätigkeit war und ist für die Ordensfrau eine religiöse Aufgabe. Das der kirchlichen Sozialarbeit zugrunde liegende Menschenbild und die religiöse Motivierung machen die Glieder der Kirche für alle jene Hilfeleistungen besser geeignet, die über das Materielle hinausgehen, also die geistig-personale Hilfe. Diese ist heute mehr denn je nötig, brachte doch die Dynamik unserer Zeit und Gesellschaft viele neue Probleme. Überforderung in vielen Bereichen, Angst vor Arbeitslosigkeit und Unsicherheit vor der Zukunft sind nur einige Nöte der westlichen Welt. Die veränderten Strukturen in der Familie und die Veränderung der Position der Familie in der Gesellschaft sind vielfach einschneidender als zur Zeit der Verstädterung und Industrialisierung im 19. Jahrhundert. Die Delegierung der humanen Bereiche an die Einrichtungen der Gesellschaft führte zu ihrer Entpersönlichung, individuelle Betroffenheit und persönliche Verantwortung sind mehrfach verloren gegangen. Es sind die Nebenwirkungen von an sich sehr wertvollen Leistungen.[885]

5. HERAUSFORDERUNGEN IN DER „EINEN WELT“

Neue Aufbrüche sind vielfach außerhalb Europas zu finden. Viele Gemeinschaften, deren Gründungen oder Niederlassungen in dieser Arbeit beschrieben wurden, haben heute Niederlassungen in

884 HPTh II/2. 392.

885 *Jugendamt der Stadt Wien* (Hg.) Gesellschaft, Jugend und Jugendwohlfahrt im Wandel der Zeit. Wien 1989. 43.

aller Welt und versuchen, Not und Elend in Asien, Afrika und Lateinamerika zu lindern. Die seelsorgliche Bedeutung trat besonders in den Missionsstationen in Erscheinung. Viele Laien sind bereits eingebunden, aber ohne Ordensleute würde die katholische Missionsarbeit wohl zusammenbrechen. Sie sind die „Eckpfeiler" und die Verbindung zu den Einwohnern, da sie mit deren Lebenssituationen vertraut.[886] Einheimische Ordensmitglieder vor Ort in ihre Werke einzubinden und sie in deren Hände zu übergeben, ist vielfach das Ziel der Schwesterngemeinschaften und an vielen Orten zum Teil schon gelungen.

Das II. Vatikanische Konzil hat viele soziale Einrichtungen gut geheißen, anerkannt und in der Pastoralkonstitution aufgezeigt. Außerdem wünschte das Konzil, dass in der Gesamtkirche ein Organ für die Förderung der Not leidenden Gebiete und für die soziale Gerechtigkeit geschaffen wird.[887] Kirchliche Caritas muss organisiert sein, aber sie sollte bei aller Institutionalisierung flexibel genug bleiben, um rasch helfen zu können, wo staatliche Hilfe oft erst spät ankommt oder überhaupt versagt. Die Nöte in der Heimat, in den umliegenden und fernen Ländern verlangen Hilfe auf Basis der „Einen Welt".[888]

Das Spezifische der kirchlich-caritativen Tätigkeit liegt darin, dass sie zum „Selbstvollzug" der Kirche gehört, mit Verkündigung, Kult und mit „Seelsorge" verbunden ist. Diese Art der caritativen Tätigkeit beweist, dass sie dem ganzen Menschen in seinen leiblichen und geistigen Nöten dient. Aus der Aussage, dass die Kirche „in der Welt und für die Welt" da ist, ergibt sich auch die Verpflichtung zur Sozialarbeit. Caritas in der Kirche der Gegenwart benötigt aber auch die modernen Publikationsmittel und die Zusammenarbeit mit den staatlichen Sozialeinrichtungen.

Schon unmittelbar nach der französischen Revolution entstand in Frankreich der erste weibliche Missionsorden, die *„Josephschwestern"* von Cluny, gegründet von ANNA MARIA JAVOUHEY.

886 HPTh IV. 547.

887 Die pastorale Konstitution über die Kirche in der Welt von heute „Gaudium et spes". 90.

888 *Kraxner* Alois, „Schwerpunkt im Beitrag der Orden zur Pastoral, in: Ordensnachrichten 38. Jg. (1999) 4. 21-24.

1817 landeten die ersten Schwestern als Pioniere weiblicher Missionsarbeit in Afrika. In den deutschsprachigen Ländern richtete sich das Augenmerk auf das Elend im eigenen Land, wie in den Kapiteln der Gründergestalten und Gründungen ausgeführt. Die *Englischen Fräulein* gründeten schon 1853 Niederlassungen in Indien, 1857 entsandten die *Dominikanerinnen* von Augsburg sechs Schwestern nach Südafrika, um nur zwei Beispiele zu nennen. Erst nach 1880 entstanden in rascher Folge weibliche Zweige der männlichen Missionsgenossenschaften. Heute wirken caritativ tätige Gemeinschaften in allen außereuropäischen Kontinenten.

Wurde im 19. Jahrhundert oft die „Selbstheiligung" als Ziel und Motiv angegeben, stehen im 20. Jahrhundert „die anderen" im Vordergrund: *„Weil ich so am besten für die anderen da sein und dem Reich Gottes dienen kann".*[889] So betreuen die *Schwestern vom armen Kinde Jesus* derzeit 28 Häuser in Kolumbien[890] und Indonesien. Die Problematik der Straßenkinder ist groß. Neue Zeiten bringen neue Nöte, ein Kind bleibt verletzbar und schwach. Das Kind in Not ist auch in den westlichen Ländern nicht verschwunden. Österreich ist schon jahrzehntelang ein Zufluchtsort für Flüchtlinge mit ihren Kindern. Bei allen Flüchtlingsströmen halfen die Mitglieder der Frauengemeinschaften ungeachtet der Religion, der Sprache oder der Hautfarbe. *„Wir haben keine Worte um den Schwestern für alles zu danken, aber wir werden es nie vergessen".*

Die Nächstenliebe im caritativen Wirken der *Schwestern vom III. Orden des hl. Franziskus* in einer Missionsstation in Südamerika kennen zu lernen, war für mich eine besondere Erfahrung bei meinem Aufenthalt 1997 in Bolivien. Auf unwegsamem Gelände mit Pferd, Fahrrad, Roller, mit Auto, Boot oder zu Fuß waren die Schwestern oft viele Stunden in den Urwaldgebieten unterwegs, um Kranke zu versorgen und Hilfe zu bringen. Nach fünfzig Jahren Aufbauarbeit hatten sich die Bedingungen zwar wesentlich verbessert, aber aus Erzählungen der Schwestern, die zwischen 1932-1945 nach Bolivien gekommen waren, war zu entnehmen, dass die Situation für sie damals nicht anders war, als die der Schwestern bei ihrer Ankunft

889 *Prager.* 59f.

890 Stadtteil Belen in der Hauptstadt Bogota.

in Wien in der Mitte des 19. Jahrhunderts. In jeder Notsituation von der Geburt bis zum Tod wandte man sich an die „Madre", wie die Schwestern allgemein genannt werden. Das hat sich bis heute nicht geändert. Viele Projekte der *Franziskanerinnen*, wie Brunnen- und Hausbau im Dorf, neue Schulen und Krankenhaus wurden und werden durch Spenden aus Österreich und Deutschland finanziert. Private Spenden[891] sind Operationen und Krankenhausaufenthalten der armen Landbevölkerung zugedacht. Wo sollen die Menschen bei Naturkatastrophen Hilfe holen wie bei dem Dorfbrand vor einigen Jahren, wo viele Hütten mit allem Hab und Gut verbrannte? Die Schwestern sind mit den Menschen in „ihrem" Dorf so verbunden, dass keine von ihnen, auch wenn sie in Pension sind und eine von ihnen schon 98 Jahre alt, Bolivien verlassen möchte. [892]

Herausforderungen der christlichen Nächstenliebe zeigen sich auch wieder in Österreich/Wien. „Die *Neue Armut ist stark gestiegen, die Gesellschaft droht sozial auseinander zu fallen*", warnt Caritas Direktor Michael Landau. Diese Entwicklung lässt sich an Zahlen der Obdachloseneinrichtung „Gruft" in Wien-Mariahilf ablesen. 2004 waren es an die 72 000 Mahlzeiten, die ausgegeben wurden, um zehn Prozent mehr als 2003. Derselbe Trend zeigt sich bei den Essensbussen der Caritas, auch hier gibt es bei den Essenausgaben einen Anstieg um 10 Prozent.[893]

6. STIMME DER ZEIT – STIMME GOTTES

6.1. DAS ORDENSLEBEN IN BEWEGUNG

Lange Zeit wurde der Ordensstand als Stand der Vollkommenheit angesehen, als eine Art geistliche Aristokratie. Nun war das Ordensleben schon immer von einer Doppeltendenz gekennzeichnet: sich aus der Welt zurück zu ziehen und dem Verlangen nach einer neuen Welt. Jede Vision einer neuen Welt aber ist von der Kultur und

891 Kranzspenden, Geldspenden zu Jubiläen oder Hochzeiten.

892 2005 ist Aszension angewachsen auf eine Bevölkerung von 15 000 Menschen, steigend durch Zuwanderung.

893 *Landau* Michael, Neue Armut, in: „Der Sonntag", Zeitung der Erzdiözese Wien, Nr. 23 vom 5.6.2005.

den herrschenden Zeitströmungen begrenzt. Ohne Wertempfinden für die irdischen Werte, die erfahren werden, sind die evangelischen Räte nicht sinnvoll praktizierbar. Die bestehenden Modelle in Bezug auf Leitung, Verwaltung und Autorität widersprechen oft der Forderung nach persönlicher Verantwortung und eigener Gewissensentscheidung. Ich meine, die Ordensfrau von heute will entdecken, *w i e* sie nötig ist und ist nicht mehr mit der Behauptung zufrieden, *d a s s* sie nötig ist. Die Bewegung im Ordensleben ist jedoch kein lokales Phänomen, sondern tritt in der ganzen Weltkirche auf, wenn auch in veränderter Form. Dahinter steht ein intensives Streben nach neuen Strukturen.[894]

6.2. AUFBRÜCHE, UMBRÜCHE, WOHIN?

„Vox temporis, vox Dei“[895] war der Wahlspruch Kardinals FAULHABER[896] von München. Er wollte damit ausdrücken, dass jede Zeitepoche neue Forderungen an die christliche Caritas stellt. Alle kirchlichen Gruppen und somit auch die *„Institute des geweihten Lebens“* unterliegen im Laufe der Zeit einer Vielzahl von Wandlungen. Der Mut zur Innovation ist ein Kernpunkt der Ordensgeschichte und zugleich Ermöglichung einer Zukunft.

Dies wurde auch am „Salvatorianischen Begegnungstag“ in Kaisermühlen am 18. September 2004 deutlich hervorgehoben. Man erinnerte sich an die „Lebenspraxis, das Lebenszeugnis der Gemeinschaft und der einzelnen Mitglieder zum Jubiläum „100 Jahre Salvatorschule“ und ist heute wie damals überzeugt: *„Bildung ist Mittel der Verkündigung.“*

Die *Salvatorianerinnen* wirken heute in Krankenhaus, Kindergarten, Schule und Hort und durch Mitarbeit in Pfarre, Hospiz und Krankenseelsorge. Im Jahre 2002 wurde in Kaisermühlen das einzige Pfarrhospiz Österreichs eröffnet. Weihbischof HELMUT KRÄTZL, der die Segnung vornahm, stellte fest, dass durch dieses Projekt, dessen Durchsetzung immerhin fünfzehn Jahre gedauert hatte, ein *„vielfach*

894 Concilium, Internationale Zeitschrift für Theologie 3. Jg. (1967) 10. 681.

895 „Stimme der Zeit-Stimme Gottes“.

896 Kardinal Michael Faulhaber, 1869-1952, Erzbischof von München und Freising 1917-1952.

zu kurz gekommener Aspekt des Sendungsauftrages der Christen, die Menschen zu heilen, wieder in Erinnerung gerufen wird".[897]

Die Kongregation der *Salvatorianerinnen* ist heute weltweit verbreitet und lebt aus der Erfahrung einer Weltkirche in ihrer Vielfältigkeit.

6.3. „TAG DES GEWEIHTEN LEBENS" AM 2. FEBRUAR 2005

Wenn Ordenschristen an einem Ordenstag gemeinsam auf ihre Gemeinschaften und ihr Engagement schauen, scheint es eine Momentaufnahme ihrer langen und reichen Geschichte zu sein. Immer wieder war es gelungen, das christliche Erbe weiterzugeben, doch nun scheint es, als sei diese Dynamik geschwunden. So versuchte man die nüchterne Einschätzung der gegenwärtigen Situation und einen mutigen Blick in die Zukunft. Man spricht bei diesen Überlegungen von Orden, selbst wenn es sich streng genommen im Sinne des Kirchenrechtes gar nicht mehr nur um einen Orden handelt, sondern auch um Mitglieder der Kongregationen und Säkularinstitute.

Im Anschluss an das II. Vatikanum sprechen die kirchlichen Dokumente und das Kirchenrecht 1983 von *„Instituten des geweihten Lebens"*.[898] An diesem Ordenstag sprach Pater Alois Kraxner[899] über die starken Veränderungen in der Ordenslandschaft zwischen 1945-2005. Die Jahre zwischen 1945-1962 nannte der Bischofsvikar die Aufbauzeit nach dem Nationalsozialismus, wo viele Klöster aufgehoben, Gebäude enteignet und anderen Zwecken zugeführt wurden. Schulen, Krankenhäuser, Kindergärten, Altenheime usw. wurden neu errichtet oder ausgebaut. Das Konzil forderte in der Zeit von 1963-1983 von den Orden ein Zweifaches: zunächst eine Rückbesinnung auf die eigentlichen Anliegen der Gründerpersönlichkeiten und zweitens das Aggiornamento, die Anpassung an die gegenwärtigen Zeitverhältnisse. Die positiven Bemühungen wurden von negativen

897 *Meijl* van Peter, Von der Peripherie der Großstadt ins Zentrum, 80 Jahre Salvatorianer in Wien, in: Ordensnachrichten 42, Jg. 2003, 6. 33.

898 *Kessler* Stephan Ch., Auf das Wesentliche schauen, in: Ordensnachrichten, 42. Jg. 2003, 4. 29.

899 *Kraxner* Alois, Aufbrüche, Umbrüche, Wohin?, in: Der Sonntag vom 30. Jänner 2005. XI.

Nebenerscheinungen begleitet: Austritte aus den Gemeinschaften, wenige Neueintritte, bisherige Tätigkeiten wurden in Frage gestellt. Doch die Suche nach neuen Formen der Nachfolge in den evangelischen Räten wird in der Kirche nie aufhören, denn *„Tradition ist nicht das Hüten von Asche, sondern die Weitergabe von Feuer.“*[900] Die evangelischen Räte sind authentisch gelebt eine Provokation, die nicht jeder annehmen kann. Aber gerade dadurch verweisen sie auf eine andere Welt, die für viele unbegreiflich ist, aus deren Kraft der Berufene jedoch sinnvoll leben kann.

Die im 19. Jahrhundert gegründeten Kongregationen waren schwerpunktmäßig sehr funktional motiviert. Die *„Werke der Nächstenliebe“* wurden zum gesellschaftlichen Beitrag, für den sie nicht nur öffentliche, sondern auch staatliche Anerkennung erhielten. In der Zwischenzeit haben sich viele der caritativen Institutionen der Orden zu Wirtschaftsbetrieben entwickelt mit der Gefahr der Funktionsüberforderung oder des Verlustes der Spiritualität. Ebenfalls eine wichtige Rolle spielten die Ordensleute für die Entwicklung eines umfassenden katholischen Milieus, dienten sie doch nicht selten der religiösen und sozialen Disziplinierung. Aber hinter dem Aufstieg vieler Gemeinschaften zeigten sich seit der ersten Hälfte des 20. Jahrhunderts Krisen und Risse. Auch innerhalb der Gemeinschaften entstand Kritik an obsolet gewordenen klösterlichen Regeln und Gebräuchen wie Kleidung, Klausurbestimmungen, Fastenvorschriften und anderem.

Da die Anzahl der Ordensfrauen in Österreich in den Jahren 1957-2003 von 17 633 auf 5476 drastisch zurückging, stellten sich ab 1983 neue Herausforderungen. Um die Folgen dieser Entwicklung einzugrenzen, suchten die Ordensleitungen für ihre Aufgaben die verstärkte Mitarbeit von Laien. Trägerschaften für Schulen, Krankenhäuser und Altersheime wurden angestrebt, manche Klöster oder Niederlassungen mussten aufgelöst werden. Am Beginn des dritten Jahrtausends stehen Orden und religiöse Gemeinschaften in einem umfassenden Umwandlungsprozess. Die anstehenden Veränderungen bedeuten Chance und Krise zugleich. Dieser Prozess zeigt sich in verschiedenen Bereichen:

900 *Kessler*. 37.

- Strukturen müssen verändert werden,
- Großgruppen verwandeln sich in kleine Gemeinschaften,
- Individualität braucht Raum.

In Zukunft wird der Kernpunkt weniger als bisher in ihren institutionellen Werken liegen, wo ein Rückzug aus Personalmangel notwendig ist, sondern eher an Orten, an denen Glauben, Hoffnung und Liebe erfahrbar werden kann. P. Alfred Delp hat es 1945 in Erwartung seiner Hinrichtung so formuliert: *„Es ist die Zeit der Aussaat, nicht der Ernte“.*[901]

6.4. AUSBLICK IN DIE ZUKUNFT

6.4.1. Die Säkularinstitute

In den letzten Jahrzehnten haben sich rund zwanzig ordensähnliche Gemeinschaften in Wien gebildet, sogenannte Säkularinstitute. Neben den *„instituta religiosa“* zählt der CIC 1983 auf Grund der rechtsgeschichtlichen Entwicklung auch die *„instituta saecularia“* zu den *„Instituten des geweihten Lebens“*. Sind die Ordensgemeinschaften dazu berufen, ein sichtbares Zeugnis zu geben, so haben die Säkularinstitute ein anderes Ziel. In der Bulle „Provida Mater Ecclesia“ vom 2. Februar 1947[902] wurden sie von Papst Pius XII. definiert

> *als Gesellschaften, deren Mitglieder sich verpflichten, die evangelischen Räte in der Welt zu befolgen, um in ihr die christliche Vollkommenheit zu erreichen und ihr Apostolat in der Welt fruchtbarer ausüben zu können.*

Mit der Anerkennung dieser Institute wurde einem geistlichen Leben zugestimmt, die das Leben der Kirche seit Franz von Sales motiviert hatte, dass das Streben nach Vollkommenheit des christlichen Lebens in jeder existentiellen Situation und unter allen Umständen

901 *Delp* Alfred, Gesammelte Schriften, 4: Aus dem Gefängnis, hg. von Roman Bleistein. Frankfurt am Main 1984. 110. Alfred Delp, 1907-1945, Jesuit, Priester und Mitarbeiter der Zeitschrift Stimme der Zeit“. Nach dem gescheiterten Attentat vom 20. Juli 1944 verhaftet und in München am 2. Februar 1945 hingerichtet.

902 AAS 39 (1947) 114-124.

gelebt werden kann. Die Mitglieder der Säkularinstitute üben ihr Apostolat innerhalb ihres beruflichen Lebens aus, verzichten aber auf das gemeinsame Leben. Die Bindung an eine Gemeinschaft tritt in der Öffentlichkeit nicht in Erscheinung.

6.4.2. Wird es weiterhin Ordensfrauen geben?

Die Stellung der Frau in der Welt von heute legt der apostolischen Tätigkeit der Ordensfrau neue Dimensionen auf. Wird es also weiterhin Frauen geben, die in Ordensgemeinschaften eintreten? Das Gefühl einer immer schnelleren Entwicklung der Technik wie auch Angst vor der Zukunft hindern oft junge Menschen daran oder machen es schwieriger, lebenslange Bindungen einzugehen. Die Probleme unserer Zeit sind trotz aller Fortschrittlichkeit nicht weniger, sie sind nur anders geworden. Jede Gesellschaft drängt Menschen an den Rand, grenzt Menschen aus. Die Wurzeln heutiger Nöte liegen in den gesellschaftlichen Bedingungen, sind oft in der seelischen Verwundbarkeit vieler Menschen zu suchen. Die Menschen werden älter, sie vereinsamen und brauchen Hilfe, das Leben am Anfang und am Ende ist von der Wissenschaft bedroht. Trotz der Anerkennung für die Dienste in einem Krankenhaus, Hospiz oder in Bildungshäusern mit Ordensschwestern, wirkt das Ordensleben für viele eher befremdlich als anziehend, es erscheint als eine unverständliche Aufgabe der Freiheit. Was den Ordensspitälern den Vorsprung bei der Studie des Verbandes der Versicherungsnehmer verschafft, liege *„im Auftrag der christlichen Liebe zu den Kranken, dem Krankenpflegeorden durch Jahrhunderte nachzukommen versuchen"*. Die „generell hohe Zufriedenheit" mit den Ordenskrankenhäusern in Wien war für Sr. JOSEFA MICHELITSCH[903] das erfreuliche Ergebnis einer Umfrage.[904]

Bei der Frage nach Ordensfrauen der Zukunft ist aber auch zu bedenken, dass es nicht mehr nötig ist, Klosterfrau zu werden, um Kranke pflegen oder Kinder unterrichten zu können. Wenn sich eine Frau heute für das Ordensleben entscheidet, will sie den „apostolischen Mehrwert" sehen, um dem Ordensberuf den Vorzug zu ge-

903 Geschäftsführerin der Vinzenzgründungen.

904 *Neuwirth* G., Note 1,24 für Ordensspitäler, in: Wiener Kirchenzeitung Nr. 14 vom 3. April 2005.

ben. Sie verlangt nach eigener Aussage nach einer Spiritualität, die stärker aus der Lebenskraft des Evangeliums und der gemeinsamen Liturgie genährt wird und weniger aus geistlichen Übungen. Auch Ordensgemeinschaften werden durch ideologische Strömungen und durch das, was diesen mangelt, geprägt. Erst recht, wenn es in Zukunft nicht mehr um leicht lenkbare Jugendliche gehen wird, sondern stärker um die Begegnung mit reifen Persönlichkeiten, denn offensichtlich hat sich auch das Entscheidungsalter für den Ordensstand zu den „Spätberufenen" hin verschoben.

In der sozialen Not des 19. Jahrhunderts ist eine große caritative Bewegung in Gang gekommen. Prozesse des Abschieds vom eigenen Lebenswerk stellen Gemeinschaftssinn und Spiritualität auf eine harte Probe. Die Lebenserwartung ist auch bei den Ordensfrauen gestiegen, somit die Zahl der alten Mitglieder, die Pflege benötigen. So stellt sich bei den Schwesterngemeinschaften die Frage: *„Lohnt es sich einen neuen Aufbruch zu wagen?"*

Das Ordensleben ist eine unverzichtbare Tradition der Kirche. So wage ich trotz allen Vorbehalten die hoffnungsvolle Antwort: es wird wieder Ordensfrauen geben, vielleicht in anderer Form und unter anderen Voraussetzungen. Sie werden bezeugen müssen, dass in ihnen das charismatische Element der Kirche wirkt, ein Mensch, von Christus zu seiner Aufgabe berufen. Das neue Erwachen von geistlichen Gemeinschaften war vor 200 Jahren mindestens ebenso unwahrscheinlich wie heute. Die Zukunft der Schwesterngemeinschaften wird weitgehend abhängig sein vom Aufgreifen gültiger Elemente der Tradition, von der klugen Nutzung vorhandener Ansätze sowie vom Mut zum Abbau antiquierter Konventionen. Sie wird abhängig sein von der Bereitschaft, sich der zeitgemäßen Erneuerung des Geistes zuzuwenden. Dies alles wird nicht ohne die Kraft und Entschlossenheit zu fast aussichtslosen Experimenten gelingen, die Gründer und Gründerinnen früher und auch im 19. Jahrhundert gezeigt haben.[905]

Viele Gemeinschaften haben in den letzten Jahrzehnten neue Wege beschritten, um den Worten des Zweiten Vatikanischen Konzils Folge zu leisten. Als Beispiel seien die *Barmherzigen Schwestern*

905 *Claassen* Heinz, Dienst an der Welt. Freiburg i. Br. 1969. 23.

von Gumpendorf angeführt, die in den Jahren 1995-1999 die Konstitutionen neu bearbeitet haben, da eine Anpassung an das Kirchenrecht von 1983 erforderlich war. Durch neue Konstitutionen wurden die Provinzen der *Barmherzigen Schwestern vom hl. Vinzenz* verbunden: sie wollen gemeinsam den Weg in die Zukunft gehen. Nicht geändert hat sich das Ziel der *Barmherzigen Schwestern*: *„Hingabe an Gott für den Dienst an den Armen in einem Leben der Gemeinschaft und als Kinder unserer Zeit“*.[906]

Unter dem Generalat von Sr. Edeltraut Wittmann fand 1984 nicht nur die Namensänderung der Wiener Kongregation von *„Töchter des göttlichen Heilands“* in *„Schwestern vom göttlichen Erlöser“* statt, sondern es wurden auch neue Kontakte mit dem Generalmutterhaus in Oberbronn eingeleitet. Unter der nachfolgenden Generaloberin Sr. Michaela Möbs wurde beim Wiener Generalkapitel 1999 beschlossen, einen Antrag auf Zusammenschluss mit den Niederbronner Schwestern an den Apostolischen Stuhl zu stellen. So entstanden die Provinz Österreich und die Delegation Argentinien.

Mit 1. April 2005 wurde die *Caritas Socialis & Vinzenz Gruppe Pflege- und Betreuungs GmbH* gegründet. Zwei Alten- und Pflegeheime der *Barmherzigen Schwestern von Gumpendorf* und drei Pflege- und Sozialzentren mit Tageszentren der *Caritas Socialis*, der geriatrischen Langzeitpflege und der Betreuung zu Hause wurden eingebracht, ebenso die Kindergärten und Horte der Schwesterngemeinschaft der *Caritas Socialis*.

6.4.3. Was erwarten sich Ordensschwestern?

Sr. Michaela Möbs, Generaloberin der *Schwestern vom Göttlichen Erlöser* in der Kaiserstraße, nahm 1999 Stellung zu dieser Frage:

> *(...) jede Ordensgemeinschaft beruft sich auf das ihr eigene Charisma, das ihr Profil ausmacht. Dieses Charisma ist etwas Lebendiges, Wandlungsfähiges mit schönen und schmerzlichen Erfahrungen, mit Erfolgen und Misserfolgen. Der rote Faden, der sich durch alle Veränderungen durchzieht, ist das Vermitteln der niemals endenden Liebe Gottes. Wir sehen unsere Aufgabe darin, hellhörig zu sein für die Not der Zeit und wagen auch heute ein neues Engagement.*

906 *Michelitsch*. 28.

Zu den neuen Möglichkeiten (...) gehört unter anderem das Hospiz,[907] *eine Akutgeratrie und eine Wohngemeinschaft für sozial benachteiligte Mädchen. Wir müssen den Erfordernissen der Zeit entsprechen, umstrukturieren und uns gemeinsam mit unseren weltlichen Mitarbeiterinnen weiterentwickeln.*

Die Oberin bedauerte aber, dass Neueintritte oft als einziges Kriterium für die Lebendigkeit einer Gemeinschaft gesehen werden und diese Einschätzung als Entmutigung empfunden wird in ihrem Mühen um ein zeitgemäßes Ordensleben im Sinn des II. Vatikanischen Konzils. Sie wünschte sich mehr Interesse für die verschiedenartigen Aufbrüche und Neuentwicklungen in den Ordensgemeinschaften.[908] Alle Gemeinschaften wären bemüht, neue Strukturen und Verbesserungen im Sinne einer „Erneuerung" durchzuführen.

Als Vertreterin eines Frauenordens, der sich bei sozialen Randgruppen und in der direkten Pastoral engagiert, berichtete Sr. Renate Drexler als *Missionsschwester vom Heiligsten Erlöser* und Mitarbeiterin im Mutter-Kind-Heim „Haus Serepta" in der Endresstraße in Wien XXIII., über ihre Arbeit und gab dem Wunsch nach mehr Interesse, Beachtung und Anerkennung in Kirche und Öffentlichkeit Ausdruck. Sie bezeichnete Ordensgemeinschaften als *„Erprobungsräume für eine gelebte Soziallehre der Kirche"* und meinte, dass Ordensleute zwar im Dienst der Kirche stehen, aber häufig auf sich allein gestellt sind.[909]

7. ABSCHLUSS

Vielleicht sollte man abschließend die provokante Frage stellen, was *o h n e* diese Schwesterngemeinschaften alles nicht wäre? In der Erzdiözese Wien gäbe es ein Bild mit vielen leeren Flecken, denn Orden und Kongregationen waren und sind in der Geschichte der Kirche von Wien bis in die Gegenwart von großer Bedeutung.

907 Das Erste in Österreich.

908 „Welche Erwartungen haben wir aneinander", Statements aus der Sicht der Orden, in: *Ordensnachrichten*, 38. Jg. (1999) 4. 36.

909 „Welche Erwartungen haben wir aneinander", Statements aus der Sicht der Orden, in: *Ordensnachrichten*, 38. Jg. (1999) 4. 36.

Die Ordensschwestern werden mir, der Nicht-Ordensfrau, vieles nachsehen müssen, und sie werden manche Inkompetenz feststellen. Aber vielleicht bürgt gerade die Sicht aus dem Laienstand für einen anderen Blickwinkel und einen sachlichen Bericht. Persönlicher Kontakt mit Ordensgemeinschaften und Säkularinstituten wie freundschaftliche wie spirituelle Begegnungen waren durch Kindergarten, Schule, Spitäler, Pfarre, Exerzitien und Studium immer gegeben.

Die Erkenntnis aus den Forschungen über die caritativ tätigen Schwesterngemeinschaften im 19. Jahrhundert war die Bedeutung der Einzigartigkeit jeder Stunde, die grundsätzliche Unwiederholbarkeit geschichtlicher Prozesse, die Tatsache, dass immer wieder ganz und gar Unvermutetes und Unvorhersehbares auftritt, das es zu überwinden gilt. Gott fordert die Menschen zur Antwort auf seine Liebe durch immer wieder neu gestellte Aufgaben und Verantwortung in der jeweils geschichtlichen und persönlichen Situation.

Die Ordensfrauen sind dort zu finden, wo menschliches Leid um Hilfe schreit. Sie verkörpern die mütterliche Barmherzigkeit der Kirche, und ihr gelebtes Zeugnis der Gottes- und Nächstenliebe erzwingt größte Hochachtung. Man könnte fast meinen, die Mitglieder der caritativ tätigen Orden und Kongregationen des 19. Jahrhunderts hätten bereits eine Vision der ersten Enzyklika von Papst Benedikt XVI. vor Augen gehabt, ist doch der zweite Teil dieses päpstlichen Schreibens ganz dem „Liebestun" der Kirche gewidmet:

> *Nach dem Vorbild, das das Gleichnis vom barmherzigen Samariter uns vor Augen stellt, ist die christliche Liebestätigkeit zunächst einfach die Antwort auf das, was in einer konkreten Situation unmittelbar not tut.*[910]

Dieses „Liebestun der Kirche" wurde von den Schwestern der sozial-caritativ tätigen Kongregationen in Wort und Tat umgesetzt, gerufen von der Liebe Gottes und berufen zu ihrem Liebeswerk. Papst Benedikt XVI. betont, dass Liebe, Caritas, immer nötig sein wird, auch in der gerechtesten Gesellschaft. Immer wieder wird es Situati-

910 Papst Benedikt XVI., Enzyklika: „Deus caritas est " (Gott ist Liebe). 2. Teil: Bedeutung der Caritas und Bedeutung und Selbstverständlichkeit von kirchlicher Solidarität und Nächstenliebe. 31a.

onen der Not geben, in denen Hilfe im Sinn gelebter Nächstenliebe nötig ist. Der Papst spricht vom „sehenden Herzen" als Programm der Christen, als Programm Jesu. Dieses Herz sieht, wo Liebe fehlt und handelt danach. Für die Mitarbeiter in der Kirche stellte er das Leitwort aus dem zweiten Korintherbrief 5,14 auf: *„Die Liebe Christi drängt uns"*.[911]

911 Bei fast allen Schwesterngemeinschaften als Motiv zu finden.

XII. QUELLENVERZEICHNIS

1. QUELLEN GEDRUCKT

Caritas Socialis, Ganz für Gott und ganz für die Menschen, Hildegard Burjan. o. J.

Diözesanarchiv Wien: Personalstand der Säkular- und Regulargeistlichkeit der Erzdiözese Wien. 1825-1924.

Kongregation der Dienerinnen des heiligsten Herzen Jesu, Geschichte der Kongregation der Schwestern Dienerinnen des heiligsten Herzen Jesu und ihres hochwürdigen Vaters Stifter Viktor Braun. Wien 1923.

Kongregation der Schulschwestern vom Dritten Orden des hl. Franziskus, ... Und der Same ging auf. Festschrift zum 200. Todestag der Stifterin. Wien 1963.

Kongregation der Schwestern der christlichen Liebe, Werke der Liebe. 100 Jahre Kongregation der Schwestern der christlichen Liebe 1857-1957. Wien 1957.

Kongregation der Töchter der göttlichen Liebe, Mutter Franziska Lechner, Ihr Leben und Wirken, verfasst von einer geistlichen Tochter. Wien 1928.

Kongregation der Töchter der göttlichen Liebe, (Hg.) Anonym, Lebensbild der ehrwürdigen Gründerin und Generaloberin der Kongregation der Töchter der göttlichen Liebe Mutter Maria Franziska Lechner. Wien 1905.

Kongregation der Töchter der göttlichen Liebe, 100 Jahre Mutterhaus-Kirche der Kongregation der Töchter der göttlichen Liebe, Wien Jaquingasse. Wien 1991.

Kongregation der Schwestern vom armen Kinde Jesus, Festschrift: 50 Jahre Clara Fey Kinderdorf. Wien 2003.

Kongregation der Schwestern vom armen Kinde Jesus, 75 Jahre im Dienst der christlichen Jugenderziehung. Wien 1933.

Kongregation der Schwestern „Unsere Liebe Frau von Sion“ (Hg.), Sr. Clemens Maria, Von der Bekehrung zum Dialog. Frankfurt a.M. 1993.

Kongregation der Barmherzigen Schwestern des hl. Karl Borromäus, Ordensgeschichte des österreichischen Zweiges der Borromäerinnen 1837-1975.

Kongregation der Barmherzigen Schwestern vom hl. Karl Borromäus, Festschrift zum Jubiläum 350 Jahre Borromäerinnen 1652-2002.

Kongregation der Salvatorianerinnen, Spurensuche. Sonderausgabe. Wien 1998.

Provinzialrat der Tiroler Serviten, Servitianische Nachrichten, 21. Jg. (1994), Sonderausgabe.

2. QUELLEN UNGEDRUCKT

Diözesanarchiv Wien, Präsidialia M 6, 1841-1879, *Schulschwestern vom Dritten Orden des hl. Franziskus.*

Diözesanarchiv Wien, Präsidialia M 7, 1841-1879, *Schwestern vom Guten Hirten.*

Diözesanarchiv Wien, Präsidialia M 8, 1854-1867, *Franziskanerinnen der christlichen Liebe.*

Diözesanarchiv Wien, Präsidialia M 3, 1832-1879, *Barmherzige Schwestern vom Wien-Gumpendorf.*

Diözesanarchiv Wien, Fonds: *Töchter der göttlichen Liebe.*

Diözesanarchiv Wien, Prarsidialia 522, *Sacré-Cœur, Ordensfrauen vom heiligsten Herzen Jesu.*

Eisele Denise, Die Geschichte der Kongregation der Schwestern vom Göttlichen Erlöser. Mit Mutterhaus in Sopron und von den französischen Ursprüngen bis zur Gegenwart in aller Welt als Beispiel für das große Werk Mutter Alfons Maria. DA. Wien 1994.

Kirchgatterer Sr. Angela, Geschichte der österreichischen Provinz der Kreuzschwestern 1860-1911. Unveröff. Manuskript, Provinzarchiv der Kreuzschwestern Linz = PAL.

Kramer Martina, Viktor Braun, Diss (ungedr.) Wien 1998.

Kongregation der Schwestern vom göttlichen Heiland, Chronik. Wien 1921.

Kongregation der Schwestern vom armen Kinde Jesus, Chronik I, 1857-1882.

Kongregation der barmherzigen Schwestern des hl. Karl Borromäus, Geschichte der Kongregation 1837-1945.

Kongregation der barmherzigen Schwestern vom hl. Kreuz, Niederlassungen der Kreuzschwestern in Wien und Niederösterreich 1862-1912.

Schellner Gudrun, Die Spiritualität der Kongregation der Schwestern von der schmerzhaften Mutter (Ungedr. DA). Wien 1987.

3. LEXIKA UND HANDBÜCHER

Andresen Carl, *Denzler* Georg, DTV-Wörterbuch der Kirchengeschichte. München 1982.

Biographisch-Bibliographisches Kirchenlexikon, begr. und hg. von Frierich Wilhelm Bautz (fortgef. von Trautgott Bautz).

Codex Juris Canonici. Romae 1917.

Codex Juris Canonici. Kevelaer 1983.

Handbuch des katholischen Kirchenrechts, hg. von Joseph Listl..., Regensburg 1983.

HPTh Handbuch der Pastoraltheologie, IV, Praktische Theologie der Kirche in ihrer Gegenwart, hg. von Arnold Franz Xaver, Karl Rahner u. a.. Freiburg i. Br. 1969.

HPTh Handbuch der Pastoraltheologie, II/ 2, Praktische Theologie der Kirche in ihrer Gegenwart, hg. von Arnold Franz Xaver, Karl Rahner u.a., Freiburg i. Br. 1966.

Katholisches Soziallexikon, hg. von Alfred Klose, Wolfgang Mantl, Valentin Zsifkovits. Innsbruck ²1980.

Österreichisches Biographisches Lexikon 1815-1950, hg. von der Österreichischen Akademie der Wissenschaften. Wien 1972.

Praktisches Lexikon der Spiritualität, hg. von Christian Schütz. Freiburgi. Br. 1988.

XIII. LITERATURVERZEICHNIS

1. MONOGRAPHIEN

Altermatt Urs, Katholizismus und Moderne. Zürich 1989.

Anhell Ferdinand, Caritas und Sozialhilfen im Wiener Erzbistum (1802-1918),10. Wien 1971.

Aubert Roger, Das Erwachen der katholischen Lebenskraft, in: Jedin Hubert (Hg.) Handbuch der Kirchengeschichte, 6,1. Die Kirche zwischen Revolution und Restauration. Freiburg i. Br. 1971/1985. 247-304.

Bowman William David, Priest and parish in Vienna 1780-1880. Boston 1999.

Borengässer Norbert. M., Vinzenz von Paul, in: Biographisch-Bibliographisches Kirchenlexikon. XII (1997), hg. von Friedrich Wilhelm Bautz.

Brandstätter Christian (Hg.), Stadtchronik Wien. Wien 1986.

Breyen Sr. Maria Agnes, Clara Fey, Streiflichter von einer Aachener Ordensgründerin und ihre Spiritualität. Aachen 2001.

Bruckmüller Ernst, Sozialgeschichte Österreichs. Wien-München 1985.

Burton Katherine, One Thing Needful, the biography of Mother Franziska Lechner, Foundress of the Daughters of divine Charity. New York 1960.

Butterweck Hellmut, Österreichs Kardinäle von Anton Gruscha bis Christoph Schönborn. Wien 2000.

Claaßens Heinz, Dienst an der Welt. Ordensfrauen zwischen Charisma und Institution. Freiburg i. Br. 1969.

Conzemius Viktor, Vinzenz von Paul. Großstratege der Brüderlichkeit. Freiburg/Schweiz 1979.

Dederichs Clara, Von der Bewahranstalt zum Kindergarten. Salzburg 1962.

Delp Alfred, Gesammelte Schriften, Aus dem Gefängnis, hg. von Roman Bleistein, 4, Angesicht des Todes. Frankfurt a.M. 1984.

Dinzelbacher Peter, *Hogg* J. Lester (Hg.) Kulturgeschichte der christlichen Orden. Stuttgart 1997.

Dompnier Bernard, Fortdauer der katholischen Reform, in: Geschichte des Christentums, IX, hg. von Marc Venard, Das Zeitalter der Vernunft (1620/30-1750). 211-333.

Ebert Kurt, Die Anfänge der modernen Sozialpolitik in Österreich. Wien 1975.

Eder Karl, Der Liberalismus in Altösterreich. Wiener historische Studien, III. hg. von Karl Eder, Hugo Hantsch u. a. Wien 1955.

Frevert Ute, *Haupt* Heinz Gerhard (Hg.), Der Mensch im 19. Jahrhundert. Frankfurt a.M. 1999.

Frodl Ferdinand, Viktor Braun, ein Lebensbild. Salzburg 1934.

Fürer Sr. Cornelia, Geschichte des Institutes der Barmherzigen Schwestern vom Heiligen Kreuz Ingenbohl 1888.

Gadient Veit, Der Caritasapostel. Theodosius Florentini. Luzern 1946.

Gadille Jaques, dtsch.v.Martin Greschat (Hg.), Christentum und Romantik (= Jean Marie Mayeur u.a. (Hgg.) Geschichte des Christentums 11. Freiburg i. Br. 1997.

Gatz Erwin (Hg.), Geschichte des kirchlichen Lebens in den deutschsprachigen Ländern seit dem Ende des 18. Jahrhunderts. V, Caritas und soziale Dienste. Freiburg i. Br. 1997.

Gatz Erwin, Kirche und Krankenpflege. München-Paderborn-Wien 1971.

Gatz Erwin, Caritas und kirchliche Hilfswerke, in: Jedin Hubert (Hg.), Handbuch der Kirchengeschichte, 7, Die Weltkirche im 20. Jahrhundert. Freiburg i. Br. 1985. 437-457.

Gatz Erwin (Hg.), Geschichte des kirchlichen Lebens in den deutschsprachigen Ländern seit dem Ende des 18. Jahrhunderts. VII, Klöster und Ordensgemeinschaften. Freiburg i. Br. 2006.

Gatz Erwin, Die Bischöfe der Kirchenprovinzen Wien und Salzburg von 1785/1803 bis 1962. In: Wiener katholische Akademie, Miscellania, Dritte Reihe 159, zusammengestellt von Franz Loidl. Wien 1987.

Geremek Bronislaw, Geschichte der Armut. München 1988.

Greshake Gisbert, Spiritualität heute, die spirituelle Gestalt Hildegard Burjans, in: Ordensnachrichten 42. Jg. (2003) 3. 3-25.

Gross M. Eugène, Maria Therese Scherer. Ingenbohl 2000.

Hantsch Hugo, Die Geschichte Österreichs, 2. Graz 1968.

Heimbucher Max, Die Orden und Kongregationen der katholischen Kirche, II. Paderborn 1965.

Hermans Jo, Im Dienst des armen Kindes. Oegstgenst 1993

Hlawati Franz, Die Barmherzigen Schwestern von Wien-Gumpendorf 1832-1932. Wien 1932.

Hlawati Franz, Mutter M. Cyrilla von Sion. Wien 1936.

Hollensteiner Johannes, Die Orden und Kongregationen in Österreich, in: Hudal Alois (Hg.) Der Katholizismus in Österreich. Wien 1931. 110-119.

Holtz Leonard, Geschichte des christlichen Ordenslebens. Zürich 1991.

Holtz Leonard, Geschichte des christlichen Ordenslebens. Düsseldorf 2001.

Hudal Alois, Der Katholizismus in Österreich. Sein Wirken, Kämpfen und Hoffen. Innsbruck 1931.

Herzig Anneliese, Ordens-Christen. Würzburg 1991.

Hösl Wolfgang, *Pirhofer* Gottfried, Wohnen in Wien 1848-1938. Wien 1988.

Hosp Eduard, Kirche Österreichs im Vormärz 1815-1850. Wien-München 1971.

Hosp Eduard, Kirche im Sturmjahr. Wien 1953.

Isenring Zoe Maria, Die Frau in den apostolisch-tätigen Ordensgemeinschaften. Freiburg/Schweiz 1993.

Institut Haus der Barmherzigkeit (Hg.) 125 Jahre Haus der Barmherzigkeit. Wien 2000.

Iserloh Erwin, Innerkirchliche Bewegungen und ihre Spiritualität, in Jedin Hubert (Hg.), Handbuch der Kirchengeschichte, 7, Die Weltkirche im 20. Jahrhundert. Freiburg i. Br. 1979/85. 301-333.

Janetschek Kurt, Unser Neudorf. Mitteilungen des Archivs der Marktgemeinde Wiener Neudorf, Jg. 4 (2003) 1.

Jugendamt der Stadt Wien (Hg.), 70 Jahre Wiener Jugendamt. Wien 1987.

Jugendamt der Stadt Wien (Hg.), Gesellschaft, Jugend und Jugendwohlfahrt im Wandel der Zeit. Wien 1989.

Kamphaus Franz, Mutter Kirche und ihre Töchter. Freiburg i. Br. 1989.

Karlberger Helene (S. M. Purissima), Ruf der Zeit, hg. von der Kongregation der Töchter des göttlichen Heilands. Wien 1983.

Kasavsky Franz, Aus den k. k. Krankenanstalten Wiens. Wien 1894.

Kessler Stephan Ch., Auf das Wesentliche schauen. Überlegungen zu Herkunft und Zukunft des Ordensleben, in: Ordensnachrichten 42. Jg. (2003) 4. 27-43.

Koller Sr. Carmeline, Franziskanische Vision, das Leben von Franziska Streitel, die Gründerin der Schwestern von der schmerzhaften Mutter. Straßburg 1982.

Krätzl Helmut, Die Stellung der Orden im Seelsorgekonzept einer Diözese, in: Ordensnachrichten 38. Jg. (1999) 4.

Kraxner Alois, Der spezielle Beitrag der Orden zur Gesamtpastoral im 19. und 20. Jahrhundert, in: Ordensnachrichten 38. Jg. (1999) 4.

Krebs Leopold, Das caritative Wirken der Katholischen Kirche in Österreich. Graz-Wien 1927.

Kronthaler Michaela, Die Frauenfrage als treibende Kraft. Grazer Beiträge zur Theologiegeschichte und kirchlicher Zeitgeschichte, 8, hg. von Maximilian Liebmann. Graz 1995.

Kropf Monika, Die Wohlfahrtsethik des österreichischen Kaiserhauses im Vormärz. Ungedr. Diss. Wien 1966.

Lentner Leopold, Das Erwachen der modernen katholischen Sozialidee. Wien 1951.

Liebmann Maximilian, Von der Dominanz der katholischen Kirche zu freien Kirchen im freien Staat – vom Wiener Kongress bis zur Gegenwart, in: Rudolf Leeb u.a. (Hg.) Geschichte des Christentums in Österreich. Von der Spätantike bis zur Gegenwart. (Herwig Wolfram, Österreichische Geschichte, Ergänzungsband) Wien 2003. 361-390.

Liese Wilhelm, Geschichte der Caritas, 1 und 2. Freiburg i. B.1922.

Loidl Franz, Geschichte des Erzbistums Wien. Wien 1983.

Loidl Franz, Über Bischöfe und Erzbischöfe von Wien zur 500 Jahr Feier des Wiener Erzbistums. In: Wiener Katholische Akademie, Miscellanea. Neue Reihe 144. Wien 1983.

Loidl Franz, *Krexner* Martin, Wiens Bischöfe und Erzbischöfe. Wien 1983.

Mann Christine und Erwin, Zur Geschichte des Waldklosters und seiner Schule, in: Volksschule Waldkloster Quellenstraße, Festschrift anlässlich der Eröffnung des Neubaus 2004, hg. vom Erzbischöflichen Amt für Unterricht und Erziehung. Wien 2004.

Mann Christine und Erwin, Zur Geschichte der Marienanstalt in Wien, in: Marienanstalt, Institut Sacré Cœur der Erzdiözese Wien. Festschrift 50 Jahre Handelsakademie, 90 Jahre Handelsschule, hg. vom Erzbischöflichen Amt für Unterricht und Erziehung. Wien 2004.

Mayeur Jean-Marie, dtsch. hg. von Martin Greschat, Liberalismus, Industrialisation, Expansion Europas (1830-1914) (= Geschichte des Christentums 11, Freiburg i. Br. 1997).

Meijl Peter van, 80 Jahre Salvatorianer in Wien, in: Ordensnachrichten 42. Jg.(2003) 6, 21-35.

Meyer Sr. Theresia, Wir dürfen helfen. Wien 1963.

Metz Johann Baptist, Zeit der Orden. Freiburg i. Br. 1977.

Metzger Franz, *Feuerstein-Praßer* Karin, Die Geschichte des Ordenslebens. Von den Anfängen bis heute. Freiburg i. Br. 2006.

Michelitsch Josefa, Kongregation der Barmherzigen Schwestern vom hl. Vinzenz von Paul, Die Töchter der Christlichen Liebe in Wien-Gumpendorf. Wien 2001.

Mikrut Jan, Faszinierende Gestalten der Kirche Österreichs.1, Wien 2000.

Mischler Ernst, Österreichs Wohlfahrts-Einrichtungen 1848-1898, 1. Wien 1899.

Mohl Anna (Sr. M. Leonore), Mutter Franziska Lechner. Ein Lebensbild der Gründerin der Kongregation der Töchter der göttlichen Liebe. Wien 2001.

Möbs Michaela, *Drexler* Renate, Welche Erwartungen haben wir aneinander, Statements aus der Sicht der Orden, in: *Ordensnachrichten*, 38. Jg. (1999) 4. 36.

Nipperdey Thomas, Deutsche Geschichte 1800-1866, 2. München 1990.

Nipperdey Thomas, Deutsche Geschichte 1866-1918, 1. München 1983.

Öhlinger Walter, Wien im Aufbruch zur Moderne, in: Geschichte Wiens, V. Wien 1999.

Panke-Kohinke Birgit, Die Geschichte der Krankenpflege (1679-2000). Frankfurt a.M. 2001.

Pauleweit Karin, Dienstmädchen um die Jahrhundertwende. Frankfurt a.M. 1993.

Pesch Heinrich, Die Wohltätigkeitsanstalten der christlichen Barmherzigkeit in Wien. Freiburg i. Br. 1891.

Pfülf Otto, M. Clara Fey vom armen Kinde und ihre Stiftung 1815-1894. Freiburg i. Br. 1907.

Pickl Othmar (Hg.), Österreichisches Städtebuch, 7: Die Stadt Wien, hg. von Csendes Peter und Opll Ferdinand. Wien 1999.

Plattig Michael, Ordensleben als Umformungsprozess, in: Ordensnachrichten 42. Jg. (2003) 1. 34-46.

Prager Mirjam, Die religiösen Frauenorden., in: Der Christ in der Welt, XII. Reihe: Bau und Gefüge der Kirche 7. Aschaffenburg 1968.

Probst Ernst, Superfrauen 2 Religion. Mainz 2001.

Rumpler Helmut, Eine Chance für Mitteleuropa, in: Wolfram Herwig (Hg.) Österreichische Geschichte 1804-1914. Wien 1997.

Rutishauser Sr. M. Clarissa, Liebe erobert die Welt. Mutter Maria Theresia Scherer. Leben und Werk. Wien 1967.

Sablik Karl, Julius Tandler, Mediziner und Sozialreformer. Wien 1983.

Sandgruber Roman, Ökonomie und Politik. Österreichische Wirtschaftsgeschichte vom Mittelalter bis zur Gegenwart, in: Österreichische Geschichte, hg. von Herwig Wolfram. Wien 1995.

Sauser Ekkehart, Louise de Marillac, in: Biographisch-Bibliographisches Kirchenlexikon. XIII, (2001), hg. von Trautgott Bautz.

Sauser Ekkehart, Streitel Franziska, in: Biographisch-Bibliographisches Kirchenlexikon XVIII, (2001), hg. von Trautgott Bautz.

Schatz Klaus, Zwischen Säkularismus und Zweiten Vatikanum. Der Weg des deutschen Katholizismus im 19. und 20. Jahrhundert. Frankfurt a.M. 1986.

Schauber Vera, *Schindler* Hanns Michael, Bildlexikon der Heiligen, Seligen und Namenspatrone. München 1999.

Schauenstein Franz II, Die Armenpflege der Stadt Wien. Wien 1898.

Scheithauer Erich, *Schmeiszer* Herbert, *Woratschek* Grete, Geschichte Österreichs in Stichworten. IV, von 1815-1918. Wien 1976.

Schindler Franz Martin, Das soziale Wirken der katholischen Kirche in Österreich, IV. Wien 1896.

Schlosser Marianne, Christliche Barmherzigkeit, in: Ordensnachrichten, 44. Jg. (2005/2)

Schlosser Marianne, Katharina von Siena begegnen. Augsburg 2006.

Schneider Oda, (Sr. Maria Cordis) Die Macht des reinen Herzens. Wien 1948.

Schödl Ingeborg, Männerwelten-Frauenwerke. Bad Sauerbrunn 1991.

Schödl Ingeborg, Zwischen Politik und Kirche. Mödling 2000.

Schödl Ingeborg, Hoffnung hat einen Namen. Hildegard Burjan und die Caritas Socialis. Innsbruck 1995.

Schwaiger Georg, Mönchtum, Orden, Kloster. Von den Anfängen bis zur Gegenwart. München ^{2}1994.

Seliger Maren, *Ucakar* Karl, Geschichte der Stadt Wien, 1: 1740-1895. Wien 1985.

Senfelder, Die K.K. Weiberstrafanstalt in Wiener Neudorf 1853-1903. Wien 1903.

Sessing Sr. Theresia, Die Frauenorden in Österreich. Mödling 1995.

Spenger-Viol Inge, Ein Leben gegen Elend und Unrecht. Schwester Maria Scherer. Freiburg i. Br. 1993.

Strakosch-Grassmann Gustav, Geschichte des Österreichischen Unterrichtswesens. Wien 1905.

Sullerot Evelyne, Die emanzipierte Sklavin. Geschichte und Soziologie der Frauenarbeit. Graz 1972.

Suenens Leon Joseph, Krise und Erneuerung der Frauenorden. Salzburg 1962.

Swoboda Heinrich, Großstadtseelsorge. Regensburg 1911.

Swoboda Robert, Um die Zukunft der caritativen Genossenschaften, in: Das Wagnis der Nachfolge, hg. von Stephan Richter. Paderborn 1964. 177-189.

Talos Emmerich, Staatliche Sozialpolitik in Österreich. Wien 1981.

Theoda S. M., Die Heilandstöchter in Wien, Geschichte einer Kongregation. Winterberg 1929.

Tomek Ernst, Kirchengeschichte Österreichs, 3, Das Zeitalter der Aufklärung und des Absolutismus. Innsbruck 1959.

Tongelen v. Josef, Die katholische Caritas, in: Hudal Alois (Hg.), Der Katholizismus in Österreich. Wien 1931. 205-215.

Urwalek Franz, Zum 75 jährigen Bestand der Strafanstalt Wiener Neudorf 1854-1929. Wiener Neudorf 1929.

Wandruska Adam, *Urbanitsch* Peter (Hg.), Die Habsburgermonarchie 1848-1918. Wien 1985.

Weber-Kellermann Ingeborg, Frauenleben im 19. Jahrhundert. München 1983.

Weigold Herrmann, Und den Nächsten lieben wie dich selbst. Maßnahmen zur Linderung und Behebung der leiblichen und seelischen Armut in Wien im 19. Jahrhundert bis 1918. Frankfurt a. M. 2006.

Weiß Sabine, Die Österreicherin. Die Rolle der Frau in 1000 Jahren Geschichte. Graz 1996.

Weitlauff Manfred u.a. (Hg.) Otto *Weiß*, Kulturen, Mentalitäten, Mythen. Zur Theologie- und Kulturgeschichte des 19. und 20. Jahrhunderts. Paderborn 2004.

Weismayer Josef, Katholische Frömmigkeit im 19. Jahrhundert. Würzburg 1997.

Weismayer Josef, Mönchsväter und Ordensgründer. Männer und Frauen in der Nachfolge Jesu. Würzburg 1991.

Wodka Josef, Kirche in Österreich. Wegweiser durch ihre Geschichte. Wien 1959.

Walter Ilsemarie, Zur Entstehung der beruflichen Krankenpflege in Österreich, in: Historicum 2003,1.

Wienand Adam, Das Wirken der Orden und Klöster in Deutschland, II, Die weiblichen Orden, Kongregationen und Klöster. Köln 1964.

Wolfsgruber Cölestin, Carolina Auguste, die „Kaiserin-Mutter". Wien 1893.

Wolfsgruber Cölestin, Joseph Othmar Cardinal Rauscher. Wien 1888.

Žák Alfons, Österreichisches Klosterbuch. Wien-Leipzig 1911.

Zenker Ernst Viktor, Die Wiener Revolution in ihren sozialen Voraussetzungen und Beziehungen.

2. ZEITSCHRIFTEN

Brennan M. Klaus, Die Institutionalisierung der Unsichtbarkeit der Frau in den religiösen Gemeinschaften, in: Concilium 21 (1985) 414.

Brodmüller P., Das Halleiner Regelhaus, in: Stadt Gottes. Jg. 1923/24.

Fenzl Annemarie, 2.000 Jahre Christentum, in. Wiener Kirchenzeitung, 26. Dezember 1999, Sonderbeilage.

Gatscha-Riedl Gregor, Von der Bewahranstalt zum Erlebniskindergarten, in: Perchtoldsdorfer Rundschau 2003, 3.

Kraxner Alois, Aufbrüche, Umbrüche, Wohin?, in: Der Sonntag vom 30. Jänner 2005. XI.

Landau Michael, Neue Armut, in: Der Sonntag, Zeitung der Erzdiözese Wien, Nr. 23 vom 5. Juni. 2005.

Neuwirth G., Wiener Ordensspitäler, in: Wiener Kirchenzeitung Nr. 14 vom 3. April 2005.

Schödl Ingeborg, Hildegard Burjan, Christin, Politikerin, Sozialpionierin, in: Communio, internationale katholische Zeitschrift, Jg. 32 (2003) 558.

Schönborn Kardinal Christoph, Über die Enzyklika Benedikt XVI., Deus caritas est, in: Thema Kirche, 1, 2006.

300 Jahre „Englische Fräulein", in: Kirche bunt, 61. Jg. (2006) 19 vom 14. Mai 2006. 12/13.

Weinzierl Erika, Klerus und Arbeiterschaft, in: Wort und Wahrheit, Monatszeitschrift für Religion und Kultur, hg. von Otto Mauer, Otto Schulmeister u.a. 12, 2. HJ. (1957). 616.

PERSONENREGISTER

ORTSREGISTER

STUDIEN ZUR MONASTISCHEN KULTUR

Ulrike-Johanna Wagner-Höher
Die Benediktinerinnen von Sankt Gabriel/Bertholdstein (1889-1919)

620 Seiten, broschiert, € 58,00
mit zahlreichen Abbildungen
Studien zur monastischen Kultur, Band 1
ISBN 978-3-8306-7343-9

Die Gründung der Benediktinerinnenabtei St. Gabriel erfolgte in Smichov bei Prag im Jahre 1889 nach mancherlei Schwierigkeiten. Die Gemeinschaft entwickelte sich rasch zu einem blühenden Konvent mit großer Ausstrahlung. Durch die Ereignisse des Jahres 1918 mussten die Benediktinerinnen die Tschechoslowakei verlassen und fanden einen neuen Sitz im Schloss Bertholdstein in der Steiermark. Unter umfassender Auswertung des Quellenmaterials wird die Geschichte der Gemeinschaft von der Gründung bis zur Neuansiedlung in Österreich nachgezeichnet.

Hermine Koller
Benediktineroblaten. Geschichte und Gegenwart

324 Seiten, broschiert, € 28,00
Studien zur monastischen Kultur, Band 2
ISBN 978-3-8306-7358-3

Seit den Anfängen des westlichen Mönchtums schlossen sich Menschen den Klöstern an, ohne selbst Mönche oder Nonnen zu werden. Dieser Brauch verdichtete sich im Institut der „Weltoblaten" oder „Benediktineroblaten". Die Autorin gibt einen weit angelegten Überblick über die bislang wenig erforschte Geschichte dieser Laienbewegung, wobei besonders die internationale Entwicklung bis hin zu den Welt-Oblatenkogressen berücksichtigt wird.

Klosterverlag St. Ottilien - D-86941 St. Ottilien
www.eos-verlag.de - 08193 71701 - mail@eos-verlag.de